Grundkurs Datenbankentwurf

Helmut Jarosch

Grundkurs Datenbankentwurf

Eine beispielorientierte Einführung für
Studierende und Praktiker

4., überarbeitete und aktualisierte Auflage

Mit 227 Abbildungen,
14 Tabellen
und 5 Aufgaben mit Lösungen

Springer Vieweg

Helmut Jarosch
Hochschule für Wirtschaft und Recht Berlin
Berlin, Deutschland

ISBN 978-3-8348-1682-5   ISBN 978-3-8348-2161-4 (eBook)
DOI 10.1007/978-3-8348-2161-4

Die Deutsche Nationalbibliothek verzeichnet diese Publikation in der Deutschen Nationalbibliografie; detaillierte
bibliografische Daten sind im Internet über http://dnb.d-nb.de abrufbar.

Springer Vieweg
© Springer Fachmedien Wiesbaden 2002, 2003, 2010, 2016

Gedruckt auf säurefreiem und chlorfrei gebleichtem Papier

Springer Vieweg ist Teil von Springer Nature
Die eingetragene Gesellschaft ist Springer Fachmedien Wiesbaden GmbH

Meiner lieben Frau Sabine
für ihre Geduld während des Schreibens dieses Buches

Helmut Jarosch

Vorwort

Die Notwendigkeit des Aufbaus von Datenbanken hat durch die zunehmende Verbreitung datenbankgestützter interaktiver Web-Anwendungen einen starken Aufschwung erlangt. Die ständig zunehmende Akzeptanz des Entwurfs relationaler Datenbanken durch das Aufstellen von konzeptionellen Datenmodellen verstärkt den Bedarf nach Lehrbüchern, die den Prozess des Datenbankentwurfs unter Verwendung der Sprache des Entity-Relationship-Modells ausführlich und anschaulich beschreiben.

Der Absatzerfolg der ersten drei Auflagen des vorliegenden Lehrbuchs machte eine überarbeitete Neuauflage erforderlich.

Dieses Lehrbuch wendet sich an *Studierende* und an *Praktiker*, die moderne Informationssysteme nicht nur benutzen, sondern auch ihre Wirkprinzipien verstehen wollen. Das Buch soll sie insbesondere dazu befähigen, ihr fachliches Wissen über die Daten, die in einem speziellen Umfeld benötigt werden, in exakter Weise so aufzubereiten, dass dieses Wissen unmittelbar für den Datenbankentwurf verwendet werden kann. Das Buch ist für Informatiker, Wirtschaftsinformatiker, Betriebswirte und sonstige Fachexperten geschrieben, die – entweder als Haupt- oder als Nebenakteure – mit dem Entwurf datenbankbasierter Anwendungssysteme konfrontiert sind.

In diesem Buch werden die folgenden Probleme behandelt:

- Wie wird ein *Datenbank-Anwendungssystem* entwickelt und welche Rolle spielt dabei die Datenmodellierung?

- Wie gelangt man von der Analyse der Realität zu deren Darstellung in einem *Datenmodell*?

- Welche Möglichkeiten zur Strukturierung der Daten bieten die gängigen *Datenbank-Modelle*?

- Wie erfolgt die *Transformation* eines Datenmodells in die Struktur einer Datenbank?

Da sich dieses Buch als eine *Einführung in die Praxis des Datenbankentwurfs* versteht, setzt es keine speziellen Fachkenntnisse voraus. Besonderer Wert wird auf gute Verständlichkeit gelegt, die durch eine große Zahl anschaulicher Beispiele gefördert wird. Anhand eines *durchgehenden Beispiels* werden alle Etappen des Datenbankentwurfs – von der Beschreibung der Realität bis hin zur Festlegung der Datenbankstruktur – ausführlich beschrieben. Jedes Sprachelement, das zur Beschreibung der Datenstrukturen dient, wird durch ein Anwendungsbeispiel veranschaulicht, das einem Unternehmensbereich oder dem Alltagsleben entnommen ist.

Als Titel für dieses Lehrbuch hatte ich ursprünglich vorgesehen: *„Datenbankentwurf für Fußgänger"*. Was sollte dieser eigenartige Buchtitel bedeuten? Dieses Buch ist nicht für Leser geschrieben, die es besonders eilig haben, denen ein flüchtiger Blick auf die Dinge genügt, denen es nicht darauf ankommt, richtig Bescheid zu wissen, sondern die nur „mitreden" wollen.

Im Tourismus kennt man dieses Problem zur Genüge. Touristen werden mit Großstädten – wie London oder Berlin – während einer Sightseeing-Tour in 2 bis 3 Stunden bekannt gemacht. Kennen sie dann die Stadt? Rundreisen durch einen ganzen Kontinent wie Australien werden in 17 Tagen absolviert. Was weiß der Reisende dann über „Land und Leute"?

Beim Schreiben eines Lehrbuchs steht man vor demselben Problem: Soll man den Leser im Eiltempo durch das darzustellende Wissensgebiet jagen? Er wird dann von Vielem wenig wissen. Noch schlimmer: Er wird glauben, Ahnung von Dingen zu haben, von denen er doch nur „eine Ahnung" hat.

Man soll nicht glauben, dass der Aufbau eines Datenmodells und seine Transformation in eine Datenbank-Struktur in einfacher Weise zu bewerkstelligen seien. Es handelt sich dabei um komplizierte Probleme, die nicht dadurch einfacher werden, dass man sie vereinfacht darstellt. Wer sich ernsthaft mit dem Entwurf einer Datenbank beschäftigen möchte, braucht das gesamte dafür erforderliche Rüstzeug. Bekommt er in einem Lehrbuch nur vereinfachende Bruchstücke vermittelt, dann muss er ständig zwischen diesen Wissensfragmenten „interpolieren" und läuft dabei Gefahr, „Interpolationsfehler" zu begehen.

Das vorliegende Lehrbuch ist natürlich nicht das erste Buch über dieses Thema (und ganz gewiss auch nicht das letzte). Was also will der Autor anders machen als die Autoren vor ihm? Er will den Leser nicht im „Reisebus" auf der Überholspur durch das Thema führen, sondern möchte mit ihm als *Fußgänger* die Landschaft im Schritttempo erkunden. Der Leser wird sich dann am Ende der „geführten" Wanderung, wenn er wieder alleingelassen wird, im durchstreiften Gebiet sicherer bewegen können.

Das Schritttempo der Wanderung ist aber nicht nur für denjenigen ein Gewinn, der ein unbekanntes Terrain zum ersten Mal erkundet, sondern auch für den wiederholten Besucher, ja selbst für den Reiseleiter. Er entdeckt beim „Schlendern" Details, die auch er zuvor nicht gesehen hat, und zieht Ansichten in Zweifel, die ihm bisher als selbstverständlich erschienen sind. In diesem Sinn ist das Buch nicht nur für *„Einsteiger"* geschrieben, sondern kann auch für *„alte Hasen"* von Interesse sein.

Fünf *Aufgaben zum Datenbankentwurf* sollen den Leser in die Lage versetzen, sein erworbenes Wissen bei der Bearbeitung von praktischen Beispielen zu erproben. Der Vergleich mit den ausführlich kommentierten Lösungen ermöglicht eine individuelle Wissenskontrolle und macht das Buch auch für das Selbststudium geeignet. Die Lösungen finden Sie auf der Seite zum Buch unter „springer.com".

Dieses Buch ist im Ergebnis meiner Lehre entstanden, die ich an der *Hochschule für Wirtschaft und Recht Berlin* auf dem Gebiet des Datenbankentwurfs durchgeführt habe. Ich danke der Hochschule für Wirtschaft und Recht Berlin für die Unterstützung während des Schreibens dieses Buchs. Mein Dank gilt auch dem Verlag *Springer Vieweg* für die konstruktive Zusammenarbeit.

Begleiten Sie, verehrte Leser, mich nun als *„Fußgänger"* durch das Gebiet des Datenbankentwurfs!

Berlin, im März 2016   Helmut Jarosch

Inhaltsverzeichnis

Einführung

Die Gesamtheit der Informationen, über die ein Unternehmen verfügt, nimmt immer mehr den Charakter einer Ressource an. Diese Ressource muss ebenso verfügbar gehalten werden wie das Arbeitsvermögen, der Boden und das Kapital. Für die Verwaltung und Nutzung der Ressource „Information" werden Informationssysteme eingesetzt. Die Erfahrungen der Vergangenheit belegen, dass Unternehmen, die sich bei der Gestaltung ihrer Informationssysteme an den strategischen Unternehmenszielen orientieren, Wettbewerbsvorteile erlangen. Die auf dieses Ziel ausgerichtete Anwendung miteinander verzahnter Methoden für die Planung, die Analyse, den Entwurf und die Implementierung von automatisierten Informationssystemen bezeichnete Martin schon 1989 treffend als *„Information Engineering"* [MART89].

Information Engineering

Das Information Engineering ordnet sich in einen zweistufigen Prozess der Modellierung ein, der vom Entwurf fachspezifischer Modelle bis hin zur Entwicklung betrieblicher Informationssysteme reicht.

fachspezifische Wissensmodelle

In der *ersten Etappe* des Modellierungs-Prozesses werden unter Anwendung von fachwissenschaftlichen Methoden *fachspezifische Wissensmodelle* der betrieblichen Realität entwickelt. Jedes dieser Modelle ist die Widerspiegelung eines Ausschnitts der realen Welt aus der speziellen Sicht der jeweiligen Fachwissenschaft. Beispielsweise gewinnt man das Geschäftsmodell des Unternehmens durch die Anwendung von Analysemethoden der Betriebswirtschaftslehre. Durch die Anwendung von Methoden der Ingenieurwissenschaften erhält man dagegen ein Modell der Fertigungsprozesse des Unternehmens. Dabei kann ein und dieselbe Erscheinung der realen Welt in mehreren fachspezifischen Modellen jeweils aus einer unterschiedlichen Sicht beschrieben werden.

Fachkonzept

Die fachspezifischen Wissensmodelle bilden den Ausgangspunkt für das Information Engineering als die *zweite Etappe* des Modellierungs-Prozesses. In seinem Verlauf werden aus den einzelnen fachspezifischen Wissensmodellen unter anderem *Datenmodelle* und *Funktionenmodelle* abgeleitet, die in einer komplexen Modelldatenbank – in einem *Fachkonzept* – zusammengefasst werden.

Die Modellbank wird schließlich dazu verwendet, die betrieblichen Informationssysteme zu erstellen und zu pflegen.

Schwerpunkte
des Lehrbuchs

Das vorliegende Lehrbuch befasst sich mit einem Teilaspekt des Information Engineering. Es beschränkt sich dabei auf zwei Schwerpunkte:

- auf die Struktur-Beschreibung der Daten, die für die betriebliche Informationsverarbeitung benötigt werden, in der Gestalt eines *konzeptionellen Datenmodells*, das mit den Mitteln der grafischen Sprache des *Entity-Relationship-Modells* aufgestellt wird, und

- auf die Repräsentation des konzeptionellen Datenmodells in einer Datenbank in Form eines *logischen Datenschemas*. Die Datenbank folgt dabei den Strukturierungs-Prinzipien des *relationalen Datenbank-Modells*.

Der Aufbau des Lehrbuchs ist in der Abbildung E-1 veranschaulicht. Wenn der Leser den Weg durch die sechs Kapitel des Buchs beschreitet, wird er „als Fußgänger" die im Vorwort angekündigte Wanderung durch das Gebiet des Datenbankentwurfs unternehmen.

Kapitel 1

Das Kapitel 1 („Die Strecke") soll die Grundlage für das Verständnis der darauffolgenden Kapitel legen. Zunächst wird beschrieben, wie der Weg der *Erstellung betrieblicher Anwendungssysteme* traditionell beschritten wurde und welche Veränderungen er seitdem erfahren hat. Dann werden das Konzept, die Aufgaben und die Struktur eines *Datenbanksystems* erläutert. Schließlich werden die *Modelle* und *Schemata* besprochen, die im Umfeld des Datenbankentwurfs von Bedeutung sind.

Kapitel 2

Das Kapitel 2 („Die erste Etappe") befasst sich mit dem Entwurf eines *konzeptionellen Datenmodells*. Als Beschreibungssprache wird dabei die grafische Sprache des *Entity-Relationship-Modells* in einer Grundausbaustufe vorgestellt. An Hand eines durchgehenden Beispiels wird der Prozess der Datenmodellierung in vier Phasen detailliert beschrieben. Die erste Phase besteht in der *Klassifizierung*, durch die man Ordnung in die Vielfalt der betrieblichen Objekte bringen kann. Die zweite Phase hat die *Abstraktion* zum Ziel. Dabei wird von den inhaltlichen Details der betriebswirtschaftlichen Objekte abstrahiert: Die Objekte werden auf die für die Informationsverarbeitung relevanten Eigenschaften reduziert. Die dritte Phase beschäftigt sich mit der *Identifizierung*: Für die Objekte, die in einer Klasse zusammengefasst sind, wird geklärt, wie sie sich innerhalb dieser Klasse voneinander unterscheiden lassen. Die vierte Phase betrifft die *Beschreibung der sachlogischen Zusammenhänge* zwischen den Objekten. Überlegungen zur Modellierung in *Grenzfällen des Entity-Relationship-Modells*, zur Qualitätssicherung, die im Umfeld der Datenmodellierung als *Normalisierung* bezeichnet wird, und zum *Nutzen der Datenmodellierung* runden dieses Kapitel ab.

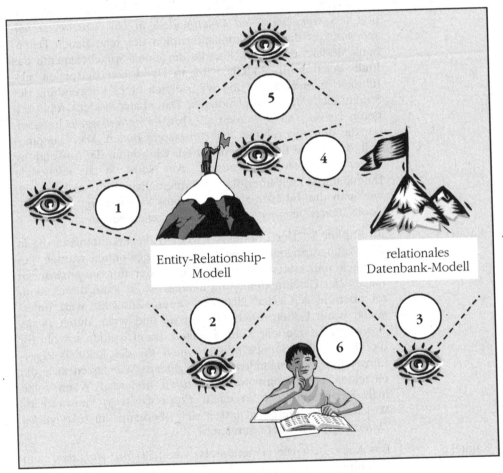

Abb. E-1: Aufbau des Lehrbuchs

Kapitel 3   Das Kapitel 3 („Die Zielstruktur") beschreibt die Möglichkeiten, die eine Datenbank für die *Repräsentation von Datenstrukturen* bietet. Dabei werden drei Datenbank-Modelle nach einer einheitlichen Systematik besprochen und einander gegenübergestellt. Zunächst werden das *hierarchische Datenbank-Modell* und das *Netzwerk-Datenbank-Modell* kurz charakterisiert. Das *relationale Datenbank-Modell* wird in seinen Grundprinzipien ausführlich dargestellt. Besondere Schwerpunkte bilden dabei die referenzielle Integrität sowie die Repräsentation von CM:CN-Beziehungstypen und von Rekursiv-Beziehungstypen.

Kapitel 4

Das Kapitel 4 („Die zweite Etappe") beschreibt die Transformation des *konzeptionellen Datenmodells* in ein *logisches Datenschema,* das den Gestaltungsprinzipien des relationalen Datenbank-Modells entspricht. Für die einzelnen Sprachelemente des Entity-Relationship-Modells wird an Hand von Beispielen ausführlich untersucht, ob und wie sie sich unter Verwendung der Strukturelemente des relationalen Datenbank-Modells repräsentieren lassen. Dabei werden *20 Transformationsregeln* hergeleitet, die den Algorithmus der Umsetzung bilden. Das Datenmodell, das wir im Kapitel 2 entwerfen, wird durch die Anwendung dieser 20 Transformationsregeln „*von Hand*" in das relationale Datenbank-Modell überführt. Als Alternative dazu wird gezeigt, wie man die Tabellen-Struktur – unter Verwendung des CASE-Tools *„PowerDesigner"* – automatisiert generieren kann.

Kapitel 5

Im Kapitel 5 („Der Überblick") werden die Erkenntnisse, die in den vorangegangenen Kapiteln verstreut gewonnen wurden, gesammelt und systematisiert. Der Leser, der nur an *praktischen* Fragen der Datenmodellierung interessiert ist, kann dieses Kapitel überschlagen oder „diagonal" lesen. Zunächst wird untersucht, wann Fakten durch *Objekttypen* und wann durch *Beziehungstypen* dargestellt werden sollten. Dann werden sowohl für die dualen Beziehungstypen als auch für die Rekursiv-Beziehungstypen die folgenden Fragen geklärt: Wie lassen sich die einzelnen Beziehungstypen *konstruktiv* herleiten? Wann sollte man Beziehungstypen in einen *Koppel-Objekttyp* umwandeln? Welche Beziehungstypen lassen sich überhaupt im *relationalen Datenbank-Modell* repräsentieren?

Kapitel 6

Das Kapitel 6 („Die Generalprobe") enthält *fünf Aufgaben* zum Datenbankentwurf. Durch das Lösen dieser Aufgaben kann der Leser nach der Lektüre des Lehrbuchs sein erworbenes Wissen überprüfen: Er kann für jeden der beschriebenen Gegenstandsbereiche das konzeptionelle Datenmodell entwickeln und es in ein logisches Datenschema für das relationale Datenbank-Modell überführen. Die Lösungen der Aufgaben sind angegeben; sie werden ausführlich kommentiert.

1 Die Strecke: Datenbankentwurf

Liebe Leserinnen und Leser! Wir befinden uns nun am Start unserer Wanderung durch das Gebiet des Datenbankentwurfs. Ehe wir uns aber auf den Weg begeben, wollen wir uns zunächst einen Überblick über die vor uns liegende Strecke verschaffen.

In diesem Kapitel werden die Grundlagen für das Verständnis der nachfolgenden Kapitel gelegt. Wir beschreiben, wie der Weg zur *Erstellung betrieblicher Anwendungssysteme* traditionell beschritten wurde und welche Veränderungen er seitdem erfahren hat. Dann werden das Konzept, die Aufgaben und die Struktur eines *Datenbanksystems* erläutert. Schließlich werden die *Modelle* und die *Schemata* besprochen, die im Umfeld des Datenbankentwurfs von Bedeutung sind. Die Einordnung dieses Kapitels in den Kontext des Lehrbuchs zeigt die Abbildung 1-1.

1.1 Der Weg der Entwicklung betrieblicher Anwendungssysteme

Wie schon in der Einführung zu diesem Buch dargelegt wurde, bilden die fachspezifischen Wissensmodelle den Ausgangspunkt für das *Information Engineering*, in dessen Verlauf aus diesen Wissensmodellen unter anderem *Datenmodelle* und *Funktionenmodelle* abgeleitet werden. Diese Modelle werden aus den fachspezifischen Wissensmodellen dadurch gewonnen, dass man von der semantischen Ausprägung des Wissens abstrahiert und dessen Beschreibung auf die syntaktischen Aspekte des Wissens reduziert.

semantische und syntaktische Informationsverarbeitung

Mit dem Begriffspaar der *semantischen* und der *syntaktischen Informationsverarbeitung* ist das Kernproblem der Automatisierung im Allgemeinen und der Entwicklung automatisierter Informationssysteme im Speziellen angesprochen. Die Transformation von semantischem Wissen in syntaktische Strukturen ist das größte Problem in jedem Projekt der Automatisierung. Während der Mensch zur semantischen Informationsverarbeitung fähig ist, kann der Computer lediglich eine syntaktische Informationsverarbeitung durchführen.

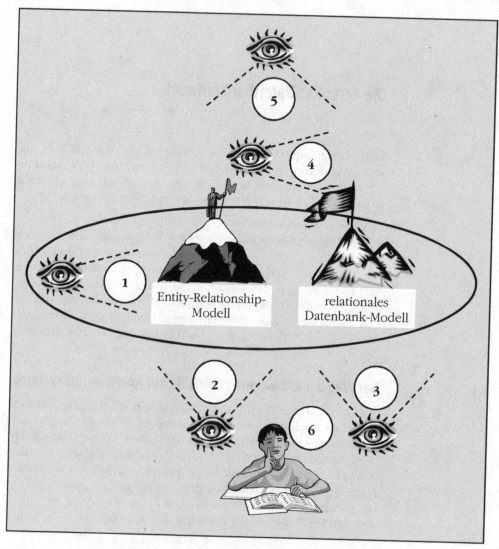

Abb. 1-1: Gegenstand des Kapitels 1

Der Mensch ist es gewohnt, Informationen unter Beachtung ihrer Bedeutung – also *semantisch* – zu verarbeiten und fehlende Angaben durch sein Hintergrundwissen zu ergänzen. So wird beispielsweise ein Personalchef bei der Beurteilung einer Bewerbung die Angabe des erlernten Berufs unter Kenntnis der Bedeutung dieses Berufs für sein Unternehmen und unter Berücksichtigung seines Hintergrundwissens bezüglich der üblichen Ausbildungswege und Ausbildungszeiten verarbeiten.

Der Computer ist dagegen nur in der Lage, strukturelle Informationen – ohne Berücksichtigung ihrer Bedeutung – zu verarbeiten, sodass alle Angaben durch *syntaktische* Konstruktionen repräsentiert werden müssen. Außerdem kann er nur diejenigen Informationen berücksichtigen, die ihm entweder explizit eingegeben wurden oder die er – nach Methoden der künstlichen Intelligenz – durch die Anwendung von Ableitungsregeln aus den explizit formulierten Angaben herleiten kann.

Sollen Informationsverarbeitungsprozesse, die bisher vom Menschen ausgeführt wurden, automatisiert werden, dann muss man zunächst ergründen, welche Informationen und Verarbeitungsregeln der Mensch verwendet. Das ist insofern problematisch, als sich der Mensch häufig gar nicht im Klaren darüber ist, welche Informationen (aus expliziten Fakten, aus Hintergrundwissen und aus hergeleiteten Angaben) er eigentlich für seine Tätigkeit auswertet.

traditioneller Weg

Der traditionell beschrittene Weg der Erstellung automatisierter *Anwendungssysteme* ist im Spannungsfeld von semantischer und syntaktischer Informationsverarbeitung in der Abbildung 1-2 dargestellt.

Das zu entwickelnde Anwendungssystem befindet sich auf der Ebene der syntaktischen Informationsverarbeitung. Es enthält – grob gesprochen – zwei wesentliche Komponenten:

1. Einen Speicher für alle Daten, die für die Verarbeitung erforderlich sind bzw. die im Ergebnis der Verarbeitung gewonnen werden. Dieser Speicher wird als *Datenbank* bezeichnet. Die Struktur der Datenbank muss dabei so festgelegt werden, dass sich alle benötigten Daten – mit ihren sachlogischen Zusammenhängen – redundanzfrei speichern lassen.

2. Ein *Anwendungsprogramm*, das die fachspezifischen Algorithmen enthält, nach denen die Informationsverarbeitung erfolgen soll.

Die Sachkenntnis über die logische Struktur der Daten und über die konkreten Schritte der Informationsverarbeitung liegt bei den Experten der betroffenen Fachabteilung. Das primäre Problem bei der Entwicklung des Anwendungssystems besteht nun darin, das *semantische Wissen* der Fachabteilung in die *syntaktischen Strukturen* der Datenbank und des Anwendungsprogramms zu transformieren. Für die Realisierung dieser Transformation werden traditionell *Anwendungsentwickler* herangezogen, die entweder in der IT-Abteilung des Unternehmens oder in externen Dienstleistungs-Unternehmen beschäftigt sind. Die Anwendungsentwickler haben es im Zuge ihrer Ausbildung gelernt, in syntaktischen Strukturen zu denken.

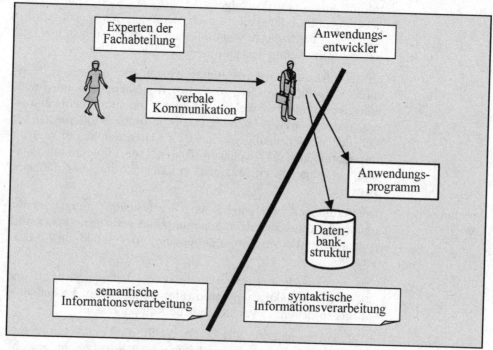

Abb. 1-2: Der traditionelle Weg der Anwendungsentwicklung

verbale Kommunikation

Die Übertragung des Fachwissens von den Spezialisten der Fachabteilung auf die Anwendungsentwickler erfolgt mittels *verbaler Kommunikation,* also in der natürlichen Sprache (beispielsweise in Besprechungen oder in Form eines Pflichtenhefts). Diese Form der Wissensvermittlung ist jedoch sehr störanfällig. Das hat hauptsächlich die folgenden Gründe:

- Die *natürliche Sprache* ist für eine Beschreibung komplex strukturierter Fachkenntnisse nur in beschränktem Maße geeignet. Verbale Aussagen enthalten naturgemäß viele Ungenauigkeiten und Mehrdeutigkeiten.

- Die Kommunikationspartner gehören *verschiedenen Fachrichtungen* an, benutzen zumeist eine voneinander abweichende Fachterminologie und verfügen gewöhnlich über ein unterschiedliches Hintergrundwissen.

- Die umfangreichen Fachkenntnisse, die die Spezialisten während der vielen Jahre ihrer Ausbildung und ihrer beruflichen Praxis erworben haben, lassen sich nicht in einem „*Crashkurs*" auf die Anwendungsentwickler übertragen.

- Das übermittelte Fachwissen ist an die *Person* des jeweiligen Anwendungsentwicklers gebunden. Steht dieser für später erforderliche Änderungen nicht mehr zur Verfügung, muss die Wissensvermittlung erneut erfolgen.

Der beschriebene traditionelle Weg der Anwendungsentwicklung führte zum sogenannten „Anwendungsstau", weil die Anwendungsentwickler die Vielzahl der geplanten Projekte nicht in der gewünschten Zeit bearbeiten konnten.

veränderter Weg

Der Ausweg aus diesem Dilemma lag im Übergang zu einem veränderten Weg der Erstellung von Anwendungssystemen. Bei diesem Weg wurde der Engpass der Transformation des semantischen Wissens in syntaktische Strukturen vermieden: Es wurden *Fachsprachen* entwickelt, die es den Experten der Fachabteilungen ermöglichen, selbst – gegebenenfalls unter methodischer Anleitung durch die Anwendungsentwickler – ihre Fachkenntnisse in syntaktischer Weise – d. h. exakt und vollständig – zu repräsentieren. Bei diesen Fachsprachen handelt es sich hauptsächlich um grafische Ausdrucksmittel, deren Anwendung keine spezielle IT-Ausbildung voraussetzt.

Die Abbildung 1-3 zeigt diesen veränderten Weg der Erstellung von Anwendungssystemen. Die stark ausgezogenen Pfeile kennzeichnen dabei diejenigen Entwicklungsaktivitäten, die in diesem Lehrbuch behandelt werden.

Modellierung

Die Repräsentation des Fachwissens erfolgt nun in einem *Modellierungs-Prozess*. Durch die Nutzung grafisch orientierter Fachsprachen können die Experten der Fachabteilung ihre Kenntnisse über die zu automatisierende Informationsverarbeitung in einem *Fachkonzept* zusammenstellen. Sie werden dabei von den Anwendungsentwicklern methodisch angeleitet.

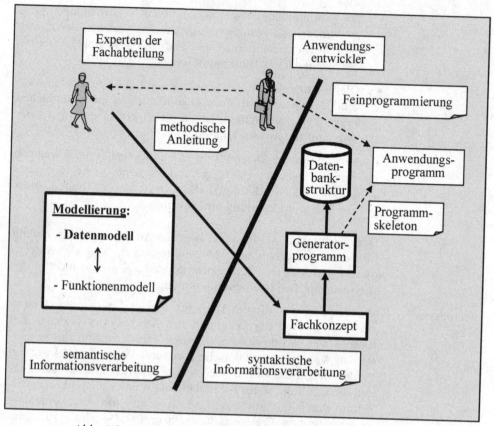

Abb. 1-3: Der veränderte Weg der Anwendungsentwicklung

Bewältigung der Komplexität Das Fachwissen, das die Experten der Fachabteilung zur Entwicklung eines betrieblichen Informationssystems beisteuern, ist durch eine hohe Komplexität gekennzeichnet. Um diese Komplexität zu beherrschen, bedient man sich des antiken Prinzips „Divide et impera!" („Teile und herrsche!"): Man beschreibt die betriebliche Realität – zunächst getrennt – unter zwei verschiedenen Blickwinkeln: zum einen unter dem Aspekt der benötigten Daten und zum anderen unter dem Aspekt der auszuführenden Informationsverarbeitungs-Prozesse. Die beiden Sichten auf die Realität werden später – wie durch eine stereoskopische Brille – zu einer Gesamtsicht zusammengeführt.

Fachkonzept Das Fachkonzept enthält die fachlich relevanten Vorgaben für das zu erstellende Informationssystem. Dabei sollen drei Aspekte besonders hervorgehoben werden:

1. Das *Datenmodell:* Es enthält alle Angaben über die Struktur der zu verarbeitenden bzw. der im Ergebnis der Verarbeitung gewonnenen Daten und über deren sachlogische Zusammenhänge. Als Modellierungssprache wird gewöhnlich die grafische Sprache des *Entity-Relationship-Modells* verwendet. Das Datenmodell steht in diesem Lehrbuch im Zentrum des Interesses.

2. Das *Funktionenmodell:* Es enthält eine fachlich begründete Gliederung der zu unterstützenden Prozesse der Informationsverarbeitung, die in diesem Zusammenhang als „Funktionen" bezeichnet werden. Als Modellierungssprache wird gewöhnlich die grafische Sprache des *Funktionenbaums* verwendet. Das Funktionenmodell wird im Rahmen dieses Lehrbuchs *nicht* behandelt.

3. Die *CRUD-Matrix:* Sie beschreibt die Querverbindungen zwischen dem Datenmodell und dem Funktionenmodell. Als Modellierungssprache wird gewöhnlich eine *Matrixdarstellung* verwendet. Das Akronym „CRUD" steht dabei für die vier Aktivitäten, die eine gegebene Funktion mit den Daten ausführen kann: „*C*reate", „*R*ead", „*U*pdate" und „*D*elete". Die CRUD-Matrix ist *nicht* Gegenstand dieses Lehrbuchs.

Generierung

Da das Fachkonzept auf der Ebene der syntaktischen Informationsverarbeitung angesiedelt ist, werden die Probleme, die beim traditionellen Weg der Anwendungsentwicklung auftraten, weitgehend vermieden. Außerdem besteht nun die Möglichkeit, die im Fachkonzept beschriebenen Angaben durch automatisierte Prozesse zu verarbeiten: Durch die Anwendung von *Generator-Programmen* werden aus dem Fachkonzept einerseits die Struktur der Datenbank und andererseits die Grundgerüste (Skeletons) der Anwendungsprogramme abgeleitet. Die auf diese Weise generierten Programmskeletons bringen bereits wesentliche Aspekte der Informationsverarbeitung zum Ausdruck, die von den Anwendungsentwicklern im Zuge der Feinprogrammierung zu lauffähigen Programmen ergänzt werden.

Vorzüge des
veränderten
Wegs

Der veränderte Entwicklungsweg weist gegenüber dem traditionellen Weg wesentliche Vorzüge auf:

- Alle verwendeten Beschreibungssprachen sind *syntaktisch* orientiert: Die Angaben im Fachkonzept sind eindeutig und können deshalb automatisch auf Vollständigkeit und Widerspruchsfreiheit überprüft werden.

- Die Experten der Fachabteilung und die Anwendungsentwickler arbeiten mit einer klaren *Kompetenzen-Teilung* zusammen: Die Anwendungsentwickler betreuen den Modellierungsprozess lediglich aus methodischer Sicht, während das Fachwissen von den Experten – unter Verwendung der Modellierungssprachen – dargestellt wird.

- Das Fachwissen ist im Fachkonzept *personen-unabhängig* repräsentiert. Es kann bei Bedarf von den Experten der Fachabteilung selbst modifiziert werden.

CASE-
Technologie

Der veränderte Entwicklungsweg wird als *CASE-Technologie* bezeichnet. Dabei steht das Akronym „CASE" für „**C**omputer **A**ided **S**oftware **E**ngineering".

Der Bestandteil „*SE*" (Software Engineering) weist auf einen angestrebten Idealzustand der Programm-Entwicklung hin. In der Anfangszeit der Computer-Programmierung wurde das Programmieren wie eine Kunst betrieben[1]: Der Programmierer schrieb sein Programm auf höchst individuelle Weise, wobei eine eigenwillige Bezeichnung der Programmvariablen und eine trickreiche Algorithmen-Gestaltung üblich waren. Das führte dazu, dass die entwickelten Programme von anderen Programmierern nur sehr schwer zu verstehen und zu verändern waren. Allmählich setzte sich die Erkenntnis durch, dass auch das Programmieren aus dem Bereich der „Kunst" in das Gebiet der Ingenieurwissenschaften gerückt werden müsse, dass also der Prozess der Software-Erstellung nach bewährten Methoden erfolgen muss.

Der Zusatz „*CA*" (Computer Aided) besagt, dass für die Entwicklung von Computer-Programmen der Computer verwendet wird.

Der Begriff „CASE-Technologie" kann also wie folgt definiert werden:

---

[1] Bezeichnenderweise trug das damalige Standard-Kompendium der Programmierung von Donald E. Knuth den Titel: „The **Art** of Computer Programming".

CASE

Definition: **Unter der *CASE-Technologie* versteht man die Entwicklung von Software nach ingenierwissenschaftlichen Methoden unter Verwendung eines Computers.**

Im Rahmen der CASE-Technologie wird der Computer auf mehreren Ebenen genutzt, wie das die Abbildung 1-4 zeigt.

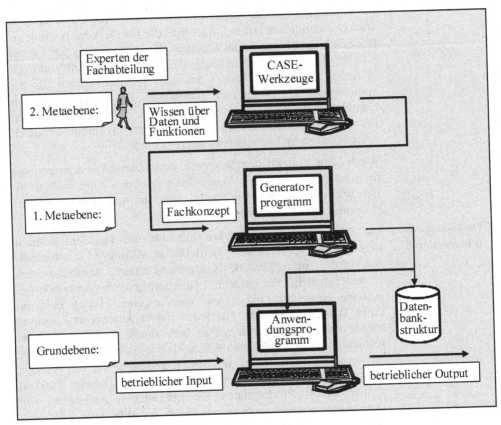

Abb. 1-4: Computer-Nutzung auf mehreren Ebenen

Computernutzung auf mehreren Ebenen

Auf der *Grundebene* wickelt der Computer mithilfe eines Anwendungsprogramms die betriebliche Datenverarbeitung ab, indem er betriebliche Input-Daten zu betrieblichen Output-Daten verarbeitet. Das Anwendungsprogramm wird auf der nächsthöheren Ebene – also auf der *1. Metaebene* – von einem Generator-

Programm durch Auswertung des Fachkonzepts erzeugt. Das Fachkonzept ist wiederum das Ergebnis der Computernutzung auf der *2. Metaebene,* auf der es durch CASE-Werkzeuge aus dem Wissen zusammengestellt wird, das die Experten der Fachabteilung über die erforderlichen Daten und die auszuführenden Funktionen eingeben.

1.2   Das Datenbanksystem

Im vorangegangenen Abschnitt wurde die Datenbank als der Speicher sämtlicher Daten eingeführt, die für die Verarbeitung erforderlich sind bzw. die im Ergebnis der Verarbeitung gewonnen werden. Doch bei weitem nicht alle betrieblichen Anwendungssysteme, die in der Praxis verwendet werden, nutzen für die Speicherung der Daten eine Datenbank. Die Vorzüge, die ein Datenbank-Anwendungssystem gegenüber den herkömmlichen Datei-Anwendungssystemen bietet, werden in einem Vergleich dieser beiden Architektur-Prinzipien sichtbar.

Wir wollen deshalb den Weg von den Datei-Anwendungssystemen zu den Datenbank-Anwendungssystemen kurz nachzeichnen und die Vorteile deutlich machen, die man durch den Einsatz einer Datenbank gewinnt.

Datei-Anwendungssysteme

Die *Datei-Anwendungssysteme* sind historisch aus dem Wunsch heraus entstanden, isolierte betriebliche Abläufe zu automatisieren. In der Anfangszeit des Computer-Einsatzes wurden in den Unternehmen für die einzelnen Geschäftsbereiche Anwendungssysteme eingeführt, die jeweils ihre „eigenen" Daten in Form einer Datei verwalteten. Für jedes dieser Anwendungssysteme wurde von den Entwicklern eine individuelle Struktur der Datei festgelegt, die – zumindest nach Ansicht der Entwickler – für die zu verarbeitenden Daten am besten geeignet war. So wurden beispielsweise Personaldaten häufig in einer anderen Struktur gespeichert als Produktdaten. Es entstand eine Architektur von Datei-Anwendungssystemen, wie sie in der Abbildung 1-5 dargestellt ist.

Vorteil der Datei-Anwendungssysteme

Der Vorteil dieser Architektur besteht darin, dass jedes Anwendungssystem *direkt* auf die Daten in „seiner" Datei zugreifen kann. Dadurch wird im operativen Betrieb eine hohe Effizienz erreicht. Der „Zugriff" auf die Daten betrifft die vier Aktivitäten, die wir bereits im Akronym „CRUD" kennengelernt haben:

*C*reate: Speichern neuer Daten,

*R*ead: Lesen von Daten, ohne sie zu verändern,

*U*pdate: Lesen, Ändern und Zurückspeichern von Daten,

*D*elete: Löschen von Daten.

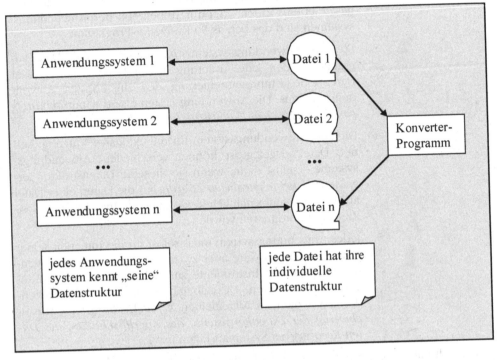

Abb. 1-5: Architektur von Datei-Anwendungssystemen

Nachteile von Datei-Anwendungssystemen

Dem Vorteil der hohen Effizienz dieser Architektur stehen jedoch gewichtige Nachteile gegenüber. Einige sollen besonders hervorgehoben werden:

1. Da jedes Anwendungssystem seine „private" Datei verwendet, bleibt es nicht aus, dass Daten, die in mehreren Anwendungssystemen benötigt werden, auch mehrfach gespeichert werden: Man spricht dann von einer *redundanten Datenspeicherung*. Auf das Problem redundant gespeicherter Daten werden wir im Kapitel 2 (Abschnitte 2.4.2 und 2.6) näher eingehen.

2. Da jede Datei ihre individuelle Datenstruktur besitzt, kann beispielsweise das „Anwendungssystem n" nicht ohne weiteres auf die Daten der „Datei 1" zugreifen. Durch ein *Konverter-Programm* müssen die Daten der „Datei 1" erst in die Datenstruktur der „Datei n" überführt werden. Sollen nun allen n Anwendungssystemen sämtliche Daten zur Verfügung gestellt werden, dann müssen n·(n-1) Konverter-Programme geschrieben werden[2]. Bei nur 10 betrieblichen Anwendungssystemen sind das bereits 90 Konverter-Programme.

3. Da jedes Anwendungssystem *unmittelbar* auf seine Datei zugreift, erfordert jede Änderung in der Datenstruktur dieser Datei eine Umprogrammierung des zugehörigen Anwendungssystems. Die Anwendungssysteme sind somit *abhängig von der physischen Datenstruktur.*

4. Da jedes Anwendungssystem für die exklusive Nutzung „seiner" Datei ausgelegt ist, können verschiedene Anwendungssysteme – selbst dann, wenn sie dieselbe Datenstruktur „erwarten", – *keine parallelen Zugriffe* auf die Daten einer Datei ausführen. Es gibt nämlich keine „zentrale Instanz", die diese Zugriffe koordinieren würde.

5. Jedes Anwendungssystem muss selbst für die Integrität seiner Daten sorgen. Es wäre aber zu aufwändig, in jedem Anwendungssystem alle Instrumente zur Sicherung der Daten-Integrität zu realisieren. Deshalb gibt es in den Datei-Anwendungssystemen im Allgemeinen *keine Mechanismen zur Sicherung der Datenkonsistenz, des Zugriffsschutzes, des Daten-Recovery* bei Systemausfällen usw.

Vergleich mit einer kleinen Bücher-sammlung	Die Situation ist vergleichbar mit der Büchersammlung (≅ Datei) in der Wohnung von Herrn Abel, in der die Bücher (≅ Daten) nach einer Systematik (≅ Datenstruktur der Datei), die Herr Abel für sinnvoll hält, in die Regale eingestellt sind. Herr Abel – als Benutzer der Büchersammlung (≅ Anwendungssystem) – geht persönlich an die Regale und sucht sich die benötigten Bücher heraus. Die Inhaberin der Nachbarwohnung, Frau Beck, hat sich ebenfalls eine häusliche Büchersammlung aufgebaut. Die oben genannten Nachteile sind nun ganz offensichtlich:

---

[2] Der Ausdruck n·(n-1) ist leicht einzusehen: Für *ein* Anwendungssystem müssen die Daten der „fremden" (n-1) Dateien konvertiert werden. Da dies für *jedes der n* Anwendungssysteme gilt, sind insgesamt n·(n-1) Konverter-Programme erforderlich.

1. Bücher, die sowohl Herrn Abel als auch Frau Beck interessieren, befinden sich in beiden Sammlungen.

2. Frau Beck hat Probleme, in der Büchersammlung von Herrn Abel ein gewünschtes Buch zu finden, weil sie das Ordnungsprinzip von Herrn Abel nicht kennt.

3. Wenn Frau Beck während des Urlaubs von Herrn Abel dessen Wohnung betreut und die Systematik seiner Bücheraufstellung ändert, muss dieser seinen „Suchalgorithmus" umstellen (und Frau Beck nie wieder in seine Wohnung lassen!).

4. Wenn Frau Beck bei Herrn Abel zu Besuch ist und beide gleichzeitig auf dasselbe Buch zugreifen wollen, kommt es zu Konflikten.

5. Es wird sich nicht lohnen, aufwändige Maßnahmen zur Sicherung der Integrität der häuslichen Büchersammlung zu ergreifen. Das betrifft die Konsistenz (wenn es beispielsweise zu einem zweiten Band den ersten Band nicht mehr gibt), den Zugriffsschutz (wenn sich ein Besucher ohne Erlaubnis ein Buch „ausgeliehen" hat), das Recovery (wenn ein Buch beschädigt oder zerstört wurde) usw.

Probleme bei großen Büchersammlungen

Für *große Büchersammlungen* – beispielsweise in öffentlichen Bibliotheken – ist dieses Organisationsprinzip natürlich nicht geeignet. Dort werden die Buchbestände „professionell" verwaltet. Dem Benutzer – als „Laienkünstler in Sachen Bücherverwaltung" – wird der direkte Zugriff auf die Bücher verwehrt. Er weiß nicht mehr, wo und wie sie aufgestellt sind. Darum ist auch eine eventuelle Umstrukturierung der Buchbestände für ihn völlig uninteressant. Er muss sich auch um Fragen der Integrität der Sammlung oder um Probleme des gleichzeitigen Zugriffs auf ein Buch keine Gedanken machen. Sein Ansprechpartner ist in jedem Fall der „Experte für die Büchersammlung": der Bibliothekar. Alle Wünsche hinsichtlich des Zugriffs auf die Bücher werden über den Bibliothekar abgewickelt. Als Kommunikationssprache dient die Sprache, die der Bibliothekar versteht.

Datenbank-Management-system

Bei der Verwaltung *großer Datenmengen* ist man denselben Weg gegangen. Statt der vielen „Laienkünstler in Sachen Datenspeicherung", als die wir die Datei-Anwendungssysteme bezeichnen können, hat man für das Management der umfangreichen Daten einen „Experten" hinzugezogen, der jederzeit über das aktuelle technologische Wissen bezüglich der Datenspeicherung verfügt.

Dieser „elektronische Experte" ist ein leistungsfähiges Programm, das als *„Datenbank-Managementsystem"* bezeichnet wird. Die prinzipielle Architektur von *Datenbank-Anwendungssystemen* ist in der Abbildung 1-6 dargestellt.

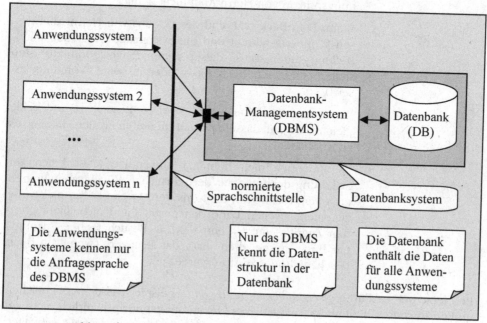

Abb. 1-6: Architektur von Datenbank-Anwendungssystemen

Datenbank-
system

Die Anwendungssysteme sind nun von der physischen Speicherstruktur der Daten „entkoppelt": sie können nicht mehr *direkt* auf die Daten zugreifen. Ihr „Gesprächspartner" für alle Wünsche hinsichtlich des Datenzugriffs ist das *Datenbanksystem*. Das Datenbanksystem verwaltet die Daten für alle Anwendungssysteme in einer *Datenbank*. Das „Expertenwissen" über das effiziente Management der Daten ist in den Programmen des *Datenbank-Managementsystems* hinterlegt. Es allein „kennt" die Struktur, in der die Daten in der Datenbank abgelegt sind. Die Kommunikation zwischen den Anwendungssystemen und dem Datenbanksystem erfolgt über eine *normierte Sprachschnittstelle*. Sie legt die Art und Weise fest, in der ein Anwendungssystem dem Datenbanksystem Aufträge erteilt.

normierte
Sprach-
schnittstelle

In der Einführung einer normierten Sprachschnittstelle für den Datenzugriff liegt einer der Hauptvorteile der Architektur gemäß der Abbildung 1-6. Die normierte Sprachschnittstelle bietet nämlich die Möglichkeit, das spezielle Datenbank-Managementsystem des einen Software-Anbieters gegen das eines anderen auszutauschen. Das Anwendungssystem ist somit nicht nur von der physischen Speicherstruktur der Daten, sondern sogar vom speziellen Datenbank-Managementsystem entkoppelt.

Bei einem Austausch des Datenbank-Managementsystems muss das Anwendungsprogramm nun nicht mehr geändert werden, weil alle Programm-Abschnitte, die die Kommunikation mit dem – richtiger: mit einem *beliebigen* – Datenbank-Managementsystem abwickeln, vom jeweils verwendeten Datenbank-Managementsystem unabhängig sind. In unserem Bibliotheks-Beispiel kann es dem Bibliotheks-Benutzer – von Sympathien einmal abgesehen – ja auch egal sein, mit welchem Bibliothekar er kommuniziert, wenn alle Bibliothekare dieselbe Sprache sprechen.

Structured
Query
Language

Die normierte Sprache für den Datenzugriff wird *SQL* (*S*tructured *Q*uery *L*anguage[3]) genannt. Neben ihren sonstigen Funktionen ist sie vor allem dafür entwickelt worden, die Anforderungen der Anwendungssysteme hinsichtlich des Speicherns, des Lesens, des Änderns und des Löschens von Daten formulieren zu können. Die Sprache SQL liegt nach ihrer ersten Standardisierung durch die ISO (*I*nternational *S*tandardization *O*rganization) im Jahr 1986 nun bereits als SQL:2011-Standard vor. Für weitere Einzelheiten sei der interessierte Leser auf die entsprechende Fachliteratur verwiesen, beispielsweise auf [SQL011, ZEMK12].

Wir können nun die beiden Begriffe „Datenbank" und „Datenbank-Managementsystem" definieren:

Datenbank

Definition: Eine *Datenbank* (engl. Data Base – DB) ist eine Sammlung von strukturierten Daten, zwischen denen sachlogische Zusammenhänge bestehen.

---

3   Eigentlich sollte man das Akronym SQL besser als *Standard* Query Language interpretieren, weil der Hauptnutzen der Sprache SQL in ihrer Standardisierung liegt.

Datenbank-
Management-
system

Definition: **Ein *Datenbank-Managementsystem* (engl.
Data Base Management System – DBMS)
ist ein Programmsystem, das die notwendige Software für alle Aspekte der Daten-
verwaltung bereitstellt.**

Vorzüge von
Datenbank-
Anwendungs-
systemen

In einer Gegenüberstellung mit den beschriebenen Nachteilen
von Datei-Anwendungssystemen ergeben sich nun die Vorzüge
eines Datenbank-Anwendungssystems gemäß der Architektur der
Abbildung 1-6:

1. Da die Daten aller Anwendungssysteme in ein und derselben
   Datenbank abgelegt sind, müssen die Daten nur einmal gespeichert werden (*Redundanzfreiheit*). Das bedeutet jedoch,
   dass die physische Struktur der Daten nicht auf die speziellen Bedürfnisse eines Anwendungssystems ausgerichtet sein
   kann, sondern dass sie für alle bereits existierenden – und
   auch für künftige – Anwendungssysteme gleichermaßen geeignet sein muss. Die Anwendungssysteme mit ihren speziellen Anforderungen an die Daten, die von den jeweiligen
   Verarbeitungszielen abhängen, sind nun entkoppelt von der
   physischen Struktur der Daten in der Datenbank, die dem
   prinzipiellen Ziel der Redundanzfreiheit verpflichtet ist. Man
   spricht von *logischer Datenunabhängigkeit*.

2. Da die Anwendungssysteme von der physischen Speicherstruktur der Daten entkoppelt sind, kann prinzipiell jedes
   Anwendungssystem auf sämtliche Daten zugreifen[4]. Die in
   der Datenbank gespeicherten Daten können also in unter-
   schiedlichster Weise verarbeitet werden (*Flexibilität*).

3. Da die Anwendungssysteme nur noch Bezug auf die logische – und nicht mehr auf die physische – Struktur der Daten nehmen, haben Änderungen in der Datenstruktur, die
   aus Gründen der Reorganisation oder der Effizienzsteigerung
   durchgeführt werden, keinen Einfluss auf die Anwendungsprogramme (*physische Datenunabhängigkeit*).

---

[4] Da aber ein unkontrollierter Zugriff meist unerwünscht ist, kann er
durch gezielt vergebene Zugriffsrechte eingeschränkt werden. Die
Zugriffsrechte legen fest, welcher Benutzer (bzw. welche Benutzergruppe) auf welche Daten in welcher Weise (CRUD) zugreifen darf.

4. Da die Datenzugriffe der Anwendungssysteme durch eine zentrale Instanz – nämlich durch das Datenbank-Managementsystem – koordiniert werden, lassen sich Konflikte vermeiden, die sonst bei konkurrierenden Zugriffen durch mehrere Anwendungssysteme – also im *Mehrbenutzerbetrieb* – auftreten könnten.

5. Die Anwendungssysteme müssen sich nicht mehr um die Integrität der Daten kümmern. Dafür sorgt nun das Datenbank-Managementsystem. Es enthält die technologisch fortschrittlichsten Mechanismen zur Lösung der folgenden Aufgaben:

   - Sicherung der Vollständigkeit, der Korrektheit und der Widerspruchsfreiheit der Daten (*Datenintegrität*),

   - Schutz vor unbefugtem Zugriff (*Zugriffsschutz*),

   - Wiederherstellung eines korrekten Datenzustands nach Störungen infolge von Software- und Hardwarefehlern (*Recovery*).

Nachteil von Datenbank-Anwendungssystemen

Als einen Vorteil der Datei-Anwendungssysteme haben wir ihre hohe Effizienz angeführt, die daher rührt, dass die Anwendungsprogramme *direkt* auf die Daten in der Datei zugreifen. Die Datenbank-Anwendungssysteme nehmen dagegen für den Datenzugriff die „Vermittlungsdienste" des Datenbank-Managementsystems in Anspruch. Diese zusätzliche „Schaltstelle" reduziert natürlich zunächst die Ausführungsgeschwindigkeit der Datenzugriffe. In der Regel können die Datenbank-Managementsysteme diesen Nachteil aber durch interne Vorkehrungen zur *Effizienz-Steigerung* überkompensieren, indem sie die Datenzugriffe durch die Verwendung von Indizes und durch die Optimierung der Suchprozesse beschleunigen.

1.3   Modelle und Schemata

Der Weg des Datenbankentwurfs gemäß der CASE-Technologie, wie er in der Abbildung 1-3 veranschaulicht wird, beginnt mit der Beschreibung der betrieblichen Realität in Gestalt eines Fachkonzepts und endet mit der Strukturierung der Datenbank. Bei diesem Vorgehen sind auf mehreren Ebenen Prozesse der Abstraktion und der Modellbildung erforderlich. Das hat in der Fachliteratur, die sich mit dem Datenbankentwurf beschäftigt, zu einem „inflationären" Gebrauch des Begriffs „Modell" geführt. Die dort verwendeten Benennungen für die Resultate der Modellbildungs-Prozesse sind uneinheitlich und führen zu einem

„heillosen Durcheinander", das zusätzlich auch noch dadurch gesteigert wird, dass ein und dieselbe Benennung mitunter für völlig verschiedene Konzepte verwendet wird.

Wir wollen in diesem Lehrbuch Konfusionen in der Terminologie vermeiden und führen deshalb für jedes zu beschreibende Konzept eine individuelle Benennung ein, die allerdings so nicht unbedingt in anderen Lehrbüchern anzutreffen ist.

Wir wollen im Umfeld des Datenbankentwurfs zunächst zwei Beschreibungsebenen deutlich voneinander unterscheiden:

2 Beschreibungsebenen

I. Beschreibung von *Strukturierungs-Möglichkeiten* der Daten: Auf dieser Ebene sind die Beschreibungssprachen angesiedelt, die aufgrund ihrer jeweiligen Mächtigkeit die prinzipiellen Möglichkeiten für die Datenstrukturierung festlegen.

II. Beschreibung von *speziellen Datenstrukturen:* Auf dieser Ebene werden die Strukturen der Daten für einen konkreten Ausschnitt der Realität beschrieben.

Beginnen wir mit der Ebene I: mit der Beschreibung der *Strukturierungs-Möglichkeiten* der Daten. In der Abbildung 1-7 sind vier Gegenstandsbereiche dargestellt, wobei die in diesem Lehrbuch untersuchten Gegenstandsbereiche stark umrandet sind:

Strukturierungs-Möglichkeiten der Daten

I a) *Ausschnitt der Realität,* über den Informationen gespeichert werden sollen: Der Ausschnitt kann die Arbeitsumgebung eines Mitarbeiters sein, er kann aber auch das gesamte Unternehmen umfassen. Die Beschreibung erfolgt mithilfe von Fachsprachen – beispielsweise mithilfe der Fachsprache der Betriebswirtschaftslehre.

I b) Möglichkeiten zur Beschreibung der Datenstrukturen des Realitäts-Ausschnitts *unabhängig von der informationstechnischen Realisierung:* Als geeignete Beschreibungssprache werden wir im Kapitel 2 das „*Entity-Relationship-Modell*" (ERM) kennen lernen. Andere Beschreibungssprachen – so etwa die Unified Modeling Language (UML) für die *objektorientierte Modellierung* von Informationssystemen – werden wir in diesem Buch nicht behandeln.

I c) Möglichkeiten zur Beschreibung der Datenstrukturen, die ein konkretes *Datenbank-Managementsystem* bietet: Wir bezeichnen die prinzipiellen Möglichkeiten für die Speicherung der Daten als „*Datenbank-Modell*". Im Kapitel 3 unterscheiden wir das hierarchische Datenbank-Modell, das Netzwerk-Datenbank-Modell und das relationale Datenbank-Modell. Für das relationale Datenbank-Modell wird eine Sprache zur Beschreibung von Tabellen – die Sprache der *„Tabellen-Typbeschreibung"* – entwickelt.

I d) Möglichkeiten zur Beschreibung der *physischen Datenstrukturen:* In diesem Gegenstandsbereich wird beschrieben, wie die Daten physisch gespeichert werden und wie der Zugriff auf die Daten realisiert wird. Für die Beschreibung wird eine spezielle Speicher-Beschreibungssprache (DSDL – *D*ata *S*torage *D*escription *L*anguage) verwendet, die jedoch in diesem Lehrbuch nicht behandelt wird.

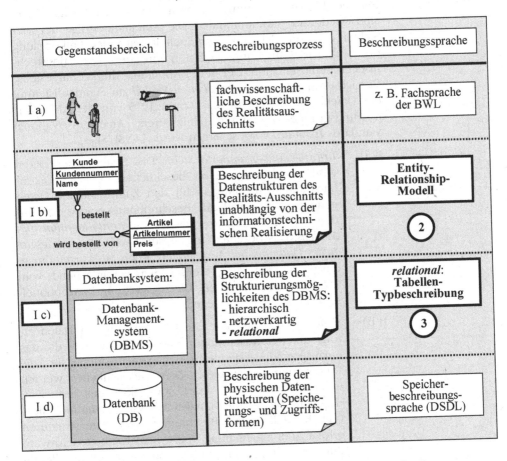

Abb. 1-7: Beschreibung von Strukturierungs-Möglichkeiten der Daten

Beschreibung
von Daten-
strukturen

Wir wenden uns nun der Ebene II des Datenbankentwurfs zu: der *Beschreibung von speziellen Datenstrukturen*. Auf dieser Ebene sind die Resultate der Beschreibungsprozesse angesiedelt. Die in den Beschreibungs-Resultaten formulierten Angaben werden häufig als *Meta-Daten* bezeichnet, weil sie nicht die eigentlichen Nutzdaten repräsentieren, sondern *Daten über die Struktur der Nutzdaten* sind.

Die Beschreibung der Datenstrukturen erfolgt unter vier Sichten, die in der Abbildung 1-8 als die „*informations-orientierte*", die „*daten-orientierte*", die „*anwendungs-orientierte*" und die „*performance-orientierte*" *Sicht* bezeichnet werden. Die beiden Sichten, die den Untersuchungsgegenstand dieses Lehrbuchs bilden, sind wiederum stark umrandet. Die Aufeinanderfolge der vier Sichten orientiert sich an der graduell absteigenden Entkopplung der Struktur-Beschreibung der Daten von ihrer informationstechnischen Repräsentation. Der in der Abbildung dunkel dargestellte Bereich entspricht dem *Drei-Ebenen-Modell* zur Standardisierung der Datenbank-Architektur, das schon 1975 von der ANSI-Normierungsgruppe für Systemarchitekturen (**A**merican **N**ational **S**tandards **I**nstitute) vorgeschlagen wurde [ANSI75].

II a)   *Informations-orientierte Sicht:* Die Struktur der Daten wird unabhängig davon beschrieben, welches Datenbank-Managementsystem für den Zugriff auf die Daten genutzt werden soll. Als Beschreibungssprache verwenden wir die grafische Sprache des *Entity-Relationship-Modells*. Das Beschreibungs-Resultat wird als „*konzeptionelles Datenmodell*" bezeichnet. Wenn Missverständnisse ausgeschlossen sind, werden wir vereinfachend vom „*Datenmodell*" sprechen. Die Entwicklung konzeptioneller Datenmodelle ist Gegenstand des Kapitels 2.

II b)   *Daten-orientierte Sicht:* Die Beschreibung der Daten erfolgt unter Berücksichtigung der Möglichkeiten, die das einzusetzende Datenbank-Managementsystem für die Datenstrukturierung bietet. Diese Möglichkeiten werden in erster Linie durch das Datenbank-Modell festgelegt, das dem Datenbank-Managementsystem zugrunde liegt (vgl. Kapitel 3). Die Beschreibung der Datenstrukturen erfolgt aber unabhängig von einem konkreten Anwendungssystem und unabhängig von der physischen Repräsentation der Daten. Als Beschreibungssprache für die datenorientierte Sicht werden wir im Kapitel 3 die Sprache der *Tabellen-Typbeschreibung* entwickeln. Das Beschreibungs-Resultat bezeichnen wir als *„logisches Datenschema"*. Für die Implementierung des logischen Datenschemas im einzusetzenden relationalen Datenbank-Managementsystem wird in der Regel eine Datenbeschreibungssprache (DDL – *D*ata *D*escription *L*anguage) verwendet. Mit dem Problem der Transformation eines konzeptionellen Datenmodells in ein logisches Datenschema befasst sich das Kapitel 4.

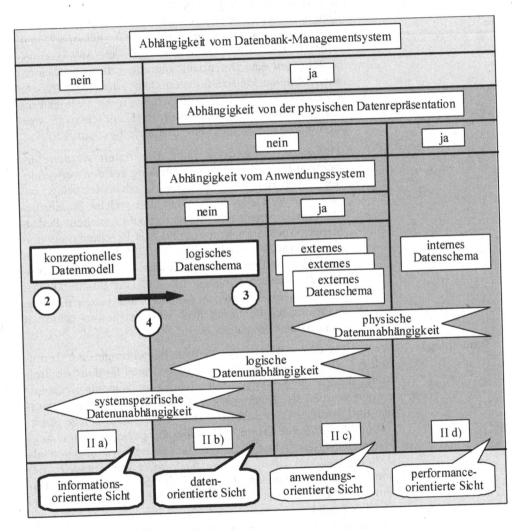

. Abb. 1-8: Beschreibung von Datenstrukturen

II c)   *Anwendungs-orientierte Sicht:* Die Struktur der Daten wird zwar unter Berücksichtigung des einzusetzenden Datenbank-Managementsystems und aus der Sicht eines konkreten Anwendungssystems beschrieben, aber unabhängig von der physischen Form der Datenspeicherung. Die Beschreibung der Daten erfolgt aus der Sicht (engl. view) eines konkreten Benutzers (bzw. einer konkreten Benutzergruppe) oder eines speziellen Anwendungsprogramms. Als Beschreibungssprache dient wiederum die Datenbeschreibungssprache *DDL.* Das Resultat einer solchen Strukturbeschreibung wird als ein *„externes Datenschema"* bezeichnet. Da in der Regel viele Anwendungssysteme auf eine Datenbank zugreifen, die gemäß einem gemeinsamen logischen Datenschema aufgebaut ist, gibt es zu einem logischen Datenschema meist viele externe Datenschemata. Mit den externen Datenschemata werden wir uns in diesem Lehrbuch nicht beschäftigen.

II d)   *Performance-orientierte Sicht:* Die Daten werden hinsichtlich ihrer physischen Darstellung auf den verwendeten Speichermedien beschrieben. Es wird festgelegt, wo und wie die Daten gespeichert und welche Zugriffsmechanismen verwendet werden. Dabei stehen Performance-Aspekte im Vordergrund. Als Beschreibungssprache stellt das jeweilige Datenbank-Managementsystem eine Speicherbeschreibungssprache (DSDL – **D**ata **S**torage **D**escription **L**anguage) bereit. Das Beschreibungs-Resultat wird als *„internes Datenschema"* bezeichnet. Die performance-orientierte Sicht wird in diesem Lehrbuch nicht näher betrachtet.

Terminologie   Wir wollen dieses Kapitel mit einigen Bemerkungen zur Terminologie abschließen. Wir haben eine Daten-Strukturbeschreibung, die für ein konkretes Datenbank-Managementsystem entworfen wurde, als „Daten*schema*" bezeichnet (logisches, externes und internes Datenschema). Die system-unabhängige Strukturbeschreibung der Daten, die auf kein spezielles Datenbank-Managementsystem Bezug nimmt, bezeichnen wir dagegen als „Daten*modell*", genauer: als *„konzeptionelles* Daten*modell".* Bei den beiden Benennungen „Entity-Relationship-*Modell*" und „Datenbank-*Modell*" verwenden wir den Modell-Begriff, weil hier tatsächlich Modelle von Konstrukten beschrieben werden, bei denen man von der Fülle ihrer Aspekte abstrahiert und sich nur auf die relevanten Teilaspekte beschränkt.

2 Die erste Etappe: Von der Realität zum konzeptionellen Datenmodell

Im Kapitel 1 wurde die Datenmodellierung als eine Methode vorgestellt, die dazu dient, das bei den Experten der jeweiligen Fachabteilung vorhandene semantische Wissen über die im betrieblichen Umfeld benötigten Informationen in einer syntaktischen Form darzustellen. Im Zuge der Datenmodellierung soll ein präzises und vollständiges Modell für den Informationsbedarf des betrachteten Realitäts-Ausschnitts aufgestellt werden, das die Grundlage für die Entwicklung neuer oder für die Erweiterung bestehender Anwendungssysteme bildet.

Dieses Kapitel befasst sich mit dem Entwurf eines *konzeptionellen Datenmodells*. Als grafische Beschreibungssprache stellen wir die Sprache des *Entity-Relationship-Modells* in einer Grund-Ausbaustufe vor. An Hand eines durchgehenden Beispiels wird der Prozess der Datenmodellierung in vier Phasen detailliert beschrieben. Die Einordnung dieses Kapitels in den Kontext des Lehrbuchs zeigt die Abbildung 2-1.

Entity-Relationship-Modell

Die Datenmodellierung unter Verwendung der sprachlichen Mittel des Entity-Relationship-Modells ist eine spezielle Information-Engineering-Technik, die den Entwurf eines konzeptionellen Datenmodells von hoher Qualität ermöglicht. Diese Methode wurde 1976 von Chen [CHEN76] entwickelt und seitdem mehrfach verbessert und erweitert. In diesem Lehrbuch werden wir nur die wichtigsten Sprachelemente des Entity-Relationship-Modells vorstellen. Ergänzende Sprachelemente findet der interessierte Leser beispielsweise in [KEMP15].

konzeptionelles Datenmodell

Das *konzeptionelle Datenmodell*, das unter Verwendung der Sprachmittel des Entity-Relationship-Modells erstellt wird, soll nicht die konkreten *Datenwerte* wiedergeben, die in der Datenbank gespeichert werden und die die Grundlage für die betrieblichen Informationsverarbeitungs-Prozesse bilden. Es soll stattdessen lediglich die *typmäßige Struktur* der Daten beschreiben. Im Alltagsleben ist das vergleichbar mit der Einrichtung einer Küche. Zunächst überlegt man sich, welche Gefäße man für Zucker, Salz, Mehl usw. benötigt – das ist das *Strukturmodell* der Küche, entsprechend dem Datenmodell, – erst dann füllt man die einzelnen Gefäße mit den jeweiligen Ingredienzien – das ist der *Inhalt* der Küche, entsprechend der Datenbank mit ihren gespeicherten Werten.

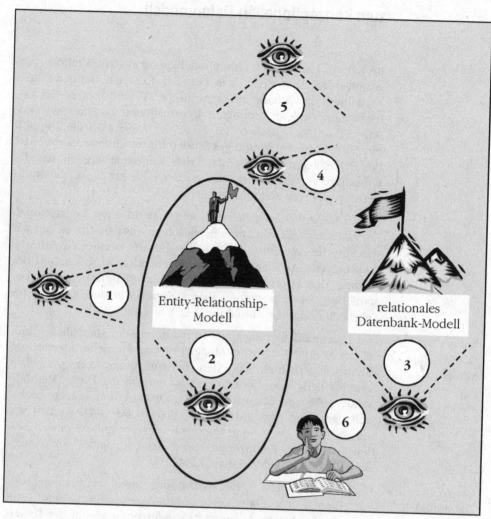

Abb. 2-1: Gegenstand des Kapitels 2

Im Prozess des Entwurfs eines konzeptionellen Datenmodells sind zunächst vier Aufgaben zu lösen:

1. Ermittlung der *Typen von Objekten*, über die Informationen gespeichert werden sollen (*Klassifizierung*).

2. Reduktion der Vielfalt der Angaben, die zu den Objekten gemacht werden können, auf die für ihre Verarbeitung relevanten – also auf die speicherwürdigen – *Eigenschaften* der Objekte (*Abstraktion*).

3. Festlegung der Verfahrensweise, nach der die Objekte, die zum selben Objekttyp gehören, *voneinander unterschieden* werden können (*Identifizierung*).

4. Beschreibung der *sachlogischen Zusammenhänge*, die zwischen den interessierenden Objekttypen bestehen.

Die Lösung dieser Aufgaben wird im Folgenden ausführlich behandelt. Die Beschreibung der grafischen Sprache des Entity-Relationship-Modells erfolgt dabei unter Verwendung des CASE-Tools „*PowerDesigner*" der Firma SAP [POWE15].

PowerDesigner

Die Modellierungssprache des Entity-Relationship-Modells wird anhand eines durchgehenden Beispiels beschrieben. Für eine Landesschulbehörde wird der im Folgenden angegebene Ausschnitt der Datenwelt analysiert:

Schulbeispiel für die Daten-Modellierung

Beschreibung des betrachteten Ausschnitts der Datenwelt:

Die zu speichernden Daten sollen für das jeweilige Schuljahr gelten. In fünf Besprechungen werden die notwendigen Informationen über die Daten zusammengetragen:

1. *Es werden über alle größeren Orte des Landes Informationen gesammelt. Die Stadt Neustadt (Kreis Schwarzbach) hat beispielsweise 60.000 Einwohner. Die Goethe-Schule von Neustadt hat die Adresse „Wiesenweg 1, 19999 Neustadt". Fritz Fröhlich (geb. 31.12.1960, ledig, Personalnummer 54321) ist Lehrer. Englisch wird an den Schulen des Landes mindestens 2 Stunden/Woche und höchstens 6 Stunden/Woche unterrichtet. Die Klasse 11b der Goethe-Schule hat als Klassenraum den Unterrichtsraum 107. Über die Schüler muss bekannt sein: der Vorname, der Familienname, das Geburtsdatum und die Adresse.*

2. *Es gibt im Land größere Orte, die noch keine Schule besitzen. Neustadt besitzt dagegen 30 Schulen. Die Schiller-Schule von Neustadt ist gerade erst fertig gestellt: Sie hat weder Klassen noch hat sie mit Lehrern ein Beschäftigungsverhältnis abge-*

schlossen. Die Lehrer können mit mehreren Schulen des Landes ein Beschäftigungsverhältnis eingehen. Über arbeitslose Lehrer werden ebenfalls Informationen gespeichert. Jede Klasse einer Schule hat einen Lehrer als Klassenlehrer. Hat ein Lehrer seine Klasse zum Examen geführt, dann ist er eine Weile kein Klassenlehrer. Fällt ein Klassenlehrer aus, übernimmt ein anderer zeitweilig seine Funktion. Ein Schüler gehört jeweils nur zu einer Klasse (kein Kurssystem). Eine Klasse besteht aus mindestens 15 und aus höchstens 30 Schülern.

3. In jeder Schule ist einer der Lehrer Direktor und leitet die anderen Lehrer an. Über ihn werden aber dieselben Informationen gesammelt wie über die anderen Lehrer. Zwischen den Schulen können Patenschaften bestehen. Eine Schule kann zwar mehrere Paten haben, soll aber selbst nur für maximal eine andere Schule Pate sein.

4. Es sollen Informationen darüber gespeichert werden, welcher Lehrer welches Fach in welcher Klasse unterrichtet. Das Fach Hauswirtschaft wird im Land noch gar nicht unterrichtet. Frau Müller unterrichtet wegen Krankheit in diesem Schuljahr nicht. Herr Meier unterrichtet die 11b der Goethe-Schule im Unterrichtsraum 205 im Fach Englisch. Herr Meier hat ein Beschäftigungsverhältnis mit der Goethe-Schule seit dem 1.9.1980 und mit der Schiller-Schule seit dem 1.9.1985. Der Unterrichtsraum 205 der Neustädter Goethe-Schule hat eine Fläche von 50 m² mit 32 Sitzplätzen und ist kein Klassenraum. Ein Unterrichtsraum kann maximal 3 Klassen als Klassenraum zugeteilt werden. Der Unterrichtsraum 206 wird in diesem Schuljahr nicht für den Unterricht genutzt. Herr Lehmann gibt der Klasse 10b Unterricht in Geschichte in den Unterrichtsräumen 103 und 301.

2.1 Klassifizierung der Objekte

Für die Durchführung der zu automatisierenden Informationsverarbeitungs-Prozesse müssen über viele Objekte der Realität Daten verfügbar sein. So müssen beispielsweise über die Lehrer Fritz Fröhlich und Helga Herrlich, die Goethe-Schule und die Schiller-Schule, die Orte Neustadt und Althausen Daten gespeichert werden. Um nicht den Überblick über eine derart große Anzahl unterschiedlicher Objekte zu verlieren, gruppiert sie der Mensch in *Klassen*, die jeweils Objekte enthalten, über die dieselben Informationen gesammelt und mit denen prinzipiell dieselben Informationsverarbeitungs-Prozesse durchgeführt werden.

Klassen

Er nimmt damit eine *Begriffsbildung* vor, die es ihm ermöglicht, bei seinen Denkprozessen von den Besonderheiten der konkreten Objekte abzusehen und nur das Typische der Begriffsklassen zu berücksichtigen. In unserem Fall bildet er die Begriffsklassen „Lehrer", „Schule" und „Ort". Die Abbildung 2-2 zeigt diesen Modellierungsschritt, bei dem die Objekte der betrieblichen Realität zu Objekttypen zusammengefasst werden.

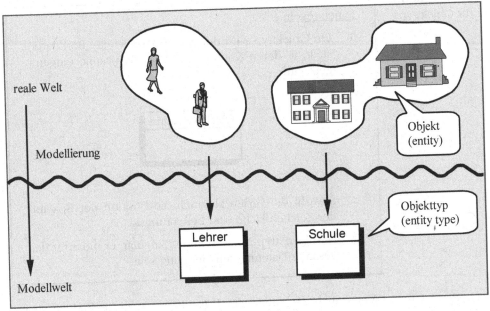

Abb. 2-2: Klassifizierung der Objekte durch Objekttypen

Objekt	**Definition:** Ein *Objekt* (engl. entity) ist ein Exemplar von Personen (z. B. Lehrer oder Schüler), Gegenständen (z. B. Ort oder Schule) und nichtmateriellen Dingen (z. B. Beschäftigungsverhältnis oder Unterrichtsverpflichtung), über das Informationen gespeichert werden sollen.
Objekttyp	**Definition:** Ein *Objekttyp* (engl. entity type) ist eine durch einen Objekttyp-Namen eindeutig benannte Klasse von Objekten, über die dieselben Informationen gespeichert und die in prinzipiell gleicher Weise verarbeitet werden sollen.

In diesem Modellierungsschritt wird von den konkreten Objekten in der realen Welt abstrahiert. Stattdessen werden in der Modellwelt lediglich die relevanten Objekttypen betrachtet, die durch eindeutige Objekttyp-Namen voneinander unterschieden werden.

Für die grafische Darstellung der Objekttypen gelten die folgenden syntaktischen Regeln:

Syntaxregeln
für Objekttyp

<u>Syntaxregeln</u>:

1. Ein Objekttyp wird durch eine zweigeteilte Box dargestellt, in deren Kopfteil der Objekttyp-Name eingetragen wird:

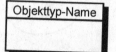

2. Sowohl die Größe als auch die Position der Box auf der Zeichenfläche sind bedeutungslos.

3. Der Objekttyp-Name steht im Singular; er muss für das gesamte Datenmodell eindeutig sein.

Größe und
Position
der Box

Wenn auch die Größe der Box ohne inhaltliche Bedeutung ist, so wird doch bei den weiteren Betrachtungen ersichtlich, dass man einige Gestaltungsregeln einhalten sollte. Zunächst sollte die Box so breit gewählt werden, dass ein „sprechender" Objekttyp-Name – möglichst ohne Abkürzung – eingetragen werden kann. Mitunter ist auch eine bestimmte Höhe der Box erforderlich, um mehrere Beziehungslinien mit der Box verbinden zu können (s. Abschnitt 2.4). Eine Box kann man innerhalb des Datenmodells zwar nicht richtig oder falsch, wohl aber geschickt oder ungeschickt positionieren. Mitunter kann es sich im Verlauf der Modellierung als sinnvoll erweisen, die Box zu verschieben, um die Beziehungslinien „kreuzungsfrei" zeichnen zu können. Auch das wird erst in den folgenden Abschnitten deutlich werden.

Objekttyp-Name

Der Objekttyp-Name soll nicht ein spezielles *Objekt* benennen – also z. B. nicht „Helga Herrlich" oder „Goethe-Schule" –, sondern soll den *Begriff* bezeichnen, der durch die Klassifizierung gebildet wird: also beispielsweise den Begriff „Lehrer" oder den Begriff „Schule".

traditionelles Pendant

Für die Informationsverarbeitung mithilfe des Computers wurden hinsichtlich der Datenspeicherung nur wenige prinzipiell neue Methoden entwickelt. Fast alle Konzepte, die wir im Zusammenhang mit dem Entity-Relationship-Modell besprechen werden, haben ihr Pendant in der traditionellen Datenspeicherung. Um die eingeführten Begriffe besser zu verstehen, werden wir jeweils auf diese Zusammenhänge hinweisen. Beispielsweise entsprechen die Objekttypen den traditionellen Karteikästen und die einzelnen Objekte eines Objekttyps den Karteikarten, die sich in den Karteikästen befinden. Bei traditioneller Arbeitsweise würde man für „Helga Herrlich" eine Karteikarte anlegen und sie in den Karteikasten „Lehrer" einstellen. Durch die Festlegung der Objekttypen wird also das Ensemble der Karteikästen zusammengestellt, die man für die Informationsverarbeitung benötigt.

Die Bildung der Begriffsklassen, die im konzeptionellen Datenmodell als *Objekttypen* bezeichnet werden, hängt entscheidend von den Anforderungen des zu modellierenden Gegenstandsbereichs ab. Aus der Sicht eines Großhändlers kann ein fremdes Unternehmen mit all seinen Bereichen und Mitarbeitern als ein einziges Objekt angesehen werden, während dasselbe Unternehmen aus seiner eigenen Sicht detailliert mit seinen Bereichen, Abteilungen, Mitarbeitern, Werkshallen, Fahrzeugen usw. modelliert werden muss. Außerdem ist die Modellierung eines Unternehmens keine einmalige, in sich abgeschlossene Tätigkeit, weil im Lauf der Zeit Verschiebungen in den Begriffsbildungen des Unternehmens auftreten können, die eine Anpassung des konzeptionellen Datenmodells erforderlich machen.

2.2   Festlegung der relevanten Eigenschaften

Im vorangegangenen Abschnitt wurde die Klassifizierung der Objekte in Objekttypen unter dem Gesichtspunkt beschrieben, dass alle Objekte, die zu einem Objekttyp gehören, in prinzipiell gleicher Weise verarbeitet werden. Die Verarbeitungsprozesse setzen voraus, dass über die Objekte in einem Objekttyp Angaben gespeichert werden, die entweder als Eingabe-Informationen benötigt oder als Ausgabe-Informationen bereitgestellt werden.

relevante Eigenschaft

Für jeden Objekttyp ist deshalb in einem Abstraktionsprozess festzulegen, welche *relevanten Eigenschaften* der in ihm enthaltenen Objekte festgehalten werden sollen. Durch dieses Vorgehen wird der durch den Objekttyp definierte Begriff auf eine

Menge relevanter Eigenschaften reduziert. Dieser Modellierungsschritt ist in der Abbildung 2-3 dargestellt.

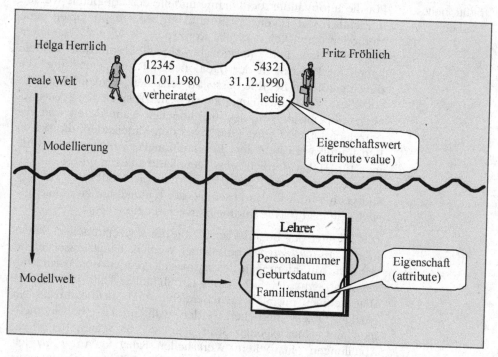

Abb. 2-3: Beschreibung der Objekttypen durch Eigenschaften

Eigenschaft

Definition: Eine *Eigenschaft* (engl. attribute) ist die Benennung für ein relevantes Merkmal aller Objekte, die in einem Objekttyp zusammengefasst werden.

Eigenschafts-
wert

Definition: Ein *Eigenschaftswert* (engl. attribute value) ist eine spezielle Ausprägung, die eine Eigenschaft für ein konkretes Objekt annehmen kann.

In diesem Modellierungsschritt wird von den individuellen Besonderheiten der Objekte in der realen Welt abstrahiert. Statt der in der Realität zu beobachtenden konkreten Eigenschaftswerte gibt man in der Modellwelt nur die Benennungen der relevanten Angaben – der *Eigenschaften* – an. Für die grafische Darstellung der Eigenschaften gelten die folgenden syntaktischen Regeln:

Syntaxregeln
für Eigenschaft

<u>Syntaxregeln:</u>

1. Die Benennung einer Eigenschaft wird in den unteren Teil der Box des Objekttyps eingetragen, für den die Eigenschaft als relevante Angabe gespeichert werden soll:

Objekttyp-Name
Eigenschaft 1
Eigenschaft 2
Eigenschaft 3

2. Die Reihenfolge der Eigenschaften ist bedeutungslos.

3. Die Benennung einer Eigenschaft steht im Singular; sie muss für den Objekttyp eindeutig sein.

Reihenfolge der
Eigenschaften

Wenn auch die Reihenfolge der Eigenschaften eines Objekttyps ohne inhaltliche Bedeutung ist, so ist es meist doch sinnvoll, die wichtigsten Eigenschaften an den Anfang der Eigenschaftsliste zu setzen. Das betrifft insbesondere jene Eigenschaften, die für die Unterscheidbarkeit (Identifizierung) der Objekte des Objekttyps verantwortlich sind (s. Abschnitt 2.3). Bei großen Datenmodellen oder bei einer großen Anzahl von Eigenschaften für einen gegebenen Objekttyp ist es nicht praktikabel, alle Eigenschaften in der Box des Objekttyps aufzuführen. In diesen Fällen gibt man innerhalb der Box – wenn überhaupt – nur die wichtigsten Eigenschaften an und lagert die vollständige Eigenschaftsliste in eine gesonderte Dokumentation aus.

1. Normalform

Die Forderung, die Benennung einer Eigenschaft stets im Singular anzugeben, soll verhindern, dass einem Objekttyp eine Eigenschaft zugewiesen wird, die *gleichzeitig mehrere Eigenschaftswerte* annehmen kann. Das würde nämlich die Bedingung der sogenannten 1. Normalform verletzen, die wir im Abschnitt 2.6.1 behandeln werden.

Als Eigenschaftsbenennung darf nie ein spezieller Eigenschaftswert verwendet werden (beispielsweise nicht „01.01.1980" oder „verheiratet"), sondern stets ein Name, der die Menge aller möglichen Werte dieser Eigenschaft – die sog. *Wertedomäne* – kennzeichnet (also die Benennungen „Geburtsdatum" bzw. „Familienstand"). Da die Eigenschaftsbenennung nur im Kontext des jeweiligen Objekttyps von Bedeutung ist, muss sie den Objekttyp-Namen nicht als Bestandteil enthalten. Die Eigenschaft des Namens des Objekttyps „Schule" muss also nicht als „Schulname", sondern kann einfach als „Name" angegeben werden.

komplexe Eigenschaft zerlegen?

Mitunter steht man bei der Festlegung der relevanten Eigenschaften vor der Frage, wie stark die Angaben zerlegt werden sollen. Kann beispielsweise die Adresse einer Schule als eine geschlossene Eigenschaft betrachtet werden oder muss sie in „Straßenname", „Hausnummer", „Postleitzahl" und „Ortsname" zerlegt werden? Für diese Entscheidung ist die Kenntnis der Informationsverarbeitungs-Prozesse notwendig, die – gegenwärtig oder eventuell künftig – mit diesen Angaben durchgeführt werden sollen. Wird die Adresse immer nur als Ganzes verwendet, dann kann sie zu einer geschlossene Eigenschaft gespeichert werden. Benötigt man dagegen ihre Elemente einzeln, weil man beispielsweise nach allen Schulen suchen möchte, die in einem bestimmten Postleitzahlbezirk liegen, dann muss man ihre Elemente als gesonderte Eigenschaften angeben.

Eigenschaft oder Objekttyp?

Problematisch ist mitunter auch die Entscheidung, ob eine speicherwürdige Angabe als eine Eigenschaft oder als ein Objekttyp modelliert werden soll. Um einen eigenständigen Objekttyp handelt es sich immer dann, wenn er für das Unternehmen bedeutsame Objekte enthält, die relevante individuelle Eigenschaften besitzen. Auf dieses Problem werden wir in den Abschnitten 2.5.3 und 5.1 näher eingehen.

Die Festlegung der Eigenschaften, die für einen Objekttyp relevant sind, kann nur bei genauer Kenntnis des jeweils zu modellierenden Gegenstandsbereichs erfolgen. So ist es beispielsweise nicht möglich, die für den Objekttyp „Kunde" relevanten Eigenschaften unabhängig vom Informationsbedarf des jeweiligen Unternehmens anzugeben, das die Kundendaten verarbeiten will. Ist beispielsweise die Haarfarbe eines Kunden eine speicherwürdige Angabe? Für den Verkäufer von Kaffee-Automaten sicherlich nicht, für den Betreiber eines Friseursalons dagegen schon. Das bedeutet, dass man die Modellierungs-Resultate des einen Unternehmens nicht kritiklos in einem anderen Unternehmen

„nachnutzen" kann. Sogenannte „Referenzmodelle" kann man allenfalls als „Steinbruch" verwenden, um deren Modellierungselemente (Objekttypen und Eigenschaften) an die individuellen Besonderheiten des Unternehmens anzupassen (vgl. [FETT08]).

traditionelles Pendant

Die Festlegung der relevanten Eigenschaften hat ebenfalls ihr Pendant in der traditionellen Datenspeicherung. Die Eigenschaften eines Objekttyps A entsprechen dabei den Feldern, die auf einer Karteikarte des Karteikastens A zur Aufnahme der relevanten Informationen angelegt werden. Durch die ausgewählten Eigenschaften wird also die einheitliche Struktur aller Karteikarten eines Karteikastens festgelegt.

Die Auswahl der relevanten Eigenschaften für einen Objekttyp ist keine einmalige, in sich abgeschlossene Tätigkeit. Aufgrund der ständigen Veränderung der Geschäftsprozesse müssen eventuell weitere Eigenschaften hinzugenommen werden.

Schulbeispiel

Wenden wir uns nun unserem Schulbeispiel zu und führen wir die ersten beiden Schritte der Datenmodellierung aus!

1. *Es werden über alle größeren Orte des Landes Informationen gesammelt. Die Stadt Neustadt (Kreis Schwarzbach) hat beispielsweise 60.000 Einwohner. Die Goethe-Schule von Neustadt hat die Adresse „Wiesenweg 1, 19999 Neustadt". Fritz Fröhlich (geb. 31.12.1960, ledig, Personalnummer 54321) ist Lehrer. Englisch wird an den Schulen des Landes mindestens 2 Stunden/Woche und höchstens 6 Stunden/Woche unterrichtet. Die Klasse 11b der Goethe-Schule hat als Klassenraum den Unterrichtsraum 107. Über die Schüler muss bekannt sein: der Vorname, der Familienname, das Geburtsdatum und die Adresse.*

Zunächst wird der Objekttyp „Ort" mit seinen Eigenschaften „Name", „Kreis" und „Einwohnerzahl" eingeführt. Für den Kreis wird kein eigener Objekttyp verwendet, weil in unserem Gegenstandsbereich über einen Kreis keine speziellen Angaben gespeichert werden sollen.

Der Objekttyp „Schule" hat die Eigenschaften „Name", „Straße", „Hausnummer" und „Postleitzahl". Dabei wird die Adresse – wie bereits oben besprochen – in ihre Bestandteile zerlegt, die jeweils als individuelle Eigenschaften fungieren. Der Ortsname wird nicht als eine Eigenschaft der Schule gespeichert, weil er bereits eine Eigenschaft des Ortes ist. Im Abschnitt 2.4.1 werden wir sehen, wie die Schule – durch einen Beziehungstyp – mit dem Ort verbunden werden kann, sodass man bei der Verarbeitung der Schuldaten jederzeit zum Ort wechseln kann, in dem die Schule liegt. Beim derzeit in Deutschland gültigen Postleitzahlsystem ist die Postleitzahl lediglich eine Benennung des Zustellbezirks, die mit Ortsgrenzen nicht unbedingt zusammenfallen muss: Größere Ortschaften haben mehrere Postleitzahlen, eine Postleitzahl kann andererseits mehrere kleine Ortschaften umfassen – oder auch gar keine (im Fall von Großpostkunden). Somit kann die Postleitzahl nicht als eine Eigenschaft des Ortes, sondern nur als Element der Adresse angesehen werden: sie ist deshalb eine Eigenschaft der Schule.

Der Objekttyp „Lehrer" hat die Eigenschaften „Vorname", „Familienname", „Geburtsdatum", „Familienstand" und „Personalnummer".

Für den Objekttyp „Fach" sind die „Bezeichnung" und die minimale sowie die maximale Stundenzahl je Woche („Min. Stunden/Woche" und „Max. Stunden/Woche") als Eigenschaften anzugeben.

Der Objekttyp „Klasse" hat die Eigenschaften „Bezeichnung" und „Klassenraum". Der Schulname wird nicht als eine Eigenschaft der Klasse angegeben, weil er bereits eine Eigenschaft der Schule ist. Die Verbindung der Klasse zu der zugehörigen Schule erfolgt später durch einen Beziehungstyp. Für den Klassenraum sind (bisher) keine speicherwürdigen Eigenschaften bekannt. Deshalb wird der Klassenraum als eine Eigenschaft des Objekttyps „Klasse" und nicht als ein eigener Objekttyp modelliert.

Dem Objekttyp „Schüler" werden die Eigenschaften „Vorname", „Familienname", „Geburtsdatum" und „Adresse" zugeordnet. Dabei haben wir uns an dieser Stelle dafür entschieden, die Adresse des Schülers nicht in ihre Bestandteile zu zerlegen.

Die Abbildung 2-4 zeigt das Datenmodell im gegenwärtigen Bearbeitungszustand.

2.3   Festlegung der Identifizierung

Der Objekttyp wurde als eine Klasse definiert, in der sämtliche Objekte zusammengefasst sind, die dem Klassenbegriff zugeordnet werden. Im mathematischen Sinn ist die Klasse eine Menge, in der die Objekte – als Elemente der Menge – zusammengefasst sind. Die Elemente einer Menge müssen jedoch voneinander unterscheidbar sein. Deshalb muss festgelegt werden, auf welche Weise ein Objekt innerhalb eines gegebenen Objekttyps identifiziert werden kann.

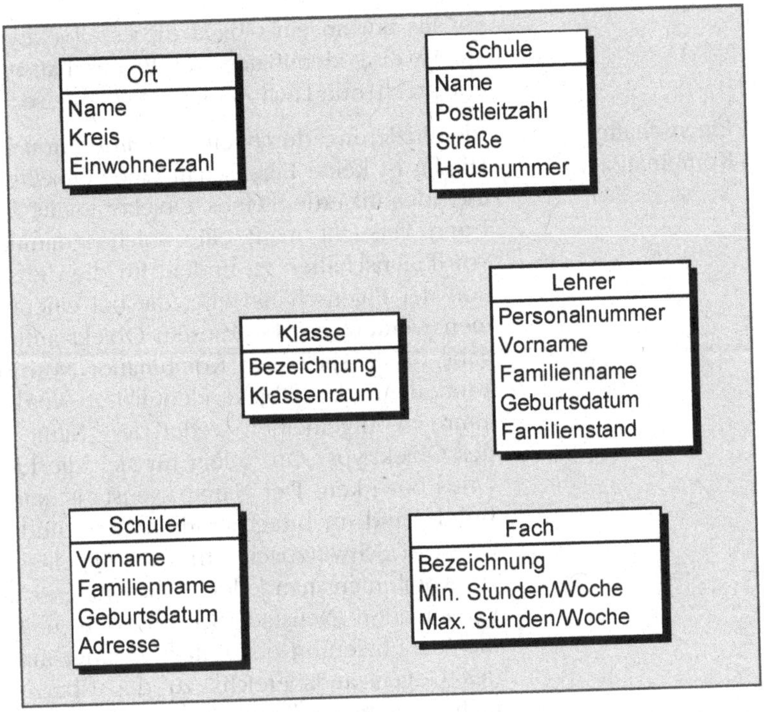

Abb. 2-4: Datenmodell für das Schulbeispiel mit Objekttypen und Eigenschaften

Varianten der Identifizierung

Die Varianten der Identifizierung, die wir in diesem Abschnitt besprechen, sind nicht vollständig; wir werden sie später – im Abschnitt 2.4.4 – ergänzen. Bei unserem bisherigen Wissensstand werden als Angaben über die Objekte eines Objekttyps lediglich die Werte ihrer relevanten Eigenschaften gespeichert. Vorläufig können wir für die Identifizierung eines Objekts innerhalb eines Objekttyps also nur die Werte verwenden, die die Eigenschaften für ein konkretes Objekt annehmen. Wir unterscheiden (zunächst) drei Varianten der Identifizierung durch Eigenschaften:

eine unikale Eigenschaft

1. Identifizierung durch *eine einzige Eigenschaft.* Mitunter ist eine Eigenschaft so geartet, dass jeder Wert, den sie annehmen kann, garantiert nur bei *einem* Objekt des Objekttyps auftritt. Man sagt dann, dass der Eigenschaftswert „unikal" ist, dass er also an lediglich ein Objekt gebunden ist. Dann lässt sich ein Objekt durch die Angabe dieses Eigenschaftswertes identifizieren. Beispielsweise ist jeder Wert, den die Eigenschaft „Bezeichnung" des Objekttyps „Fach" annehmen kann,

jeweils nur an ein Objekt dieses Objekttyps gebunden. Beispielsweise identifiziert der Eigenschaftswert „Englisch" das entsprechende Fach in eindeutiger Weise.

Eigenschafte-Kombination

2. Identifizierung durch eine *Kombination von Eigenschaften*. Häufig ist keine Eigenschaft eines Objekttyps dazu geeignet, die Identifizierung eines Objekts allein zu bewerkstelligen. Dann versucht man, eine solche (minimale) Kombination von Eigenschaften zu finden, für die die spezielle Kombination der Eigenschaftswerte, die bei einem Objekt angenommen werden, nur bei diesem Objekt auftritt. Durch die Angabe dieser speziellen Kombination von Eigenschaftswerten kann dann das Objekt identifiziert werden. Beispielsweise kann im Allgemeinen weder der „Name" noch der „Kreis" des Objekttyps „Ort" allein für sich die Identifizierung eines Ortes bewirken. Der Name „Neustadt" kann im betrachteten Bundesland mehrfach vorkommen, und die Angabe des Kreises („Schwarzbach") trifft im Allgemeinen auf viele Orte zu. Kombiniert man jedoch beide Eigenschaften, dann ist die Kombination „Neustadt+Schwarzbach" unikal und ermöglicht die Identifizierung des Ortes. Gelangt man bei der Analyse des Gegenstandsbereichs zu der Überzeugung, dass man nicht garantieren kann, dass jede Werte-Kombinationen nur bei einem einzigen Objekt auftritt, dann müssen – soweit möglich – weitere Eigenschaften in die Kombination aufgenommen werden.

organisatorische Eigenschaft

3. Identifizierung mithilfe einer *organisatorischen Eigenschaft*. Wenn es nicht möglich ist, unter den Eigenschaften eines Objekttyps eine unikale Eigenschaft – oder eine Kombination von Eigenschaften – zu finden, die eine eindeutige Identifizierung ermöglicht, oder wenn die möglichen Identifizierungs-Varianten zu umständlich sind, dann kann man eine neue (*künstliche*) Eigenschaft einführen, bei der die Unikalität der Eigenschaftswerte durch organisatorische Maßnahmen gesichert wird. Beispielsweise ist es problematisch, eine Kombination von *natürlichen* Eigenschaften zu finden, die einen Lehrer eindeutig identifiziert. Deshalb wurde als organisatorische Eigenschaft die „Personalnummer" hinzugenommen, die die Identifizierung eines Lehrers in einfacher Weise ermöglicht. Allerdings muss durch organisatorische Maßnahmen sichergestellt werden, dass jede Personalnummer tatsächlich nur *einem* Lehrer zugewiesen wird. In unserem Bei-

spiel ermöglicht die Angabe der Personalnummer „54321" die eindeutige Identifizierung des Lehrers Fritz Fröhlich.

Die Identifizierung der Objekte eines Objekttyps mittels einer organisatorischen Eigenschaft ist bei der automatisierten Datenverarbeitung eine beliebte Vorgehensweise. Sie wird häufig auch dann angewendet, wenn eigentlich *natürliche* identifizierende Eigenschaften vorhanden wären. Meist wird auf eine laufende Nummerierung der Objekte zurückgegriffen (beispielsweise auf die Personalnummer, die Kundennummer, die Artikelnummer usw.). Das hat den Vorteil, dass dadurch kurze identifizierende Eigenschaftswerte entstehen. Der Nachteil der organisatorischen Eigenschaften besteht darin, dass die Unikalität der Eigenschaftswerte gewöhnlich nur innerhalb eines begrenzten Einflussbereichs gesichert ist. So waren beispielsweise vor der deutschen Wiedervereinigung die Berliner Telefonnummern zwar in Westberlin und in Ostberlin jeweils unikal, nach der Wiedervereinigung der beiden Stadthälften kam es jedoch zu Dopplungen in den Telefonnummern, sodass vielen Teilnehmern neue Telefonnummern zugeordnet werden mussten. Ein weiterer Nachteil der organisatorischen Eigenschaften besteht darin, dass die Eigenschaftswerte nicht „sprechend" sind, dass sie also für den Bearbeiter ohne Semantik sind. Damit sind sie schlecht erinnerbar und bergen in sich die Gefahr von Verwechslungen und Fehleingaben. Die Verwendung von Nummern für die Identifizierung von Personen stößt außerdem auf moralische Bedenken (oder sollte das zumindest tun). Wenn beispielsweise Kundennummern zwar für die betriebsinterne Verarbeitung verwendet werden, versucht man vielerorts doch, sie aus Höflichkeit dem Kunden gegenüber nach außen nicht sichtbar werden zu lassen.

Mitunter gibt es für einen Objekttyp mehrere alternative Möglichkeiten der Identifizierung. So kann ein Lehrer alternativ entweder durch seine Personalnummer oder durch die Kombination „Vorname+Familienname+Geburtsdatum" identifiziert werden. In diesem Lehrbuch werden wir aber aus Gründen der Einfachheit für jeden Objekttyp nur *eine* Identifizierungs-Variante betrachten.

identifizierende
und teilidentifizierende
Eigenschaft

Definition: **Eine Eigenschaft ist eine *identifizierende* (bzw. eine *teilidentifizierende*) *Eigenschaft*, wenn sie die Identifizierung eines Objekts innerhalb eines Objekttyps herbeiführt (bzw. wenn sie zu dessen Identifizierung beiträgt).**

beschreibende
Eigenschaft

Definition: **Eine Eigenschaft ist eine *beschreibende Eigenschaft*, wenn sie zwar speicherwürdige Aspekte des betreffenden Objekttyps zum Ausdruck bringt, aber nicht für die Identifizierung der Objekte des Objekttyps herangezogen wird.**

Die Entscheidung für eine Variante der Identifizierung muss für jeden einzelnen Objekttyp mit großer Sorgfalt getroffen werden. Die relationalen Datenbank-Managementsysteme, für die wir die Modellierung durchführen, lassen es nicht zu, dass zwei Objekte desselben Objekttyps in der Kombination ihrer (teil)identifizierenden Merkmalswerte übereinstimmen. Bleibt bei der gewählten Identifizierungs-Variante ein „Restrisiko" hinsichtlich der Unikalität der (teil)identifizierenden Merkmale bestehen und treten dann bei der operativen Datenbankarbeit tatsächlich zwei Objekte mit übereinstimmenden Werten ihrer (teil)identifizierenden Merkmale auf, dann lehnt das Datenbank-Managementsystem die Speicherung des zweiten Objekts ab. Eine eingehende Darlegung der Forderungen, die bei der Verwendung relationaler Datenbank-Managementsysteme an die Identifizierung gestellt werden, erfolgt im Abschnitt 3.1.1.

Für die grafische Darstellung der (teil)identifizierenden Eigenschaften gelten die folgenden syntaktischen Regeln:

Syntaxregeln für
(teil)identifi-
zierende
Eigenschaft

<u>Syntaxregeln</u>:

1. Eine identifizierende Eigenschaft (bzw. jede teilidentifizierende) Eigenschaft wird durch eine Unterstreichung kenntlich gemacht:

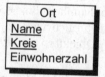

2. Die Position einer identifizierenden (bzw. teilidentifizierenden) Eigenschaft innerhalb der Liste der Eigenschaften des Objekttyps ist bedeutungslos.

Wenn auch die Position der identifizierenden (bzw. teilidentifizierenden) Eigenschaften in der Eigenschaftsliste bedeutungslos ist, so ist es doch zweckmäßig, sie aufgrund ihrer besonderen Bedeutung an den Anfang der Eigenschaftsliste zu setzen. Bei großen Datenmodellen gibt man häufig nur die (teil)identifizierenden Eigenschaften in der Box an und lagert die vollständige Eigenschaftsliste in eine gesonderte Dokumentation aus.

klassisches Pendant

Bei der traditionellen Datenspeicherung mit Karteikästen entspricht der Identifizierung die Festlegung eines Kennbegriffs: Gewöhnlich wird im Kopf einer Karteikarte ein Wert angegeben, der das betreffende Objekt innerhalb des Karteikastens identifiziert[5]. Um eine gewünschte Karteikarte bei der manuellen Suche schnell auffinden zu können, werden die Karteikarten des Karteikastens nach diesem Kennbegriff sortiert.

Schulbeispiel

Treffen wir nun die Entscheidungen für die jeweilige Identifizierungs-Variante der Objekttypen im Schulbeispiel!

Die Objekte des Objekttyps „Ort" werden – wie bereits besprochen wurde – durch die Kombination der beiden Eigenschaften „Name" und „Kreis" identifiziert.

Die Objekte im Objekttyp „Schule" können nicht allein durch die Eigenschaft „Name" identifiziert werden, weil es im Bundesland beispielsweise mehrere Schulen mit dem Namen „Goethe-Schule" geben kann. Nimmt man jedoch die „Postleitzahl" als eine weitere teilidentifizierende Eigenschaft hinzu, dann ist eine eindeutige Identifizierung möglich. Dabei wird allerdings vorausgesetzt, dass die Landesschulbehörde durch organisatorische Maßnahmen sichert, dass in einem gegebenen Postleitzahlbezirk nicht zwei Schulen mit demselben Namen eingerichtet werden.

Die Objekte des Objekttyps „Lehrer" können durch die „Personalnummer" identifiziert werden. Dabei wird angenommen, dass die Vergabe der Personalnummern auf der Ebene des Bundeslandes – und nicht auf der Ebene der Schule – erfolgt und dass durch organisatorische Maßnahmen gesichert wird, dass nicht zwei Lehrern des Bundeslandes dieselbe Personalnummer zugeordnet wird.

Die Objekte des Objekttyps „Fach" werden – wie besprochen – durch die unikale „Bezeichnung" identifiziert.

---

5 Der Kennbegriff wird mitunter auch als „Reiter" bezeichnet.

Für die Identifizierung der Objekte des Objekttyps „Klasse" reicht die Eigenschaft „Bezeichnung" nicht aus, weil es im betrachteten Bundesland sicherlich viele Klassen mit der Bezeichnung „11b" geben wird. Die Kombination mit der Eigenschaft „Klassenraum" würde da auch nicht viel helfen – und weitere natürliche Eigenschaften stehen nicht zur Verfügung. Solche Objekttypen, deren Eigenschaften nicht ausreichen, um ihre Objekte zu identifizieren, bezeichnet man als *„schwache Objekttypen"*. Ein Objekt eines schwachen Objekttyps kann man nur dadurch identifizieren, dass man zusätzlich noch eine Beziehung berücksichtigt, die das Objekt zu einem Objekt eines anderen Objekttyps eingeht. Das werden wir aber erst im Abschnitt 2.4.4 erläutern. Vorläufig legen wir als einzige teilidentifizierende Eigenschaft des Objekttyps „Klasse" nur die „Bezeichnung" fest und merken uns, dass das noch zu keiner vollständigen Identifizierung führt.

schwacher
Objekttyp

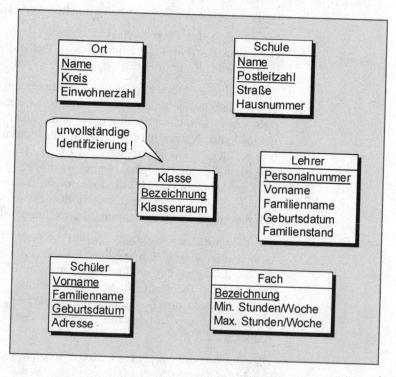

Abb. 2-5: Datenmodell für das Schulbeispiel mit Objekttypen, Eigenschaften und Angaben zur Identifizierung

Personalnummern für Schüler sind (noch) nicht üblich. Deshalb bleibt uns für die Identifizierung eines Schülers nur die Variante, eine geeignete Kombination seiner natürlichen Eigenschaften festzulegen. Die Objekte des Objekttyps „Schüler" können durch die Eigenschafte-Kombination „Vorname+Familienname+Geburtsdatum" identifiziert werden.

Den aktuellen Bearbeitungsstand des Datenmodells zeigt die Abbildung 2-5.

2.4   Beschreibung der sachlogischen Zusammenhänge zwischen den Objekttypen

Bisher wurden bei der Datenmodellierung die speicherwürdigen Objekte mit ihren relevanten Eigenschaften isoliert beschrieben. In der Praxis stehen die interessierenden Objekte jedoch in vielfältiger Weise miteinander im Zusammenhang: Schulen liegen in Orten, Lehrer unterrichten an Schulen, Schüler gehören zu Klassen usw. Aber auch Objekte, die demselben Objekttyp angehören, können zueinander in einem sachlogischen Zusammenhang stehen: Beispielsweise leiten manche Lehrer andere Lehrer an, manche Schulen übernehmen eine Patenschaft für eine andere Schule usw. Solche Zusammenhänge müssen ebenfalls im Datenmodell dargestellt werden, denn durch sie werden wesentliche Aspekte des betrachteten Gegenstandsbereichs zum Ausdruck gebracht.

Die sachlogischen Zusammenhänge zwischen den Objekten werden in zwei Gruppen von Beziehungstypen unterteilt:

1. *Duale Beziehungstypen:* Das sind Beziehungstypen, die den Zusammenhang zwischen jeweils zwei Objekten beschreiben, die *verschiedenen* Objekttypen angehören.

2. *Rekursiv-Beziehungstypen:* Durch Rekursiv-Beziehungstypen wird beschrieben, dass jeweils zwei Objekte in einem sachlogischen Zusammenhang stehen, die *demselben* Objekttyp angehören.

Im folgenden Abschnitt werden zunächst die dualen Beziehungstypen betrachtet. Dabei werden auch Probleme behandelt, die in gleicher Weise bei den Rekursiv-Beziehungstypen auftreten. Die Rekursiv-Beziehungstypen werden später – im Abschnitt 2.4.5 – näher untersucht.

2.4.1   Duale Beziehungstypen

Die Abbildung 2-6 zeigt, wie die in der realen Welt beobachteten sachlogischen Beziehungen zwischen jeweils zwei Objekten als eine „verallgemeinerte" Beziehung – als ein *Beziehungstyp* – zwischen zwei Objekttypen modelliert wird.

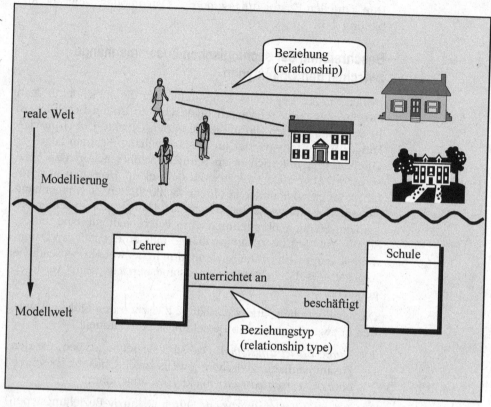

Abb. 2-6: Modellierung der Beziehungen zwischen zwei Objekten

Für die beiden Begriffe „Beziehung" und „dualer Beziehungstyp" gelten die folgenden Definitionen:

Beziehung

> **Definition:** Eine *Beziehung* (engl. relationship) kennzeichnet den konkreten Zusammenhang zwischen zwei realen Objekten.

dualer
Beziehungstyp

> **Definition:** Ein *dualer Beziehungstyp* (engl. dual relationship type) beschreibt den typmäßigen sachlogischen Zusammenhang, der zwischen den Objekten zweier verschiedener Objekttypen besteht.

In diesem Abschnitt betrachten wir ausschließlich Beziehungstypen, die den Zusammenhang zwischen *zwei verschiedenen* Objekttypen beschreiben und die wir als *duale Beziehungstypen* bezeichnen. Im Abschnitt 2.4.5 werden wir dann die *Rekursiv-Beziehungstypen* kennen lernen, die den sachlogischen Zusammenhang zwischen zwei Objekten beschreiben, die *demselben* Objekttyp angehören. Wenn es nicht zu Verwechslungen kommen kann, werden wir aber statt von „dualen Beziehungstypen" vereinfachend von „Beziehungstypen" sprechen.

Während in der realen Welt stets der Zusammenhang zwischen zwei konkreten *Objekten* beobachtet wird, beschreibt man in der Modellwelt das verallgemeinerte Wechselspiel zwischen zwei *Objekttypen*. Im mathematischen Sinn ist ein Beziehungstyp zwischen den Objekttypen A und B die Menge der Beziehungen zwischen jeweils einem Objekt aus dem Objekttyp A und einem Objekt aus dem Objekttyp B. Die für den Beziehungstyp formulierten Angaben müssen somit für alle konkreten Beziehungen zwischen den betrachteten Objekttypen gelten.

Beziehungstyp-
Richtung

Der sachlogische Zusammenhang zwischen den Objekten zweier verschiedener Objekttypen, der durch einen dualen Beziehungstyp beschrieben wird, besteht *in beiden Richtungen*. Beispielsweise stehen die Lehrer in einem Zusammenhang mit Schulen (sie unterrichten an Schulen) und die Schulen stehen in einem Zusammenhang mit Lehrern (sie beschäftigen Lehrer). Jede dieser beiden *Beziehungstyp-Richtungen* wird durch drei Angaben charakterisiert:

1. durch eine *Benennung*, die die Semantik des sachlogischen Zusammenhangs ausdrückt,

2. durch eine Angabe zur *Optionalität* und

3. durch eine Angabe zur *Kardinalität*.

Benennung der
Beziehungstyp-
Richtung

Die *Benennung* beschreibt den sachlogischen Zusammenhang, in dem die Objekte des Objekttyps A zu den Objekten des Objekttyps B stehen. Betrachtet man den Zusammenhang eines Lehrers mit einer Schule, dann kann man sich für mehrere sachlogische Zusammenhänge interessieren:

- „Ein Lehrer *war Schüler in*   einer Schule"
- „Ein Lehrer *hat sich beworben an*   einer Schule"
- „Ein Lehrer *wohnt in der Nähe von*   einer Schule"
- „Ein Lehrer *unterrichtet an*   einer Schule"
- usw.

Welcher dieser Zusammenhänge tatsächlich gespeichert werden soll, wird nun durch die *Benennung* zum Ausdruck gebracht. Im Schulbeispiel ist es der sachlogische Zusammenhang „Ein Lehrer *unterrichtet an* einer Schule".

Optionalität der Beziehungstyp-Richtung

Die Angabe zur *Optionalität* der Beziehungstyp-Richtung vom Objekttyp A zum Objekttyp B beantwortet die folgende Frage: „*Muss* jedes Objekt des Objekttyps A *mit mindestens einem* Objekt des Objekttyps B in Beziehung stehen?" In Abhängigkeit von der Antwort auf diese Frage unterscheidet man zwei Fälle:

- „Ja": Die Beziehungstyp-Richtung wird als *nicht-optional* (mitunter auch als *obligatorisch* oder als *„Muss-Beziehungstyp-Richtung"*) bezeichnet.

- „Nein": Die Beziehungstyp-Richtung wird als *optional* (mitunter auch als *fakultativ* oder als *„Kann-Beziehungstyp-Richtung"*) bezeichnet.

Kardinalität der Beziehungstyp-Richtung

Die Angabe zur *Kardinalität* der Beziehungstyp-Richtung vom Objekttyp A zum Objekttyp B beantwortet die folgende Frage: „*Kann* ein Objekt des Objekttyps A *mit mehreren* Objekten des Objekttyps B in Beziehung stehen?" In Abhängigkeit von der Antwort auf diese Frage unterscheidet man wiederum zwei Fälle:

- „Ja": Der Beziehungstyp-Richtung wird die *Kardinalität N* zugeordnet (N steht für eine beliebige Zahl größer als 1).

- „Nein": Der Beziehungstyp-Richtung wird die *Kardinalität 1* zugeordnet.

Kardinalitäts-Beschränkung

Mitunter wird die Kardinalität N einer Beziehungstyp-Richtung durch einen minimalen und/oder einen maximalen Wert eingeschränkt. So muss im Schulbeispiel eine Klasse aus mindestens 15 Schülern und aus höchstens 30 Schülern bestehen. Sind solche Grenzen bekannt, dann sollten sie als Präzisierung der Kardinalität N angegeben werden[6].

---

[6] Die Kardinalitäts-Beschränkung betrifft *ausschließlich* die Kardinalität; die Optionalität ist davon nicht betroffen.

Syntaxregeln
für den dualen
Beziehungstyp

<u>Syntaxregeln</u>:

1. Ein Beziehungstyp zur Beschreibung eines sachlogischen Zusammenhangs zwischen zwei Objekttypen A und B wird als eine Verbindungslinie zwischen den beiden Objekttypen dargestellt.

2. Die Benennung der Beziehungstyp-Richtung vom Objekttyp A zum Objekttyp B steht in der Nähe des Objekttyps A. Umgekehrt steht die Benennung der Beziehungstyp-Richtung vom Objekttyp B zum Objekttyp A in der Nähe des Objekttyps B.

3. Eine optionale Beziehungstyp-Richtung wird durch einen *Kreis* vor dem Linienende (interpretierbar als „mindestens 0"), eine nicht-optionale Beziehungstyp-Richtung durch einen die Verbindungslinie kreuzenden *Strich* vor dem Linienende (interpretierbar als „mindestens 1") dargestellt.

4. Die Kardinalität 1 einer Beziehungstyp-Richtung wird durch einen einfachen *Strich* am Linienende (interpretierbar als „höchstens 1"), die Kardinalität N durch *drei auseinanderstrebende Striche* – durch einen „Krähenfuß" – dargestellt (interpretierbar als „1 oder mehr als 1").

5. Eventuelle minimale und maximale Grenzen für die Kardinalität N werden vor der Benennung der Beziehungstyp-Richtung in eckigen Klammern notiert:

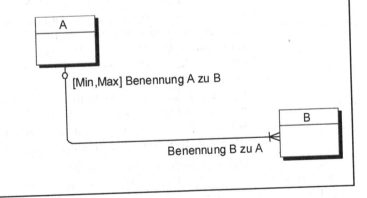

Die Benennung einer Beziehungstyp-Richtung „A zu B" ist so zu wählen, dass die folgende syntaktische Konstruktion einen gut verständlichen Satz ergibt:

Ein(e)   <Objekttyp-Name A>

                    <Benennung A zu B>

ein(e/en/em/er) <Objekttyp-Name B>

Beispiele: „Ein Ort *besitzt* eine Schule" und „Eine Schule *liegt in* einem Ort". Außerdem sollte die Benennung möglichst präzise den sachlogischen Zusammenhang zum Ausdruck bringen, in dem die Objekte des Objekttyps A mit den Objekten des Objekttyps B stehen. Wesentlich präziser als die Aussage „Eine Schule *hat* einen Lehrer" (als was denn? – als Direktor, als Hausmeister, als Inspektor ?) ist die Aussage „Eine Schule *hat ein Beschäftigungsverhältnis abgeschlossen mit* einem Lehrer". Im Interesse einer kurzen Darstellung verzichtet man häufig auf den unbestimmten Artikel und benennt die Beziehungstyp-Richtung einfach mit „Schule *hat ein Beschäftigungsverhältnis abgeschlossen mit* Lehrer".

16 Klassen von Beziehungstypen

Da die *beiden* Fragen nach der Optionalität und nach der Kardinalität jede für sich *zwei* verschiedene Antworten zulassen, gibt es für jede Beziehungstyp-Richtung 4 Varianten. Berücksichtigt man weiterhin, dass es für jede Variante der Richtung „A zu B" jeweils wieder 4 Varianten der Richtung „B zu A" gibt, dann lassen sich insgesamt 4·4=16 Klassen von Beziehungstypen unterscheiden. Diese sind in der Tabelle 2-1 zusammengestellt. Dabei ist neben der grafischen Notation auch eine andere – häufig im Text verwendete – Notation angegeben. Bei dieser Notation wird die optionale Beziehungstyp-Richtung durch den Buchstaben „C" (für „conditional") und die nicht-optionale Beziehungstyp-Richtung durch die Ziffer „1" wiedergegeben. Die Kardinalität wird durch „1" bzw. „N" angegeben. Der Einfachheit halber wird „C1" zu „C" verkürzt, ebenso „11" zu „1" und „1N" zu „N". Liegt in beiden Beziehungstyp-Richtungen die Kardinalität N vor, dann wird auf der linken Seite der Buchstabe „M" verwendet. Dadurch soll deutlich gemacht werden, dass die Kardinalitäten nicht in beiden Richtungen zahlenmäßig übereinstimmen müssen.

10 „symmetriefreie" Klassen von Beziehungstypen

Die unterhalb der Diagonale liegenden – grau unterlegten – Klassen stellen keine interessierenden Kombinationen dar, weil sie durch ein Vertauschen der Rollen der beiden beteiligten Objekttypen in ihre jeweiligen „Spiegelbilder" oberhalb der Diagonalen übergehen (C:1 ⇔ 1:C, N:1 ⇔ 1:N usw.). Sie werden deshalb im Weiteren nicht mehr betrachtet.

Bei einer p×p-Matrix mit p=4 bleiben dann noch

$$Z = \frac{p(p+1)}{2} = \frac{4 \cdot 5}{2} = 10$$

verschiedene Klassen von Beziehungstypen[7].

Tab. 2-1: 16 Klassen von Beziehungstypen mit 10 „symmetriefreien" Beziehungstypen

Spalte 1:   Kardinalitäten 1 und N,

Spalte 2:   nicht-optionale (n o) und optionale (o) Beziehungstyp-Richtungen

A→B / B↓A	Kardinalität 1		Kardinalität N	
	nicht-optional	optional	nicht-optional	optional
1, n o	1:1	1:C	1:N	1:CN
1, o	C:1	C:C	C:N	C:CN
N, n o	N:1	N:C	M:N	M:CN
N, o	CN:1	CN:C	CM:N	CM:CN

---

7   Die Formel sieht man schnell ein, wenn man gedanklich die Diagonale doppelt, also zu jeder Zeile ein Element hinzufügt, und dann die entstehende Elemente-Anzahl p(p+1) halbiert.

Restriktionen gelten immer

Die Angaben zur Optionalität und zur Kardinalität der beiden Beziehungstyp-Richtungen bringen wichtige Restriktionen des betrachteten Gegenstandsbereichs zum Ausdruck. Dabei ist zu beachten, dass die Restriktionen *zu jedem Zeitpunkt* im Lebenszyklus der Datenbank erfüllt sein müssen.

Wird in einer Beziehungstyp-Richtung „A zu B" die *Optionalität* ausgeschlossen, dann muss zu jedem Zeitpunkt jedes Objekt des Objekttyps A mit *mindestens einem* Objekt des Objekttyps B in Beziehung stehen. Das bedeutet insbesondere, dass ein neu zu speicherndes A-Objekt sofort mit einem B-Objekt in Beziehung gesetzt werden muss. In der Praxis ist das aber oft gar nicht möglich: Die Eigenschaftswerte einer neuen Schule sollen unter Umständen schon zu einem Zeitpunkt gespeichert werden, zu dem die Schule noch mit *keinem* Lehrer ein Beschäftigungsverhältnis abgeschlossen hat. Um diesen „Einschwingzustand" zu berücksichtigen, ist es häufig erforderlich, die Optionalität zuzulassen, weil ein neu „ins Leben tretendes" Objekt im Allgemeinen manche prinzipiell möglichen Beziehungen mit seiner Umwelt noch nicht eingegangen ist.

Wird die *Kardinalität* einer Beziehungstyp-Richtung „A zu B" mit 1 festgelegt, dann ist es zu keinem Zeitpunkt möglich, ein Objekt des Objekttyps A mit *mehr als einem* Objekt des Objekttyps B in Beziehung zu setzen. Wird die Kardinalität N durch eine Minimal- und/oder eine Maximalanzahl eingeschränkt, dann muss die Anzahl der Beziehungen, die ein A-Objekt jeweils mit B-Objekten eingeht, immer im geforderten [Min,Max]-Intervall liegen.

Zeitraum beachten!

Bei der Festlegung der Kardinalität ist außerdem zu beachten, über welchen Zeitraum hinweg die Angaben zu den Beziehungen gespeichert werden sollen. Betrachtet man zum Beispiel die Beziehungstyp-Richtung „Mitarbeiter *arbeitet in* Abteilung", dann ist die Kardinalität auf 1 zu setzen, wenn man nur eine „Momentaufnahme" speichern möchte, weil ein Mitarbeiter zu einem gegebenen Zeitpunkt nur in *einer* Abteilung arbeitet. Will man aber die Zuordnungs-Verhältnisse über einen längeren Zeitpunkt festhalten, dann ist die Kardinalität N zu wählen, weil es dann vorkommen kann, dass ein Mitarbeiter (nacheinander) mit mehreren Abteilungen in Beziehung steht.

Beziehungstypen als „Brücken"

Die Modellierung der Beziehungstypen bringt eine neue Qualität in die Datenspeicherung. Ohne Beziehungen können jeweils nur die Eigenschaftswerte der isolierten Objekte verarbeitet werden, weil die Objekte nicht miteinander verbunden sind. Betrachtet man die Objekttypen als die „Dateninseln", dann bilden die Beziehungstypen die „Brücken", die die Inseln miteinander verbinden. Mithilfe der Beziehungen, die ja die konkreten Ausprägungen der Beziehungstypen darstellen, kann man eine „Brückenwanderung" durchführen, indem man von den Eigenschaften des einen Objekts zu den Eigenschaften eines mit ihm verbundenen Objekts und von diesen weiter zu den jeweils nächsten verbundenen Objekten gelangen kann. Die Beziehungen bieten also die Möglichkeit, Objekte *dynamisch* miteinander in Verbindung zu bringen und dadurch – unter Auswertung der gespeicherten Daten – auch sogenannte „ad-hoc-Anfragen" zu beantworten, also einen Informationsbedarf zu befriedigen, der zum Zeitpunkt der Datenspeicherung noch nicht vorhersehbar war. Das ist in Zeiten flexibler Informationsanforderungen besonders wichtig – beispielsweise bei der Entscheidungsfindung im Management der Unternehmen.

klassisches Pendant

Auch beim traditionellen Verfahren der Datenspeicherung unter Verwendung von Karteikästen spielen die Beziehungen zwischen den Objekten eine wichtige Rolle. Sie werden dort als Querverweise zwischen den Karteikästen realisiert: Beispielsweise wird auf der Karteikarte für eine Schule der Kennbegriff des Ortes vermerkt, in dem diese Schule liegt.

Die 10 interessierenden Klassen der dualen Beziehungstypen werden im Abschnitt 4.3 hinsichtlich der Möglichkeit ihrer Repräsentation im relationalen Datenbank-Modell untersucht und jeweils durch Beispiele veranschaulicht.

Nun wenden wir uns wieder dem Schulbeispiel zu und modellieren die sachlogischen Zusammenhänge zwischen den Objekttypen.

Schulbeispiel

2. *Es gibt im Land größere Orte, die noch keine Schule besitzen. Neustadt besitzt dagegen 30 Schulen. Die Schiller-Schule von Neustadt ist gerade erst fertig gestellt: Sie hat weder Klassen noch hat sie mit Lehrern ein Beschäftigungsverhältnis abgeschlossen. Die Lehrer können mit mehreren Schulen des Landes ein Beschäftigungsverhältnis eingehen. Über arbeitslose Lehrer werden ebenfalls Informationen gespeichert. Jede Klasse einer Schule hat einen Lehrer als Klassenlehrer. Hat ein Lehrer seine Klasse zum Examen geführt, dann ist er eine Weile kein Klassenlehrer. Fällt ein Klassenlehrer aus, übernimmt ein anderer zeitweilig seine Funktion. Ein Schüler gehört jeweils nur zu einer Klasse (kein Kurssystem). Eine Klasse besteht aus mindestens 15 und aus höchstens 30 Schülern.*

Es kann vorkommen, dass ein speicherwürdiger Ort noch keine Schule besitzt. In der Fachsprache der Modellierung heißt das: Ein Objekt des Objekttyps „Ort" *kann* – muss aber nicht – mit einem Objekt des Objekttyps „Schule" in Beziehung stehen. Die Beziehungstyp-Richtung „Ein Ort *besitzt* eine Schule" ist also optional. Ein Ort kann mehrere Schulen besitzen (beispielsweise der Ort „Neustadt"). Das heißt: Ein Objekt des Objekttyps „Ort" kann *mit mehreren* Objekten des Objekttyps „Schule" in Beziehung stehen. Die Beziehungstyp-Richtung „Ein Ort *besitzt* eine Schule" hat also die Kardinalität N. Umgekehrt *muss* eine Schule in einem Ort liegen und kann nur in *einem* Ort liegen[8]. Der Beziehungstyp, der den Objekttyp „Ort" mit dem Objekttyp „Schule" verbindet, ist also ein 1:CN-Beziehungstyp.

Eine Schule kann (noch) mit *keinem* Lehrer ein Beschäftigungsverhältnis abgeschlossen haben (beispielsweise die gerade erst fertig gestellte Schiller-Schule von Neustadt), eine Schule wird jedoch in der Regel mit *mehreren* Lehrern ein Beschäftigungsverhältnis abgeschlossen haben. Ein Lehrer kann mit *keiner* Schule (arbeitsloser Lehrer), aber – so nehmen wir an – auch mit *mehreren* Schulen ein Beschäftigungsverhältnis abgeschlossen haben. Es handelt sich also um einen CM:CN-Beziehungstyp.

Eine Schule kann (noch) *keine* Klasse besitzen, eine Schule besitzt jedoch gewöhnlich *mehrere* Klassen. Eine Klasse gehört stets zu *genau einer* Schule. Es liegt also ein 1:CN-Beziehungstyp vor.

Bei der Wahl der Benennungen für die beiden Richtungen des Beziehungstyps zwischen Lehrer und Klasse ist zu beachten, dass der zu speichernde sachlogische Zusammenhang auch tatsächlich zum Ausdruck gebracht wird. Aussagen wie „Ein Lehrer *hat* eine Klasse" oder „Ein Lehrer *unterrichtet* eine Klasse" würden den hier interessierenden Zusammenhang nicht korrekt wiedergeben. Dieser Zusammenhang wird durch die Formulierungen „Ein Lehrer *ist Klassenlehrer von* einer Klasse" und „Eine Klasse *hat als Klassenlehrer* einen Lehrer" deutlicher zum Ausdruck gebracht. Ein Lehrer kann Klassenlehrer für *keine* Klasse sein, ein Lehrer kann aber auch Klassenlehrer für *mehrere* Klassen sein. Dabei wird einerseits berücksichtigt, dass ein Lehrer eine Weile lang keine Klasse betreuen muss, andererseits aber auch der Fall eingeschlossen, dass ein Lehrer beim Ausfall eines anderen Klas-

---

[8] Wir setzen dabei voraus, dass eine Schule nicht auf der „grünen Wiese" liegt und dass sie nicht über mehrere Orte verstreut ist.

senlehrers eventuell zeitweilig mehr als eine Klasse betreuen muss. Eine Klasse hat jedoch zu jedem Zeitpunkt *genau einen* Lehrer als Klassenlehrer. Geht man davon aus, dass für eine Klasse immer nur der gerade aktuelle Klassenlehrer festgehalten werden muss, dann ist der Beziehungstyp zwischen den Objekttypen „Lehrer" und „Klasse" ein 1:CN-Beziehungstyp.

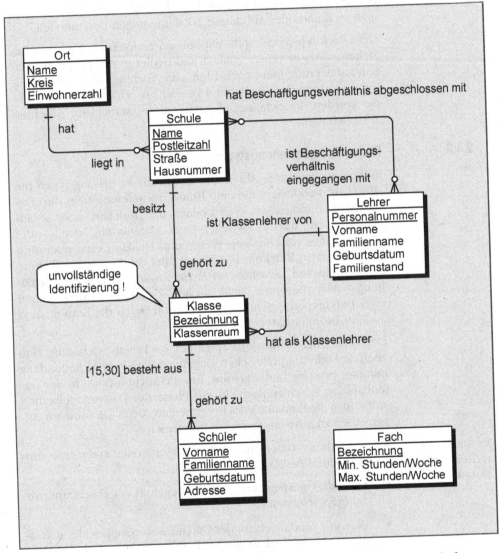

Abb. 2-7: Datenmodell für das Schulbeispiel mit Objekttypen, Eigenschaften, Identifizierungs-Angaben und dualen Beziehungstypen

Jede Klasse *muss* aus Schülern bestehen (keine Optionalität!) – und zwar aus *mehreren*, wobei deren Anzahl im Intervall [15,30] liegen muss. Ein Schüler gehört zu *genau einer* Klasse. Beim Beziehungstyp zwischen „Klasse" und „Schüler" handelt es sich also um einen 1:N-Beziehungstyp, der hinsichtlich seiner Kardinalität durch das Intervall [15,30] eingeschränkt wird.

Berücksichtigt man die dualen Beziehungstypen, dann gelangt man zu dem in der Abbildung 2-7 dargestellten Datenmodell.

Der Objekttyp „Fach" steht mit keinem anderen Objekttyp in Beziehung. Das ist ungewöhnlich und deutet in der Praxis der Datenmodellierung meist darauf hin, dass wichtige sachlogische Zusammenhänge des Gegenstandsbereichs (noch) nicht berücksichtigt wurden. Im Schulbeispiel wird dieser Mangel im Abschnitt 2.5.1 behoben.

2.4.2 Redundante Beziehungstypen

Im vorangegangenen Abschnitt wurden die Beziehungstypen mit „Brücken" verglichen, die eine Brückenwanderung über die „Dateninseln" ermöglichen. Nun können die „Brücken" aber so angeordnet sein, dass es zwischen zwei „Dateninseln" zwei – oder noch mehr – verschiedene Wege gibt. Ist dann eine oder sind sogar mehrere „Brücken" überflüssig? Bei der Datenmodellierung spricht man von *redundanten Beziehungstypen*. Das sind Beziehungstypen, die einen sachlogischen Zusammenhang zwischen zwei Datentypen beschreiben, der schon durch die Kombination anderer Beziehungstypen beschrieben wird.

Der Begriff der *Redundanz* spielt bei der Datenspeicherung eine zentrale Rolle. Im praktischen Datenbankbetrieb wird Redundanz mitunter bewusst herbeigeführt, um die Suchprozesse in der Datenbank zu beschleunigen. In der Phase der Datenmodellierung sollte man Redundanz jedoch vermeiden, denn sie führt im Allgemeinen zu schwerwiegenden Problemen:

Probleme mit redundanten Daten

- redundante Datenstrukturen erfordern eine *mehrfache Eingabe* derselben Daten,

- redundant gespeicherte Daten belegen in der Datenbank *unnötig Speicherplatz*,

- bei einer Modifizierung der Daten müssen immer alle „Exemplare" der redundant gespeicherten Daten – nach Möglichkeit gleichzeitig – geändert werden, weil sonst in der Datenbank *widersprüchliche Aussagen* gespeichert sind.

Redundanz
und zyklische
Strukturen

Der Verdacht auf einen redundanten Beziehungstyp besteht immer bei zyklischen Beziehungstyp-Strukturen. Kann man aber allein aus den strukturellen Merkmalen des Datenmodells auf die Redundanz eines Beziehungstyps schließen? Das wäre wunderbar, denn dann könnte man redundante Beziehungstypen durch automatisierte Optimierungsprozesse eliminieren. Analysieren wir zur Beantwortung dieser Frage das Beispiel, das in der Abbildung 2-8 dargestellt ist!

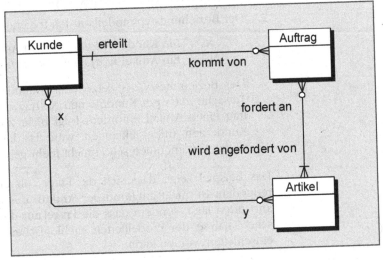

Abb. 2-8: Zyklische Struktur von Beziehungstypen

Ein Kunde erteilt unter Umständen *keinen* Auftrag (ein neuer Kunde, der nach der ersten Kontaktaufnahme gerade erst gespeichert wurde), ein Kunde kann aber auch *mehrere* Aufträge erteilen. Ein Auftrag kommt stets von *genau einem* Kunden. Ein Auftrag fordert *einen oder mehrere* Artikel an. Ein Artikel kann von *keinem* Auftrag angefordert werden (ein Artikel, der ganz neu im Angebot ist, oder aber ein „Ladenhüter", den keiner will). Ein Artikel kann aber auch von *mehreren* Aufträgen angefordert werden.

Nun kommt der CM:CN-Beziehungstyp mit den beiden Beziehungstyp-Richtungen x und y hinzu, sodass aufgrund der entstehenden zyklischen Struktur nun zwei Wege vom Kunden zum Artikel führen. Ist dieser Beziehungstyp redundant? Betrachten wir zwei semantisch verschiedene Interpretationen dieses Beziehungstyps:

1. Der Beziehungstyp repräsentiert den sachlogischen Zusammenhang:

   x: „Ein Kunde *bestellt* einen Artikel" und
   y: „Ein Artikel *wird bestellt von* einem Kunden".

   Der Beziehungstyp ist redundant, denn aus der Tatsache, dass ein Kunde einen Auftrag erteilt und der Auftrag einen Artikel anfordert, folgt die Aussage, dass der Kunde den Artikel bestellt (und der Artikel vom Kunden bestellt wird).

2. Der Beziehungstyp modelliert den folgenden Sachverhalt:

   x: „Ein Kunde *reklamiert* einen Artikel" und
   y: „Ein Artikel *wird reklamiert von* einem Kunden".

   Der Beziehungstyp ist jetzt nicht redundant, denn aus der Tatsache, dass ein Kunde einen Auftrag erteilt und der Auftrag einen Artikel anfordert, folgt nicht zwingend, dass der Kunde den Artikel reklamiert (wäre das der Fall, dann würde es das Unternehmen schon nicht mehr geben).

Das Beispiel zeigt, dass sich die Frage, ob ein Beziehungstyp redundant ist, nicht aufgrund der Struktur des Datenmodells beantworten lässt, sondern dass die Frage nur durch eine semantische Analyse der modellierten sachlogischen Zusammenhänge entschieden werden kann.

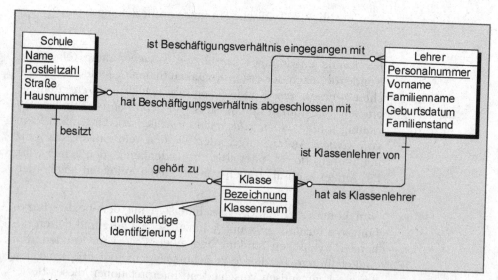

Abb. 2-9: Prüfung auf einen redundanten Beziehungstyp im Schulbeispiel

Schulbeispiel   Im Schulbeispiel muss die zyklische Struktur, die in der Abbildung 2-9 dargestellt ist, auf einen eventuellen redundanten Beziehungstyp hin überprüft werden.

Von „Klasse" zu „Lehrer" sind zwei Wege möglich. Aus der Tatsache, dass eine Klasse zu einer Schule gehört und diese mit einem Lehrer ein Beschäftigungsverhältnis abgeschlossen hat, folgt aber nicht zwingend, dass diese Klasse den Lehrer als Klassenlehrer hat. Es liegt also kein redundanter Beziehungstyp vor.[9]

2.4.3   Parallele Beziehungstypen

Häufig ist es bei der Speicherung von Informationen über einen Gegenstandsbereich erforderlich, *unterschiedliche* sachlogische Zusammenhänge zwischen zwei Objekttypen A und B festzuhalten, indem man mehrere Beziehungstypen zwischen A und B modelliert. Diese werden als *parallele Beziehungstypen* bezeichnet. Sind nun die Optionalität und die Kardinalität der parallelen Beziehungstyp-Richtungen durch die Objekttypen vorgegeben?

Nehmen wir an, dass wir für eine festgelegte Personengruppe – beispielsweise für die Mieter eines Hauses – und eine definierte Menge von Autos drei verschiedene Beziehungstypen modellieren wollen, die in der Abbildung 2-10 dargestellt sind.

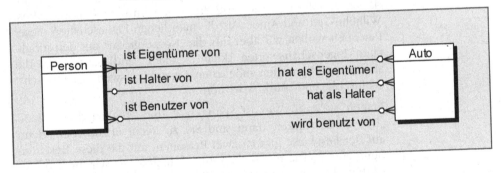

Abb. 2-10: Parallele Beziehungstypen

9   Wenn andererseits eine Klasse einen Lehrer als Klassenlehrer hat, dann folgt daraus, dass dieser Lehrer mit der Schule, zu der die Klasse gehört, ein Beschäftigungsverhältnis eingegangen ist. Diese *partielle* Redundanz tritt jedoch erst dann ein, wenn ein bereits gespeicherter Lehrer zum Klassenlehrer ernannt wird. Dann könnte man eigentlich seine – nunmehr *redundante* – Beziehung zur Schule löschen, was aber wohl kaum praktikabel ist.

Eine gespeicherte Person muss weder Eigentümer noch Halter noch Benutzer eines der betrachteten Autos sein. Eine Person kann aber auch Eigentümer, Halter und Benutzer mehrerer Autos sein. Andererseits muss ein Auto mindestens einen, kann aber auch mehrere Eigentümer haben (wenn das Auto von mehreren Mietern des Hauses anteilmäßig bezahlt wurde). Es kann keinen Halter haben, wenn es stillgelegt wurde, ansonsten aber höchstens einen. Es kann im betrachteten Zeitraum von keinem, von einem oder von mehreren Personen benutzt werden. Man sieht, dass die Optionalität und die Kardinalität nicht durch die beteiligten Objekttypen festgelegt sind, sondern dass sie durch die spezielle Semantik des jeweiligen sachlogischen Zusammenhangs bestimmt werden.

2.4.4   Die Beziehungstyp-Richtung als identifizierendes Element

Im Abschnitt 2.3 haben wir bei der Festlegung der Identifizierung für die Objekttypen des Schulbeispiels eine Situation vorgefunden, bei der die Eigenschaften des Objekttyps „Klasse" nicht ausreichen, um eine eindeutige Identifizierung der Objekte dieses Objekttyps herbeizuführen. Wir wollen diese Situation an Hand des in der Abbildung 2-11 dargestellten – reichlich „mythologisch" gehaltenen – Beispiels verdeutlichen. Wir nehmen an, dass sich auf einer Festwiese drei Personen befinden: Spartakus, Wilhelm Tell und Amor. Als die natürlichen Eigenschaften dieser Personen wollen wir aber nur die „Körpergröße" mit den möglichen Eigenschaftswerten „klein", „mittel" und „groß" und die „Körperkraft" mit den möglichen Eigenschaftswerten „schwach", „halbstark" und „stark" speichern.

Fragen Sie nun „Wer ist Spartakus?" und erhalten die Antwort „Der große Starke", dann sind Sie zu Recht unzufrieden, denn auf der Festwiese gibt es zwei Personen, auf die diese Beschreibung zutrifft. Die natürlichen Eigenschaften, die wir für den Objekttyp „Person" speichern wollen, reichen für eine Identifizierung der Objekte dieses Objekttyps nicht aus – wir haben es mit einem sogenannten *„schwachen Objekttyp"* zu tun.

schwacher
Objekttyp

Definition: Ein *schwacher Objekttyp* ist ein Objekttyp, dessen Eigenschaften es nicht erlauben, jedes Objekt dieses Objekttyps eindeutig zu identifizieren.

Abb. 2-11: Unvollständige Identifizierung durch Eigenschaften

Will man die Personen dennoch zweifelsfrei voneinander unterscheiden, dann muss man außer auf ihre Eigenschaften auch auf die Beziehungen zurückgreifen, die die Objekte mit anderen Objekten eingehen. In unserem Beispiel könnte man zusätzlich die charakteristischen Waffen betrachten, mit denen die Personen ausgerüstet sind: Schwert, Armbrust, Pfeil & Bogen sowie andere Waffen. Auf die Frage „Wer ist Spartakus?" kann man dann antworten: „Der große Starke mit dem Schwert". Wilhelm Tell wäre dann: „Der große Starke mit der Armbrust". Amor wäre: „Der kleine Schwache mit Pfeil und Bogen". Amor könnte damit von anderen kleinen und schwachen Personen unterschieden werden, die jeweils eine andere charakteristische Waffe tragen.

Die Beziehungstyp-Richtung, die den schwachen Objekttyp mit einem anderen Objekttyp verbindet, wird also für den schwachen Objekttyp zu einem identifizierenden Element.

Die Beziehungstyp-Richtung „A zu B" ist für den schwachen Objekttyp A allerdings nur dann als identifizierendes Element geeignet, wenn es sich dabei um eine *nicht-optionale* Beziehungstyp-Richtung der *Kardinalität 1* handelt: Jedes konkrete Objekt des schwachen Objekttyps A muss diese Beziehung also stets zu genau einem Objekt des Objekttyps B eingehen.

Syntaxregel
für den
schwachen
Objekttyp

<u>Syntaxregel</u>:

Eine Beziehungstyp-Richtung „A zu B", die als (teil)identifizierendes Element für den schwachen Objekttyp A dient, wird durch ein Dreieck dargestellt, das vom schwachen Objekttyp A zum Objekttyp B zeigt. Hat die Beziehungstyp-Richtung „B zu A" die Kardinalität N, dann wird das (statt durch den „Krähenfuß") durch drei waagerechte Linien dargestellt:

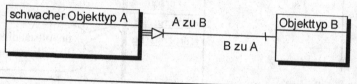

Für das Beispiel der Festwiese kann die Modellierung gewählt werden, die in der Abbildung 2-12 dargestellt ist.

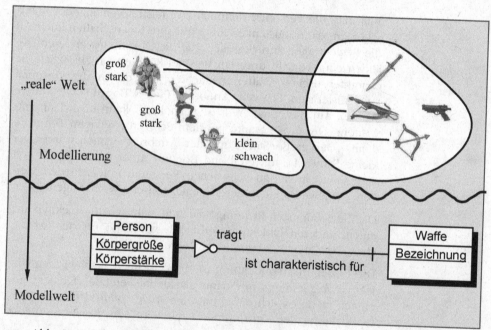

Abb. 2-12: Identifizierung unter Verwendung einer Beziehungstyp-Richtung

Schulbeispiel

Im Schulbeispiel gibt es einen schwachen Objekttyp: die „Klasse". Die Bezeichnung einer Klasse ist für sich allein – wie wir bereits argumentiert haben – für die Unterscheidung sämtlicher Klassen im Bundesland nicht ausreichend. Nimmt man jedoch die Beziehungstyp-Richtung, die die Klasse mit der Schule verbindet, als ein weiteres teilidentifizierendes Element hinzu, dann ist die Identifizierung jeder Klasse möglich. Die eindeutige Identifizierung einer gegebenen Klasse erfolgt durch zwei jeweils teilidentifizierende Elemente:

1. die Beziehung der Klasse zu derjenigen Schule, zu der sie gehört, und

2. die Bezeichnung, durch die die Klasse von den anderen Klassen dieser Schule unterschieden wird.

Das führt zu der Form des Beziehungstyps zwischen den beiden Objekttypen „Schule" und „Klasse", die in der Abbildung 2-13 dargestellt ist.

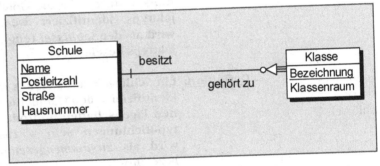

Abb. 2-13: Verwendung einer Beziehungstyp-Richtung als
teilidentifizierendes Element im Schulbeispiel

Varianten der
Identifizierung

Damit lässt sich die Liste der Varianten der Identifizierung komplettieren, die wir im Abschnitt 2.3 nur auszugsweise angegeben haben. Für die Identifizierung der Objekte eines Objekttyps gibt es letztlich die folgenden Varianten:

1. Verwendung von Eigenschaften

   1.1. Auswahl einer einzigen Eigenschaft

   1.2. Zusammenstellung einer Kombination von Eigenschaften

2. Verwendung von Beziehungstyp-Richtungen

   2.1. Auswahl einer einzigen Beziehungstyp-Richtung

   2.2. Zusammenstellung einer Kombination von Beziehungs-typ-Richtungen

3. Verwendung einer Kombination von 1. und 2.

4. Hinzunahme einer „organisatorischen" Eigenschaft

Wir wollen zum Abschluss dieses Abschnitts eine Terminologie einführen, die beim Datenbank-Design üblich ist und die uns in vielen Fällen eine kürzere Sprechweise ermöglicht:

Schlüssel

Definition: **Die minimale Kombination von Eigenschaften und/oder Beziehungstyp-Richtungen, durch die die Objekte eines Objekttyps identifiziert werden können, wird als der *Schlüssel* (engl. key) des Objekttyps bezeichnet.**

zusammen-
gesetzter
Schlüssel

Definition: **Ein Schlüssel, der sich aus mehreren teil-identifizierenden Elementen – das können Eigenschaften und/oder Beziehungs-typ-Richtungen sein – zusammensetzt, wird als *zusammengesetzter Schlüssel* bezeichnet.**

Teilschlüssel

Definition: **Ein *Teilschlüssel* ist eine echte Teilmenge der teilidentifizierenden Elemente, die einen zusammengesetzten Schlüssel bilden. Ein Teilschlüssel entsteht also dadurch, dass man aus einem zusammenge-setzten Schlüssel wenigstens ein teilidentifizierendes Element entfernt.**

Diese Terminologie werden wir insbesondere bei der Beschreibung der Normalisierung eines Datenmodells im Abschnitt 2.6 verwenden.

2.4.5	## Rekursiv-Beziehungstypen

Im Abschnitt 2.4.1 haben wir die sachlogischen Zusammenhänge zwischen zwei Objekten modelliert, die *verschiedenen* Objekttypen angehören. Beispielsweise wurde der folgende Zusammenhang betrachtet: *„Die Goethe-Schule von Neustadt hat mit dem Lehrer Fritz Fröhlich ein Beschäftigungsverhältnis abgeschlossen"*. Dabei gehört das erste Objekt („Goethe-Schule von Neustadt") zum Objekttyp „Schule" und das zweite Objekt („Fritz Fröhlich") zum Objekttyp „Lehrer".

Häufig ist es aber erforderlich, einen sachlogischen Zusammenhang zwischen zwei Objekten festzuhalten, die beide *demselben* Objekttyp angehören. So möchte ein Unternehmen vielleicht speichern, welcher *Mitarbeiter* durch welche *Mitarbeiter* – im Urlaubs- oder Krankheitsfall – vertreten werden kann. Derartige Zusammenhänge werden mithilfe eines *Rekursiv-Beziehungstyps* modelliert, der wie folgt definiert ist:

Rekursiv-
Beziehungstyp

> **Definition: Ein *Rekursiv-Beziehungstyp* (engl. recursive relationship type) beschreibt den typmäßigen sachlogischen Zusammenhang zwischen zwei Objekten, die demselben Objekttyp angehören.**

Für einen Rekursiv-Beziehungstyp sind dieselben Angaben erforderlich wie für einen dualen Beziehungstyp: Für jede der beiden Beziehungstyp-Richtungen werden festgelegt:

1. eine *Benennung*, die die Semantik des jeweiligen sachlogischen Zusammenhangs ausdrückt,

2. eine Angabe zur *Optionalität* und

3. eine Angabe zur *Kardinalität*.

klassisches
Pendant

Bei der traditionellen Datenspeicherung unter Verwendung von Karteikästen wird der Rekursiv-Beziehungstyp dadurch realisiert, dass innerhalb eines Karteikastens von einer Karteikarte auf eine oder auf mehrere andere Karteikarten verwiesen wird. Im betrachteten Beispiel der Vertretungs-Verhältnisse würde man auf der Karteikarte eines Mitarbeiters die Personalnummern seiner möglichen Vertreter vermerken.

Syntaxregeln
für den
Rekursiv-
Beziehungstyp

<u>Syntaxregeln</u>:

1. Ein Rekursiv-Beziehungstyp zur Beschreibung eines sachlogischen Zusammenhangs zwischen den Objekten ein- und desselben Objekttyps A wird durch eine Verbindungslinie dargestellt, die den Objekttyp A mit sich selbst verbindet[10].

2. Die Benennung der jeweiligen Beziehungstyp-Richtung steht in der Nähe des Austrittspunkts aus dem Objekttyp.

3. Die Optionalität und die Kardinalität der jeweiligen Beziehungstyp-Richtung werden in gleicher Weise angegeben wie beim dualen Beziehungstyp:

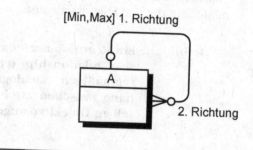

[Min,Max] 1. Richtung

A

2. Richtung

Setzt man beim betrachteten Vertretungs-Verhältnis der Mitarbeiter voraus, dass

- ein Mitarbeiter eventuell *keine* Vertretung übernimmt, ein Mitarbeiter aber *höchstens zwei* Mitarbeiter vertreten kann,

- ein Mitarbeiter durch *mindestens einen*, eventuell aber auch durch *mehrere* Mitarbeiter vertreten werden kann,

dann gelangt man zum Datenmodell der Abbildung 2-14. Es sei noch einmal darauf hingewiesen, dass die [Min,Max]-Angabe ausschließlich die Kardinalität der Beziehungstyp-Richtung präzisiert und keine Aussage über deren Optionalität macht.

---

[10] Die Form der Verbindungslinie, die aus A austritt und wieder nach A *zurückläuft*, ist das Motiv für die Bezeichnung „rekursiv" (lat. *recurrere*: zurücklaufen).

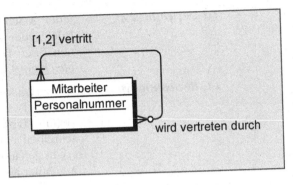

Abb. 2-14: Rekursiv-Beziehungstyp

Im Abschnitt 2.4.1 haben wir die dualen Beziehungstypen in 16 Klassen eingeteilt. Jede dieser Klassen ist durch eine spezielle Kombination von Optionalität und Kardinalität in beiden Beziehungstyp-Richtungen charakterisiert. Aufgrund von Symmetrien – so ist beispielsweise der 1:C-Beziehungstyp symmetrisch zum C:1-Beziehungstyp – blieben nur noch 10 interessierende Klassen übrig. Es stellt sich nun die Frage, ob diese 10 Klassen auch bei den Rekursiv-Beziehungstypen wiederzufinden sind.

Die Besonderheit des Rekursiv-Beziehungstyps gegenüber dem dualen Beziehungstyp, der zwei *verschiedene* Objekttypen A und B miteinander verknüpft, besteht darin, dass beim Rekursiv-Beziehungstyp die Objekttypen A und B identisch sind. Also sind Rekursiv-Beziehungstypen nur dann möglich, wenn die Objekttypen A und B, die jeweils Mengen von Objekten repräsentieren, dieselbe Mächtigkeit[11] besitzen.

Beziehungs-
typen und
Mächtigkeit der
Objekttypen

Wir untersuchen deshalb die 10 interessierenden Klassen von Beziehungstypen hinsichtlich der Forderung, die an die Mächtigkeiten der beteiligten Objekttypen gestellt wird. Damit die Verhältnisse leichter überschaubar sind, wollen wir uns die folgende Situation vor Augen halten: Die Schüler einer Schulklasse in Aachen (A-Schüler) schreiben Briefe an die Schüler einer Schulklasse in Bern (B-Schüler). Welche Restriktionen ergeben sich für die beiden Klassengrößen im Fall der 10 interessierenden Beziehungstypen?

---

11 Unter der Mächtigkeit einer Menge M (dargestellt durch $\overline{\overline{M}}$) versteht man die Anzahl ihrer Elemente. Die Mächtigkeit eines Objekttyps ist also die Anzahl der in ihm zusammengefassten Objekte.

1:1-Beziehungstyp:	Jeder A-Schüler schreibt genau einen Brief; jeder B-Schüler erhält genau einen Brief: Die beiden Klassen müssen *gleich groß* sein.
1:C-Beziehungstyp:	Wenigstens ein A-Schüler schreibt keinen Brief (sonst wäre es ja ein 1:1-Beziehungstyp), die anderen A-Schüler schreiben einen Brief; jeder B-Schüler erhält genau einen Brief: Es muss mehr A-Schüler als B-Schüler geben.
C:C-Beziehungstyp:	Wenigstens ein A-Schüler schreibt keinen Brief (sonst wäre es ja ein C:1-Beziehungstyp); wenigstens ein B-Schüler erhält keinen Brief: Die beiden Klassen können *gleich groß* sein.
1:N-Beziehungstyp:	Jeder der A-Schüler schreibt mindestens einen Brief, wobei wenigstens ein A-Schüler mehrere Briefe schreibt (sonst wäre es ja ein 1:1-Beziehungstyp); jeder B-Schüler erhält genau einen Brief: Es muss mehr B-Schüler als A-Schüler geben.
C:N-Beziehungstyp:	Wie beim 1:N-Beziehungstyp, nur dass es mindestens einen B-Schüler gibt, der keinen Brief erhält: Es muss also erst recht mehr B-Schüler als A-Schüler geben.
1:CN-Beziehungstyp:	Ein A-Schüler schreibt keinen, einen oder mehrere Briefe; jeder B-Schüler erhält genau einen Brief: Die beiden Klassen können *gleich groß* sein.
C:CN-Beziehungstyp:	Wie beim 1:CN-Beziehungstyp, nur dass es mindestens einen B-Schüler gibt, der keinen Brief erhält: Die beiden Klassen können *gleich groß* sein.
M:N-Beziehungstyp:	Jeder der A-Schüler schreibt mindestens einen Brief, wobei wenigstens ein A-Schüler mehrere Briefe schreibt (sonst wäre es ja ein N:1-Beziehungstyp). Analog dazu erhält jeder B-Schü-

ler wenigstens einen Brief, mindestens ein B-Schüler erhält mehrere Briefe: Die beiden Klassen können *gleich groß* sein.

M:CN-Beziehungstyp: Wie beim M:N-Beziehungstyp, nur dass es mindestens einen A-Schüler gibt, der keinen Brief schreibt: Die beiden Klassen können *gleich groß* sein.

CM:CN-Beziehungstyp: Wie beim M:CN-Beziehungstyp, nur dass es mindestens einen B-Schüler gibt, der keinen Brief erhält: Die beiden Klassen können *gleich groß* sein.

In der Tabelle 2-2 sind die Ergebnisse der Überlegungen zusammengefasst und die Implikationen für die Rekursiv-Beziehungstypen angegeben:

Tab. 2-2: Mögliche Klassen von Rekursiv-Beziehungstypen

Beziehungstyp-Klasse	Bedingung für das Größenverhältnis	Rekursiv-Beziehungstyp
1:1	$\overline{\overline{A}} = \overline{\overline{B}}$	möglich
1:C	$\overline{\overline{A}} > \overline{\overline{B}}$	nicht möglich
C:C	keine	möglich
1:N	$\overline{\overline{A}} < \overline{\overline{B}}$	nicht möglich
C:N	$\overline{\overline{A}} < \overline{\overline{B}}$	nicht möglich
1:CN	keine	möglich
C:CN	keine	möglich
M:N	keine	möglich
M:CN	keine	möglich
CM:CN	keine	möglich

Die sieben möglichen Klassen der Rekursiv-Beziehungstypen zeigt die Tabelle 2-3 in Form einer Matrix, in der die „spiegelbildlichen" Klassen wiederum grau unterlegt und die nicht realisierbaren Klassen dunkel eingefärbt sind.

Tab. 2-3: Sieben interessierende Klassen von Rekursiv-Beziehungstypen

1. Beziehungstyp-Richtung → 2. Beziehungstyp-Richtung ↓		Kardinalität 1		Kardinalität N	
		nicht-optional	optional	nicht-optional	optional
Kardinalität 1	nicht-optional	1:1			1:CN
	optional		C:C		C:CN
Kardinalität N	nicht-optional			M:N	M:CN
	optional	CN:1	CN:C	CM:N	CM:CN

Die 7 interessierenden Klassen von Rekursiv-Beziehungstypen werden im Abschnitt 4.4 im Zusammenhang mit ihrer Repräsentation im relationalen Datenbank-Modell näher untersucht und durch Beispiele veranschaulicht.

Schulbeispiel

An dieser Stelle wenden wir uns wieder dem Schulbeispiel zu. Dort müssen ebenfalls sachlogische Zusammenhänge zwischen Objekten ein und desselben Objekttyps dargestellt werden:

3. *In jeder Schule ist einer der Lehrer Direktor und leitet die anderen Lehrer an. Über ihn werden aber dieselben Informationen gesammelt wie über die anderen Lehrer. Zwischen den Schulen können Patenschaften bestehen. Eine Schule kann zwar mehrere Paten haben, soll aber selbst nur für maximal eine andere Schule Pate sein.*

Da gemäß der Beschreibung des Gegenstandsbereichs für einen Direktor dieselben Eigenschaften gespeichert werden wie für jeden anderen Lehrer (der Direktor ist auch nur ein Lehrer, wenn auch einer mit besonderen Befugnissen), ist es nicht sinnvoll, für ihn einen eigenen Objekttyp einzuführen. Stattdessen stellen wir das Anleitungs-Verhältnis zwischen den Lehrern durch einen Rekursiv-Beziehungstyp dar. Dabei gibt es Lehrer, die keinen Lehrer anleiten, und eben die (Direktor-) Lehrer, die mehrere Lehrer anleiten. Ein Lehrer wird eventuell von keinem Lehrer angeleitet (weil er ein Direktor ist), er kann aber auch von mehreren Lehrern angeleitet werden (weil er eventuell mit mehreren Schulen ein Beschäftigungsverhältnis eingegangen ist und er durch die Direktoren dieser Schulen angeleitet wird).

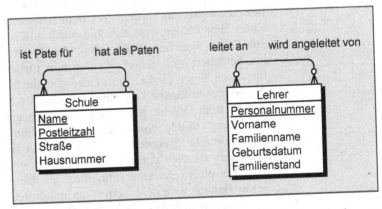

Abb. 2-15: Rekursiv-Beziehungstypen im Schulbeispiel

Das Patenschafts-Verhältnis zwischen den Schulen ist ebenfalls ein sachlogischer Zusammenhang zwischen den Objekten ein und desselben Objekttyps; es muss also auch als ein Rekursiv-Beziehungstyp modelliert werden. Eine Schule muss keine Patenschaft übernehmen, kann aber höchstens für eine andere Schule Pate sein. Andererseits muss eine Schule keinen Paten haben, kann aber auch mehrere Schulen als Paten haben. Die Abbildung 2-15 zeigt die entsprechenden Ausschnitte des Datenmodells.

hierarchische
Zusammen-
hänge

Rekursiv-Beziehungstypen eignen sich besonders gut für die Modellierung von *hierarchischen* sachlogischen Zusammenhängen zwischen den Objekten eines Objekttyps. Das bietet gegenüber der Verwendung individueller Objekttypen für die einzelnen Hierarchie-Ebenen den Vorteil, dass man sich hinsichtlich der Anzahl der Hierarchie-Ebenen nicht festlegen muss und deshalb jederzeit – ohne Änderung des Datenmodells – weitere Hierarchie-Ebenen hinzunehmen kann. Bei hierarchischen Beziehungen ist die Optionalität beider Beziehungstyp-Richtungen zwingend erforderlich. Dadurch wird in beiden Richtungen der Hierarchie der Abbruch beschrieben. Im grafischen Bild einer Baumstruktur – wie beispielsweise in einem Organigramm – entspricht das der Tatsache, dass die Hierarchie in der einen Richtung in der Wurzel des Baums und in der anderen Richtung in den Blättern endet.

Beispiel:
Stückliste

Ein klassisches Beispiel für eine hierarchische Beziehung zwischen Objekten ist die Stückliste. Jedes industrielle Produkt von größerer Komplexität wird aus Teilen zusammengefügt, die wiederum aus noch kleineren Teilen bestehen können. So besteht beispielsweise ein Fahrrad aus dem Rahmen, dem Lenker, dem Sattel, den Rädern usw. Ein Rad wiederum setzt sich zusammen aus Felge, Speichen, Reifen usw. Der Reifen wiederum besteht aus Schlauch und Mantel. Werden nun für jedes dieser Bauteile dieselben Eigenschaften gespeichert, dann ist es nicht sinnvoll, für sie jeweils eigene Objekttypen zu bilden. Vielmehr kann man sie alle dem Objekttyp „Bauteil" zuordnen und die Teil-Ganzes-Beziehung durch einen Rekursiv-Beziehungstyp modellieren. Dabei besteht eventuell ein Bauteil nicht mehr aus kleineren Bauteilen, nämlich dann, wenn es bereits ein elementares Bauteil – beispielsweise eine Schraube – ist. Wenn es aber aus kleineren Bauteilen besteht, dann aus mindestens 2 Bauteilen und aus einer gewöhnlich nicht festgelegten Maximalzahl (N) von Bauteilen. Andererseits kann ein Bauteil Bestandteil keines größeren Bauteils sein (wenn es sich um das Gesamtprodukt handelt), aber auch Bestandteil mehrerer größerer Bauteile. Die Repräsentation dieser Verhältnisse im Datenmodell zeigt die Abbildung 2-16.

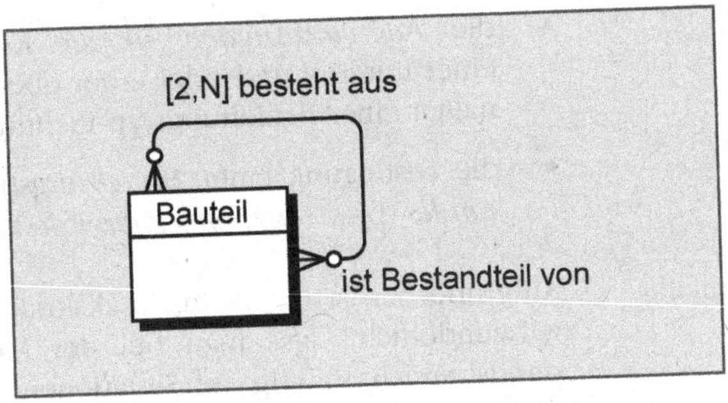

Abb. 2-16: Stückliste als Rekursiv-Beziehungstyp

2.5   Modellierung in Grenzfällen des Entity-Relationship-Modells

Die grafische Sprache des Entity-Relationship-Modells wurde absichtlich einfach gehalten. Sie stellt – soweit sie in diesem Lehrbuch beschrieben wird – nur sehr wenige Gestaltungselemente bereit, nämlich:

- den *Objekttyp* als „Container" für alle speicherwürdigen Objekte, über die dieselben Informationen gesammelt werden und die in prinzipiell gleicher Weise verarbeitet werden,

- die *identifizierende* (bzw. die *teilidentifizierende*) *Eigenschaft* zur Aufnahme eines Wertes, der ein Objekt innerhalb eines Objekttyps identifiziert (bzw. zu dessen Identifizierung beiträgt),

- die *beschreibende Eigenschaft* zur Aufnahme eines Wertes, der nicht für die Identifizierung eines Objekts verwendet wird,

- den *dualen Beziehungstyp* als die Menge aller sachlogischen Beziehungen gleicher Semantik zwischen zwei Objekten, die zwei verschiedenen Objekttypen angehören,

- den *Rekursiv-Beziehungstyp* als die Menge aller sachlogischen Beziehungen gleicher Semantik zwischen zwei Objekten, die zum selben Objekttyp gehören,

- die *Optionalitäts-Angabe* zur Unterscheidung zwischen einer optionalen und einer obligatorischen Beziehungstyp-Richtung,

- die *Kardinalitäts-Angabe* zur Unterscheidung zwischen den Kardinalitäten 1 und N einer Beziehungstyp-Richtung,

- die *Intervall-Angabe für die Kardinalität* zur Festlegung einer unteren und/oder einer oberen Schranke für die Kardinalität einer Beziehungstyp-Richtung,

- die Festlegung einer *Beziehungstyp-Richtung als identifizierendes* (bzw. *teilidentifizierendes) Element.*

Problemfälle

Aufgrund der geringen Ausdruckskraft dieser Sprache ist es nicht verwunderlich, dass man bei der Modellierung eines Gegenstandsbereichs häufig auf Situationen trifft, die sich mit den genannten grafischen Elementen nicht problemlos beschreiben lassen. Für diese Fälle, in denen man an die Grenzen des Entity-Relationship-Modells stößt, müssen Verhaltensregeln entwickelt werden, die es gestatten, diese Grenzfälle dennoch mit den Sprachelementen des Entity-Relationship-Modells auszudrücken.

In den folgenden Abschnitten sollen drei der wichtigsten Grenzfälle näher besprochen werden.

2.5.1   Sachlogische Zusammenhänge zwischen mehr als 2 Objekttypen

Häufig besteht die Notwendigkeit, Informationen über Sachverhalte zu speichern, an denen Objekte aus mehr als 2 Objekttypen beteiligt sind. Beispielsweise muss eine Fluggesellschaft Informationen darüber speichern, welcher Pilot (1. Objekttyp) mit welchem Flugzeug (2. Objekttyp) auf welcher Fluglinie (3. Objekttyp) geflogen ist. Mitunter müssen – über die beteiligten Objekte hinaus – zu diesem Sachverhalt auch noch weitere Angaben festgehalten werden: in unserem Beispiel etwa der Flugtag, die Abflugzeit und die Ankunftszeit.

Derartige Konstruktionen sind aber mit den grafischen Elementen des Entity-Relationship-Modells nicht unmittelbar darstellbar. Diese ermöglichen lediglich die direkte Darstellung von Sachverhalten, an denen entweder nur Objekte *eines* Objekttyps (durch die Verwendung des Rekursiv-Beziehungstyps) oder Objekte aus *zwei* Objekttypen (durch die Verwendung des dualen Beziehungstyps) beteiligt sind.

Im betrachteten Beispiel müssen aber Objekte aus *drei* Objekttypen zu einer gemeinsamen Handlung zusammengeführt werden, wie das aus der Abbildung 2-17 ersichtlich ist.

Begriffserweiterung des Objekttyps

Für solche sachlogischen Zusammenhänge gibt es aber im Entity-Relationship-Modell – zumindest in der hier beschriebenen Ausbaustufe – keine syntaktische Konstruktion. Um derartige Situationen dennoch modellieren zu können, ist eine Erweiterung des Begriffs des Objekttyps erforderlich.

Koppel-
Objekttyp

Bisher wurde der Objekttyp nur als „Container" für *elementare* Objekte betrachtet, die entweder real (z. B. Lehrer, Ort) oder immateriell (z. B. Schulfach) im Gegenstandsbereich zu berücksichtigen sind. Jetzt werden als Objekte, die in einem Objekttyp zusammengefasst werden, auch solche Sachverhalte betrachtet, die das *Zusammenspiel von elementaren Objekten* zum Inhalt haben. Aufgrund ihrer Funktion, die elementaren Objekte aus mehreren Objekttypen zu einer gemeinsamen Handlung „zusammen zu koppeln", bezeichnen wir sie als „*Koppel-Objekttypen*".

Ebenen von
Objekttypen

Während die Objekttypen, in denen elementare Objekte zusammengefasst werden, die *Grundebene* der Datenspeicherung darstellen, bilden die Objekttypen, die das Zusammenspiel von elementaren Objekten beinhalten, die *erste Metaebene* der Datenspeicherung. Bei komplexeren Gegenstandsbereichen kann diese Ebenen-Hierarchie noch weiter nach oben ergänzt werden, indem Objekttypen der *zweiten Metaebene* eingeführt werden, die das Wechselverhältnis des Zusammenspiels von elementaren Objekten beschreiben. Prinzipiell gibt es für diese Ebenenbildung keine obere Schranke, allerdings werden dann die gedanklichen Gebilde immer komplizierter.

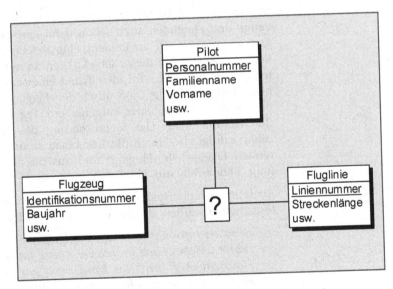

Abb. 2-17: Sachlogischer Zusammenhang mit mehr als 2 Objekttypen

Objekttyp im
erweiterten
Sinne

Definition: **Ein** *Objekttyp* **(engl. entity type) – im erweiterten Sinne – ist eine durch einen Objekttyp-Namen eindeutig bezeichnete Menge von elementaren Objekten oder von sachlogischen Verbindungen von Objekten (auf der 1., 2., ... Metaebene), über die dieselben Informationen gespeichert werden und die in prinzipiell gleicher Weise verarbeitet werden.**

Das Zusammenspiel dreier Objekttypen A, B und C wird mithilfe eines Koppel-Objekttyps K beschrieben, der durch drei Beziehungstypen mit A, B und C verbunden ist. Für den Koppel-Objekttyp muss ein Name vergeben werden, und es muss entschieden werden, wie die in ihm enthaltenen Objekte identifiziert werden. Dafür bieten sich – eventuell als teilidentifizierende Elemente – die drei Beziehungstyp-Richtungen „K zu A", „K zu B" und „K zu C" an.

Im Beispiel der Fluggesellschaft lässt sich das Zusammenspiel eines Piloten, eines Flugzeugs und einer Fluglinie durch den Koppel-Objekttyp „Flug" darstellen. Das Modellierungsergebnis zeigt die Abbildung 2-18.

Im Modell der Abbildung 2-18 wird unterstellt, dass Piloten, Flugzeuge und Fluglinien auch schon dann gespeichert werden sollen, wenn sie noch an keinem Flug beteiligt waren. Natürlich können die Objekte dieser Objekttypen an mehreren Flügen beteiligt sein. Ein Flug wird identifiziert einerseits durch die Fluglinie, auf der er erfolgt, und durch den Flugtag, wobei angenommen wird, dass auf einer Fluglinie pro Tag höchstens ein Flug durchgeführt wird. Die Identifizierung des Koppel-Objekttyps „Flug" erfolgt also durch die Kombination aus der teilidentifizierenden Eigenschaft „Flugtag" und aus der Beziehungstyp-Richtung „Flug *erfolgt auf* Fluglinie".

Schulbeispiel

Auch im Schulbeispiel soll das Zusammenspiel von Objekten festgehalten werden, die aus mehr als 2 Objekttypen stammen:

4. *Es sollen Informationen darüber gespeichert werden, welcher Lehrer welches Fach in welcher Klasse unterrichtet. Das Fach Hauswirtschaft wird im Land noch gar nicht unterrichtet. Frau Müller unterrichtet wegen Krankheit in diesem Schuljahr nicht. Herr Meier unterrichtet die 11b der Goethe-Schule im Unterrichtsraum 205 im Fach Englisch. (...)*

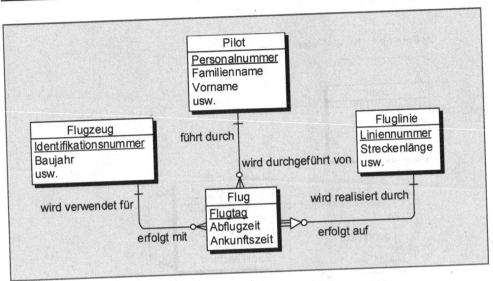

Abb. 2-18: Beispiel für einen Koppel-Objekttyp

Es muss also das Zusammenspiel von drei Objekten aus den Objekttypen „Lehrer", „Fach" und „Klasse" modelliert werden. Wir wissen, dass dazu ein Koppel-Objekttyp erforderlich ist, dessen Objekte jeweils zum Ausdruck bringen, dass *ein Lehrer* die Verpflichtung übernommen hat, im Laufe des Schuljahrs *ein Fach* in *einer Klasse* zu unterrichten. Als Objekttyp-Name bietet sich die Bezeichnung „Unterrichtsverpflichtung" an. Den Ausschnitt des Datenmodells, der das Zusammenspiel des Koppel-Objekttyps „Unterrichtsverpflichtung" mit den drei Objekttypen „Lehrer", „Fach" und „Klasse" beschreibt, zeigt die Abbildung 2-19.

Im Modell der Abbildung 2-19 ist berücksichtigt, dass es Lehrer und Fächer geben kann, für die keine Unterrichtsverpflichtung besteht (erkrankter Lehrer, noch nicht unterrichtetes Fach), und dass für eine Klasse immer Unterrichtsverpflichtungen vorliegen müssen. Eine Unterrichtsverpflichtung wird identifiziert durch

- den Lehrer, von dem sie übernommen wird (Beziehungstyp-Richtung „Unterrichtsverpflichtung *wird übernommen von* Lehrer"),

- das Fach, für das sie besteht (Beziehungstyp-Richtung „Unterrichtsverpflichtung *besteht für* Fach"), und

- die Klasse, für die sie besteht (Beziehungstyp-Richtung „Unterrichtsverpflichtung *besteht für* Klasse").

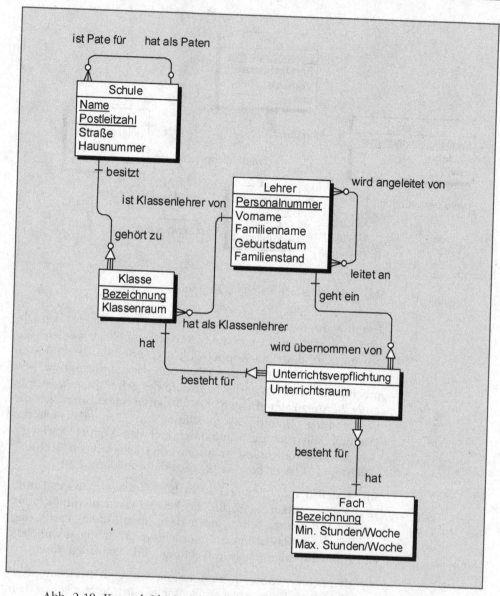

Abb. 2-19: Koppel-Objekttyp „Unterrichtsverpflichtung" im Schulbeispiel

Die Identifizierung der einzelnen Objekte im Koppel-Objekttyp „Unterrichtsverpflichtung" erfolgt also durch die Kombination von drei Beziehungstyp-Richtungen. Die einzige beschreibende Eigenschaft des Koppel-Objekttyps ist der Unterrichtsraum.

2.5.2   Eigenschaften von Beziehungstypen

Häufig besteht die Notwendigkeit, die konkrete Beziehung, die zwei Objekte des betrachteten Gegenstandsbereichs eingehen, genauer zu spezifizieren. Betrachten wir dazu den folgenden Fall: Im Standesamt werden Informationen darüber gespeichert, welcher Mann mit welcher Frau verheiratet ist (bzw. verheiratet war). Wir nehmen vereinfachend an, dass ein Mann und eine Frau jeweils durch die Kombination der Eigenschaften „Familienname+Vorname+Geburtsdatum" identifiziert werden können. Nun soll aber die konkrete Verbindung zwischen einem Mann und einer Frau durch eine zusätzliche Angabe präzisiert werden: in unserem Beispiel durch das Hochzeitsdatum. Die Eigenschaft „Hochzeitsdatum" kann aber weder dem Objekttyp „Mann" noch dem Objekttyp „Frau" zugeordnet werden. Sie ist eigentlich eine „Eigenschaft des Beziehungstyps", der zwischen Mann und Frau besteht. In der Abbildung 2-20 ist diese Situation dargestellt.

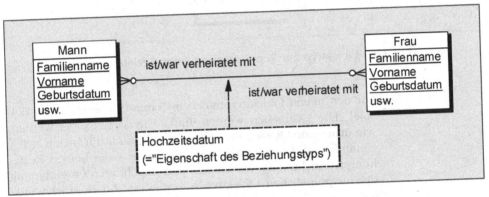

Abb. 2-20: „Eigenschaft eines Beziehungstyps"

Einführung eines Koppel-Objekttyps

Diese Situation ist im Entity-Relationship-Modell – zumindest in der hier beschriebenen Ausbaustufe – nicht direkt darstellbar. Das liegt daran, dass das Entity-Relationship-Modell in seinen beiden Hauptkomponenten – den Objekttypen und den Beziehungstypen – unsymmetrisch ist: Ein Objekttyp kann Eigenschaften haben, ein Beziehungstyp dagegen nicht. Immer dann, wenn man über die Beziehung zwischen zwei Objekten a und b mehr aussagen möchte als lediglich die Konstatierung des bloßen Sachverhalts, dass diese Beziehung *besteht*, wenn man also den Beziehungstyp *„attributieren"* möchte, dann stößt man auf diese

Grenze des Entity-Relationship-Modells. Um solche wichtigen Praxisfälle dennoch modellieren zu können, muss man – analog zum Koppel-Objekttyp – das Zusammenspiel der beiden Objekte a und b als (Meta-) Objekt eines neuen Objekttyps darstellen, dem man die zusätzlich zu speichernde Angabe als eine Eigenschaft zuordnet. Die Abbildung 2-21 zeigt die Lösung.

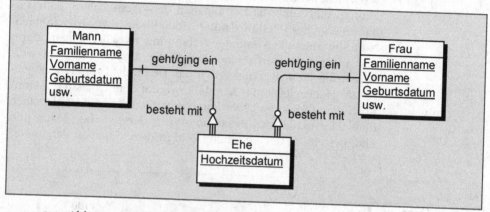

Abb. 2-21: Objekttyp zur Repräsentation eines Beziehungstyps

Für den neuen Objekttyp muss ein Name (im betrachteten Beispiel „Ehe") vergeben werden, und es muss festgelegt werden, wie man seine Objekte identifizieren möchte. Dafür bieten sich – zumindest als teilidentifizierende Elemente – die beiden Beziehungstyp-Richtungen an, die den neu eingeführten Objekttyp mit den ursprünglichen Objekttypen verbinden. Im Beispiel wurde neben den beiden Beziehungstyp-Richtungen „Ehe *besteht mit* Mann" und „Ehe *besteht mit* Frau" als weiteres teilidentifizierendes Element die Eigenschaft „Hochzeitsdatum" hinzugenommen, um eine Ehe auch dann identifizieren zu können, wenn – und das soll gar nicht so selten vorkommen – derselbe Mann und dieselbe Frau mehrfach (nacheinander) geheiratet haben.

Rekursiv-Beziehungstyp

Eine Situation, in der man die Beziehung zwischen zwei Objekten a und b „attributieren" möchte, tritt natürlich nicht nur dann auf, wenn a und b *verschiedenen* Objekttypen angehören, sondern auch dann, wenn sie *demselben* Objekttyp entstammen. Im Abschnitt 2.4.5 haben wir als Beispiel für einen Rekursiv-Beziehungstyp das Vertretungs-Verhältnis zwischen Mitarbeitern modelliert, das in der Abbildung 2-22 noch einmal dargestellt ist.

Nun möge der Fall eintreten, dass man zusätzlich festhalten will, welcher Gehaltszuschlag einem Mitarbeiter a gezahlt wird, wenn er den Mitarbeiter b vertritt. Das ist eine Eigenschaft, die eigentlich dem Rekursiv-Beziehungstyp zuzuordnen wäre. Da das aber mit den Mitteln der grafischen Sprache des Entity-Relationship-Modells nicht möglich ist, muss man die Eigenschaft „Gehaltszuschlag" einem neuen Objekttyp zuordnen, der nun alle Vertretungsbeziehungen zwischen den Mitarbeitern als (Meta-) Objekte enthält. Die Abbildung 2-23 zeigt das Ergebnis.

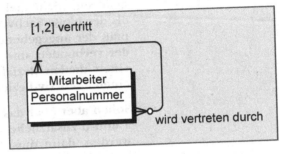

Abb. 2-22: Rekursiv-Beziehungstyp

Die Identifizierung der Objekte des neuen Objekttyps „Vertretung" erfolgt durch die beiden Beziehungstyp-Richtungen „Vertretung *besteht für* Mitarbeiter" und „Vertretung *wird übernommen von* Mitarbeiter".

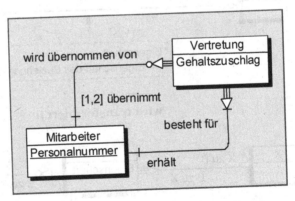

Abb. 2-23: Objekttyp zur Repräsentation eines Rekursiv-Beziehungstyps

Die Beispiele zeigen, dass sich im Entity-Relationship-Modell die Objekttypen nicht in eindeutiger Weise von den Beziehungstypen abgrenzen lassen, sondern dass sie ineinander umgewandelt werden können.

Als Faustregel gilt:

Objekttyp
oder
Beziehungstyp?

Faustregel: **Soll über das Zusammenspiel von zwei Objekten a und b, die zwei verschiedenen Objekttypen (bzw. demselben Objekttyp) angehören, nicht mehr festgehalten werden als der bloße Sachverhalt, dass a und b gemäß der angegebenen Semantik miteinander verbunden sind, dann wird das durch einen dualen Beziehungstyp (bzw. durch einen Rekursiv-Beziehungstyp) modelliert.**

Sollen aber über das Zusammenspiel von a und b zusätzliche Angaben gespeichert werden, dann muss der bisherige Beziehungstyp in einen Objekttyp umgewandelt werden, dem die zusätzlichen Angaben als Eigenschaften zugeordnet werden.

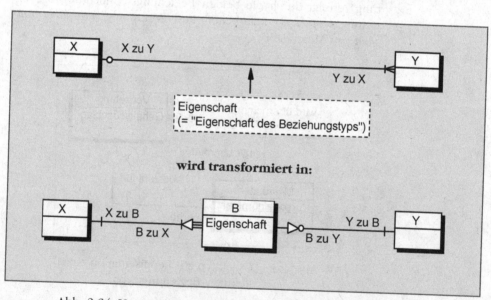

Abb. 2-24: Umwandlung eines Beziehungstyps in einen Objekttyp

Die Umwandlung eines Beziehungstyps, der zwischen den beiden Objekttypen X und Y besteht, in einen Objekttyp B erfolgt nach dem einfachen Grundschema, das in der Abbildung 2-24 dargestellt ist. Da diese Umwandlung nach eindeutigen Regeln erfolgt, kann sie automatisiert werden.

Weil der neue Objekttyp B das Zusammenspiel *genau eines* Objekts aus X mit *genau einem* Objekt aus Y zum Inhalt hat, handelt es sich bei den Beziehungstyp-Richtungen „B zu X" und „B zu Y" jeweils um nicht-optionale Beziehungstypen der Kardinalität 1, die für die Identifizierung der Objekte in B verwendet werden. Die Optionalitäten und Kardinalitäten der Beziehungstyp-Richtungen „X zu Y" bzw. „Y zu X" werden auf die Beziehungstyp-Richtungen „X zu B" bzw. „Y zu B" übertragen. Die präzisierende „Eigenschaft des Beziehungstyps" wird dem neuen Objekttyp B zugeordnet.

Schulbeispiel

Auch im Schulbeispiel soll ein Beziehungstyp durch eine Eigenschaft präzisiert werden:

4. *(...) Herr Meier hat ein Beschäftigungsverhältnis mit der Goethe-Schule seit dem 1.9.1980 und mit der Schiller-Schule seit dem 1.9.1985. (...)*

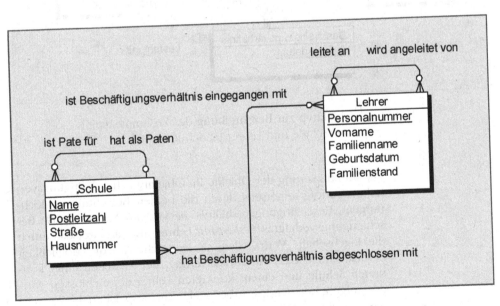

Abb. 2-25: Beziehungstyp zur Beschreibung des Zusammenspiels von Schule und Lehrer im Schulbeispiel

Bisher wird durch die beiden Beziehungstyp-Richtungen „Schule *hat Beschäftigungsverhältnis abgeschlossen* mit Lehrer" und „Lehrer *ist Beschäftigungsverhältnis eingegangen mit* Schule" lediglich das reine Zusammenspiel einer Schule und eines Lehrers dargestellt, wie das die Abbildung 2-25 zeigt.

Wenn dieses Zusammenspiel nun durch das Vertragsdatum präzisiert werden soll, muss der bisherige Beziehungstyp entsprechend dem Transformationsschema, das in der Abbildung 2-24 dargestellt ist, in einen Objekttyp umgewandelt werden. Das Modellierungsergebnis ist in der Abbildung 2-26 dargestellt.

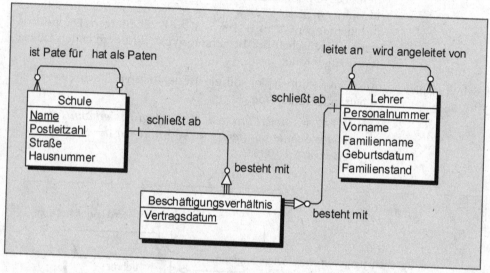

Abb. 2-26: Objekttyp zur Beschreibung des Zusammenspiels von Schule und Lehrer im Schulbeispiel

Die Identifizierung der Objekte im Objekttyp „Beschäftigungsverhältnis" erfolgt einerseits durch die beiden Beziehungstyp-Richtungen „Beschäftigungsverhältnis *besteht mit* Schule" und „Beschäftigungsverhältnis *besteht mit* Lehrer" und andererseits durch die Eigenschaft „Vertragsdatum". Dadurch wird die Möglichkeit berücksichtigt, dass ein Arbeitsvertrag, der zwischen einer konkreten Schule und einem konkreten Lehrer abgeschlossen wurde, aufgehoben wird, er aber weiterhin gespeichert bleibt, und dass zu einem späteren Zeitpunkt ein neuer Arbeitsvertrag zwischen denselben Partnern abgeschlossen wird.

2.5.3   Eigenschaften von Eigenschaften

Schon mehrfach wurde betont, dass ein Datenmodell für einen Gegenstandsbereich kein statisches Gebilde ist, sondern dass das Datenmodell immer wieder an die sich ändernden Gegebenheiten angepasst werden muss. Besonders häufig tritt dabei die Situation ein, dass zusätzliche Informationen gespeichert werden sollen, durch die eine Angabe präzisiert wird, die bisher als Eigenschaft eines Objekttyps modelliert wurde.

Beispiel für Eigenschaft einer Eigenschaft

Nehmen wir als Beispiel an, dass in einem Unternehmen Informationen über die Autos des Fuhrparks gespeichert werden, wobei natürlich – wie die Abbildung 2-27 zeigt – das polizeiliche Kennzeichen als (organisatorische) identifizierende Eigenschaft verwendet wird.

Abb. 2-27: Objekttyp „Auto" mit der Eigenschaft „Marke"

Subeigenschaft

Nun soll die zusätzliche Forderung erhoben werden, dass für die gängigen Automarken der Mindestpreis gespeichert werden soll, zu dem man ein Auto dieser Marke in der Grundausstattung kaufen kann. Dieser Mindestpreis ist nun aber keine Eigenschaft eines konkreten Autos, sondern er ist eine Eigenschaft der Automarke. Die Automarke wurde aber bisher als Eigenschaft des Autos betrachtet. Somit wäre der Mindestpreis eine „Eigenschaft einer Eigenschaft", also gewissermaßen eine *„Subeigenschaft"*.

Das Entity-Relationship-Modell kennt aber keine „Subeigenschaften": Es ist ein 2-Ebenen-Modell, das nur zwei hierarchische Beschreibungsebenen zur Verfügung stellt:

1. Ebene der Objekttypen

2. Ebene der Eigenschaften

Die Realität ist in unserer Wahrnehmung aber vielfach gestaffelt, sodass für ihre Beschreibung eigentlich mehrere Hierarchie-Ebenen erforderlich wären. Für die Darstellung von „Subeigenschaften" gibt es nur eine Möglichkeit: Die bisherige Eigenschaft muss auf die Ebene eines Objekttyps – also auf die 1. Ebene – angehoben werden, damit die 2. Ebene – also die Ebene der Eigenschaften – frei wird, um die „Subeigenschaft" aufzunehmen. Die Eigenschaft und die „Subeigenschaft" werden also jeweils auf die nächsthöhere Ebene angehoben. Ein zusätzlicher Beziehungstyp sorgt für den „Zusammenhalt" dieser Konstruktion. Das Ergebnis der Transformation zeigt die Abbildung 2-28.

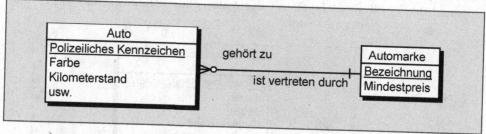

Abb. 2-28: Neuer Objekttyp „Automarke" zur Aufnahme der „Subeigenschaft" „Mindestpreis" als Eigenschaft

Die beschriebene Transformation bietet den zusätzlichen Vorteil, dass man nun auch Informationen über Automarken speichern kann, von denen bisher im Fuhrpark noch kein Auto vorhanden ist. Um auch diesen Fall zu berücksichtigen, wurde die Beziehungstyp-Richtung „Automarke *ist vertreten durch* Auto" als eine optionale Beziehungstyp-Richtung angegeben.

Die Präzisierung einer Eigenschaft durch eine „Subeigenschaft" lässt sich nach dem Grundschema realisieren, das in der Abbildung 2-29 dargestellt ist.

Vorgehen zur Präzisierung einer Eigenschaft

Die Beziehungstyp-Richtung „X zu E" hat stets die Kardinalität 1, weil ein Objekt aus X für die ursprüngliche Eigenschaft E höchstens *einen* Wert haben kann (vgl. 1. Normalform im Abschnitt 2.6.1). Ob diese Beziehungstyp-Richtung optional ist oder nicht, hängt davon ab, ob ursprünglich zu jedem X-Objekt für die Eigenschaft E ein Wert angegeben werden musste. Die Optionalität und die Kardinalität der Beziehungstyp-Richtung „E zu X" sind in Abhängigkeit vom jeweiligen sachlogischen Zusammenhang festzulegen.

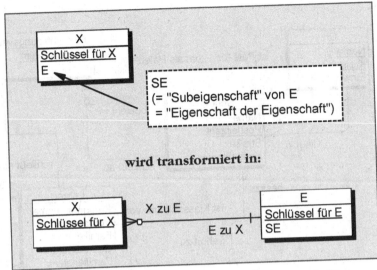

Abb. 2-29: Berücksichtigung einer „Subeigenschaft"

Auch im Schulbeispiel tritt die Situation ein, dass zu einer Information, die bisher als Eigenschaft dargestellt wurde, zusätzliche Angaben gespeichert werden sollen:

Schulbeispiel

4. *(...) Der Unterrichtsraum 205 der Neustädter Goethe-Schule hat eine Fläche von 50 m² mit 32 Sitzplätzen und ist kein Klassenraum. Ein Unterrichtsraum kann maximal 3 Klassen als Klassenraum zugeteilt werden. Der Unterrichtsraum 206 wird in diesem Schuljahr nicht für den Unterricht genutzt. Herr Lehmann gibt der Klasse 10b Unterricht in Geschichte in den Unterrichtsräumen 103 und 301.*

In unserem bisherigen Datenmodell wurde ein Unterrichtsraum an zwei Stellen als Eigenschaft angegeben:

- als Eigenschaft „Klassenraum" im Objekttyp „Klasse", also als derjenige Unterrichtsraum, der einer Klasse als Klassenraum (für Besprechungen usw.) zur Verfügung steht, und

- als Eigenschaft „Unterrichtsraum" im Objekttyp „Unterrichtsverpflichtung", also als derjenige Unterrichtsraum, der einer Unterrichtsverpflichtung zugeordnet wird.

Diese Situation ist in der Abbildung 2-30 dargestellt.

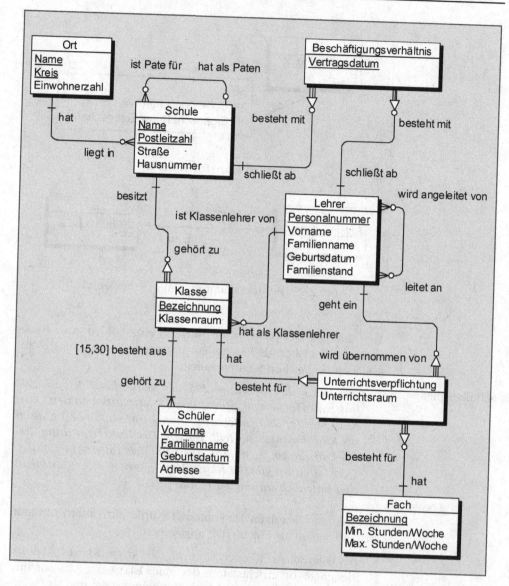

Abb. 2-30: Datenmodell für das Schulbeispiel mit „Klassenraum" und „Unterrichtsraum" als Eigenschaften

Nun sollen über den Unterrichtsraum zusätzliche Angaben festgehalten werden: nämlich seine Fläche und seine Sitzplatzanzahl. Deshalb muss der Unterrichtsraum von der Ebene einer Eigenschaft auf die Ebene eines Objekttyps angehoben werden. Das erfolgt in fünf Schritten:

1. Hinzufügen eines neuen Objekttyps „Unterrichtsraum" mit den Eigenschaften „Nummer", „Fläche" und „Sitzplatzanzahl".

2. Festlegung der Form der Identifizierung der Objekte des Objekttyps „Unterrichtsraum". Da die „Nummer" nicht ausreicht, um alle Unterrichtsräume des Bundeslandes voneinander unterscheiden zu können, muss die Beziehungstyp-Richtung „Unterrichtsraum *gehört zu* Schule" hinzugenommen werden. Das erfordert die Modellierung des vollständigen Beziehungstyps zwischen dem Unterrichtsraum und der Schule.

3. Streichen der bisherigen Eigenschaften „Klassenraum" (im Objekttyp „Klasse") und „Unterrichtsraum" (im Objekttyp „Unterrichtsverpflichtung").

4. Darstellung des Zusammenhangs zwischen einer Klasse und demjenigen Unterrichtsraum, der der Klasse als Klassenraum zur Verfügung gestellt wird, durch einen neuen Beziehungstyp mit den beiden Beziehungstyp-Richtungen „Klasse *hat als Klassenraum* Unterrichtsraum" (und zwar genau einen) und „Unterrichtsraum *ist Klassenraum für* Klasse" (eventuell für keine Klasse, maximal aber für 3 Klassen).

5. Modellierung des Zusammenhangs zwischen der Unterrichtsverpflichtung und dem Unterrichtsraum durch einen neuen Beziehungstyp mit den beiden Beziehungstyp-Richtungen „Unterrichtsverpflichtung *findet statt in* Unterrichtsraum" (in einem oder in mehreren Unterrichtsräumen) und „Unterrichtsraum *wird genutzt für* Unterrichtsverpflichtung" (für keine, eine oder mehrere Unterrichtsverpflichtungen).

In der Abbildung 2-31 ist das endgültige Datenmodell für das Schulbeispiel dargestellt.

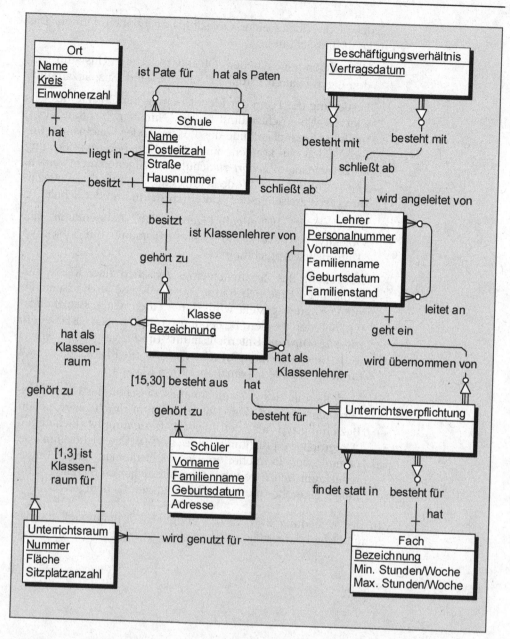

Abb. 2-31: Endgültiges Datenmodell für das Schulbeispiel

2.6   Qualitätssicherung von konzeptionellen Datenmodellen

In den vorangegangenen Abschnitten wurde der Entwurf eines konzeptionellen Datenmodells mit den Mitteln der grafischen Sprache des Entity-Relationship-Modells beschrieben. Es wurde erläutert, wie auch kompliziertere Situationen im Gegenstandsbereich unter Verwendung dieser – eher primitiv gehaltenen – Modellierungssprache im Datenmodell abgebildet werden können. Dabei schienen manche Modellierungsentscheidungen eher zufällig zu sein. Insbesondere wurde die Zuordnung der Eigenschaften zu den jeweiligen Objekttypen eher *intuitiv* vorgenommen. Es wäre nun aber wünschenswert, über ein Regelwerk zur Korrektheitsprüfung zu verfügen, durch dessen Anwendung man die Qualität eines Datenmodells, das mit den Sprachmitteln des Entity-Relationship-Modells erstellt wurde, nach *objektiven* Kriterien überprüfen kann.

3 Normalisierungsstufen

In diesem Abschnitt sollen deshalb einige Kriterien vorgestellt werden, mittels derer man die Qualität eines Datenmodells beurteilen – und verbessern – kann. Wir beschränken uns dabei auf die ersten drei sog. „Normalisierungsstufen", die zwar im Kontext des relationalen Datenbank-Modells entwickelt wurden, die aber auch für das *konzeptionelle Datenmodell* von Bedeutung sind.

Unter dem Prozess der Normalisierung versteht man ein Verfahren, durch das gesichert wird, dass ein gegebenes konzeptionelles Datenmodell einige nützliche Standards erfüllt. In der Abbildung 2-32 ist dargestellt, wie aus dem intuitiv aufgestellten (unnormalisierten) Datenmodell schrittweise ein Datenmodell in der 3. Normalform entsteht und mit welchem Ziel der jeweilige Normalisierungs-Schritt erfolgt.

Filmbeispiel

Die drei Normalisierungs-Schritte werden an Hand des folgenden Beispiels beschrieben:

In einem Informationssystem sollen Angaben über Kinofilme gespeichert werden. Für jeden Film werden die folgenden Daten festgehalten:

- *Name des Films*
- *Name des Regisseurs*
- *Kontonummer des Regisseurs*
- *Namen der Schauspieler*
- *Adressen der Schauspieler*
- *Name des Filmstudios*
- *Adresse des Filmstudios*

Ein Film hat nur einen Regisseur, und er wird nur in einem Filmstudio produziert. Ein Film hat im Allgemeinen mehrere Schauspieler. Der Name eines Regisseurs, eines Schauspielers und eines
Filmstudios wird jeweils als unikal angenommen.

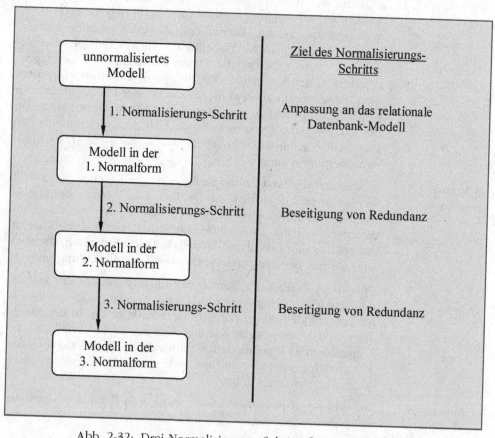

Abb. 2-32: Drei Normalisierungs-Schritte für das konzeptionelle
Datenmodell

Zunächst werden – *intuitiv* – alle diese Angaben in einem einzigen Objekttyp „Film" dargestellt: Wir erhalten das in der Abbildung 2-33 angegebene *unnormalisierte Datenmodell*, bei dem
die drei Normalisierungs-Schritte noch nicht ausgeführt wurden.
Bei der Entscheidung, wie ein konkreter Film identifiziert werden
soll, wurde berücksichtigt, dass ein Filmname zwar mehrfach

vorkommen kann, dass aber seine Kombination mit dem Namen des Regisseurs unikal ist.

```
                    ┌─────────────────────────────────┐
                    │              Film               │
                    ├─────────────────────────────────┤
                    │  Name des Films                 │
                    │  Name des Regisseurs            │
                    │  Kontonummer des Regisseurs     │
                    │  Namen der Schauspieler         │
                    │  Adressen der Schauspieler      │
                    │  Name des Filmstudios           │
                    │  Adresse des Filmstudios        │
                    └─────────────────────────────────┘
```

Abb. 2-33: Unnormalisiertes Datenmodell für das Film-Beispiel

Auf dieses unnormalisierte Datenmodell werden nun nacheinander die in den folgenden drei Abschnitten erläuterten Normalisierungs-Prozeduren angewendet.

2.6.1 Die erste Normalform

Der fundamentale Begriff, der dem 1. Normalisierungs-Schritt zugrunde liegt, ist der Begriff der „*multiplen Eigenschaft*":

multiple
Eigenschaft

> **Definition:** Eine *multiple Eigenschaft* eines Objekttyps ist eine Eigenschaft, die für ein gegebenes Objekt dieses Objekttyps zur gleichen Zeit mehrere Werte besitzen kann.

Natürlich ist es immer erlaubt, dass eine Eigenschaft für ein konkretes Objekt *nacheinander* verschiedene Werte annimmt. Beispielsweise könnte der Familienstand des Lehrers Fritz Fröhlich, der in unserem Beispiel den Wert „ledig" hat, demnächst den Wert „verheiratet" annehmen. Eine multiple Eigenschaft liegt nur dann vor, wenn die Eigenschaft für ein konkretes Objekt *zur gleichen Zeit mehrere Werte* annehmen kann, also wenn man als Ausprägung dieser Eigenschaft eine Liste von Werten angeben müsste. Im Film-Beispiel gibt es zwei multiple Eigenschaften: Für die Eigenschaften „Namen der Schauspieler" und „Adressen der Schauspieler" müsste man jeweils eine Liste von Werten angeben, weil an einem Film im Allgemeinen mehrere Schauspieler

Wiederholungs-
gruppe

mitwirken. Eigentlich müsste man eine Liste von Wertegruppen „Schauspielername/Schauspieleradresse" speichern, um die konkrete Zuordnung einer Adresse zu einem bestimmten Schauspieler auszudrücken. Eine solche Gruppe von Eigenschaften, für die zu einem konkreten Objekt eine Liste von Wertegruppierungen gespeichert werden muss, bezeichnet man als *„Wiederholungs-gruppe"*.

Das Ziel des 1. Normalisierungs-Schritts besteht nun darin, das Datenmodell so zu modifizieren, dass es keine multiplen Eigenschaften mehr besitzt:

1. Normalform

<u>Definition</u>: Ein Datenmodell liegt in der *1. Normalform* vor, wenn es keine multiplen Eigenschaften besitzt.

Das Ziel der Herbeiführung der 1. Normalform besteht in der Anpassung des konzeptionellen Datenmodells an das relationale Datenbank-Modell. Das relationale Datenbank-Modell gestattet es nämlich nur, als Wert einer Eigenschaft einen *atomaren* Wert – und keine Liste von Werten – anzugeben. Um diese Beschränkung zu überwinden, werden im Rahmen des Entwurfs *objektorientierter* Datenbank-Managementsysteme sogenannte NF^2-Datenbank-Modelle entwickelt (vgl. [MEIE03], [HEUE13]). Dabei steht die Bezeichnung

NF^2–Modell

„NF^2-Modell"   für:

„NFNF-Modell"   und das wiederum für:

„Non-First-Normal-Form-Modell",

also für ein Datenbank-Modell, das die 1. Normalform nicht erforderlich macht. Die NF^2-Datenbank-Modelle lassen als Ausprägung einer Eigenschaft ein komplexes Werte-Aggregat zu, dessen Werte – rekursiv – wiederum aus komplexen Werte-Aggregaten bestehen können. Im Rahmen dieses Lehrbuchs wird die Datenmodellierung jedoch für das *relationale* Datenbank-Modell beschrieben, sodass ein konzeptionelles Datenmodell immer in die 1. Normalform überführt werden muss.

Herbeiführen der 1. Normalform

Das Eliminieren einer multiplen Eigenschaft ME aus einem Objekttyp X lässt sich dadurch erreichen, dass man ME aus X herauslöst und zu einem eigenen Objekttyp ME werden lässt. Der sachlogische Zusammenhang wird durch einen Beziehungstyp zwischen X und ME dargestellt, wobei die Beziehungstyp-Richtung „X zu ME" die Kardinalität N aufweist.

Der 1. Normalisierungs-Schritt wird also durch das algorithmische Vorgehen beschrieben, das die Abbildung 2-34 wiedergibt.

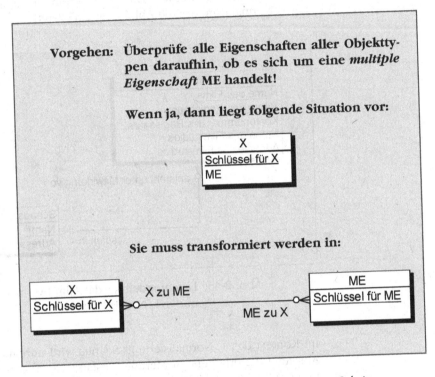

Abb. 2-34: Algorithmus des 1. Normalisierungs-Schritts

Eliminieren einer Wiederholungsgruppe

Liegt eine Wiederholungsgruppe vor, dann werden alle Eigenschaften der Wiederholungsgruppe in den Objekttyp ME transferiert, wobei i.d.R. eine dieser Eigenschaften als Schlüssel dient. Die Beziehungstyp-Richtung „X zu ME" muss natürlich die Kardinalität N haben, damit ein Objekt aus X mit mehreren Objekten aus ME in Beziehung stehen kann. Durch die Transformation gemäß der Abbildung 2-34 wird die ursprüngliche *Multiplizität* der Eigenschaft ME in die *Kardinalität N* der Beziehungstyp-Richtung

„X zu ME" überführt. Dadurch lässt sie sich in der Sprache des Entity-Relationship-Modells darstellen. Die sonstigen Optionalitäten und Kardinalitäten der beiden Beziehungstyp-Richtungen müssen entsprechend den sachlogischen Gegebenheiten gewählt werden.

Filmbeispiel

Im Filmbeispiel müssen die beiden multiplen Eigenschaften „Namen der Schauspieler" und „Adressen der Schauspieler" gemäß dem beschriebenen Algorithmus in den neuen Objekttyp „Schauspieler" transferiert werden. Das führt zu einem Datenmodell in der 1. Normalform, das die Abbildung 2-35 zeigt.

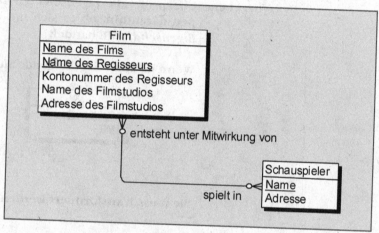

Abb. 2-35: Datenmodell für das Film-Beispiel
in der 1. Normalform

Im Kontext des 1. Normalisierungs-Schritts wird nun auch die im Abschnitt 2.2 erhobene Forderung verständlich, dass die Benennung einer Eigenschaft stets im Singular gewählt werden muss. Mit dieser Forderung soll schon während der „intuitiven" Modellierung verhindert werden, dass multiple Eigenschaften in das Datenmodell gelangen. Die Eigenschaftsbenennungen „Name*n* der Schauspieler" und „Adresse*n* der Schauspieler" sind eigentlich unzulässig, sodass es schon bei der „intuitiven" Modellierung erforderlich gewesen wäre, den Objekttyp „Schauspieler" einzuführen.

2.6.2

Die zweite Normalform

Der Begriff, der sowohl für die zweite als auch für die dritte Normalform eine fundamentale Bedeutung besitzt, ist der Begriff der „funktionalen Abhängigkeit". Wir wollen diesen Begriff zunächst im *engeren Sinn* betrachten:

funktionale
Abhängigkeit
im engeren Sinn

> **Definition: Innerhalb eines Objekttyps ist eine Eigenschaft B dann von einer Eigenschaft A *funktional abhängig*, wenn sich für jedes konkrete Objekt dieses Objekttyps aus dem Wert der Eigenschaft A direkt auf den Wert der Eigenschaft B schließen lässt.**

Eine funktionale Abhängigkeit liegt also dann vor, wenn man – zumindest gedanklich – eine Konkordanzliste aufstellen kann, durch die jedem Wert der Eigenschaft A eindeutig ein Wert der Eigenschaft B zugeordnet wird:

Eigenschaft A	Eigenschaft B
Wert a1 ⟶	Wert b1
Wert a2 ⟶	Wert b2
...	...

Beispielsweise ist im Objekttyp „Lehrer" der Abbildung 2-36 die Eigenschaft „Familienname" von der Eigenschaft „Personalnummer" funktional abhängig, weil von jedem Wert der Eigenschaft „Personalnummer" unmittelbar auf den zugehörigen Wert der Eigenschaft „Familienname" geschlossen werden kann.

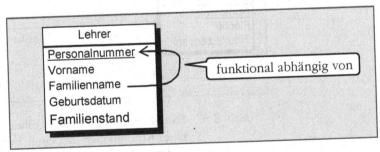

Abb. 2-36: Funktionale Abhängigkeit einer Eigenschaft
von einer anderen Eigenschaft

Für die Beschreibung des 2. Normalisierungs-Schritts muss der Begriff der funktionalen Abhängigkeit jedoch allgemeiner gefasst werden: Eine Eigenschaft B kann auch von einer Kombination von Elementen E_1, E_2, ..., E_n funktional abhängig sein, wobei ein Element E_i entweder eine Eigenschaft oder eine Beziehungstyp-Richtung sein kann. Wir definieren den Begriff der funktionalen Abhängigkeit im *weiteren Sinn* wie folgt:

funktionale
Abhängigkeit im
weiteren Sinn

Definition: **Innerhalb eines Objekttyps ist eine Eigenschaft B dann von einer Kombination von Elementen (Eigenschaften und/oder Beziehungstyp-Richtungen) E_1, E_2, ..., E_n *funktional abhängig*, wenn sich für jedes konkrete Objekt dieses Objekttyps aus der Kombination der Werte dieser Elemente direkt auf den Wert der Eigenschaft B schließen lässt.**

Beispielsweise ist im Objekttyp „Unterrichtsraum", der in der Abbildung 2-37 dargestellt ist, die Eigenschaft „Fläche" funktional abhängig von der Kombination zweier Elemente: von der Beziehungstyp-Richtung E_1 = „Unterrichtsraum *gehört zu* Schule" und von der Eigenschaft E_2 = „Nummer". Wenn bekannt ist, zu welcher Schule ein Unterrichtsraum gehört und welche (schulinterne) Nummer er trägt, dann kann unmittelbar auf den zugehörigen Wert der Eigenschaft „Fläche" geschlossen werden.

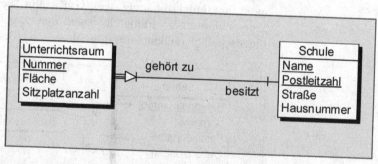

Abb. 2-37: Funktionale Abhängigkeit einer Eigenschaft von einer Kombination aus einer Beziehungstyp-Richtung und einer Eigenschaft

Für die 2. Normalform gilt nun die folgende Definition:

2. Normalform

Definition: Ein Datenmodell liegt in der *2. Normalform* vor, wenn es sich in der 1. Normalform befindet und jede beschreibende Eigenschaft eines Objekttyps zwar vom Gesamtschlüssel, aber nicht bereits von einem Teilschlüssel dieses Objekttyps *funktional abhängig* ist.

Eine Verletzung der Forderung der 2. Normalform kann natürlich nur bei Objekttypen auftreten, die einen *zusammengesetzten Schlüssel* aufweisen, also einen Schlüssel, der sich aus mehreren teilidentifizierenden Elementen – aus Eigenschaften und/oder Beziehungstyp-Richtungen – zusammensetzt. Nur bei diesen Objekttypen kann der Fall eintreten, dass eine beschreibende Eigenschaft bereits von einem Teilschlüssel – und nicht nur vom Gesamtschlüssel – funktional abhängig ist.

Filmbeispiel

Im Filmbeispiel liegt eine Verletzung der 2. Normalform vor. Der Gesamtschlüssel des Objekttyps „Film" besteht aus zwei Elementen: aus den beiden teilidentifizierenden Eigenschaften „Name des Films" und „Name des Regisseurs". Die beschreibende Eigenschaft „Kontonummer des Regisseurs" ist jedoch bereits vom Teilschlüssel „Name des Regisseurs" funktional abhängig. Um die Kontonummer des Regisseurs angeben zu können, muss man den Namen des Films gar nicht kennen, sondern lediglich den Namen des Regisseurs.

Das Ziel der Herbeiführung der 2. Normalform besteht in der Beseitigung von Redundanzen bei der Datenspeicherung. Das wird deutlich, wenn man die Speicherung mehrerer Filme gemäß dem Datenmodell der 1. Normalform betrachtet, wobei die in diesem Zusammenhang unwesentlichen Schauspieler unberücksichtigt bleiben. Die Abbildung 2-38 zeigt die Situation.

Man erkennt, dass bei allen Filmen, die der Regisseur „Konrad Kurbel" gedreht hat, dessen Kontonummer „0123456789" abgespeichert wird. Einerseits führt das zu unnötig belegtem Speicherplatz und zu einem zusätzlichen Aufwand bei der Dateneingabe, andererseits birgt das bei einer Datenänderung große Gefahren in sich: Erhält nämlich der Regisseur Konrad Kurbel eine neue Kontonummer, dann muss diese Änderung bei allen seinen Filmen vorgenommen werden. Vergisst man dabei einen seiner

Filme, entstehen infolge unterschiedlicher Kontoangaben Widersprüche in den Daten.

Herbeiführen der 2. Normalform

Die 2. Normalform lässt sich wie folgt herbeiführen: Ist in einem Objekttyp X eine Eigenschaft E vom Teilschlüssel TS funktional abhängig, dann werden TS und E aus X entfernt: sie bilden einen neuen Objekttyp Y mit dem Schlüssel TS. Der sachlogische Zusammenhang wird durch einen Beziehungstyp zwischen X und Y repräsentiert. Der nun in X fehlende Bestandteil des Schlüssels wird durch die Beziehungstyp-Richtung „X zu Y" ersetzt.

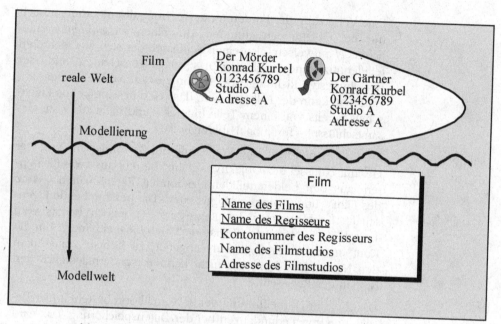

Abb. 2-38: Redundanz bei einer Verletzung der 2. Normalform

Der 2. Normalisierungs-Schritt wird – bezogen auf einen leicht präzisierten Fall – durch das algorithmische Vorgehen beschrieben, das in der Abbildung 2-39 dargestellt ist.

Die Beziehungstyp-Richtung „X zu Y" ist nicht-optional (weil der ursprüngliche Teilschlüssel S2 für jedes X-Objekt einen Wert haben musste) und hat stets die Kardinalität 1 (sonst wäre ja die teilidentifizierende Eigenschaft S2 eine multiple Eigenschaft gewesen). Die Beziehungstyp-Richtung „X zu Y" ist also für die Teilidentifizierung von X geeignet. Die Kardinalität der Beziehungstyp-Richtung „Y zu X" ist stets N (sonst wären ja S1 und S2 voneinander funktional abhängig und könnten nicht gemeinsam den Schlüssel von X bilden). Ihre Optionalität ist in Abhängigkeit vom sachlogischen Zusammenhang zu wählen.

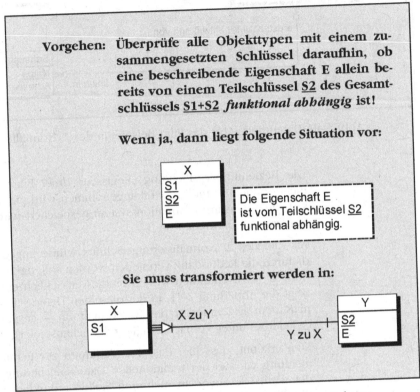

Abb. 2-39: Algorithmus des 2. Normalisierungs-Schritts

Filmbeispiel

Im Filmbeispiel müssen gemäß dem oben beschriebenen Vorgehen die teilidentifizierende Eigenschaft „Name des Regisseurs" und die von ihr funktional abhängige beschreibende Eigenschaft „Kontonummer des Regisseurs" aus dem Objekttyp „Film" herausgelöst werden. Sie bilden den neuen Objekttyp „Regisseur", der mit dem Objekttyp „Film" durch einen 1:N-Beziehungstyp verbunden wird. Das so entstehende Datenmodell in der 2. Normalform ist in der Abbildung 2-40 dargestellt.

Abb. 2-40: Datenmodell für das Film-Beispiel in der 2. Normalform

Die Beziehungstyp-Richtung „Regisseur *dreht* Film" wurde als nicht-optional festgelegt, weil angenommen wird, dass ein Regisseur erst dann im Informationssystem gespeichert wird, wenn er den ersten Film dreht.

Als Ziel des 2. Normalisierungs-Schritts wurde angegeben, dass dadurch die Redundanz vermieden werden soll, die in der Abbildung 2-38 zu erkennen war. Dass dies tatsächlich erreicht wird, zeigt die Abbildung 2-41, in der dieselben Daten – jetzt aber gemäß dem Datenmodell der 2. Normalform – gespeichert sind (wiederum unter Vernachlässigung der Schauspieler).

Man erkennt, dass hier dasselbe Verfahren zur Redundanz-Vermeidung wie bei der traditionellen Datenspeicherung angewendet wird: Die zuvor an mehreren Stellen redundant abgelegten Daten werden nun an anderer Stelle *einmalig* gespeichert. Damit man an all den Stellen, an denen die Daten zuvor standen, noch immer auf sie zurückgreifen kann, wird auf die – nunmehr redundanzfrei gespeicherten – Daten durch eine Beziehung verwiesen.

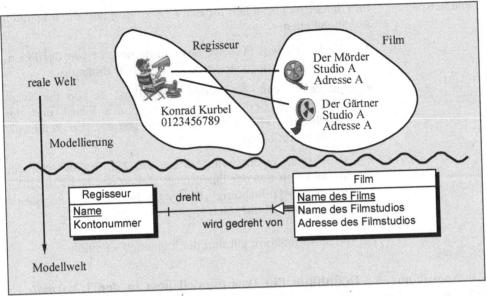

Abb. 2-41: Redundanzvermeidung durch die 2. Normalform

Das bekannte Prinzip „*Object Linking and Embedding*" (OLE) basiert ebenfalls auf diesem Vorgehen. Beim „Object Embedding" wird ein Objekt (beispielsweise eine Grafik) in ein oder mehrere Container-Objekte (häufig in Texte) *redundant* „hineinkopiert". Beim „Object Linking" bleibt dagegen dieses Objekt *redundanzfrei* einmalig gespeichert, und in jedem Container-Objekt wird auf das Objekt verwiesen.

2.6.3   Die dritte Normalform

Für die Beschreibung des 3. Normalisierungs-Schritts ist noch einmal eine Erweiterung des Begriffs der *funktionalen Abhängigkeit* erforderlich:

transitiv
funktionale
Abhängigkeit

Definition: **Innerhalb eines Objekttyps ist eine Eigenschaft B von einer Kombination von Elementen $E = E_1+E_2+...+E_n$ (bestehend aus Eigenschaften und/oder Beziehungstyp-Richtungen) *transitiv funktional abhängig*, wenn B nicht auf direktem Wege, sondern vermittelt über eine weitere Eigenschaft C von E funktional abhängig ist, d. h.: B ist von C, und C ist von E funktional abhängig.**

Filmbeispiel

Im Filmbeispiel bestehen für den Objekttyp „Film" die folgenden Abhängigkeiten:

- Die Eigenschaft „Adresse des Filmstudios" ist von der Eigenschaft „Name des Filmstudios" *funktional* abhängig.

- Die Eigenschaft „Name des Filmstudios" ist von der Kombination aus der Eigenschaft „Name des Films" und der Beziehungstyp-Richtung „Film *wird gedreht von* Regisseur" *funktional* abhängig.

- Also ist die Eigenschaft „Adresse des Filmstudios" von der Kombination aus der Eigenschaft „Name des Films" und der Beziehungstyp-Richtung „Film *wird gedreht von* Regisseur" *transitiv funktional* abhängig.

Für die 3. Normalform gilt nun die folgende Definition:

3. Normalform
(Definition 1)

<u>Definition</u>: Ein Datenmodell liegt in der *3. Normalform* vor, wenn es sich in der 2. Normalform befindet und keine beschreibende Eigenschaft eines Objekttyps vom Schlüssel dieses Objekttyps *transitiv funktional abhängig* ist.

Eine in der Literatur häufig angegebene einfachere – und zu der angegebenen Definition in den meisten Fällen äquivalente – Definition lautet:

3. Normalform
(Definition 2)

<u>Definition</u>: Ein Datenmodell liegt in der *3. Normalform* vor, wenn es sich in der 2. Normalform befindet und keine beschreibende Eigenschaft eines Objekttyps *von einer anderen* beschreibenden Eigenschaft dieses Objekttyps *funktional abhängig* ist.

Eine Verletzung dieser Forderung kann natürlich nur bei Objekttypen auftreten, die wenigstens zwei beschreibende Eigenschaften besitzen.

Filmbeispiel

Im Filmbeispiel liegt beim Objekttyp „Film" eine Verletzung der 3. Normalform vor. Wie bereits erläutert wurde, ist die Eigenschaft „Adresse des Filmstudios" vom Schlüssel des Objekttyps *transitiv funktional abhängig.*

Das Ziel der Herbeiführung der 3. Normalform besteht wiederum in der Vermeidung von Redundanzen bei der Datenspeicherung. Das ist aus der Abbildung 2-42 ersichtlich, wenn man sich die Speicherung mehrerer Filme gemäß dem Modell der 2. Normalform näher anschaut und dabei die Schauspieler und Regisseure unberücksichtigt lässt.

Man erkennt, dass bei allen Filmen, die im „Studio A" produziert werden, die „Adresse A" redundant gespeichert wird. Das bedeutet wieder: Vergeudung von Speicherplatz, erhöhter Eingabeaufwand und die Gefahr von Inkonsistenzen, wenn eine Adressenänderung des Filmstudios nicht bei allen Filmen vermerkt wird, die von diesem Filmstudio produziert werden.

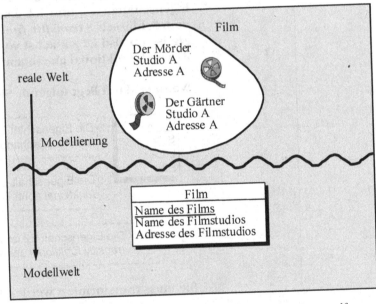

Abb. 2-42: Redundanz bei einer Verletzung der 3. Normalform

Die 3. Normalform eines Datenmodells lässt sich durch das folgende Verfahren herbeiführen. Wir nehmen an, dass ein Objekttyp X außer seinem Schlüssel S wenigstens zwei beschreibende Eigenschaft E1 und E2 besitzt. Dabei ist es unerheblich, ob es sich bei S um einen elementaren oder um einen zusammengesetzten Schlüssel handelt. Wir setzen weiterhin voraus, dass E2 vom Schlüssel S *transitiv funktional* abhängig ist, dass nämlich einerseits E2 von E1 und andererseits E1 von S *funktional* abhängig sind. Dann werden E1 und E2 aus X entfernt und bilden einen neuen Objekttyp Y mit E1 als Schlüssel und E2 als beschreibende Eigenschaft. Der sachlogische Zusammenhang wird auch hier durch einen Beziehungstyp zwischen X und Y dargestellt.

Herbeiführen der 3. Normalform

Der 3. Normalisierungs-Schritt kann also durch das algorithmische Vorgehen beschrieben werden, das in der Abbildung 2-43 dargestellt ist.

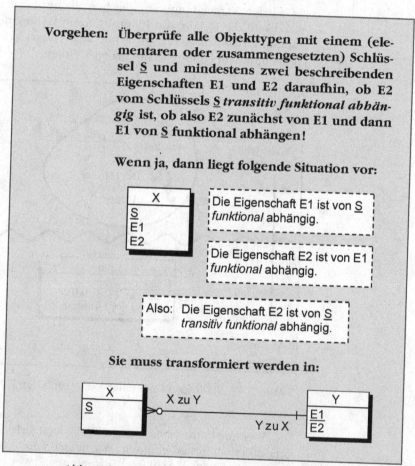

Vorgehen: **Überprüfe alle Objekttypen mit einem (elementaren oder zusammengesetzten) Schlüssel S und mindestens zwei beschreibenden Eigenschaften E1 und E2 daraufhin, ob E2 vom Schlüssels S *transitiv funktional abhängig* ist, ob also E2 zunächst von E1 und dann E1 von S funktional abhängen!**

Wenn ja, dann liegt folgende Situation vor:

X
S
E1
E2

Die Eigenschaft E1 ist von S *funktional* abhängig.

Die Eigenschaft E2 ist von E1 *funktional* abhängig.

Also: Die Eigenschaft E2 ist von S *transitiv funktional* abhängig.

Sie muss transformiert werden in:

X
S

X zu Y

Y zu X

Y
E1
E2

Abb. 2-43: Algorithmus des 3. Normalisierungs-Schritts

Die Beziehungstyp-Richtung „X zu Y" hat stets die Kardinalität 1 (sonst wäre E1 im Objekttyp X eine multiple Eigenschaft). Die sonstigen Optionalitäten und Kardinalitäten der beiden Beziehungstyp-Richtungen ergeben sich aus dem jeweiligen sachlogischen Zusammenhang.

Filmbeispiel

Im Filmbeispiel müssen die beiden beschreibenden Eigenschaften „Name des Filmstudios" und „Adresse des Filmstudios" aus dem Objekttyp „Film" herausgelöst werden. Sie bilden – wie in der Abbildung 2-44 zu sehen ist – den neuen Objekttyp „Filmstudio".

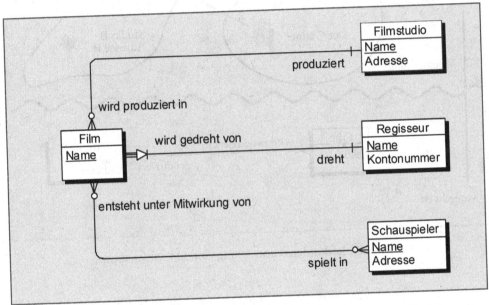

Abb. 2-44: Datenmodell für das Film-Beispiel in der 3. Normalform

Dabei wurde angenommen, dass einerseits jeder Film in einem Filmstudio produziert wird und dass andererseits ein Filmstudio mehrere Filme produzieren kann, dass ein Filmstudio aber auch als „künftige Option" gespeichert werden kann, wenn es noch keinen Film produziert hat. Dieser Umstand offenbart – über die Redundanzvermeidung hinaus – einen weiteren Vorteil des Normalisierungsprozesses: Es wird nun nämlich möglich, Daten über ein Filmstudio zu erfassen, in dem (bisher) noch keiner der gespeicherten Filme produziert wurde. Das war im unnormalisierten Modell nicht möglich, weil sämtliche Informationen über ein Filmstudio am Film „festgemacht" wurden.

Dass durch die 3. Normalform die oben besprochene Redundanz vermieden wird, zeigt die Abbildung 2-45.

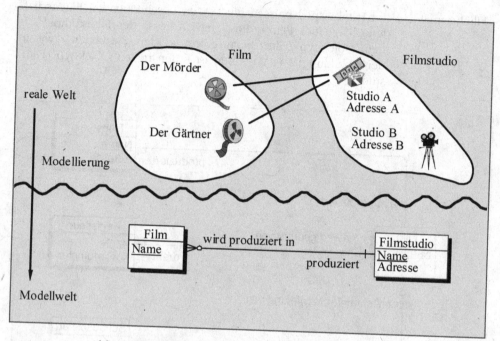

Abb. 2-45: Redundanzvermeidung durch 3. Normalform

Im Interesse der Redundanzvermeidung werden nun die Angaben zu einem Filmstudio nur noch an einer Stelle abgespeichert, nämlich als ein Objekt im Objekttyp „Filmstudio". Von den zugehörigen Objekten des Objekttyps „Film" wird durch Beziehungen auf dieses Filmstudio verwiesen.

2.6.4   Denormalisierung

In den vorangegangenen Abschnitten wurde der Prozess der Normalisierung in seinen ersten drei Stufen beschrieben. Neben der Anpassung des konzeptionellen Datenmodells an das relationale Datenbank-Modell (1. Normalform) lag ihr Ziel hauptsächlich in der Beseitigung von Daten-Redundanzen (2. und 3. Normalform). Durch die Einführung neuer Objekttypen wurde vermieden, dass dieselben Daten mehrfach in der Datenbank abgelegt werden. Redundante Daten sind in einer Datenbank unerwünscht, weil einerseits unnötig Speicherplatz und menschliche Arbeitskraft für die mehrfache Dateneingabe vergeudet wird und weil andererseits infolge – unvollständiger – Datenänderungen inkonsistente Datenzustände entstehen können. Die Durchführung der besprochenen Normalisierungs-Schritte ist somit für die Aufstellung qualitätsgerechter Datenmodelle von fundamentaler Bedeutung.

Denormalisierung

In manchen Fällen – insbesondere im Interesse der Performance-Verbesserung des zu entwickelnden Anwendungssystems – kann es jedoch sinnvoll sein, einen Normalisierungs-Schritt rückgängig zu machen. Man spricht dann von einer *Denormalisierung*. Auf eine Denormalisierung sollte aber im Datenmodell ausdrücklich hingewiesen werden, weil in einem solchen Fall – im Interesse einer besseren Performance – bewusst eine Quelle eventueller Speicheranomalien in Kauf genommen wird.

Filmbeispiel

Zur Erläuterung der Denormalisierung soll unser Filmbeispiel etwas präzisiert werden, indem die Adresse des Schauspielers in ihre Bestandteile zerlegt wird. Den derart veränderten Objekttyp „Schauspieler" zeigt die Abbildung 2-46.

Abb. 2-46: Objekttyp „Schauspieler" mit Verletzung der 3. Normalform

Der Objekttyp „Schauspieler" liegt nicht in der 3. Normalform vor: Die beschreibende Eigenschaft „Postleitzahl" ist nämlich *funktional* abhängig von der Kombination der Eigenschaften „Straße+Hausnummer+Ort+Kreis", die ihrerseits wiederum *funktional* abhängig ist vom Schlüssel „Name". Somit ist also die beschreibende Eigenschaft „Postleitzahl" *transitiv funktional* abhängig vom Schlüssel, was eine Verletzung der 3. Normalform bedeutet. Die „tabellarische" Zuordnung der „Postleitzahl" zu der Kombination „Strasse+Hausnummer+Ort+Kreis" erfolgt im Postleitzahlenbuch der Deutschen Post AG. Man könnte nun die 3. Normalform durch die Transformation herstellen, die in der Abbildung 2-47 vollzogen wurde.

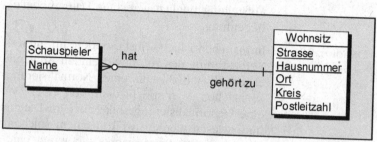

Abb. 2-47: Objekttypen „Schauspieler" und „Wohnsitz" in der 3. Normalform

Das Modell in der 3. Normalform geht davon aus, dass es Wohnsitze gibt, die keinem Schauspieler zugeordnet sind, und dass ein Wohnsitz auch zu mehreren Schauspielern gehören kann (wenn sie im selben Haus wohnen). Der Objekttyp „Wohnsitz" entspricht dabei dem elektronisch gespeicherten Postleitzahlenbuch. Jeder konkrete Wohnsitz wird durch die Eigenschafte-Kombination „Straße+Hausnummer+Ort+Kreis" identifiziert. Die beschreibende Eigenschaft „Postleitzahl" ist eigentlich nur für die internen Bearbeitungsprozesse des Postdienstes von Bedeutung. Der Vorteil dieser Speicherungsform liegt darin, dass im Fall einer Änderung des Postleitzahlensystems die Zuordnung der Postleitzahl zu einem Wohnsitz nur an einer Stelle erfolgen muss und dadurch Inkonsistenzen in den Daten vermieden werden. Da das aber wohl nicht so bald geschehen wird (hoffen wir es, lieber Leser!), wiegt dieses Argument nicht allzu schwer. Außerdem kommt es sicherlich nicht sehr oft vor, dass mehrere Schauspieler denselben Wohnsitz haben, sodass die Modellierung gemäß Abbildung 2-46 ohnehin nicht zu Datenredundanzen führen würde. Im Interesse einer besseren Performance des Informationssystems wird man hier wohl die 3. Normalform zurücknehmen, also eine *Denormalisierung* durchführen.

2.7

Nutzen des konzeptionellen Datenmodells

In diesem Kapitel wurde die Datenmodellierung unter Verwendung der sprachlichen Mittel des Entity-Relationship-Modells als eine Technik vorgestellt, mit der sich der Informationsbedarf für die automatisierte Informationsverarbeitung in einem begrenzten Gegenstandsbereich präzise und redundanzfrei beschreiben lässt. Wie im Kapitel 1 ausführlich begründet wurde, kann die Datenmodellierung insbesondere die Wissensübertragung zwischen den Experten der betroffenen Fachabteilung und den Anwendungsentwicklern in einer exakten und syntaktisch orientierten Weise unterstützen. Das im Fachkonzept strukturiert zusammengefasste Wissen über die Objekte und über ihre sachlogischen Zusammenhänge kann in mannigfacher Weise Nutzen bringen. Nachfolgend werden die wichtigsten Nutzensaspekte des konzeptionellen Datenmodells kurz aufgeführt:

1. Der Entwurf eines konzeptionellen Datenmodells erfordert eine terminologische Normierung. Im Zuge der Aufstellung des Modells werden Vorzugsbenennungen für

    *   die zu *Begriffsklassen zusammengefassten Objekte* im Gegenstandsbereich (Objekttyp-Namen),

    *   die *relevanten Eigenschaften* der Objekte (Benennungen der Eigenschaften) und

    *   die *sachlogischen Zusammenhänge* zwischen den einzelnen Objekten (Benennungen der Beziehungstyp-Richtungen)

    festgelegt. Eine solche terminologische Normierung stellt – auch ohne Automatisierungsvorhaben – einen eigenständigen Wert dar: Sie erleichtert die Kommunikation zwischen den Bereichen eines Unternehmens.

2. Das konzeptionelle Datenmodell beschreibt die *informations-orientierte Sicht* auf die Daten. Durch die Anwendung von Generator-Programmen kann die informations-orientierte Sicht in die *daten-orientierte Sicht* – in das *logische Datenschema* der Datenbank – transformiert werden. Durch diese Transformation erfolgt eine Abbildung auf die Besonderheiten des zu verwendenden Datenbank-Managementsystems. Dieser Vorgang kann größtenteils automatisiert ablaufen. Mit diesem Transformationsschritt befasst sich das Kapitel 4.

3. Die Benennungen, die durch das konzeptionelle Datenmodell festgelegt wurden, können in den Anwendungsprogrammen als *Variablen-Bezeichner* verwendet werden. Wenn anstelle von „technischen" Variablen-Bezeichnern die im jeweiligen Fachbereich üblichen Benennungen verwendet werden, entstehen Programme, die leichter zu lesen sind und die dadurch auch einfacher an neue Bedingungen anzupassen sind.

4. Die im konzeptionellen Datenmodell festgelegten Benennungen sollten die Grundlage für die Gestaltung der *Benutzeroberfläche* des Anwendungssystems bilden. Wenn die in der jeweiligen Fachabteilung üblichen Benennungen für die Objekttypen und die Beziehungstyp-Richtungen in der Kommunikation des Anwendungssystems mit dem Benutzer – beispielsweise in Masken, Formularen und Menüs – verwendet werden, dann verringert sich die subjektive Hemmschwelle der Mitarbeiter in der betroffenen Fachabteilung hinsichtlich der Nutzung des automatisierten Systems.

3 Die Zielstruktur: Datenbank-Modelle

Das wichtigste Charakteristikum eines konzeptionellen Datenmodells, das unter Verwendung der Sprachmittel des Entity-Relationship-Modells erstellt wird, besteht darin, dass seine „Formulierung" auf der *syntaktischen Ebene* erfolgt ist. Das bedeutet:

1. Alle Aussagen des konzeptionellen Datenmodells liegen in Form von *strukturellen Informationen* vor, die keine Interpretation durch den Menschen erfordern.

2. Die für den Aufbau eines konzeptionellen Datenmodells verwendeten Programme (CASE-Tools) bieten die Möglichkeit, das Datenmodell auf Vollständigkeit und Widerspruchsfreiheit zu prüfen. Nach dem Abschluss der Modellierungs-Aktivitäten kann man also davon ausgehen, dass alle erforderlichen Angaben *explizit, vollständig* und *widerspruchsfrei* vorliegen.

Damit sind die Voraussetzungen dafür gegeben, dass das konzeptionelle Datenmodell durch automatisierte Prozesse verarbeitet werden kann. Aus dem *konzeptionellen Datenmodell*, das eine *informations-orientierte* – und somit eine vom Datenbank-Managementsystem unabhängige – Sicht auf die Datenstrukturen wiedergibt, kann durch die Anwendung von Generator-Programmen die *daten-orientierte* Sicht für ein gewünschtes Datenbank-Managementsystem – das *logische Datenschema* – abgeleitet werden. Dabei sind die konkreten Möglichkeiten zu berücksichtigen, die das jeweilige Datenbank-Managementsystem für die Strukturierung der Datenbank bietet. Diese Möglichkeiten hängen aber in erster Linie vom *Datenbank-Modell* ab, das dem Datenbank-Managementsystem zugrunde liegt.

Dieses Kapitel beschreibt deshalb zunächst die Möglichkeiten, die die verschiedenen Datenbank-Modelle für die Repräsentation von Datenstrukturen bieten. Dabei steht das *relationale Datenbank-Modell* im Zentrum des Interesses. Die Einordnung dieses Kapitels in den Kontext des Lehrbuchs zeigt die Abbildung 3-1.

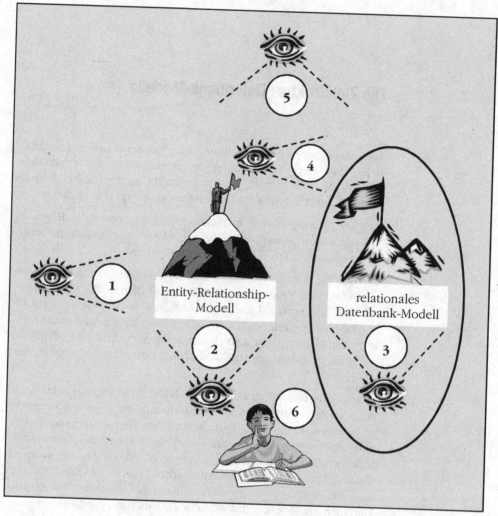

Abb. 3-1: Gegenstand des Kapitels 3

Ehe wir den eigentlichen Prozess der Transformation des konzeptionellen Datenmodells in das logische Datenschema näher beschreiben können, müssen wir zunächst die gängigen Datenbank-Modelle – und in größerer Tiefe das relationale Datenbank-Modell – vorstellen. Im Kapitel 4 wird dann detailliert auf die Transformationsregeln eingegangen.

3.1 Der Begriff des Datenbank-Modells

Die Möglichkeiten, Angaben über Objekte und über ihre sachlogischen Zusammenhänge in einer Datenbank abzulegen, hängen wesentlich vom *Datenbank-Modell* ab, dem die Datenbank zuzuordnen ist:

Datenbank-
Modell

> **Definition: Ein *Datenbank-Modell* (engl. data base model) ist ein logisches Beziehungsgebilde, durch das festgelegt wird, in welcher Weise die Datensätze, die die einzelnen Objekte beschreiben, miteinander in Verbindung gebracht werden können.**

Datensatz

Datensätze sind beispielsweise:

- die Liste der Eigenschaftswerte „Peter", „Silie", „01.01.1990" und „Gartenweg 1, 12345 Grüntal", die die Eigenschaften mit den Bezeichnungen „Vorname", „Familienname", „Geburtsdatum" und „Adresse" für einen *konkreten Schüler* annehmen;

- die Liste der Eigenschaftswerte „Goethe-Schule", „19999", „Wiesenweg" und „1", die die Eigenschaften mit den Bezeichnungen „Name", „Postleitzahl", „Straße" und „Hausnummer" für eine *konkrete Schule* annehmen.

Das Datenbank-Modell legt fest, welche Möglichkeiten bestehen, um das logische Datenschema einer Datenbank so zu gestalten, dass man beispielsweise vom Datensatz des Schülers Peter Silie zum Datensatz der Goethe-Schule gelangen kann, in der er unterrichtet wird.

Objekttypen als
„Dateninseln"

Wir kommen auf das anschauliche Bild zurück, das wir im Abschnitt 2.4 bei der Beschreibung der sachlogischen Zusammenhänge verwendet haben. Dort haben wir die Objekttypen als „Dateninseln" bezeichnet, die durch die Beziehungstypen – im Sinne von „Brücken" – miteinander verbunden werden. Diese „Brücken" bieten bei der Informationssuche die Möglichkeit, von einem Datensatz zu einem anderen zu „navigieren".

Für die Charakterisierung eines Datenbank-Modells sind nun im Wesentlichen drei Fragen zu beantworten:

1. Von welchen „Dateninseln" kann eine Wanderung über die „Brücken" begonnen werden? Dies ist die Frage nach den möglichen *Einstiegspunkten* für die Informationssuche.

2. Gibt es *strukturelle Beschränkungen* für die „Brücken", die die „Dateninseln" miteinander verbinden?

3. Werden die „Brücken" bereits beim Speichern der Daten oder erst im Zuge der „Brückenwanderung" – also während der Informationssuche – angelegt? Dies ist die Frage nach dem *Zeitpunkt des Brückenschlags*.

In historischer Aufeinanderfolge wurden drei Datenbank-Modelle entwickelt, die sich im Wesentlichen darin unterscheiden, wie diese drei Fragen beantwortet werden:

3 Datenbank-Modelle

- *Hierarchisches Datenbank-Modell:* Eines der bekanntesten hierarchischen Datenbank-Managementsysteme ist *IMS/DB* (**I**nformation **M**anagement **S**ystem/**D**ata **B**ase) der Firma IBM [GARV98, BRUN14].

- *Netzwerk-Datenbank-Modell[12]:* Ein bekannter Vertreter der Netzwerk-Datenbank-Managementsysteme ist *IDMS* (**I**ntegrated **D**atabase **M**anagement **S**ystem) der Firma Cullinet, das seit 1989 von Computer Associates weiterentwickelt wird.

- *Relationales Datenbank-Modell:* In den folgenden Beispielen wird als populärer Vertreter relationaler Datenbank-Managementsysteme das DBMS *„Access"* der Firma Microsoft verwendet [BAUM15, THEI16].

Nachdem sich das relationale Datenbank-Modell zu einem Marktstandard entwickelt hat, kommt den beiden erstgenannten Datenbank-Modellen heute eine eher historische Bedeutung zu (mitunter werden sie geradezu als „Altlasten" betrachtet). Deshalb wird nur das relationale Datenbank-Modell in größerer Tiefe dargestellt – und auch nur so weit, wie es für das Verständnis des betrachteten Transformationsprozesses erforderlich ist. Weitergehende Informationen zu den drei Datenbank-Modellen findet der interessierte Leser in der reichlich vorhandenen Datenbank-Literatur (beispielsweise in [KEMP15]).

---

[12] Dieses Datenbank-Modell wird auch als *„netzwerkartiges"* Datenbank-Modell bezeichnet.

3.2 Das hierarchische Datenbank-Modell

Das hierarchische Datenbank-Modell ordnet sich wie folgt in den Fragenkatalog des Abschnitts 3.1 ein:

1. *Einstiegspunkte:* In der Datenbank kann nur ein einziger Objekttyp als Einstiegspunkt verwendet werden. Jede Informationssuche muss von diesem Einstiegspunkt ausgehen.

2. *Strukturelle Beschränkungen:* Die Objekttypen, die den „Dateninseln" entsprechen, können ausschließlich in monohierarchischer Weise miteinander verbunden werden: Ein übergeordneter Objekttyp (owner, master) kann durch „Brücken" mit *mehreren* untergeordneten Objekttypen (member, detail) verbunden werden. Ein Member-Objekttyp darf jedoch nur mit *einem* Owner-Objekttyp verbunden sein. Als „Brückenstruktur" ist somit nur eine Baumstruktur zulässig, wobei die Wurzel des Baums den Einstiegspunkt für die Informationssuche bildet. Die „Brücken" sind als „Einbahnstraßen" ausgelegt: sie können nur von der Wurzel aus „abwärts" überquert werden. Die „Brücken", die von einem „owner" ausgehen, bilden somit einen dualen 1:CN-Beziehungstyp ab, bei dem die 1-Seite in Richtung der Wurzel zeigt.

3. *Zeitpunkt des Brückenschlags:* Die „Brücken" zwischen den „Dateninseln" werden bereits zum Zeitpunkt der Datenspeicherung angelegt: Die Datensätze des Owner-Objekttyps sind mit den Datensätzen des Member-Objekttyps – wie man sagt – „fest verdrahtet".

Beispiel für das hierarchische Datenbank-Modell

Die Abbildung 3-2 zeigt einen Ausschnitt aus dem konzeptionellen Datenmodell für das Schulbeispiel, der sich in Form einer Baumstruktur in ein logisches Datenschema für das hierarchische Datenbank-Modell abbilden lässt.

Die Dreiecke symbolisieren mit ihren gespreizten Schenkeln den 1:CN-Beziehungstyp, die eingeschlossenen Pfeile geben die Richtung der „Einbahnstraße" an. Als Einstiegspunkt für die Informationssuche dient ausschließlich die Wurzel des Baums, also der Objekttyp „Schule". Vom Datensatz einer gegebenen Schule kann man über die „Brücken", die bei der *Datenspeicherung* angelegt wurden, zu den Datensätzen aller Unterrichtsräume bzw. aller Klassen dieser Schule gelangen. Vom Datensatz einer dieser Klassen kann die „Brückenwanderung" zu den Datensätzen aller Schüler dieser Klasse fortgesetzt werden. Die folgenden Beispiel-Aufgaben der Informationssuche lassen sich jedoch aufgrund der vorgegebenen Datenstruktur nicht lösen:

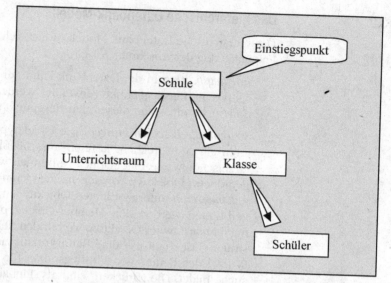

Abb. 3-2: Hierarchisches Datenbank-Modell

Grenzen des hierarchischen Datenbank-Modells

- Die unmittelbare Bereitstellung des Datensatzes des Schülers Peter Silie: Der Objekttyp „Schüler" ist nicht die Wurzel des Baums, er ist somit kein möglicher Einstiegspunkt für die Informationssuche. Der gesuchte Datensatz kann nur durch Navigation vom Objekttyp „Schule" aus – über den Objekttyp „Klasse" – erreicht werden.

- Die Beantwortung der Frage, zu welcher Klasse der Schüler Peter Silie gehört: Da die Brücke zwischen den beiden Objekttypen „Klasse" und „Schüler" eine Einbahnstraße in Richtung „Schüler" ist, kann man vom Objekttyp „Schüler" nicht zum Objekttyp „Klasse" navigieren.

- Die Beantwortung der Frage, welche Klassen den Unterrichtsraum 205 der Goethe-Schule als Klassenraum nutzen: Der Objekttyp „Klasse" ist kein Member-Objekttyp zum Objekttyp „Unterrichtsraum". Somit gibt es keine Navigationsmöglichkeit vom Unterrichtsraum zu den Klassen.

Die aufgezeigten Mängel lassen sich im hierarchischen Datenbank-Modell nur dadurch beheben, dass man – parallel zur angegebenen Baumstruktur – weitere Baumstrukturen[13] anlegt, in

---

[13] Eine Menge von Baumstrukturen bezeichnet man als „Wald".

denen man Kopien der benötigten Datensätze speichert. Die so entstehende Redundanz führt zu den Problemen, die im Abschnitt 2.4.2 besprochen wurden. Eine andere Möglichkeit zur Lösung des Problems besteht in der Verwendung von Zeigerstrukturen, auf die hier aber nicht näher eingegangen wird.

Mono-
hierarchien

Im hierarchischen Datenbank-Modell lassen sich nur monohierarchische Beziehungs-Strukturen effizient repräsentieren. Für viele Anwendungsfälle reicht das aus, weshalb Datenbank-Anwendungen, die auf dem hierarchischen Datenbank-Modell beruhen, auch heute noch im Einsatz sind. Beispiele dafür sind:

- *Stücklistenauflösung* in produzierenden Unternehmen,

- *Zugriff auf Verträge* durch Navigation, ausgehend von den Kunden.

Will man jedoch kompliziertere Zusammenhänge zwischen den Objekttypen – beispielsweise duale CM:CN-Beziehungstypen oder Rekursiv-Beziehungstypen – repräsentieren, dann stößt man schnell auf die Grenzen des hierarchischen Datenbank-Modells.

3.3   Das Netzwerk-Datenbank-Modell

Durch das Netzwerk-Datenbank-Modell werden einige Schwächen des hierarchischen Datenbank-Modells abgemildert. Beantwortet man den Fragenkatalog des Abschnitts 3.1 für das Netzwerk-Datenbank-Modell, dann ergibt sich das folgende Bild:

1. *Einstiegspunkte:* Prinzipiell kann man jeden Objekttyp als Einstiegspunkt verwenden. Allerdings müssen die Einstiegspunkte schon beim Entwurf des logischen Datenschemas festgelegt werden: Objekttypen, die beim Strukturentwurf nicht als Einstiegspunkte vereinbart wurden, können später nicht als Ausgangspunkte für die Navigation verwendet werden. Die in diesen Objekttypen enthaltenen Datensätze können dann nur durch eine Navigation erreicht werden, die von einem Einstiegspunkt ausgeht.

2. *Strukturelle Beschränkungen:* Die Objekttypen – als „Dateninseln" – können durch ein beliebiges Netzwerk miteinander verbunden werden. Auch bei diesem Datenbank-Modell entsprechen die „Brücken" des Netzwerks einem 1:CN-Beziehungstyp. Sie können aber nun in beiden Richtungen überquert werden.

3. *Zeitpunkt des Brückenschlags:* Die „Brücken" zwischen den „Dateninseln" werden – wie beim hierarchischen Datenbank-Modell – schon zum Zeitpunkt der Speicherung angelegt.

Beispiel für das Netzwerk-Datenbank-Modell

Durch ein logisches Datenschema, das auf dem Netzwerk-Datenbank-Modell beruht, lässt sich das konzeptionelle Datenmodell des Schulbeispiels besser abbilden, weil es nicht mehr erforderlich ist, die Beziehungs-Struktur zwischen den Objekttypen in eine Baumstruktur zu „verbiegen". Das zeigt die Abbildung 3-3.

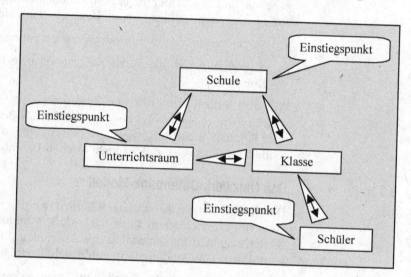

Abb. 3-3: Netzwerk-Datenbank-Modell

Das logische Datenschema in der Abbildung 3-3 weicht von der Baumstruktur in der Abbildung 3-2 ab. Beispielhaft wurden drei Einstiegspunkte vereinbart. Die „Brücken" zwischen den Objekttypen können in beiden Richtungen überquert werden. Ebenso wie beim hierarchischen Datenbank-Modell kann man vom Datensatz einer gegebenen Schule über die „Brücken" zu den Datensätzen aller Unterrichtsräume bzw. aller Klassen dieser Schule gelangen. Von einer Schule kann man nun aber auch durch die Navigation über einen Unterrichtsraum – zu einer Klasse gelangen. Vom Datensatz dieser Klasse kann die „Brückenwanderung" zu den Datensätzen aller Schüler dieser Klasse fortgesetzt werden. Die Beispiel-Aufgaben der Informationssuche, die im hierarchischen Datenbank-Modell nicht lösbar waren, lassen sich jetzt lösen:

- Die unmittelbare Bereitstellung des Datensatzes des Schülers Peter Silie: Der Objekttyp „Schüler" ist jetzt ein möglicher Einstiegspunkt für die Informationssuche. Somit kann direkt auf seine Datensätze zugegriffen werden.

- Die Beantwortung der Frage, zu welcher Klasse der Schüler Peter Silie gehört: Da die „Brücke" zwischen den Objekttypen „Klasse" und „Schüler" in beiden Richtungen überquert werden kann, ist es jetzt möglich, vom Schüler zu seiner Klasse zu gelangen.

- Die Beantwortung der Frage, welche Klassen den Unterrichtsraum 205 der Goethe-Schule als Klassenraum nutzen: Da der Objekttyp „Unterrichtsraum" ein möglicher Einstiegspunkt ist, kann man die Informationssuche beim Unterrichtsraum 205 der Goethe-Schule beginnen. Über die „Brücke" zwischen den Objekttypen „Unterrichtsraum" und „Klasse" gelangt man zu allen Klassen, die diesen Unterrichtsraum als Klassenraum nutzen.

Vorteile des Netzwerk-Datenbank-Modells

Das Netzwerk-Datenbank-Modell beruht auf einem Vorschlag der *CODASYL* Data Base Task Group [CODA71] bzw. auf einer Weiterentwicklung dieses Vorschlags [JAIN84]. Der Vorteil des Netzwerk-Datenbank-Modells gegenüber dem hierarchischen Datenbank-Modell besteht darin, dass bei der Informationssuche im Prinzip jeder Objekttyp als Einstiegspunkt vereinbart werden kann, von dem aus – durch Navigieren – der Zugriff auf diejenigen Objekttypen möglich ist, mit denen der Einstiegspunkt – unmittelbar oder mittelbar – verbunden ist. Ein weiterer Vorteil besteht darin, dass man multiple Eigenschaften – und sogar Wiederholungsgruppen von Eigenschaften – repräsentieren kann. Die im Abschnitt 2.7.1 beschriebene 1. Normalform ist also für das Netzwerk-Datenbank-Modell nicht erforderlich[14]. Geblieben ist allerdings der Nachteil, dass sich nur 1:CN-Beziehungstypen in natürlicher Weise abbilden lassen. Will man CM:CN-Beziehungstypen oder Rekursiv-Beziehungstypen darstellen, dann ist man auf die Einführung eines – durch die technologischen Randbedingungen erforderlichen – Objekttyps (Koppel-Objekttyp) angewiesen. Das dafür notwendige Vorgehen wird im Rahmen der Beschreibung des relationalen Datenbank-Modells im Abschnitt 3.4.3 dargelegt.

---

[14] Dieser Fortschritt wird beim relationalen Datenbank-Modell wieder aufgegeben.

3.4   Das relationale Datenbank-Modell

Das relationale Datenbank-Modell bietet weitergehende Möglichkeiten für die Navigation zwischen den Objekttypen als das Netzwerk-Datenbank-Modell. Es unterscheidet sich von diesem prinzipiell durch den Zeitpunkt, zu dem die „Brücken" zwischen den Objekttypen geschlagen werden. Der Fragenkatalog des Abschnitts 3.1 lässt sich für das relationale Datenbank-Modell wie folgt beantworten:

1. *Einstiegspunkte:* Jeder Objekttyp ist – ohne vorherige Deklaration – ein Einstiegspunkt für die Informationssuche.

2. *Strukturelle Beschränkungen:* Die Objekttypen sind durch ein beliebig strukturiertes Netzwerk miteinander verbunden, wobei die „Brücken" des Netzwerks unterschiedliche Beziehungstypen[15] abbilden können. Alle „Brücken" können in beiden Richtungen überquert werden.

3. *Zeitpunkt des Brückenschlags:* Die „Brücken" zwischen den „Dateninseln" werden nicht zum Zeitpunkt der Speicherung, sondern erst zum Zeitpunkt der Informationssuche angelegt.

dynamisch angelegte „Brücken"

Die Besonderheit des relationalen Datenbank-Modells gegenüber dem hierarchischen und dem Netzwerk-Datenbank-Modell besteht also darin, dass es in der Beziehungs-Struktur keine „fest verdrahteten" Verbindungen zwischen den Datensätzen gibt. Wenn die Datensätze auf ihren jeweiligen „Dateninseln" abgelegt werden, dann gibt es zwischen den „Dateninseln" (noch) keine „Brücken": Sie werden erst dann *dynamisch* angelegt, wenn die Notwendigkeit besteht, von einer Dateninsel zu einer anderen zu gelangen, also erst während der Informationssuche.

Stärke und Schwäche des relationalen Datenbank-Modells

In diesem Grundprinzip des relationalen Datenbank-Modells liegt sowohl seine Stärke als auch seine Schwäche. Die Schwäche macht sich dann bemerkbar, wenn Objekte bzw. Sachverhalte gespeichert werden sollen, die in komplizierter Weise strukturiert sind. Eine Analogie aus dem Alltagsleben soll das verdeutlichen. Als ein in komplizierter Weise strukturiertes Objekt betrachten wir ein Auto, das gespeichert – das heißt im realen Leben: in der Garage abgestellt – werden soll. Gemäß den Prinzipien des relationalen Datenbank-Modells ist es erforderlich, das Auto in seine

---

[15] Welche Beziehungstypen im relationalen Datenbank-Modell repräsentiert werden können, wird im Kapitel 5 ausführlich untersucht.

Bestandteile zu zerlegen. An den Wänden der Garage befinden sich Regale, auf denen die Laschen, Schrauben, Muttern usw. gelagert werden. Dem Prozess der Informationssuche entspricht das erneute Zusammensetzen der „verstreut" aufbewahrten Teile zu einem funktionsfähigen Auto. Damit das überhaupt gelingen kann, muss man sich beim Zerlegen merken, welche der nun einzeln in den Regalen liegenden Teile mit welchen anderen Teilen ursprünglich verbunden waren. Die durch die Zerlegung „gekappten" Zusammenhänge zwischen den Teilen müssen nun durch zusätzlich an den Teilen angebrachte Informationen aufbewahrt werden. Zum Beispiel muss man an die beiden Enden einer Lasche, die ehemals die Teile A und B miteinander verbunden hat, Zettel anbringen, auf denen jeweils eine Identifikation des Teils A bzw. des Teils B steht. Bei der erneuten Montage lässt sich dann – durch die Auswertung dieser Zettel – der ursprüngliche Zusammenhang der Teile rekonstruieren. Die Abbildung 3-4 soll diese Situation verdeutlichen.

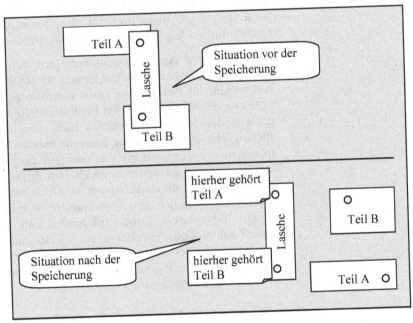

Abb. 3-4: Repräsentation der sachlogischen Zusammenhänge im relationalen Datenbank-Modell

Die Stärke und die Schwäche dieser Form der Datenspeicherung liegen nun auf der Hand:

- *Stärke:* Da die einzelnen Teile nicht mehr miteinander „fest verdrahtet" sind, ist es möglich, sie bei Bedarf in anderer Weise als vor der Speicherung zusammenzusetzen. Wenn es die Gesamtmenge der Autoteile zulässt, könnte man daraus heute ein Kabriolett und morgen eine Limousine zusammenstellen. Eventuell könnte man auch das Lenkrad das eine Mal auf der linken und ein anderes Mal auf der rechten Seite montieren. Auf die Informationssuche übertragen, heißt das: Man kann die Daten aus den Datensätzen in einer Weise miteinander verbinden, dass man Zusammenhänge herstellen kann, von denen man bei der Speicherung noch gar nicht wusste, dass sie einmal von Bedeutung sein werden. Solche „Ad-hoc-Anfragen", die einen Informationsbedarf befriedigen, der über die operative Routinearbeit hinausgeht, gewinnen in unserer schnelllebigen Zeit, in der die Unternehmen zunehmend dem Zwang unterliegen, sich rasch an neue Marktbedingungen anzupassen, immer stärker an Bedeutung. Ad-hoc-Anfragen lassen sich mit dem hierarchischen Datenbank-Modell gar nicht und mit dem Netzwerk-Datenbank-Modell nur in eingeschränktem Maße beantworten.

- *Schwäche:* Das erneute Zusammenfügen der „auseinandergerissenen" Einzelteile ist mit einem zusätzlichen Aufwand verbunden. Im Beispiel der oben angeführten Lasche muss man erst die Angaben auf den beiden Zetteln auswerten und dann in den Regalen der Garage nach den Teilen A und B suchen, ehe man sie wieder zusammensetzen kann. Bei der Informationssuche müssen die verstreut gespeicherten Datensätze, die im gefragten sachlogischen Zusammenhang zueinander stehen, durch Suchprozesse erst wieder zusammengeführt werden. Bei „fest verdrahteten" Verbindungen, wie sie das hierarchische Datenbank-Modell und das Netzwerk-Datenbank-Modell verwenden, ist das Zusammenführen der Datensätze immer dann wesentlich einfacher, wenn schon beim Entwurf des logischen Datenschemas eine Verbindung zwischen ihnen vorgesehen wurde.

Trotz der Schwäche des relationalen Datenbank-Modells im Hinblick auf das Laufzeitverhalten bei Anfragen, die die Verknüpfung einer großen Anzahl von Datensätzen erfordern, hat sich dieses Datenbank-Modell durchgesetzt. Das liegt unter anderem wohl auch daran, dass sich für das relationale Datenbank-Modell eine anschauliche und im Alltagsleben gewohnte Darstellungsform anbietet: nämlich die *Tabelle*.

3.4.1   Grundprinzipien des relationalen Datenbank-Modells

Das relationale Datenbank-Modell wurde bereits 1970 von Codd vorgeschlagen [CODD70]; es wurde danach ständig weiterentwickelt. Die besondere Stärke dieses Modells liegt hauptsächlich in seiner exakten theoretischen Fundierung. Legt man die von Codd formulierten strengen Anforderungen an ein relationales Datenbank-Managementsystem zugrunde, dann sind alle praktischen Implementationen nur mehr oder weniger „relational". Gab es 1986 nur die berühmten 12 Codd'schen Regeln [CODD86] für ein relationales Datenbank-Managementsystem, so wurden diese bis 1990 auf 333 Eigenschaften erweitert [CODD90].

Es folgt eine kurze Beschreibung des relationalen Datenbank-Modells. Wir konzentrieren uns dabei auf die Möglichkeiten zur *Strukturierung der Daten* und gehen auf Fragen der Informationssuche nur am Rande ein.

Typbeschreibung

Den Ausgangspunkt des relationalen Datenbank-Modells bildet ein *Attribut* A, durch das eine wesentliche Eigenschaft eines *Objekttyps* T zum Ausdruck gebracht wird. Zum Zweck der Dokumentation der Datenstruktur werden diesen beiden Gestaltungselementen *Bezeichnungen* zugeordnet: *Bez*[A] bzw. *Bez*[T]. Die Dokumentation eines Objekttyps T erfolgt in einer *Typbeschreibung* dadurch, dass man hinter der Bezeichnung des Objekttyps (in einem Klammerausdruck) die Liste der Bezeichnungen seiner Attribute $A_1, A_2, ..., A_n$ angibt:

$$Typbeschreibung: \ Bez[T](Bez[A_1], Bez[A_2], ..., Bez[A_n])$$

Im Schulbeispiel wird der Objekttyp T mit *Bez*[T] = „Lehrer" durch fünf Attribute A_1, A_2, A_3, A_4 und A_5 beschrieben mit:

$$Bez[A_1] = \text{„Personalnummer"}$$
$$Bez[A_2] = \text{„Vorname"}$$
$$Bez[A_3] = \text{„Familienname"}$$
$$Bez[A_4] = \text{„Geburtsdatum"}$$
$$Bez[A_5] = \text{„Familienstand"}$$

Die Typbeschreibung für den Objekttyp „Lehrer" lautet somit:

$$Lehrer(Personalnummer, Vorname, Familienname, Geburtsdatum, Familienstand)$$

Wertebereich
(Domäne)

Für jedes Attribut A wird sein möglicher *Wertebereich* – die sogenannte *Domäne* – in Form einer Menge angegeben:

$$\textit{Wertebereich:} \quad Dom[A] = \{a_1, a_2, \dots, a_n\}$$

Der Wertebereich *Dom*[A] enthält die Attributwerte, die das Attribut A im Fall eines konkreten Objekts als Ausprägung annehmen
kann. Eine wesentliche Beschränkung des relationalen Datenbank-Modells besteht nun darin, dass als Attributwerte eines
Wertebereichs nur *atomare Werte* zugelassen sind, die in sich
nicht strukturiert sind. Insbesondere ist als ein Attributwert keine
Liste von Werten zugelassen. Die Daten müssen sich also in der
1. Normalform befinden, bei der es keine multiplen Eigenschaften gibt (vgl. Abschnitt 2.7.1).

Element des
Wertebereichs

Um auszudrücken, dass der Wert a_i ein Element des Wertebereichs des Attributs A ist, schreibt man:

$$\textit{Element des Wertebereichs:} \quad a_i \in Dom[A]$$

NULL-Marke

Mitunter lässt sich für ein Attribut nicht bei jedem konkreten
Objekt ein Wert angeben, entweder weil der Wert für das Objekt
irrelevant ist (beispielsweise der Wert des Attributs „Anzahl der
Geburten" für Männer) oder weil er bei der Dateneingabe einfach noch nicht bekannt ist (beispielsweise der Wert des Attributs „Abgabedatum" zum Zeitpunkt der Speicherung einer neu
vergebenen Diplomarbeit). Dann muss das Attribut mit einer speziellen Markierung – mit der sogenannten „*NULL-Marke*"[16] – belegt werden.

Die NULL-Marke ist strikt von der Ziffer 0 und von der Buchsta-
benfolge „NULL" zu unterscheiden. Durch die mit Bedacht ge-
wählte Bezeichnung NULL-„*Marke*" – anstelle von NULL-„*Wert*" –
wird ausdrücklich darauf hingewiesen, dass es sich dabei eben
nicht um einen *Wert* handelt, sondern um die Angabe, dass das
Attribut A für ein Objekt eben *keinen Wert* annimmt.

In einigen Fällen lässt sich die Domäne eines Attributs *extensio-
nal* – also durch die Aufzählung ihrer Elemente – angeben. Das
trifft beispielsweise auf den Familienstand zu:

---

[16] NULL (engl., gesprochen: „nall") bedeutet „wertlos" bzw. „leer".

$$Dom[\text{Familienstand}] = \{ „\text{ledig}“, „\text{verheiratet}“,$$
$$„\text{geschieden}“, „\text{verwitwet}“ \}$$

In anderen Fällen lässt sich die Domäne eines Attributs in praktikabler Weise nur *intensional* beschreiben, also durch die Formulierung einer Bedingung, der ihre Elemente genügen müssen. Das gilt beispielsweise für die Personalnummer. Lässt man maximal fünfstellige Personalnummer zu, dann gilt:

$$Dom[\text{Personalnummer}] = \{ n \mid 1 \leq n \leq 99999 \}$$

n-Tupel

Für ein Objekt, das zu einem Objekttyp T mit der Typbeschreibung $Bez[T]$ ($Bez[A_1], Bez[A_2], ..., Bez[A_n]$) gehört, kann jedes Attribut A_i mit i = 1,2,...,n einen Wert a_i aus der jeweiligen Domäne $Dom[A_i]$ annehmen. Die Folge dieser Werte wird in runde Klammern eingeschlossen und als *n-Tupel* bezeichnet:

$$n\text{-}Tupel: (a_1, a_2, ..., a_n) \quad \text{mit } a_i \in Dom[A_i] \quad \text{für } i = 1,2,...,n$$

Für ein gegebenes Objekt kann im Allgemeinen jedes Attribut – unabhängig von den anderen Attributen – einen Wert aus seiner jeweiligen Domäne annehmen. Das wird mathematisch durch die *Produktmenge* ausgedrückt. Betrachtet man zunächst nur zwei Mengen A und B, dann gilt:

Produktmenge

Definition: Unter der *Produktmenge* zweier Mengen A und B versteht man die Menge aller geordneten Paare (2-Tupel), die aus je einem Element der Menge A und der Menge B bestehen. Man schreibt für die Produktmenge aus A und B:

$$A \times B = \{ (a,b) \mid a \in A \text{ und } b \in B \}$$

Betrachtet man nur die beiden Attribute „Personalnummer“ und „Familienstand“, dann ist die Produktmenge der Wertebereiche $Dom[\text{Personalnummer}]$ und $Dom[\text{Familienstand}]$ durch die Menge der 2-Tupel gegeben, die sämtliche möglichen Kombinationen von Attributwerten aus den beiden Wertebereichen enthält:

Dom[Personalnummer] × Dom[Familienstand] =

{ (1,ledig), (1,verheiratet), (1,geschieden), (1,verwitwet),
  (2,ledig), (2,verheiratet), (2,geschieden), (2,verwitwet),
  (3,ledig), (3,verheiratet), (3,geschieden), (3,verwitwet),
  ....
  (99999,ledig), (99999,verheiratet), (99999,geschieden),
  (99999,verwitwet)
}

Wenn man die Situation auf n Mengen A_1, A_2, ..., A_n verallgemeinert, dann ist ihre Produktmenge definiert als:

$$A_1 \times A_2 \times ... \times A_n = \{(a_1, a_2, ..., a_n) \mid a_i \in A_i \text{ für } i = 1, 2, ..., n\}$$

Die Menge der n-Tupel der *theoretisch möglichen* Objekte des Objekttyps „Lehrer" wird durch die Produktmenge der Wertebereiche der Attribute dieses Objekttyps gebildet:

Menge der theoretisch möglichen Lehrer-Objekte:

Dom[Personalnummer] × Dom[Vorname] ×
Dom[Familienname] × Dom[Geburtsdatum] ×
Dom[Familienstand]

Die Menge der zu speichernden n-Tupel für die Objekte des Objekttyps „Lehrer" ist wesentlich kleiner als die theoretisch mögliche Menge, weil in der Praxis nur wenige der möglichen Kombinationen der Attributwerte auftreten. An dieser Stelle kommt der mathematische Begriff der *Teilmenge* zum Tragen:

Teilmenge

Definition: **Eine Menge A heißt *Teilmenge* der Menge B, wenn jedes Element von A auch Element von B ist. Man schreibt diesen Sachverhalt wie folgt:**

A ⊆ B

Daraus folgt, dass jede Menge zu sich selbst Teilmenge ist.

Wir können nun den Begriff der *Relation* einführen, der dem relationalen Datenbank-Modell seinen Namen gibt:

Relation

Definition: Eine Teilmenge

$$R \subseteq Dom(A_1) \times Dom(A_2) \times ... \times Dom(A_n)$$

heißt (n-stellige) *Relation* über den Wertebereichen der Attribute A_1, A_2, ..., A_n. Dabei ist n der *Grad* (engl. degree) der Relation.

Eine Relation ist somit eine *Teilmenge der theoretisch möglichen n-Tupel*, die unter Beachtung der Wertebereiche der Attribute eines Objekttyps gebildet werden können. Das heißt: Eine Relation beschreibt die Menge der Objekte, die für einen gegebenen Objekttyp gespeichert werden sollen.

Die besondere Attraktivität des relationalen Datenbank-Modells besteht nun darin, dass die Kombination aus einer Typbeschreibung und der zugehörigen Relation:

Typbeschreibung
+
Relation

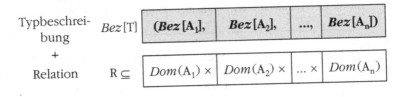

in natürlicher Weise als Tabelle interpretiert werden kann. Die Abbildung 3-5 zeigt das für drei Objekte des Objekttyps „Lehrer".

Stellt man die Typbeschreibung und die Relation eines Objekttyps in Form einer Tabelle dar, dann werden aus den Bezeichnungen der Attribute die Spaltenbenennungen und aus den Attributwerten die Spaltenwerte. Jedes Element der Relation – also jedes n-Tupel – bildet eine Zeile der Tabelle. Da es sich bei der Relation um eine Menge handelt und die Tabelle lediglich deren grafische Darstellung ist, gelten die folgenden Regeln:

- Die Reihenfolge der Elemente einer Menge ist nicht definiert, also ist die *Reihenfolge der Tabellen-Zeilen beliebig*.

- In einer Menge darf kein Element doppelt auftreten, also gibt es in der Tabelle *keine übereinstimmenden Zeilen*.

129

- In der Relation R ⊆ $Dom(A_1) \times Dom(A_2) \times \ldots \times Dom(A_n)$ eines Objekttyps ist die Reihenfolge der Wertebereiche der Attribute prinzipiell nicht von Bedeutung, also ist die *Reihenfolge der Tabellen-Spalten beliebig*. Sie muss jedoch mit der Reihenfolge der Attributbezeichnungen in der Typbeschreibung übereinstimmen. Der Zugriff auf die Werte in einer Tabellen-Spalte erfolgt nicht über die Nummer der Spalte, sondern ausschließlich über die Bezeichnung des Attributs, das der Spalte zugeordnet ist. Das impliziert natürlich die Forderung, dass die Bezeichnungen für die Attribute einer Tabelle paarweise voneinander verschieden sein müssen.

- Die Relation R – als eine Menge von n-Tupeln – kann mit der Zeit variieren: Es können neue Elemente zu R hinzugefügt werden, bereits in R enthaltene Elemente können in ihren Komponenten verändert werden und Elemente können aus der Relation R entfernt werden.

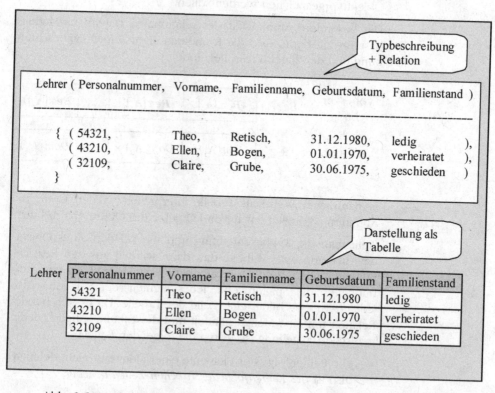

Abb. 3-5: Repräsentation von Typbeschreibung und Relation als Tabelle

Im Folgenden werden wir nicht mehr von einer Relation im mathematischen Sinn sprechen, sondern für unsere Darlegungen ausschließlich die anschauliche Tabellen-Interpretation verwenden.

Zugriff auf einen Datensatz

Im Gegensatz zum hierarchischen Datenbank-Modell und zum Netzwerk-Datenbank-Modell erfolgt im relationalen Datenbank-Modell der Zugriff auf einen Datensatz – also auf eine bestimmte Zeile einer Tabelle – nicht durch eine hardwarenahe Adressierung auf der Ebene der *physischen* Speicherung der Daten, also etwa durch Adressverweise (Pointer). Der Zugriff auf eine Tabellenzeile erfolgt ausschließlich auf der *logischen* Ebene der Tabellen. In einer Tabelle ist eine bestimmte Zeile aber nur über die speziellen Werte auswählbar, die die Attribute der Tabelle in dieser Zeile annehmen. Für die Identifizierung einer Zeile ist folglich ein *Schlüssel* festzulegen, so wie das bereits für das Entity-Relationship-Modell besprochen wurde (vgl. die Abschnitte 2.3 und 2.4.4). Der Schlüsselbegriff leitet sich aus dem bildlichen Vergleich mit dem Begriffspaar „Schlüssel und Schloss" her: Will man auf die Daten einer Tabellenzeile zugreifen, muss man erst das „Schloss" dieser Zeile öffnen. Dazu benötigt man denjenigen „Schlüssel", der zu diesem „Schloss" passt.

Für jede Tabelle muss also ein Attribut (bzw. eine Kombination mehrerer Attribute) derart gefunden werden, dass dessen Attributwerte (bzw. die Kombination der Attributwerte) für jedes Paar von Tabellenzeilen verschieden ist:

Schlüssel

> **Definition:** **Ein *einfacher Schlüssel* (engl. key) einer Tabelle ist ein Attribut – und ein *zusammengesetzter Schlüssel* ist eine Attribute-Kombination – mit der Eigenschaft, dass jede Zeile der Tabelle eindeutig durch die Angabe des Wertes dieses Attributs – bzw. der Werte-Kombination dieser Attribute – identifiziert werden kann.**

Unikalität des Schlüssels

Ein gegebener Attributwert eines einfachen Schlüssels (bzw. eine gegebene Kombination der Attributwerte eines zusammengesetzten Schlüssels) darf also in einer Tabelle nur ein einziges Mal auftreten, muss also *unikal* sein. In der Typbeschreibung der Tabelle wird das typografisch dadurch kenntlich gemacht, dass das entsprechende Attribut (bzw. die Attribute-Kombination) im **Fettdruck** angegeben wird.

unikales
Attribut

unikales Attribut: ***Bez*[A]**

unikale Attribute-
Kombination: ***Bez*[A₁]+*Bez*[A₂]+ ... +*Bez*[Aₙ]**

Durch die Verwendung von *Pluszeichen* anstelle von Kommata wird typografisch deutlich gemacht, dass nicht jedes Attribut *für sich* unikal ist, sondern lediglich die *Attribute-Kombination*.

mehrere
Schlüssel für
eine Tabelle

Für eine Tabelle kann es *mehrere* Schlüssel geben. Es gibt für eine Tabelle aber immer *mindestens einen* Schlüssel. Im Extremfall muss der Schlüssel aus der Kombination sämtlicher Attribute der Tabelle bestehen. Diese Kombination ermöglicht in jedem Fall die eindeutige Identifizierung einer Zeile, weil es definitionsgemäß keine identischen Tabellenzeilen geben kann.

Für den Objekttyp „Lehrer" hat die Tabelle als einfachen Schlüssel das Attribut „Personalnummer". Das Attribut „Familienname" wäre – für sich genommen – im Allgemeinen kein möglicher Schlüssel, denn es kann vorkommen, dass die Landesschulbehörde mehrere Lehrer mit demselben Familiennamen verwalten muss. Im Normalfall könnte jedoch die Attribute-Kombination „Vorname+Familienname+Geburtsdatum" als zusammengesetzter Schlüssel verwendet werden. Die beiden Schlüssel können also wie folgt dargestellt werden:

1) Lehrer(**Personalnummer**,Vorname,Familienname,
   Geburtsdatum,Familienstand)

2) Lehrer(Personalnummer,
   Vorname+Familienname+Geburtsdatum,
   Familienstand)

Forderungen
an einen
Schlüssel

Jeder Schlüssel ist für die Identifizierung einer Tabellenzeile geeignet. Aus praktischen Erwägungen stellt man an einen Schlüssel jedoch zusätzliche Forderungen. Da man für den Zugriff auf eine Tabellenzeile den Wert bzw. die Werte-Kombination eines Schlüssels angeben – also zumeist „eintippen" – muss, sollte der Schlüssel einige Forderungen erfüllen:

• *Minimalität:* Ein zusammengesetzter Schlüssel sollte stets so gewählt werden, dass aus ihm keines der Attribute entfernt werden kann, ohne dass dadurch die Fähigkeit des Schlüssels zur Identifizierung einer Tabellenzeile verloren geht. Im Fall des Objekttyps „Lehrer" würde die Hinzunahme des Attributs „Familienstand" in den zusammengesetzten Schlüssel gegen das Minimalitätsgebot verstoßen, weil dieses Attribut für die Identifizierung einer Tabellenzeile entbehrlich ist.

- *Bekanntheit:* Da für den Zugriff auf eine Tabellenzeile die Angabe ihres Schlüsselwertes erforderlich ist, muss der Benutzer den Wert des Schlüssels kennen. Im Fall des Objekttyps

Ort (Name,Kreis,Einwohnerzahl)

ist das Attribut „Einwohnerzahl" identifizierend, also ein einfacher Schlüssel, denn es ist nicht zu erwarten, dass zwei Orte in ihren Einwohnerzahlen exakt übereinstimmen. Da die Einwohnerzahl aber eher das Ziel der Informationssuche ist, als dass sie dem Benutzer für eine Eingabe bekannt wäre, ist sie als Schlüssel völlig ungeeignet.

- *Konstanz:* Die Attribute, die den Schlüssel bilden, sollten in ihren Werten konstant sein. Sich ändernde Schlüsselwerte machen nicht nur „Umlernprozesse" für den Benutzer erforderlich, sondern sie bilden auch eine Gefahr für die Datenintegrität, wie wir an späterer Stelle in diesem Kapitel zeigen werden. Deshalb wird man im Fall der Lehrer-Tabelle das Attribut „Familienname" nicht gern im Schlüssel verwenden, weil sich sein Wert – beispielsweise durch Heirat – ändern kann. Im Fall der Orts-Tabelle ist das Attribut „Einwohnerzahl" als Schlüssel bzw. Schlüsselbestandteil schon deshalb völlig ungeeignet, weil sich sein Wert laufend verändert.

- *Wertepflicht:* Zur Sicherung des Zugriffs muss es für jede Zeile einer Tabelle einen eindeutigen Schlüsselwert geben. Ein Attribut, das Bestandteil des Schlüssels ist, darf somit in keiner Zeile undefiniert bleiben. Man spricht von der *objektbezogenen Integritätsbedingung* (engl. entity integrity constraint).

Aus der Menge der *möglichen* Schlüssel einer Tabelle wird einer als *Primärschlüssel* ausgezeichnet:

Primärschlüssel,
Sekundär-
schlüssel

Definition: **Ein *Primärschlüssel* (engl. primary key) einer Tabelle ist ein ausgewählter Schlüssel dieser Tabelle, der in erster Linie für den Zugriff auf die Tabellenzeilen verwendet wird. Alle anderen Schlüssel der Tabelle heißen *Sekundärschlüssel* (engl. secondary key) oder *Alternativschlüssel* (engl. alternate key).**

Welcher der Schlüssel als Primärschlüssel gewählt wird, hängt nur von praktischen und nicht von theoretischen Erwägungen ab. Prinzipiell ist jeder Schlüssel als Primärschlüssel geeignet.

Darstellung des
Primärschlüssels

In der Typbeschreibung des Objekttyps wird der Primärschlüssel dadurch kenntlich gemacht, dass das Attribut (bzw. die Attribute-Kombination) unterstrichen und – aufgrund der Unikalität – im **Fettdruck** dargestellt wird.

Unikalität des
zusammen-
gesetzten
Schlüssels

Es sei ausdrücklich darauf hingewiesen, dass im Fall eines zusammengesetzten Primärschlüssels nur die – durch Pluszeichen verbundene – *Kombination* seiner Attribute *unikal* ist. Umgekehrt gilt auch, dass jedes Attribut eines zusammengesetzten Primärschlüssels für sich allein *nicht-unikal* ist. Das ergibt sich aus der Forderung nach der Minimalität des Primärschlüssels: Wäre nämlich eines der Attribute eines zusammengesetzten Primärschlüssels für sich allein schon unikal, dann könnten die übrigen Attribute aus dem zusammengesetzten Primärschlüssel entfernt werden.

Wir haben uns bei der Tabellen-Typbeschreibung dafür entschieden, alle – durch Pluszeichen miteinander verbundenen und gemeinsam unterstrichenen – Attribute eines zusammengesetzten Primärschlüssels auch **gemeinsam+im+Fettdruck** darzustellen, um dadurch die *Unikalität* des zusammengesetzten Primärschlüssels zu betonen. Der Leser möge stets daran denken, dass jedes einzelne Attribut *nicht-unikal* ist – also für sich allein eigentlich nicht im Fettdruck dargestellt werden müsste.

Auf eine besondere Kennzeichnung der Sekundärschlüssel, die für unsere Betrachtungen nicht von Belang sind, wird im Weiteren verzichtet.

Die Typbeschreibungen der Tabellen für die beiden Objekttypen „Lehrer" und „Ort" nehmen somit die folgende Form an:

Lehrer(**Personalnummer**,Vorname,Familienname,
Geburtsdatum,Familienstand)

Ort(**Name+Kreis**,Einwohnerzahl)

„Brücken"
zwischen den
„Dateninseln"

Wir können uns nun der Frage zuwenden, wie im relationalen Datenbank-Modell die „Brücken" zwischen den „Dateninseln" geschlagen werden. Am Anfang dieses Abschnitts wurde als ein besonderes Merkmal des relationalen Datenbank-Modells hervorgehoben, dass die „Brücken" nicht in Form von Adressverweisen (Pointer) „fest verdrahtet" sind, sondern dass sie auf der logischen Ebene gebildet werden. Der „Brückenschlag" erfolgt auch nicht zum Zeitpunkt der Datenspeicherung, sondern erst *dynamisch* während der Informationssuche.

Wenn eine Tabellenzeile a der Tabelle A auf eine Tabellenzeile b der Tabelle B verweisen soll (a → b), dann geschieht das dadurch, dass in der Tabellenzeile a als zusätzlicher Wert in dieser Zeile der Identifikator der Tabellenzeile b abgelegt wird. Der Identifikator der Tabellenzeile b ist aber der Wert, den der Primärschlüssel der Tabelle B in der Zeile b annimmt. Da im konzeptionellen Datenmodell nicht *Beziehungen* auf der Ebene der Objekte, sondern *Beziehungstypen* auf der Ebene der Objekttypen beschrieben werden, wird diese Form der Querverweise auf die Ebene der Tabellen übertragen:

Fremdschlüssel

Definition: **Soll jede Zeile einer Tabelle A auf jeweils eine Zeile der Tabelle B verweisen, dann wird der Primärschlüssel der Tabelle B als zusätzliches Attribut (bzw. als Attribute-Kombination) in die Tabelle A aufgenommen. In der Tabelle A wird der Primärschlüssel der Tabelle B als *Fremdschlüssel* (engl. foreign key) bezeichnet.**

Durch die Bezeichnung „Fremdschlüssel" soll ausgedrückt werden, dass es sich dabei um den (Primär-) Schlüssel einer „fremden" Tabelle handelt. Diese Bezeichnung ist recht unglücklich gewählt, denn die oben angegebene Definition schließt ja nicht aus, dass die Tabelle A mit der Tabelle B identisch ist. Dann verweist eine Zeile der Tabelle A auf eine andere Zeile *derselben* Tabelle. (Wir werden im Abschnitt 3.4.4 sehen, dass so Rekursiv-Beziehungstypen repräsentieren lassen.) In diesem Fall ist die

Bezeichnung „Fremdschlüssel" unsinnig, weil der Verweis nicht durch den Primärschlüssel einer *fremden* Tabelle erfolgt, sondern durch den Primärschlüssel der *eigenen* Tabelle. Die „nicht-fremdelnde" Bezeichnung *„Verweisschlüssel"* würde den Sachverhalt viel besser ausdrücken, ist aber leider nicht üblich. Um den Leser nicht durch eine „persönliche" Terminologie zu verwirren, werden wir im Weiteren stets vom „Fremdschlüssel" sprechen.

mehrere Fremd-
schlüssel in
einer Tabelle

Soll eine Zeile a der Tabelle A nicht nur auf eine Zeile b der Tabelle B, sondern außerdem auch noch auf eine Zeile c der Tabelle C verweisen (a→b und a→c), dann müssen in die Tabelle A sowohl der Primärschlüssel der Tabelle B als auch der Primärschlüssel der Tabelle C als Fremdschlüssel aufgenommen werden. Eine Tabelle kann somit zwar nur *einen* Primärschlüssel besitzen, kann aber *beliebig viele* Fremdschlüssel aufnehmen.

Darstellung
eines
Fremdschlüssels

In der Typbeschreibung einer Tabelle wollen wir einen Fremdschlüssel dadurch kenntlich machen, dass die Attributbezeichnung – bzw. die Kombination der Bezeichnungen der Attribute – in nach oben weisende Pfeile eingeschlossen wird. So soll typografisch zum Ausdruck gebracht werden, dass der Fremdschlüssel die Funktion eines „Verweisschlüssels" erfüllt:

Fremdschlüssel: ⇑Bez[A]⇑

⇑Bez[A_1]+Bez[A_2]+ ... +Bez[A_n]⇑

Durch die Verwendung von Pluszeichen – anstelle von Kommata – soll zum Ausdruck gebracht werden, dass erst die Kombination aller angegebenen Attributwerte den Verweis auf eine Tabellenzeile bildet.

Beispiel für
Fremdschlüssel

Als Beispiel für die Repräsentation eines Beziehungstyps im relationalen Datenbank-Modell soll der sachlogische Zusammenhang zwischen den Objekttypen „Ort" und „Schule" betrachtet werden, nämlich die Beziehungstyp-Richtung „Schule *liegt in* Ort". Ohne die Repräsentation dieses Beziehungstyps haben die Tabellen die folgenden Typbeschreibungen:

Ort(**Name+Kreis**,Einwohnerzahl)

Schule(**Name+Postleitzahl**,Straße,Hausnummer)

Nun soll jedes Objekt des Objekttyps „Schule" auf *ein* Objekt des Objekttyps „Ort" verweisen, nämlich auf denjenigen Ort, in dem die betreffende Schule liegt. Dazu ist es erforderlich, in jede Zeile der Tabelle „Schule" denjenigen Wert des Primärschlüssels der Tabelle „Ort" aufzunehmen, durch den der jeweilige Ort identifiziert wird. Die beiden Tabellen haben dann die folgenden Typbeschreibungen:

Ort(**Name+Kreis**,Einwohnerzahl)

Schule(**Name+Postleitzahl**,Straße,Hausnummer,
⇑Ortsname+Kreis⇑)

Bei der Übernahme des Primärschlüssels **Name+Kreis** der Tabelle „Ort" als Fremdschlüssel ⇑Ortsname+Kreis⇑ in die Tabelle „Schule" wurde die ursprüngliche Attributbezeichnung „Name" in „Ortsname" abgeändert, weil die Attributbezeichnungen in einer Tabelle paarweise voneinander verschieden sein müssen.

In der Abbildung 3-6 sind Beispiel-Tabellen für die beiden Objekttypen dargestellt.

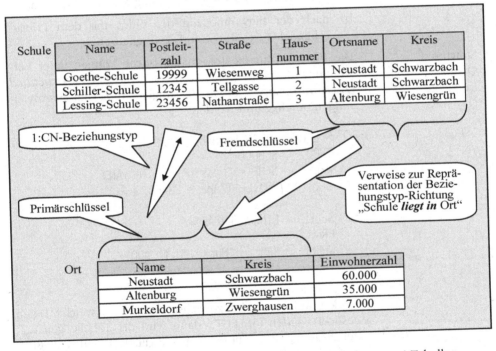

Abb. 3-6: Repräsentation eines Beziehungstyps zwischen zwei Tabellen

Anhand dieses kleinen Beispiels kann man die am Anfang dieses Abschnitts angegebenen Besonderheiten des relationalen Datenbank-Modells bezüglich seiner Möglichkeiten zur Navigation zwischen den Objekttypen erkennen:

Einstiegspunkte 1. *Einstiegspunkte:* Jeder Objekttyp ist – ohne vorherige Deklaration – ein möglicher Einstiegspunkt für die Informationssuche.

Die Informationssuche kann sowohl vom Objekttyp „Schule" als auch vom Objekttyp „Ort" aus beginnen. Gibt man einen Wert für den Primärschlüssel der jeweiligen Tabelle an, dann kann man auf die Daten eines speziellen Objekts *o* zugreifen und von dort aus eine „Brückenwanderung" zu denjenigen Objekten unternehmen, die mit *o* sachlogisch in Beziehung stehen. Diese „Brückenwanderung" wird im Punkt 3 beschrieben. Hier soll zunächst per „Direkteinstieg" nach den Daten eines speziellen Objekts gesucht werden:

a) nach der Straße und der Hausnummer der Schule mit dem Primärschlüssel-Wert „Lessing-Schule+23456" und

b) nach der Einwohnerzahl des Ortes mit dem Primärschlüssel-Wert „Murkeldorf+Zwerghausen".

Structured Query Language

Die Beispiele für die Informationssuche können unter Verwendung der Datenbank-Abfragesprache SQL („*Structured Query Language*") durch die folgenden Selektions-Anweisungen durchgeführt werden:

```
a)   SELECT  STRASSE, HAUSNUMMER
     FROM    SCHULE
     WHERE   NAME = "Lessing-Schule" AND
             POSTLEITZAHL = 23456;
```

```
b)   SELECT  EINWOHNERZAHL
     FROM    ORT
     WHERE   NAME = "Murkeldorf" AND
             KREIS = "Zwerghausen";
```

In den Abfragen wird zunächst angegeben, welche Daten gesucht werden (SELECT), dann wird die Tabelle genannt, der diese Daten zu entnehmen sind (FROM), und schließlich wird die Bedingung formuliert, der die auszugebenden Tabellenzeilen genügen müssen (WHERE). Die Ergebnisse der Abfragen werden in Tabellenform dargestellt:

Straße	Hausnummer

Nathanstraße	3

a)

Einwohnerzahl
7.000

b)

Strukturelle Beschränkungen

2. *Strukturelle Beschränkungen:* Die Objekttypen sind durch ein beliebig strukturiertes Netzwerk miteinander verbunden, wobei die „Brücken" des Netzwerks unterschiedliche Beziehungstypen abbilden können. Alle „Brücken" können in beiden Richtungen überquert werden.

Beim Beziehungstyp zwischen den beiden Objekttypen „Ort" und „Schule" handelt es sich um einen 1:CN-Beziehungstyp. Man erkennt aus der Abbildung 3-6, dass die Verweisrichtung „Fremdschlüssel $\Rightarrow$ Primärschlüssel" von der CN-Seite zur 1-Seite des Beziehungstyps führt.

Jede Zeile der Tabelle „Schule" verweist auf *genau einen* Ort. Andererseits wird auf eine gegebene Zeile der Tabelle „Ort" (nämlich auf „Neustadt+Schwarzbach") von *mehreren* Schulen (von der „Goethe-Schule+19999" und von der „Schiller-Schule+12345") her verwiesen. Auf eine Zeile der Tabelle „Ort" („Murkeldorf+Zwerghausen") wird überhaupt nicht verwiesen. Wir werden im Kapitel 5 ausführlich untersuchen, welche Beziehungstypen sich im relationalen Datenbank-Modell repräsentieren lassen. An dieser Stelle sei vorerst nur so viel gesagt, dass der *1:CN-Beziehungstyp* den Grundtyp der repräsentierbaren Beziehungstypen bildet, der im Sonderfall zum 1:C-Beziehungstyp „entarten" kann. Dagegen können *CM:CN-Beziehungstypen* nicht in natürlicher Weise repräsentiert werden.

1:CN-Beziehungstyp

Dass der 1:CN-Beziehungstyp die Navigation in beiden Richtungen ermöglicht, wird im nächsten Punkt 3 deutlich.

Zeitpunkt des Brückenschlags

3. *Zeitpunkt des Brückenschlags:* Die „Brücken" zwischen den „Dateninseln" werden nicht zum Zeitpunkt der Speicherung, sondern erst zum Zeitpunkt der Informationssuche angelegt.

Zwischen den Tabellen „Schule" und „Ort" bestehen *keine physischen* – d. h. auf der Ebene der Speicherstruktur realisierten – Zusammenhänge. Jede der beiden Tabellen existiert für sich und unabhängig von der anderen: Es gibt keine „physischen Brücken" zwischen den „Dateninseln". Der *physische* Zusammenhang zwischen den sachlogisch miteinander verbunden Zeilen wurde durch die Form der Tabellen-Speicherung „zerrissen". Er wird lediglich auf der *logischen* Ebene in Form von Verweisen (durch die jeweiligen Fremdschlüsselwerte) realisiert. Die Verweise entsprechen den Zetteln in der Abbildung 3-4, die die „Montage-Anleitung" für das erneute Zusammenfügen der Einzelteile bilden. Der sachlogische Zusammenhang lässt sich nur durch eine sogenannte *Join-Operation* wiederherstellen. Durch diese Operation werden zwei Tabellen so zusammengeführt, dass jeweils die Zeilen eine Einheit bilden, bei denen die Werte von Fremdschlüssel und Primärschlüssel übereinstimmen.

Join-Operation

Will man zum Beispiel in einer Tabelle alle Attribute der Schulen zusammenstellen und zu jeder Schule zusätzlich die Attribute des zugehörigen Ortes angeben, dann ist der sachlogische Zusammenhang „Schule *liegt in* Ort" wiederherzustellen. Das erfolgt beispielsweise in „*Access*" mithilfe einer Abfrage nach der Methode „*Query by Example*" (QBE). Die Abbildung 3-7 zeigt einen Ausschnitt des „Access"-Bildschirms mit der Entwurfsansicht der Datenbank-Abfrage.

Query by Example

Im oberen Bereich des Bildschirms sind die Tabellen dargestellt, die die gesuchten Daten enthalten. Die Attribute, die den jeweiligen Primärschlüssel der Tabellen bilden, werden durch das Schlüssel-Symbol kenntlich gemacht. Der Verweis des Fremdschlüssels ⇑Ortsname+Kreis⇑ in der Schul-Tabelle auf den Primärschlüssel **Name+Kreis** der Orts-Tabelle ist als ein *N:1-Beziehungstyp*[17] ausgewiesen (N entspricht dabei dem Symbol „∞"). Im unteren Bereich des Bildschirms sind die „Felder" – die Attribute – der Tabellen angegeben und durch ein „Häkchen" ausgewählt, die in die Ergebnistabelle aufgenommen werden sollen.

---

[17] Eigentlich liegt hier ein CN:1-Beziehungstyp vor, aber in „Access" wird fälschlicherweise immer von einem 1:N- bzw. von einem N:1-Beziehungstyp gesprochen, wenn es sich tatsächlich um einen 1:CN- bzw. um einen CN:1-Beziehungstyp handelt. Im Kapitel 5 werden wir sehen, dass sich ein 1:N- bzw. ein N:1-Beziehungstyp im relationalen Datenbank-Modell gar nicht repräsentieren lässt.

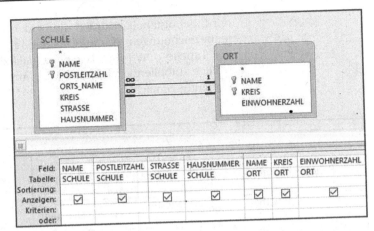

Abb. 3-7: QBE-Abfrage zur Zusammenführung von Tabellen

SQL

Die durch QBE in Tabellenform ausgedrückte Datenbank-Abfrage lässt sich in äquivalenter Weise auch unter Verwendung der Datenbank-Abfragesprache SQL (**S**tructured **Q**uery **L**anguage) formulieren:

```
SELECT   SCHULE.NAME, SCHULE.POSTLEITZAHL,
         SCHULE.STRASSE, SCHULE.HAUSNUMMER,
         ORT.NAME, ORT.KREIS, ORT.EINWOHNERZAHL
FROM     ORT  INNER JOIN  SCHULE
         ON   ORT.KREIS = SCHULE.KREIS  AND
              ORT.NAME = SCHULE.ORTS_NAME;
```

In der Selektionsanweisung werden zunächst die auszugebenden Attribute angegeben. Dann wird angewiesen, dass der sachlogische Zusammenhang zwischen einer Schule und einem Ort, der bei der Einspeicherung der Datensätze in die Tabellen „gekappt" worden ist, durch eine Join-Operation wieder hergestellt werden soll, indem auf Gleichheit zwischen dem Primärschlüssel der Tabelle „Ort" und dem Fremdschlüssel in der Tabelle „Schule" getestet wird. Die Operation „INNER JOIN" bewirkt das *dynamische* Anlegen der „Brücke" zwischen den beiden „Dateninseln" der Tabellen „Schule" und „Ort" während der Informationssuche.

Sowohl die QBE-Abfrage als auch die SELECT-Anweisung mithilfe der Datenbank-Abfragesprache SQL führen zu der Ergebnistabelle, die in der Abbildung 3-8 dargestellt ist. In der Ergebnistabelle wurden die beiden gleichlautenden Spaltenbezeichnungen „Name" (aus der Tabelle „Schule" und aus der Tabelle „Ort") mittels einer Qualifizierung durch die jeweilige Tabellenbezeichnung (die Angabe vor dem Punkt) eindeutig gemacht.

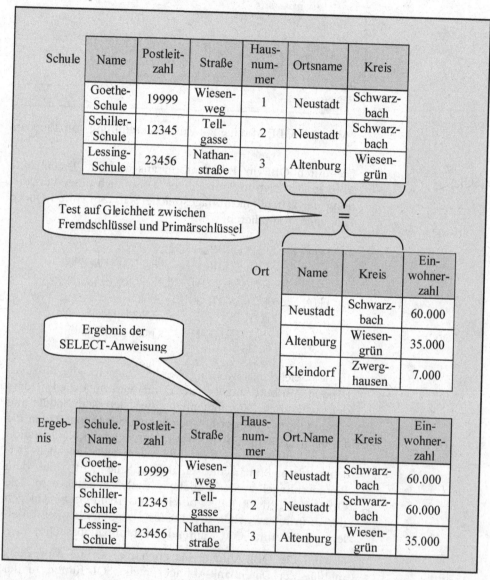

Abb. 3-8: Join-Operation zwischen zwei Tabellen

Die während der Informationssuche durchgeführte „Brückenwanderung" führte von der „Schule" zum „Ort" – also von der CN-Seite der „Brücke" zu ihrer 1-Seite. Die „Brücke" kann aber auch in der Gegenrichtung passiert werden. Wir gehen dazu vom Ort „Neustadt+Schwarzbach" aus und fragen nach den Attributen aller Schulen, die sich in diesem Ort befinden:

```
SELECT   SCHULE.NAME, SCHULE.POSTLEITZAHL,
         SCHULE.STRASSE, SCHULE.HAUSNUMMER
FROM     ORT  INNER JOIN  SCHULE
         ON   ORT.KREIS = SCHULE.KREIS  AND
              ORT.NAME = SCHULE.ORTS_NAME
WHERE    ORT.NAME = "Neustadt"  AND
         ORT.KREIS = "Schwarzbach";
```

Auch diese SELECT-Anweisung führt dazu, dass der bei der Speicherung „gekappte" sachlogische Zusammenhang zwischen den Tabellen „Ort" und „Schule" durch eine Join-Operation wiederhergestellt wird, indem auf Gleichheit zwischen dem Primärschlüssel der Tabelle „Ort" und dem Fremdschlüssel in der Tabelle „Schule" getestet wird. Das Ergebnis ist die folgende Tabelle:

Name	Postleitzahl	Straße	Hausnummer
Goethe-Schule	19999	Wiesenweg	1
Schiller-Schule	12345	Tellgasse	2

Die bisher erläuterten Besonderheiten des relationalen Datenbank-Modells betrafen die Möglichkeiten zur Navigation zwischen den Objekttypen. Für unsere Betrachtungen sind darüber hinaus drei weitere Charakteristika dieses Datenbank-Modells von Bedeutung, nämlich:

- die *referenzielle Integrität*,

- die Repräsentation von dualen *CM:CN-Beziehungstypen* und

- die Repräsentation von *Rekursiv-Beziehungstypen*.

Diese Besonderheiten des relationalen Datenbank-Modells sollen in den folgenden Abschnitten kurz erläutert werden.

3.4.2   Die referenzielle Integrität

Im relationalen Datenbank-Modell wird der sachlogische Zusammenhang zwischen einer Zeile a der Tabelle A und einer Zeile b der Tabelle B dadurch repräsentiert, dass der Fremdschlüsselwert in der Zeile a mit dem Primärschlüsselwert in der Zeile b übereinstimmt. Der Fremdschlüsselwert in der Zeile a erfüllt somit die Funktion eines Verweises auf die Zeile b. Das ist vergleichbar mit einem Link im Word Wide Web, der von einer Webseite a auf eine Web-Seite b verweist, wobei die Webseiten a und b auch dieselben sein können: Dann handelt es sich um einen „internen" Link.

Verweisprinzip

Dieses Verweisprinzip, das auf der Wertgleichheit von Attributen in Tabellen basiert, die voneinander physisch unabhängig sind, birgt naturgemäß Gefahren hinsichtlich der Integrität der Verweise in sich. Durch spezielle Maßnahmen muss gesichert werden, dass kein Verweis „ins Leere geht", dass er nicht auf eine Tabellenzeile zeigt, die gar nicht existiert. Im World Wide Web entspricht das der – leider sehr häufig eintretenden – Situation, dass ein Link auf eine Web-Seite verweist, die es gar nicht (mehr) gibt. Man nennt das einen „toten" Link (engl. dead link).

Ein wesentlicher Grundsatz des relationalen Datenbank-Modells besteht nun gerade im Verbot solcher „toten" Verweise, was – positiv formuliert – auch als Gebot der „referenziellen Integrität" bezeichnet wird:

referenzielle Integrität

Definition: **Wenn der sachlogische Zusammenhang zwischen zwei Tabellen A und B dadurch repräsentiert wird, dass die Werte des Fremdschlüssels in der Tabelle A mit Werten des Primärschlüssels der Tabelle B übereinstimmen, dann lautet das *Gebot der referenziellen Integrität*:**

a) *entweder* muss jeder in der Tabelle A auftretende Wert des Fremdschlüssels mit einem Wert des Primärschlüssels der Tabelle B übereinstimmen

b) *oder* der Fremdschlüssel in der Tabelle A muss mit der NULL-Marke belegt sein.

Das Gebot der referenziellen Integrität fordert also, dass ein Verweis entweder auf ein *existierendes Objekt* zeigen muss oder dass explizit zum Ausdruck gebracht werden muss, dass *kein Verweis* vorliegt.

NULL-Marke im Fremdschlüssel

An dieser Stelle wird ein wesentlicher Unterschied zwischen dem Primär- und dem Fremdschlüssel sichtbar: *Keines* der Attribute eines Primärschlüssels darf mit der NULL-Marke belegt werden, dagegen können *alle* Attribute des Fremdschlüssels *gemeinschaftlich* mit der NULL-Marke belegt werden.

Bei der Deklaration der Tabellen im relationalen Datenbank-Modell kann man festlegen, ob für die Werte eines Fremdschlüssels beide Möglichkeiten a) und b) erlaubt sind oder ob die Möglichkeit b) ausgeschlossen wird. So kann man beispielsweise im Datenbank-Managementsystem „Access" für die Attribute eines Fremdschlüssels (wie für jedes Attribut) fordern, dass das Attribut in jeder Tabellenzeile einen „echten" Wert haben muss (Eingabe erforderlich → „ja", Gültigkeitsregel → „Nicht ist Null"). Dadurch wird die NULL-Marke für die Attribute des Fremdschlüssels verboten und so die Möglichkeit b) explizit ausgeschlossen.

nicht-eingabepflichtiger Fremdschlüssel

In der Typbeschreibung einer Tabelle wird ein *nicht-eingabepflichtiger Fremdschlüssel*, also ein Fremdschlüssel, dessen Elemente gemeinschaftlich mit der NULL-Marke belegt werden können, dadurch kenntlich gemacht, dass die Bezeichnungen seiner Attribute – einschließlich der „Verweispfeile" – in Kursivschrift dargestellt werden:

nicht-eingabepflichtiger Fremdschlüssel:

$\Uparrow Bez[A]\Uparrow$
$\Uparrow Bez[A_1]+Bez[A_2]+ ... +Bez[A_n]\Uparrow$

Das Prinzip der referenziellen Integrität besagt also, dass eine konkrete Belegung eines Fremdschlüssels FS entweder auf ein *existierendes Objekt* (alle Attribute von FS haben einen Wert) oder aber auf *gar kein Objekt* (alle Attribute von FS sind mit der NULL-Marke belegt) verweisen muss. Dieses Prinzip verbietet jedoch nicht, dass der Fremdschlüssel in mehreren Zeilen denselben Wert annehmen kann, dass also mehrere Zeilen einer Tabelle auf dasselbe Objekt verweisen. Mitunter will man aber gerade das verhindern, um die Kardinalität „1" einer Beziehungstyp-Richtung durchzusetzen. Im Datenbank-Managementsystem „Access" gibt es deshalb die Möglichkeit, für den Fremdschlüssel einen Index anzulegen und zu verbieten, dass im Index Duplikate auftreten (Indiziert → „Ja (Ohne Duplikate)").

unikaler Fremdschlüssel	Wenn ein Fremdschlüssel nur unikale Werte – bzw. nur unikale Wertekombinationen – annehmen darf, dann wird das in der Typbeschreibung der Tabelle dadurch kenntlich gemacht, dass das entsprechende Attribut (bzw. die Attribute-Kombination) im Fettdruck angegeben wird. Dieses typografische Gestaltungsmittel wurde schon im Abschnitt 3.4.1 im Zusammenhang mit dem – stets unikalen – Primärschlüssel eingeführt:

unikaler Fremdschlüssel: ⇑**Bez[A]**⇑
⇑**Bez[A$_1$]+Bez[A$_2$]+...+Bez[A$_n$]**⇑

Natürlich kann ein Fremdschlüssel sowohl nicht-eingabepflichtig als auch unikal sein. Er wird dann ⇑***kursiv und im Fettdruck***⇑ dargestellt.

Betrachten wir noch einmal das Beispiel in der Abbildung 3-6. In der Tabelle „Schule" treten nur solche Werte des Fremdschlüssels ⇑Ortsname+Kreis⇑ auf, die auch als Werte des Primärschlüssels „**Name+Kreis**" der Tabelle „Ort" vorhanden sind. Damit ist die Möglichkeit a) der referenziellen Integrität verwirklicht. Andererseits enthält jede Zeile der Tabelle „Schule" eine „echte" Werte-Kombination für den Fremdschlüssel: Die Fremdschlüssel-Elemente werden also nie gemeinschaftlich mit der NULL-Marke belegt. Die Möglichkeit b) der referenziellen Integrität wurde also nicht realisiert. Der Fremdschlüssel ⇑Ortsname+Kreis⇑ ist somit eingabepflichtig und nicht-unikal. Dem entspricht die folgende Tabellen-Typbeschreibung:

Ort(**Name+Kreis**,Einwohnerzahl)

Schule(**Name+Postleitzahl**,Straße,Hausnummer,
   ⇑Ortsname+Kreis⇑)

Betrachtet man dagegen Orte und Gaststätten, dann muss eine Gaststätte nicht unbedingt in einem Ort liegen, sondern sie kann sich auch mitten im Wald befinden. Dem entspricht die Tabellen-Typbeschreibung:

Ort(**Name+Kreis**,Einwohnerzahl)

Gaststätte(**Bezeichnung**,Adresse,Sitzplatzanzahl,
   ⇑*Ortsname+Kreis*⇑)

Der Fremdschlüssel ⇑*Ortsname+Kreis*⇑ ist nicht-eingabepflichtig und nicht-unikal. In einer Zeile der Tabelle „Gaststätte", die eine Gaststätte im Wald beschreibt, können somit die beiden Attribute des Fremdschlüssels *gemeinschaftlich* mit der NULL-Marke belegt werden.

Das Gebot der referenziellen Integrität lässt sich anschaulich darstellen, wenn man die Menge der Primärschlüssel-Werte und die Menge der Fremdschlüssel-Werte (ohne NULL-Marke) als Flächen darstellt, wie das in der Abbildung 3-9 geschehen ist.

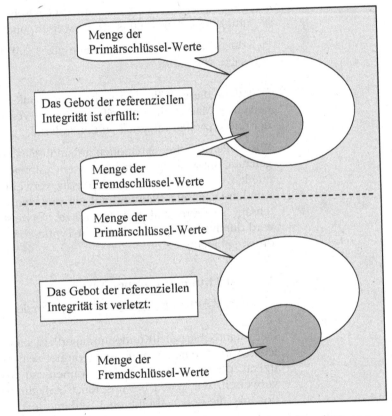

Abb. 3-9: Verhältnis der Mengen von Primärschlüssel-Werten und Fremdschlüssel-Werten

Das Gebot der referenziellen Integrität ist dann verletzt, wenn die Fläche der Fremdschlüssel-Werte nicht vollständig innerhalb der Fläche der Primärschlüssel-Werte liegt, wenn also die Menge

147

der Fremdschlüssel-Werte keine Teilmenge der Menge der Primärschlüssel-Werte ist.

Verletzung der referenziellen Integrität

Das Gebot der referenziellen Integrität kann im Lebenszyklus der Datenbank durch drei Aktivitäten verletzt werden:

1. durch die Eingabe eines Datensatzes, der einen Fremdschlüssel-Wert enthält, zu dem es keinen Primärschlüssel-Wert gibt, oder durch die Änderung eines bisher gültigen Fremdschlüssel-Wertes auf einen Wert, der nicht als Primärschlüssel-Wert vorkommt;

2. durch die Änderung des Primärschlüssels eines Datensatzes, auf den andere Datensätze verweisen, und

3. durch das Löschen eines Datensatzes, auf den andere Datensätze verweisen.

In jedem dieser Fälle muss das Datenbank-Managementsystem geeignete Maßnahmen ergreifen, um eine Verletzung des Gebots der referenziellen Integrität zu verhindern.

Wir wollen die drei Situationen anhand eines einfachen Beispiels genauer untersuchen. Wir betrachten Aufträge, die von Kunden erteilt werden. Ein Auftrags-Datensatz verweist auf genau einen Kunden-Datensatz, während auf ein und denselben Kunden-Datensatz mehrere Auftrags-Datensätze verweisen können. Das wird durch die folgenden Tabellen-Typbeschreibungen zum Ausdruck gebracht:

Kunde(**Kundennummer**,Name)

Auftrag(**Auftragsnummer**,Datum,⇑Kundennummer⇑)

Der Fremdschlüssel ⇑Kundennummer⇑ ist eingabepflichtig, weil jeder Auftrag einem Kunden zugeordnet sein muss. Er ist nicht-unikal, denn mehrere Aufträge können auf denselben Kunden verweisen. Wir gehen bei unseren Überlegungen von der Situation aus, die in der Abbildung 3-10 dargestellt ist.

Fremdschlüssel ohne zugehörigen Primärschlüssel

1. Wir nehmen nun an, dass der Auftrag „A004" des neuen Kunden „K004" *gespeichert* werden soll, noch ehe der Kunde in die Tabelle „Kunde" aufgenommen wurde. Die Tabelle „Auftrag" würde dann einen Datensatz mit einem Fremdschlüssel-Wert enthalten, zu dem es keinen übereinstimmenden Primärschlüssel-Wert der Tabelle „Kunde" gibt. Dieselbe Verletzung des Gebots der referenziellen Integrität würde

eintreten, wenn man im Auftrag „A003" den Fremdschlüssel-Wert „K002" auf den Wert „K004" *ändern* würde. Das Datenbank-Managementsystem lässt beide Operationen nicht zu.

Kunde			Auftrag		
Kunden-nummer	Name		Auftrags-nummer	Datum	Kunden-nummer
K001	Schulz		A001	1.1.02	K001
K002	Müller		A002	2.2.02	K001
K003	Meier		A003	3.2.02	K002

Abb. 3-10: Ausgangssituation der Tabellen
„Kunde" und „Auftrag"

2. Wir nehmen jetzt an, dass der Primärschlüssel-Wert des Kunden „Schulz" von „K001" auf „K101" *geändert* werden soll. Das würde dazu führen, dass die beiden Fremdschlüssel-Werte „K001" in den beiden Aufträgen „A001" und „A002" zu „toten" Verweisen werden. In der Regel bieten relationale Datenbank-Managementsysteme für diesen Fall drei Reaktionen an, von denen man bei der Deklaration der Datenstruktur eine auswählen kann:

On Update Restrict

On Update Cascade

- Die Änderungs-Operation wird abgelehnt. Das ist in der Theorie relationaler Datenbanken die Standard-Reaktion.

- Die Änderungs-Operation führt dazu, dass in allen Auftrags-Datensätzen, die auf den veränderten Kunden-Datensatz verweisen, der Fremdschlüssel-Wert ebenfalls auf „K101" abgeändert wird. Das betrifft die beiden Aufträge „A001" und „A002". Bei komplexen Datenstrukturen kann der nun geänderte Fremdschlüssel-Wert in einer Tabelle B ein Bestandteil des Primärschlüssel-Wertes der Tabelle B sein. Verweist nun der Fremdschlüssel-Wert einer dritten Tabelle C auf den Datensatz in B, dann muss auch in C der Fremdschlüssel-Wert angepasst werden. Das bedeutet eine „kaskadierende" Änderung und motiviert die Bezeichnung „Cascade".

On Update Set Null

- Die Änderungs-Operation führt dazu, dass alle Fremdschlüssel-Werte, die zu einem „toten" Verweis würden,

149

mit der NULL-Marke belegt werden. Das ist natürlich nur dann möglich, wenn der Fremdschlüssel nicht-eingabepflichtig ist. Diese Reaktion wird von vielen Datenbank-Managementsystemen – so auch von *„Access"* – nicht angeboten. Sie ist auch wenig sinnvoll: Änderungen des Primärschlüssel-Wertes sollten entweder ganz unterbleiben oder in den korrespondierenden Fremdschlüssel-Werten kaskadierend „nachgeführt" werden.

Eine Änderung des Primärschlüssel-Wertes „K003" des Kunden „Meier" würde dagegen keine Komplikationen hervorrufen, denn er kommt in der Tabelle „Auftrag" nicht als Fremdschlüssel-Wert vor.

3. Wir nehmen nun an, dass der Kunde „Schulz" mit dem Primärschlüssel-Wert „K001" *gelöscht* werden soll. Das würde dazu führen, dass die Auftrags-Datensätze „A001" und „A002" auf einen nicht mehr vorhandenen Kunden-Datensatz verweisen. In dieser Situation sind dieselben drei Reaktionen möglich:

On Delete
Restrict

- Die Lösch-Operation wird abgelehnt. Das ist wiederum die Standard-Reaktion.

On Delete
Cascade

- Die Lösch-Operation führt dazu, dass alle Datensätze in der Auftrags-Tabelle, die auf den gelöschten Kunden-Datensatz verweisen, ebenfalls gelöscht werden. In unserem Beispiel würden die beiden Aufträge „A001" und „A002" „mitgelöscht" werden. Gibt es bei komplexeren Datenstrukturen Datensätze, die ihrerseits auf die „mitgelöschten" Auftrags-Datensätze verweisen, dann werden auch diese Datensätze gelöscht. Es findet also ein „kaskadierendes" Löschen statt. Bei der Option „On Delete Cascade" besteht immer die Gefahr, dass plötzlich – und meist unerwartet – große Teile der Datenbank „ins Nirwana" verschwinden.

On Delete
Set Null

- Die Lösch-Operation bewirkt, dass alle entstehenden „toten" Verweise mit der NULL-Marke belegt werden. Das ist natürlich nur dann möglich, wenn der Fremdschlüssel nicht eingabepflichtig ist. Diese Reaktion kann wiederum bei vielen Datenbank-Managementsystemen – so auch bei „Access" – nicht gewählt werden.

Der Kunde „Meier" könnte jedoch ohne weiteres gelöscht werden, weil kein Auftrags-Datensatz auf ihn verweist.

3.4.3	**Die Repräsentation von dualen CM:CN-Beziehungstypen**

Es wurde schon mehrfach darauf hingewiesen, dass sich die dualen CM:CN-Beziehungstypen im relationalen Datenbank-Modell nicht in natürlicher Weise repräsentieren lassen. Das ist eine Folge der Grundbedingung dieses Datenbank-Modells, dass ein Attribut keinen zusammengesetzten Wert – insbesondere keine Liste von Werten – annehmen darf. Das war auch der Grund für die Herbeiführung der 1. Normalform für das konzeptionelle Datenmodell (vgl. Abschnitt 2.7.1). Es ist damit jedoch nicht möglich, dass ein Fremdschlüsselwert in einer Tabellenzeile auf mehrere andere Tabellenzeilen verweist. Die Kardinalität N einer Beziehungstyp-Richtung ist gewissermaßen nur durch das „passive Wahlrecht", also dadurch zu realisieren, dass *von mehreren Tabellenzeilen auf ein und dieselbe* Tabellenzeile verwiesen wird. Das „aktive Wahlrecht" ermöglicht dagegen nur einen Verweis auf *eine einzige* Tabellenzeile.

aktives und passives „Wahlrecht"

Das folgende Beispiel soll diese Situation demonstrieren. Wir wollen Daten über Mitarbeiter und über Projekte speichern. Die Typbeschreibungen der Tabellen „Mitarbeiter" und „Projekt", in denen vorerst noch kein sachlogischer Zusammenhang berücksichtigt wird, haben die folgende Form:

Mitarbeiter(**Personalnummer**,Name,Gehalt)

Projekt(**Projektnummer**,Bezeichnung,Beginn)

Der nun zusätzlich zu repräsentierende sachlogische Zusammenhang zwischen den Mitarbeitern und den Projekten besteht darin, dass ein Mitarbeiter an keinem, an einem oder an mehreren Projekten beteiligt ist und dass ein Projekt von keinem, von einem oder von mehreren Mitarbeitern bearbeitet wird. Es handelt sich also um einen CM:CN-Beziehungstyp. Es wäre somit erforderlich, dass

CM:CN-Beziehungstyp

- *entweder* der Fremdschlüsselwert in einer Zeile der Mitarbeiter-Tabelle auf *mehrere* Zeilen der Projekt-Tabelle verweist

- *oder* dass der Fremdschlüsselwert in einer Zeile der Projekt-Tabelle auf *mehrere* Zeilen der Mitarbeiter-Tabelle verweist.

Da jedoch ein Fremdschlüsselwert – wie jeder Wert in einer Tabelle – nur atomar sein darf, muss man eine andere Lösung finden, um den CM:CN-Beziehungstyp im relationalen Datenbank-Modell darzustellen.

Koppel-Tabelle Zur Lösung dieses Problems führt man eine neue Tabelle ein, deren Zeilen jeweils *einen* Mitarbeiter mit *einem* Projekt koppeln. Eine solche Tabelle bezeichnen wir als „*Koppel-Tabelle*". Damit die in unserem Beispiel erforderliche Koppel-Tabelle „Mitarbeiter/Projekt" ihre Funktion erfüllen kann, muss sie

- einerseits den Primärschlüssel **Personalnummer** der Mitarbeiter-Tabelle und

- andererseits den Primärschlüssel **Projektnummer** der Projekt-Tabelle

als eingabepflichtige nicht-unikale Fremdschlüssel enthalten. Das führt zunächst zu den folgenden Tabellen-Typbeschreibungen:

Mitarbeiter(**Personalnummer**,Name,Gehalt)

Mitarbeiter/Projekt(⇑Personalnummer⇑,⇑Projektnummer⇑)

Projekt(**Projektnummer**,Bezeichnung,Beginn)

Primärschlüssel der Koppel-Tabelle Die Koppel-Tabelle „Mitarbeiter/Projekt" muss – so wie jede Tabelle – einen Primärschlüssel besitzen. Sie hat aber nur die beiden Fremdschlüssel ⇑Personalnummer⇑ und ⇑Projektnummer⇑ als Attribute. Keiner dieser beiden nicht-unikalen Fremdschlüssel kann für sich allein als Primärschlüssel dienen, weil es einerseits mehrere Zeilen geben kann, die auf denselben Mitarbeiter verweisen, und weil es andererseits mehrere Zeilen geben kann, die auf dasselbe Projekt verweisen. Die Kombination der beiden Fremdschlüssel ist jedoch ein geeigneter Primärschlüssel:

Mitarbeiter(**Personalnummer**,Name,Gehalt)

Mitarbeiter/Projekt(⇑**Personalnummer**⇑+

⇑**Projektnummer**⇑)

Projekt(**Projektnummer**,Bezeichnung,Beginn)

Man erkennt, dass in einer Tabelle (hier: Mitarbeiter/Projekt) ein Fremdschlüssel (beispielsweise: ⇑Personalnummer⇑) gleichzeitig auch ein Bestandteil des Primärschlüssels dieser Tabelle (hier: ⇑**Personalnummer**⇑+⇑**Projektnummer**⇑) sein kann. Die Zusammenhänge zwischen den drei Tabellen werden in der Abbildung 3-11 veranschaulicht.

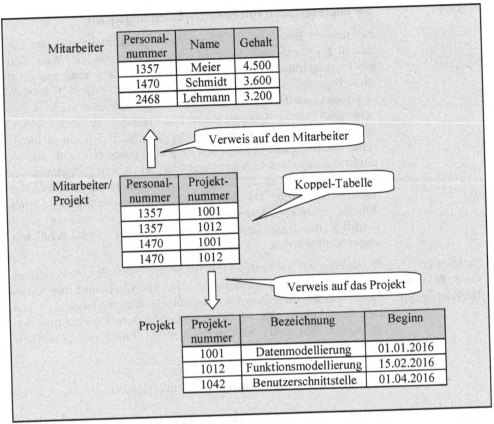

Abb. 3-11: Repräsentation des CM:CN-Beziehungstyps durch eine Koppel-Tabelle

Man sieht, dass durch die Koppel-Tabelle ein Mitarbeiter (z. B. „Meier" mit der Personalnummer „1357") zwei Projekten (Projektnummern „1001" und „1012") zugeordnet ist, andererseits ist ein Projekt (z. B. das Projekt mit der Projektnummer „1001") mit zwei Mitarbeitern (Personalnummern „1357" und „1470") verbunden. „Lehmann" (Personalnummer „2468") arbeitet an keinem Projekt mit. Für das Projekt „Benutzerschnittstelle" mit der Projektnummer „1042" wurden (noch) keine Mitarbeiter benannt.

Das Problem, einen CM:CN-Beziehungstyp zwischen den beiden Objekttypen A und B im relationalen Datenbank-Modell zu repräsentieren, wurde also dadurch gelöst, dass eine zusätzliche *Koppel-Tabelle* A/B eingeführt wurde und dass ein *1:CN-* und ein *CN:1-Beziehungstyp* repräsentiert wurden: nämlich zwischen A und A/B bzw. zwischen A/B und B.

3.4.4   Die Repräsentation von Rekursiv-Beziehungstypen

Bei unserer Kritik an der Bezeichnung „Fremdschlüssel" im Abschnitt 3.4 wurde schon darauf hingewiesen, dass der Wert, den ein Fremdschlüssel einer Tabelle A in der Zeile a annimmt, nicht unbedingt auf eine Zeile b in einer *„fremden"* Tabelle B verweisen muss, sondern dass das Verweisziel durchaus auch in der *„eigenen"* Tabelle A liegen kann. Das entspricht dann der Repräsentation eines Rekursiv-Beziehungstyps, durch den ein sachlogischer Zusammenhang zwischen Objekten dargestellt wird, die zu ein und demselben Objekttyp gehören. In diesem Fall stimmt der „Fremdschlüssel" in der Tabelle A mit dem Primärschlüssel der Tabelle A überein. Da aber die Spaltenbezeichnungen in einer Tabelle paarweise voneinander verschieden sein müssen, muss natürlich die Bezeichnung des „gedoppelten" Primärschlüssels abgeändert werden.

Beispiel für einen Rekursiv-Beziehungstyp

Betrachten wir als Beispiel das typische Unterstellungs-Verhältnis der Mitarbeiter im Unternehmen. Über die Chefs und ihre Mitarbeiter werden dieselben Informationen gesammelt, sodass es keinen Grund dafür gibt, sie in zwei verschiedene Objekttypen einzuordnen. Wir gehen von der folgenden Tabellen-Typbeschreibung aus:

Mitarbeiter(**Personalnummer**,Name,Gehalt)

Soll nun festgehalten werden, welcher Mitarbeiter welchen Mitarbeiter als Chef hat, dann ist das ein sachlogischer Zusammenhang zwischen Objekten, die demselben Objekttyp „Mitarbeiter" angehören. Ein Mitarbeiter kann keinen anderen Mitarbeiter oder – in seiner Rolle als Chef – mehrere andere Mitarbeiter anleiten. Andererseits hat ein Mitarbeiter keinen (wenn er sich in der obersten Leitungsebene befindet) oder genau einen Chef. Es handelt sich also um einen C:CN-Rekursiv-Beziehungstyp.

Will man nun den C:CN-Rekursiv-Beziehungstyp im relationalen Datenbank-Modell repräsentieren, dann muss in der Tabelle „Mitarbeiter" der Primärschlüssel **Personalnummer** – mit einer abgeänderten Spalten-Bezeichnung – „gedoppelt" und als Fremdschlüssel vereinbart werden. Da dieser Fremdschlüssel auf den jeweiligen Chef eines Mitarbeiters verweist, wählen wir die folgende Tabellen-Typbeschreibung:

Mitarbeiter(**Personalnummer**,Name,Gehalt,

⇑*Chef-Personalnummer*⇑)

Der Fremdschlüssel ⇑*Chef-Personalnummer*⇑ ist nicht-eingabe-pflichtig (kursiv gesetzt), weil manche Mitarbeiter auf *keinen* Chef verweisen, und er ist nicht-unikal (nicht im Fettdruck dargestellt), sodass *mehrere* Mitarbeiter auf ein und denselben Chef verweisen können. Ein Beispiel für die entsprechende Tabelle zeigt die Abbildung 3-12.

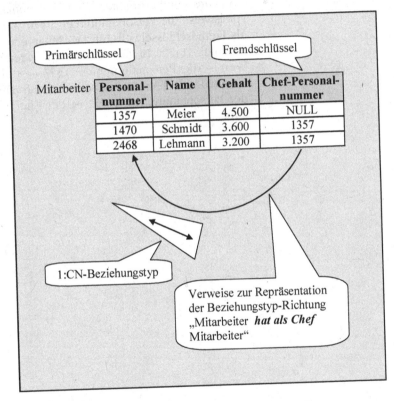

Abb. 3-12: Repräsentation eines Rekursiv-Beziehungstyps in einer Tabelle

Man erkennt, dass es sich hierbei um einen C:CN-Beziehungstyp handelt:

- *C-Seite:* In der Zeile mit dem Primärschlüssel-Wert „1357" (für das Attribut „Personalnummer") besagt die Belegung des Fremdschlüssels ⇑*Chef-Personalnummer*⇑ mit der NULL-Marke, dass dieser Mitarbeiter *keinen* Chef hat. Andererseits kann in einer Zeile – beispielsweise in der Zeile mit dem Primärschlüssel-Wert „1470" – nur auf *einen* Chef (auf den Mitarbeiter mit der Personalnummer „1357") verwiesen werden.

- *CN-Seite:* Ein bestimmter Wert des Primärschlüssels – beispielsweise die Personalnummer „1470" – tritt in *keiner* Zeile als Fremdschlüsselwert auf: Der Mitarbeiter mit der Personalnummer „1470" ist kein Chef. Ein anderer Primärschlüssel-Wert – die Personalnummer „1357" – tritt *mehrmals* (hier: zweimal) als Fremdschlüssel-Wert auf: Der Mitarbeiter mit der Personalnummer „1357" ist der Chef von zwei Mitarbeitern.

4 Die zweite Etappe: Vom Datenmodell zur Datenbank

Im Kapitel 2 wurde das *Entity-Relationship-Modell* als eine Sprache für die grafische Repräsentation des konzeptionellen Datenmodells vorgestellt. Das Kapitel 3 hat sich dann mit den Möglichkeiten befasst, die die *Datenbank-Modelle* für die Repräsentation der Objekte und der zwischen ihnen bestehenden sachlogischen Zusammenhänge bieten. Dabei standen die Möglichkeiten zur Daten-Strukturierung, die das *relationale Datenbank-Modell* bietet, im Mittelpunkt des Interesses.

Nun können wir uns der Frage zuwenden, wie sich die Aussagen des *konzeptionellen Datenmodells* in ein *logisches Datenschema* überführen lassen, das dem Gestaltungsspielraum des relationalen Datenbank-Modells entspricht. Für die einzelnen Sprachelemente des Entity-Relationship-Modells wird ausführlich und an Hand von Beispielen untersucht, ob und wie sie sich unter Verwendung der Strukturelemente des relationalen Datenbank-Modells repräsentieren lassen. Dabei werden *20 Transformationsregeln* hergeleitet, die den Algorithmus der Umsetzung bilden. Das konzeptionelle Datenmodell für das Schulbeispiel, das im Kapitel 2 entwickelt wurde, wird durch die Anwendung dieser Transformationsregeln *„von Hand"* in das relationale Datenbank-Modell überführt. Parallel dazu wird die *automatische Generierung* der Tabellenstruktur durch das CASE-Tool *„PowerDesigner"* vorgeführt.

20 Transformationsregeln

PowerDesigner

In diesem Kapitel werden die erwähnten 20 Transformationsregeln – im Sinne eines „Kochbuchs" – nacheinander hergeleitet. Dem Leser bietet sich dabei ein „bunter Blumenstrauß" von Verhaltensmustern, von denen er sich beim Datenbankentwurf leiten lassen kann. Eine systematische – und eher theoretisch orientierte – Analyse der Möglichkeiten des Datenbankentwurfs wird im Kapitel 5 vorgenommen.

Die Einordnung dieses Kapitels in den Kontext des Lehrbuchs zeigt die Abbildung 4-1.

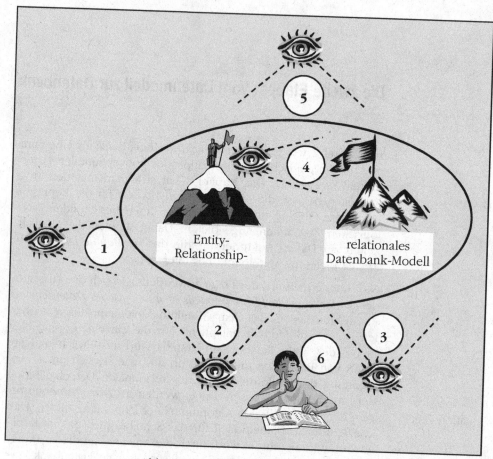

Abb. 4-1: Gegenstand des Kapitels 4

Ruft man sich den Entwicklungsweg betrieblicher Datenbank-Anwendungssysteme gemäß der CASE-Technologie in Erinnerung, der im Kapitel 1 beschrieben wurde, dann geht es nun um die folgende Aufgabe: Im Prozess der Modellierung wurde das konzeptionelle Datenmodell als ein Bestandteil des Fachkonzepts entwickelt. Dieses Modell befindet sich auf der *syntaktischen* Ebene der Informationsverarbeitung. Es kann somit durch den Computer verarbeitet werden: Generator-Programme bieten die Möglichkeit, aus dem *konzeptionellen Datenmodell* die Struktur der Datenbank – also das *logische Datenschema* – automatisiert abzuleiten. In der Abbildung 4-2 ist dieser Transformationsschritt durch eine dunkle Ellipse hervorgehoben.

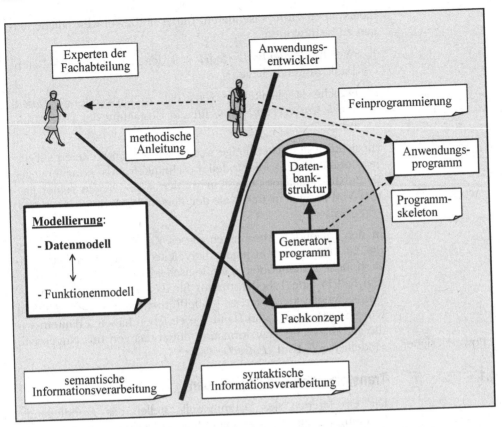

Abb. 4-2: Transformation des Datenmodells in die Datenbank-Struktur

In diesem Transformationsprozess wird die *informations-orien-tierte Sicht* auf die Daten, die im *konzeptionellen Datenmodell* vorliegt, auf die *daten-orientierte Sicht* – also auf das *logische Datenschema* der Datenbank – abgebildet (vgl. Abschnitt 1.3). Bei der Beschreibung der informations-orientierten Sicht unter Verwendung der Sprachmittel des Entity-Relationship-Modells bestand das Ziel darin, die Objekttypen und die Beziehungsty-pen unabhängig vom später einzusetzenden Datenbank-Manage-mentsystem und somit auch unabhängig von einem speziellen Datenbank-Modell zu beschreiben. Nun muss der Versuch unter-nommen werden, das konzeptionelle Datenmodell – möglichst ohne Einbuße an semantischem Gehalt – mit den verfügbaren Strukturierungsmitteln eines kommerziellen Datenbank-Managementsystems zu repräsentieren. Dabei sind zwei wesentliche Fragen zu beantworten:

1. Welches *Datenbank-Modell* soll der zu erstellenden Datenbank zugrunde liegen?

2. Welche Möglichkeiten bietet das zu verwendende *Datenbank-Managementsystem* für die Gestaltung der Datenstrukturen?

Hinsichtlich der ersten Frage wollen wir uns im Weiteren auf das *relationale* Datenbank-Modell beschränken. Als kommerzielles Datenbank-Managementsystem wählen wir – wegen seiner großen Verbreitung in der Welt der Personal-Computer – *„Access"* von Microsoft.

Access

In den folgenden Abschnitten dieses Kapitels werden zunächst die 20 Transformationsregeln hergeleitet, nach denen das konzeptionelle Datenmodell in ein logisches Datenschema – in unserem Fall in eine Tabellenstruktur für das relationale Datenbank-Managementsystem *„Access"* – überführt werden kann. Nachdem wir die Umsetzung „von Hand" beschrieben haben, erläutern wir die automatisierte Transformation durch das von uns eingesetzte Modellierungs-Tool *„PowerDesigner"*.

PowerDesigner

4.1 Transformation von Objekttypen

Die Objekttypen des Datenmodells stellen das grundlegende Ordnungsprinzip der Datenmodellierung dar. Sie beschreiben die Klassen-Struktur, in die die speicherwürdigen Objekte des betrachteten Gegenstandsbereichs eingeordnet werden. Im relationalen Datenbank-Modell wird diese Klassen-Struktur durch eine Anzahl von Tabellen wiedergegeben.

Transformationsregel T01

Für jeden Objekttyp des Datenmodells wird eine Tabelle angelegt. Das erfolgt gemäß der Transformationsregel T01, die in der Abbildung 4-3 wiedergegeben ist.

Schulbeispiel

Das Datenmodell für das Schulbeispiel hat in seiner endgültigen Fassung die Gestalt, die noch einmal in der Abbildung 4-4 angegeben ist.

Die Anwendung der Transformationsregel T01 führt zu den in der Abbildung 4-5 dargestellten – vorläufigen – Tabellen-Typbeschreibungen, die wir in weiteren Transformationsschritten ergänzen werden. Für die Tabelle „Unterrichtsverpflichtung" wurden noch keine Attribute festgelegt, weil der zugehörige Objekttyp keine Eigenschaften besitzt.

Transformationsregel T01 (Objekttyp)

Entity-Relationship-Modell		relationales Datenbank-Modell
Objekttyp-Name	⇒	Tabellen-Bezeichnung
(Teil)identifizierende Eigenschaft	⇒	Primärschlüssel-Attribut
Beschreibende Eigenschaft	⇒	Spalten-Bezeichnung

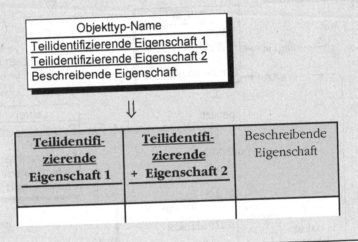

Abb. 4-3: Transformation eines Objekttyps[18]

4.2   Transformation von Beziehungstyp-Richtungen als identifizierende Elemente

schwacher
Objekttyp

Im Abschnitt 2.4.4 haben wir den *schwachen Objekttyp* kennen gelernt. Dabei handelt es sich um einen Objekttyp, dessen Eigenschaften es nicht erlauben, jedes seiner Objekte eindeutig zu identifizieren. Um die Objekte dennoch zweifelsfrei voneinander

---

18 Es sei daran erinnert, dass die Elemente eines zusammengesetzten Primärschlüssels durch ein Pluszeichen miteinander verbunden, unterstrichen und **gemeinsam+im+Fettdruck** dargestellt werden. Jedes Element des zusammengesetzten Primärschlüssels ist dabei für sich allein nicht-unikal.

unterscheiden zu können, wird die Beziehungstyp-Richtung, die den schwachen Objekttyp mit einem anderen Objekttyp verbindet, als (teil)identifizierendes Element für den *schwachen Objekttyp* verwendet.

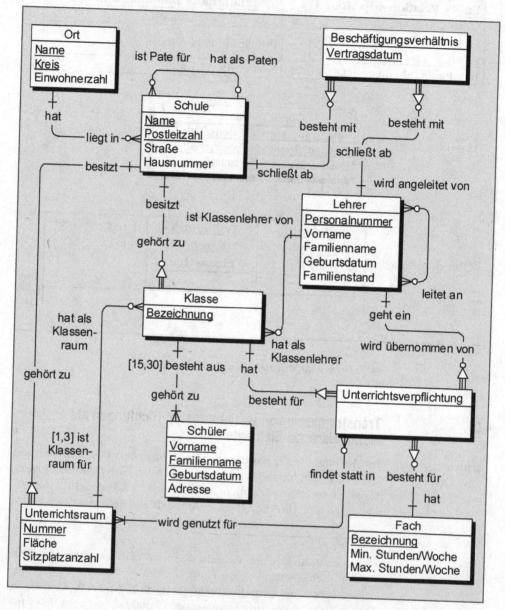

Abb. 4-4: Datenmodell für das Schulbeispiel

Ort(**Name+Kreis**,Einwohnerzahl)

Schule(**Name+Postleitzahl**,Straße,Hausnummer)

Beschäftigungsverhältnis(**Vertragsdatum**)

Lehrer(**Personalnummer**,Vorname,Familienname,
Geburtsdatum,Familienstand)

Klasse(**Bezeichnung**)

Schüler(**Vorname+Familienname+Geburtsdatum**,
Adresse)

Unterrichtsverpflichtung( )

Fach(**Bezeichnung**,Min. Stunden/Woche,
Max. Stunden/Woche)

Unterrichtsraum(**Nummer**,Fläche,Sitzplatzanzahl)

Abb. 4-5: Tabellen-Typbeschreibungen
für die Objekttypen

Transformationsregel T02

Will man ein Objekt eines schwachen Objekttyps A identifizieren, dann muss seine Beziehung zu einem Objekt des sachlogisch verbunden Objekttyps B berücksichtigt werden. In der Sprache des relationalen Datenbank-Modells heißt das aber: Der Primärschlüssel **SB** des Objekttyps B muss ein Bestandteil des Primärschlüssels des schwachen Objekttyps A werden. Das wird durch die Transformationsregel T02 realisiert, die in der Abbildung 4-6 dargestellt ist.

Wir beschreiben im Folgenden die sukzessiven Veränderungen, die aufgrund der Transformationsregel T02 an den Tabellen-Typbeschreibungen des Schulbeispiels vorzunehmen sind. Im Interesse der Übersichtlichkeit nehmen wir dabei eine typografische Vereinfachung vor. Ein Fremdschlüssel wird – wie bisher schon geschehen – in die Verweispfeile eingeschlossen (⇑xyz⇑). Sollte der Fremdschlüssel seinerseits wieder Fremdschlüssel enthalten, dann werden die Verweispfeile für die „inneren" Fremdschlüssel weggelassen:

statt

innerer Fremdschlüssel

⇑abc+⇑def⇑+ghi⇑

schreiben wir vereinfachend:

⇑abc+def+ghi⇑

Transformationsregel T02   (Beziehungstyp-Richtung als (teil)identifizierendes Element)

Entity-Relationship-Modell		relationales Datenbank-Modell
Objekttyp A mit der Beziehungstyp-Richtung „A zu B" als (teil)identifizierendes Element	⇒	Der Primärschlüssel **SB** der Tabelle B wird als eingabepflichtiger nicht-unikaler Fremdschlüssel in A aufgenommen und als zusätzliches Element des Primärschlüssels von A vereinbart. **SA+⇑SB⇑** ist *gemeinsam* unikal.[19]

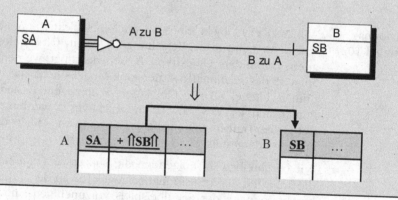

Abb. 4-6: Transformation einer Beziehungstyp-Richtung
als identifizierendes Element

---

[19] Im eher selten auftretenden Fall, dass der Objekttyp A keine *eigenen* teilidentifizierenden Eigenschaften hat, dass der Objekttyp A also *ausschließlich* durch die Beziehungstyp-Richtung „A zu B" identifiziert wird, bildet der Fremdschlüssel ⇑SB⇑ den *vollständigen* Primärschlüssel der Tabelle A und ist dann natürlich für sich allein *unikal*. Das kann jedoch nur bei 1:1-Beziehungstypen und bei C:1-Beziehungstypen vorkommen.

Beziehungstyp-Richtung: Beschäftigungsverhältnis zu Schule
neue Typbeschreibung: Beschäftigungsverhältnis
(⇑**Schul-Name+Postleitzahl**⇑ +
Vertragsdatum)

Beziehungstyp-Richtung: Beschäftigungsverhältnis zu Lehrer
neue Typbeschreibung: Beschäftigungsverhältnis
(⇑**Personalnummer**⇑ +
⇑**Schul-Name+Postleitzahl**⇑ +
Vertragsdatum)

Beziehungstyp-Richtung: Klasse zu Schule
neue Typbeschreibung: Klasse
(⇑**Schul-Name+Postleitzahl**⇑ +**Bezeichnung**)

Beziehungstyp-Richtung: Unterrichtsverpflichtung zu Lehrer
neue Typbeschreibung: Unterrichtsverpflichtung
(⇑**Personalnummer**⇑)

Beziehungstyp-Richtung: Unterrichtsverpflichtung zu Fach
neue Typbeschreibung: Unterrichtsverpflichtung
(⇑**Fach-Bezeichnung**⇑+⇑**Personalnummer**⇑)

Beziehungstyp-Richtung: Unterrichtsverpflichtung zu Klasse
neue Typbeschreibung: Unterrichtsverpflichtung
(⇑**Schul-Name+Postleitzahl+**
Klassen-Bezeichnung⇑ +
⇑**Fach-Bezeichnung**⇑+⇑**Personalnummer**⇑)

Beziehungstyp-Richtung: Unterrichtsraum zu Schule
neue Typbeschreibung: Unterrichtsraum
(⇑**Schul-Name+Postleitzahl**⇑+**Nummer**,
Fläche,Sitzplatzanzahl)

4.3   Transformation dualer Beziehungstypen

Im Abschnitt 3.4.1 wurde gezeigt, dass sich im relationalen Datenbank-Modell die Beziehungstypen nur dadurch repräsentieren lassen, dass der Primärschlüssel einer Tabelle „gedoppelt" und als Fremdschlüssel an „anderer Stelle" aufgenommen wird. Handelt es sich bei dieser „anderen Stelle" um eine andere Tabelle, dann wird ein dualer Beziehungstyp dargestellt, der den sachlogischen Zusammenhang zwischen zwei Objekten aus verschiedenen Objekttypen beschreibt (vgl. Abschnitt 2.4.1). Liegt die „andere Stelle" dagegen in derselben Tabelle, aus der der Primärschlüssel stammt, dann wird ein Rekursiv-Beziehungstyp repräsentiert, der den sachlogischen Zusammenhang zwischen zwei Objekten widerspiegelt, die ein und demselben Objekttyp angehören (vgl. Abschnitt 2.4.5). Wir wenden uns zunächst der Transformation der dualen Beziehungstypen zu. Die Rekursiv-Beziehungstypen werden wir später – im Abschnitt 4.4 – besprechen.

16 Klassen von Beziehungstypen

Im Abschnitt 2.4.1 wurden die Beziehungstypen in Klassen eingeteilt. Die Klassifizierung erfolgte in *zwei* Dimensionen mit jeweils *zwei* Werten, die für *zwei* Beziehungstyp-Richtungen festgelegt wurden. Das ergab $2 \times 2 \times 2 = 16$ Klassen. Als Dimensionen wurden verwendet:

1. die *Kardinalität* mit den beiden Werten „1" und „N" sowie

2. die *Optionalität* mit den beiden Werten „optional" (abgekürzt mit „o") und „nicht optional" (abgekürzt mit „n o").

Das führte zu der Matrix, die noch einmal in der Tabelle 4-1 wiedergegeben ist.

Die unter der Diagonale liegenden – grau unterlegten – Klassen von Beziehungstypen müssen nicht untersucht werden, da sie durch ein Vertauschen der Rollen der beteiligten Objekttypen aus ihren jeweiligen „Partnern" hervorgehen, die an der Diagonale gespiegelt sind.

In den folgenden Abschnitten wird untersucht, wie die dualen Beziehungstypen in das relationale Datenbank-Modell transformiert werden können. Wir gehen dabei zunächst induktiv vor und analysieren jeden der 10 Beziehungstypen für sich. Die Reihenfolge der Betrachtung ist in der Tabelle 4-1 durch die *laufende Nummer in den Kreisen* angegeben. Es wird sich zeigen, dass einige Sprachelemente des Entity-Relationship-Modells im relationalen Datenbank-Modell nicht dargestellt werden können. Im Kapitel 5 wird deshalb deduktiv hergeleitet, welche zusätzlichen Eigenschaften das relationale Datenbank-Modell eigentlich haben müsste, um eine vollständige Repräsentation der Beziehungstypen zu ermöglichen.

Tab. 4-1: 16 Klassen von Beziehungstypen mit 10 „symmetriefreien" Beziehungstypen

Spalte 1: Kardinalitäten 1 und N,
Spalte 2: nicht-optionale (n o) und optionale (o) Beziehungstyp-Richtungen

In einigen Fällen gibt es für die Transformation eines Beziehungstyps in eine Tabellenstruktur mehrere Möglichkeiten. Wir werden im Folgenden nur diejenigen Möglichkeiten angeben, die von größerer praktischer Bedeutung sind. Mitunter ist jedoch eine Auswahl unter mehreren sinnvollen Varianten zu treffen. Um eine Entscheidungshilfe dafür zu geben, welche der in Frage kommenden Umsetzungsmethoden man im gegebenen Fall anwenden sollte, wird zusätzlich zur Transformationsregel auch der Speicherbedarf angegeben, der für die jeweilige Darstellung des Beziehungstyps benötigt wird.

4.3.1   **Der 1:1-Beziehungstyp**

Beim 1:1-Beziehungstyp ist jedes Objekt des Objekttyps A mit genau einem Objekt des Objekttyps B verbunden und umgekehrt. Je ein A-Objekte und ein B-Objekt gehen also eine feste Paarung ein. Die Abbildung 4-7 zeigt das schematisch.

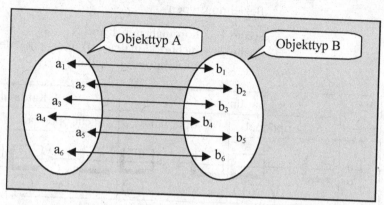

Abb. 4-7: 1:1-Beziehungstyp

überflüssiger 1:1-Beziehungstyp

Die 1:1-Beziehungstypen sind schon im konzeptionellen Datenmodell kritisch zu bewerten, weil sie meist überflüssig sind. Ist nämlich jedes Objekt des Objekttyps A mit genau einem Objekt des Objekttyps B – und umgekehrt – verbunden, dann bilden die beiden Objekte eine derart feste Kopplung, dass sie in der Regel als ein einziges – komplexeres – Objekt betrachtet werden können.

Transformationsregel T03

Wenn ein überflüssiger 1:1-Beziehungstyp zwischen den Objekttypen A und B noch nicht im konzeptionellen Datenmodell beseitigt wurde, dann wird er bei der Umsetzung in das relationale Datenbank-Modell eliminiert. Dazu werden alle Attribute von B in die Tabelle A eingefügt. Die 1:1-Kopplung wird dadurch erzwungen, dass der Schlüssel von B in der Tabelle A als eingabepflichtig und unikal deklariert wird. Ein B-Objekt kann dann nicht losgelöst von „seinem" A-Objekt gespeichert werden, und zu jedem A-Objekt muss es genau ein B-Objekt geben, für das zumindest seine identifizierenden Attributwerte anzugeben sind. Die Transformationsregel T03 ist in der Abbildung 4-8 wiedergegeben.

Transformationsregel T03 (überflüssiger 1:1-Beziehungstyp)

Entity-Relationship-Modell		relationales Datenbank-Modell
Objekttyp A mit Schlüssel <u>SA</u>	⇒	Tabelle A mit Primärschlüssel **<u>SA</u>**
Objekttyp B mit Schlüssel <u>SB</u>	⇒	Alle Eigenschaften werden in A aufgenommen. **SB** wird als eingabepflichtig und unikal vereinbart
1:1-Beziehungstyp	⇒	wird nicht gesondert dargestellt
Speicherbedarf für den Beziehungstyp		0

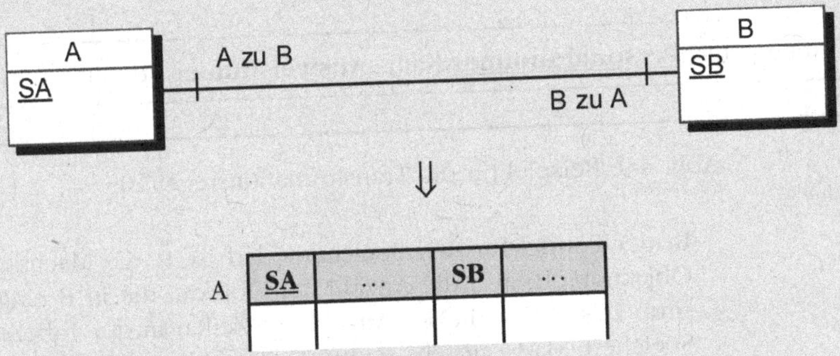

Abb. 4-8: Transformation eines überflüssigen 1:1-Beziehungstyps

Beispiel für die Transformationsregel T03

Als Beispiel für einen überflüssigen 1:1-Beziehungstyp betrachten wir die Mitarbeiter eines Unternehmens, von denen jeder genau einen Dienstausweis besitzt. Ein Dienstausweis ist natürlich auch für genau einen Mitarbeiter ausgestellt. Die erforderliche Tabellenrepräsentation gemäß der Transformationsregel T03 zeigt die Abbildung 4-9.

Da das Attribut „Ausweisnummer" eingabepflichtig ist, muss jeder gespeicherte Mitarbeiter einen Ausweis haben. Andererseits ist das Attribut unikal, sodass eine Ausweisnummer nur einem Mitarbeiter zugeordnet sein kann.

sinnvoller 1:1-Beziehungstyp

Mitunter kann ein 1:1-Beziehungstyp aber auch sinnvoll sein. Will man beispielsweise die Informationen über bestimmte Objekte in öffentliche und vertrauliche Daten unterteilen, kann man zwei Objekttypen A und B mit demselben Schlüssel **<u>S</u>** in das Da-

Transforma-
tionsregel T04

tenmodell aufnehmen. Der Schlüssel **S** wird sowohl in der Tabelle A als auch in der Tabelle B als unikaler eingabepflichtiger Fremdschlüssel vereinbart[20]. Die Abbildung 4-10 zeigt die entsprechende Transformationsregel T04.

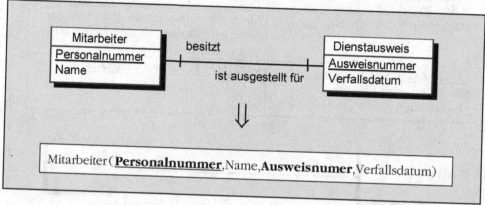

Abb. 4-9: Beispiel für die Transformationsregel T03

In der Formel für den Speicherbedarf ist $\overline{\overline{B}}$ die Mächtigkeit des Objekttyps B, also die Anzahl der Objekte, die in B eingeordnet sind. Das entspricht der Anzahl der Zeilen in der Tabelle B. Der Speicherbedarf entsteht dadurch, dass für jedes Objekt im Objekttyp B der Schlüssel S mit seiner Länge *Len*(S) gespeichert werden muss. Würde man beide Objekttypen in einer einzigen Tabelle speichern, könnten diese Angaben entfallen.

Beim 1:1-Beziehungstyp kann ein neues Objekt weder allein in A noch allein in B gespeichert werden. Das würde nämlich der Forderung nach Nicht-Optionalität beider Beziehungstyp-Richtungen widersprechen. Das Anwendungsprogramm muss deshalb im Rahmen einer *Transaktion*[21] sicherstellen, dass zu einem

---

[20] Unikal und eingabepflichtig ist **S** ohnehin, weil **S** für beide Tabellen der Primärschlüssel ist.

[21] Eine Transaktion ist eine Folge von Operationen in einer Datenbank, bei der gesichert wird, dass entweder alle Operationen fehlerfrei beendet werden oder dass keine der Operationen ausgeführt wird. Die Transaktionen werden bei der Datenbankarbeit so zugeschnitten, dass jeweils vor ihrem Beginn und nach ihrem Ende ein konsistenter Zustand der Datenbank vorliegt.

neuen Schlüsselwert gemeinsam je eine Zeile in die Tabellen A und B eingetragen wird.

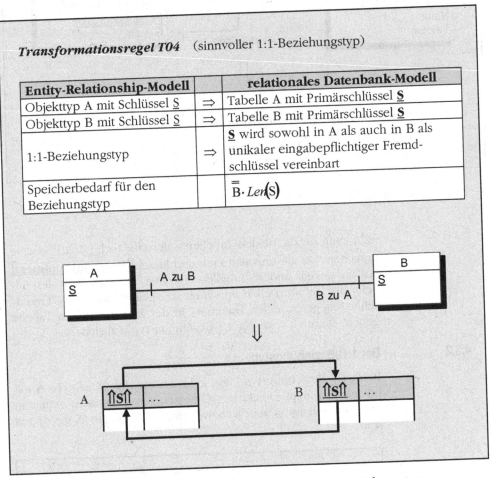

Transformationsregel T04   (sinnvoller 1:1-Beziehungstyp)

Entity-Relationship-Modell		relationales Datenbank-Modell
Objekttyp A mit Schlüssel $\underline{S}$	$\Rightarrow$	Tabelle A mit Primärschlüssel $\underline{S}$
Objekttyp B mit Schlüssel $\underline{S}$	$\Rightarrow$	Tabelle B mit Primärschlüssel $\underline{S}$
1:1-Beziehungstyp	$\Rightarrow$	$\underline{S}$ wird sowohl in A als auch in B als unikaler eingabepflichtiger Fremdschlüssel vereinbart
Speicherbedarf für den Beziehungstyp		$\overline{\overline{B}} \cdot Len(S)$

Abb. 4-10: Transformation eines sinnvollen 1:1-Beziehungstyps

Beispiel für die Transformationsregel T04   Beispielsweise kann man das Gehalt eines Mitarbeiters getrennt von seinen sonstigen Eigenschaften in einer gesonderten Tabelle speichern wollen, wie das in der Abbildung 4-11 dargestellt ist.

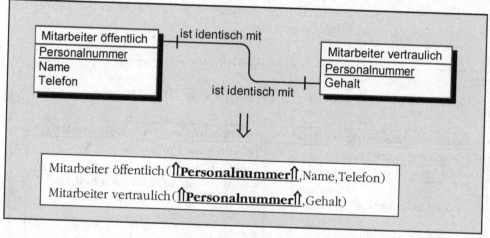

Abb. 4-11: Beispiel für die Transformationsregel T04

Man kann für die beiden Tabellen unterschiedliche Zugriffsrechte vergeben. Da die unikalen Fremdschlüssel ⇑**Personalnummer**⇑ auf die jeweils andere Tabelle verweisen, muss es nach den Regeln der referenziellen Integrität zu jedem Wert des Fremdschlüssels genau einen Datensatz in der jeweils anderen Tabelle geben. Dadurch wird der 1:1-Beziehungstyp realisiert.

4.3.2   Der 1:C-Beziehungstyp

Beim 1:C-Beziehungstyp kann jedes Objekt des Objekttyps A mit höchstens einem Objekt des Objekttyps B verbunden sein. Ein Objekt aus B muss aber stets mit einem Objekt aus A gekoppelt sein.

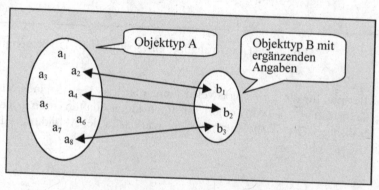

Abb. 4-12: 1:C-Beziehungstyp

Die Informationen im B-Objekt können somit als *fakultative er-gänzende Angaben* zum A-Objekt interpretiert werden. Die Abbildung 4-12 soll das verdeutlichen.

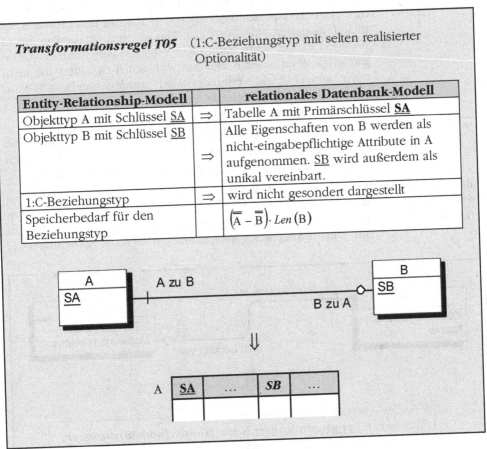

Transformationsregel T05   (1:C-Beziehungstyp mit selten realisierter Optionalität)

Entity-Relationship-Modell		relationales Datenbank-Modell
Objekttyp A mit Schlüssel <u>SA</u>	⇒	Tabelle A mit Primärschlüssel **<u>SA</u>**
Objekttyp B mit Schlüssel <u>SB</u>	⇒	Alle Eigenschaften von B werden als nicht-eingabepflichtige Attribute in A aufgenommen. <u>SB</u> wird außerdem als unikal vereinbart.
1:C-Beziehungstyp	⇒	wird nicht gesondert dargestellt
Speicherbedarf für den Beziehungstyp		$(\overline{\overline{A}} - \overline{\overline{B}}) \cdot Len\,(B)$

Abb. 4-13: Transformation eines 1:C-Beziehungstyps mit selten realisierter Optionalität

Die Art der Transformation hängt davon ab, wie groß der Anteil der A-Objekte ist, für die ergänzende Angaben gemacht werden, die also in Beziehung zu einem B-Objekt stehen. Das ist äquivalent zur Frage, ob der Objekttyp A wesentlich mehr Objekte enthält als der Objekttyp B.

Transforma-
tionsregel T05

Gibt es bei einem 1:C-Beziehungstyp nur unwesentlich mehr A-Objekte als B-Objekte, dann können die Daten beider Objekttypen in der Tabelle A zusammengefasst werden. Die Eigenschaften von B werden in der Tabelle A als nicht-eingabepflichtig deklariert. Der Schlüssel <u>SB</u> von B wird in der Tabelle A als unikal deklariert. Ein B-Objekt, das ja stets zu genau einem A-Objekt gehört, kann dann nicht losgelöst von „seinem" A-Objekt gespeichert werden. Bei den wenigen A-Objekten, die nicht mit einem B-Objekt verbunden sind, werden sämtliche B-Attribute mit der NULL-Marke belegt. Die Transformationsregel T05 ist in der Abbildung 4-13 wiedergegeben.

Der Speicherbedarf entsteht dadurch, dass für alle A-Objekte, die kein B-Objekt als Partner haben, alle Felder des Objekttyps B mit ihrer Gesamtlänge *Len*(B) mit der NULL-Marke belegt werden.

Beispiel für die
Transforma-
tionsregel T05

Werden beispielsweise fast alle Mitarbeiter eines Unternehmens mit genau einem Handy ausgestattet, dann sind die ergänzenden Angaben für das Handy bei nahezu allen Mitarbeitern erforderlich. Die entsprechende Transformation zeigt die Abbildung 4-14.

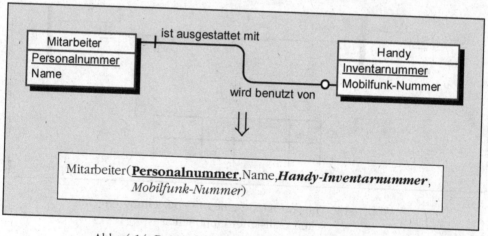

Abb. 4-14: Beispiel für die Transformationsregel T05

Die ursprüngliche Eigenschaftsbezeichnung „Inventarnummer" wurde durch den Zusatz "Handy" in ihrem neuen Kontext „sprechender" gewählt. Die „Handy-Spalten" der Tabelle „Mitarbeiter" sind nicht-eingabepflichtig, denn sie werden bei den wenigen Mitarbeitern, die nicht mit einem Handy ausgestattet sind, mit der NULL-Marke belegt. Da das Attribut *„Handy-Inventarnummer"* als unikal deklariert ist, kann ein und dasselbe Handy nicht mehreren Mitarbeitern zugeordnet werden.

Transformationsregel T06

Betrachten wir nun den Fall, dass es wesentlich mehr A-Objekte als B-Objekte gibt. Wenn man nun die beiden Objekttypen in einer einzigen Tabelle zusammenführen würde, dann wären in vielen Zeilen der Tabelle die Attribute der B-Objekte mit der NULL-Marke belegt. Um das zu vermeiden, werden zwei Tabellen angelegt: eine A-Tabelle für alle A-Objekte und eine B-Tabelle für die wenigen B-Objekte, die durch einen eingabepflichtigen Fremdschlüssel auf „ihr" A-Objekt verweisen. Die Kardinalität „1" in der Beziehungstyp-Richtung „B zu A" wird dadurch erzwungen, dass der Fremdschlüssel in B als unikal deklariert wird. Diese Umsetzung entspricht der Transformationsregel T06, die in der Abbildung 4-15 dargestellt ist.

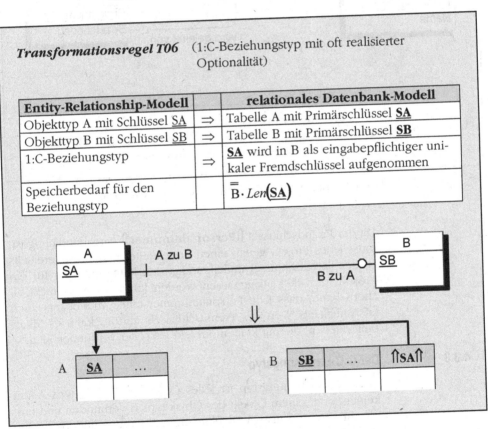

Transformationsregel T06   (1:C-Beziehungstyp mit oft realisierter Optionalität)

Entity-Relationship-Modell		relationales Datenbank-Modell
Objekttyp A mit Schlüssel <u>SA</u>	⇒	Tabelle A mit Primärschlüssel **<u>SA</u>**
Objekttyp B mit Schlüssel <u>SB</u>	⇒	Tabelle B mit Primärschlüssel **<u>SB</u>**
1:C-Beziehungstyp	⇒	**<u>SA</u>** wird in B als eingabepflichtiger unikaler Fremdschlüssel aufgenommen
Speicherbedarf für den Beziehungstyp		$\overline{\overline{B}} \cdot Len(\underline{SA})$

Abb. 4-15: Transformation eines 1:C-Beziehungstyps mit oft realisierter Optionalität

Der Speicherbedarf für den 1:C-Beziehungstyp entsteht dadurch, dass bei jedem Objekt des Objekttyps B ein Verweis mit der Länge *Len*(SA) auf das zugehörige A-Objekt zu hinterlegen ist.

Beispiel für die Transformationsregel T06

Soll beispielsweise festgehalten werden, welcher Mitarbeiter ein (und höchstens ein) Projekt leitet, wobei für jedes Projekt genau ein Mitarbeiter verantwortlich ist, dann wird es viele Mitarbeiter geben, die kein Projekt leiten. In diesem Fall ist die Transformationsregel T06 anzuwenden, wie das in der Abbildung 4-16 geschehen ist.

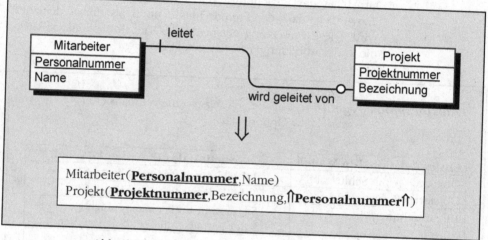

Abb. 4-16: Beispiel für die Transformationsregel T06

Da der Fremdschlüssel ⇑**Personalnummer**⇑ eingabepflichtig ist, muss jedes Projekt genau einen Projektleiter haben. Andererseits ist der Fremdschlüssel unikal, sodass ein Mitarbeiter nur für ein Projekt als Leiter ausgewiesen werden kann. Da man nicht sichern kann, dass jede Personalnummer eines Mitarbeiters auch tatsächlich als Wert des Fremdschlüssels auftritt, kann es Mitarbeiter geben, die mit keinem Projekt als Leiter verbunden sind.

4.3.3   Der C:C-Beziehungstyp

Beim C:C-Beziehungstyp ist jedes Objekt des Objekttyps A mit keinem oder einem Objekt des Objekttyps B verbunden und umgekehrt. Es gibt also A-Objekte ohne B-Partner und B-Objekte ohne A-Partner. Jedes Objekt kann aber höchstens einen Partner haben. Die Abbildung 4-17 zeigt das schematisch.

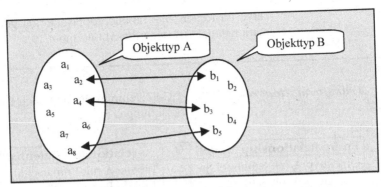

Abb. 4-17: C:C-Beziehungstyp

Wir nehmen nun – ohne Beschränkung der Allgemeinheit – an, dass es höchstens so viele B-Objekte gibt wie A-Objekte (ansonsten müssten die Objekttypen einfach die Seiten tauschen). Da A-Objekte unabhängig von B-Objekten existieren können (und umgekehrt), müssen sie jeweils in einer eigenen Tabelle gespeichert werden. Die Art der Darstellung des Beziehungstyps richtet sich aber danach, wie hoch der Anteil jener B-Objekte ist, die nicht in Beziehung zu einem A-Objekt stehen. Das ist gleichbedeutend mit der Frage, ob es wenige oder viele Partnerbeziehungen zwischen A und B gibt.

Transformationsregel T07

Kommt es nur selten vor, dass ein B-Objekt keinen Partner im Objekttyp A hat, dann ist es vorteilhaft, bei den B-Objekten mit Partner einen Verweis auf „ihren" A-Partner zu hinterlegen. Bei den „partnerlosen" B-Objekten wird dieser Verweis dann mit der NULL-Marke belegt. Deshalb wird der Primärschlüssel von A in der Tabelle B als nicht-eingabepflichtiger Fremdschlüssel aufgenommen. Fordert man für den Fremdschlüssel außerdem die Unikalität, kann auf ein A-Objekt nur von höchstens einem B-Objekt aus verwiesen werden. Die Transformationsregel T07 ist in der Abbildung 4-18 angegeben.

Der Speicherbedarf entsteht dadurch, dass man bei jedem B-Objekt ein Feld für den Fremdschlüssel ⇑*SA*⇑ vorsehen muss.

Beispiel für die Transformationsregel T07

Als Beispiel nehmen wir an, dass viele Mitarbeiter im Unternehmen ihren persönlichen Schreibtisch haben. Werkstatt-Mitarbeiter besitzen aber keinen Schreibtisch. Fast alle registrierten Schreibtische wurden schon einem Mitarbeiter zur Verfügung gestellt, einige wenige Schreibtische befinden sich allerdings noch als Reserve im Keller. Die Tabellenrepräsentation gemäß der Transformationsregel T07 zeigt die Abbildung 4-19.

Transformationsregel T07   (C:C-Beziehungstyp mit vielen Partnerbeziehungen)

Entity-Relationship-Modell		relationales Datenbank-Modell
Objekttyp A mit Schlüssel <u>SA</u>	⇒	Tabelle A mit Primärschlüssel **SA**
Objekttyp B mit Schlüssel <u>SB</u>	⇒	Tabelle B mit Primärschlüssel **SB**
C:C-Beziehungstyp	⇒	**SA** wird in B als nicht-eingabepflichtiger unikaler Fremdschlüssel aufgenommen
Speicherbedarf für den Beziehungstyp		$= B \cdot Len(SA)$

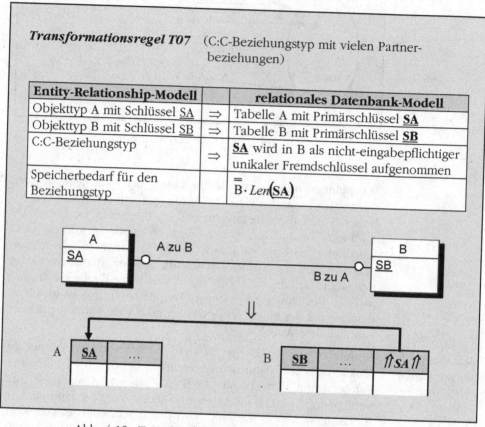

Abb. 4-18: Transformation eines C:C-Beziehungstyps
mit vielen Partnerbeziehungen

Bei den Reserve-Schreibtischen wird der nicht-eingabepflichtige Fremdschlüssel ⇑***Personalnummer***⇑ mit der NULL-Marke belegt. Wegen der Unikalität dieses Fremdschlüssels kann einem Mitarbeiter höchstens ein Schreibtisch zugeordnet werden.

Diese Form der Repräsentation eines C:C-Beziehungstyps erweist sich jedoch dann als ungünstig, wenn nur wenige B-Objekte mit einem A-Objekt gepaart sind, weil dann bei vielen B-Objekten der Fremdschlüssel mit der NULL-Marke belegt ist. In diesem Fall ist es besser, die wenigen Paarungen in einer dritten Tabelle – in einer Koppel-Tabelle A/B – darzustellen.

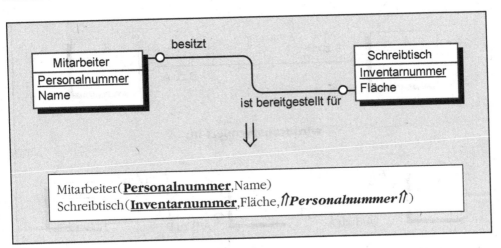

Abb. 4-19: Beispiel für die Transformationsregel T07

Koppel-Objekttyp

Die Repräsentation des C:C-Beziehungstyps durch eine Koppel-Tabelle entspricht einer Transformation im Datenmodell, die wir schon im Abschnitt 2.6.2 beschrieben haben: Dort wurde ein *Koppel-Objekttyp* deshalb eingeführt, weil einem Beziehungstyp Eigenschaften zugewiesen werden sollten. Hier wird nun eine Koppel-Tabelle aus rein technischen Gründen eingeführt, um die häufige Belegung des Fremdschlüssels mit der NULL-Marke zu vermeiden. Die Transformation des C:C-Beziehungstyps in einen 1:C- und einen C:1-Beziehungstyp erfolgt nach dem Muster, das in der Abbildung 4-20 dargestellt ist.

Man erkennt, dass die Optionalität/Kardinalität der Beziehungstyp-Richtungen „A zu B" bzw. „B zu A" auf die Beziehungstyp-Richtungen „A zu A/B" bzw. „B zu A/B" übertragen werden. Die Identifizierung des Koppel-Objekttyps A/B kann entweder durch die Beziehungstyp-Richtung „A/B zu A" oder durch die Beziehungstyp-Richtung „A/B zu B" erfolgen. In der Abbildung 4-20 wurde dafür willkürlich die Beziehungstyp-Richtung „A/B zu A" gewählt.

Transformationsregel T08

Stellt man den neuen Objekttyp A/B im relationalen Datenbank-Modell durch eine Koppel-Tabelle dar, dann verweist eine Zeile dieser Tabelle sowohl auf ein A-Objekt als auch auf ein B-Objekt, enthält also die Primärschlüssel beider Tabellen jeweils als eingabepflichtigen unikalen Fremdschlüssel. Als Primärschlüssel von A/B kann einer der beiden Fremdschlüssel dienen. Die Transformationsregel T08 ist in der Abbildung 4-21 dargestellt.

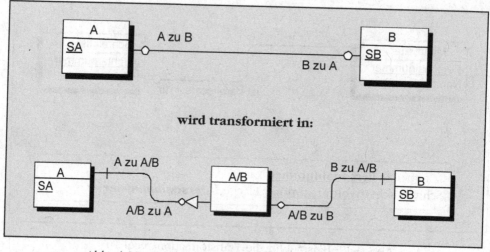

Abb. 4-20: Umwandlung eines C:C-Beziehungstyps in einen
1:C- und einen C:1-Beziehungstyp

Die Koppel-Tabelle A/B repräsentiert den Beziehungstyp als die Menge der Paarungen eines A-Objekts mit einem B-Objekt. $\overline{A/B}$ ist die Mächtigkeit des Beziehungstyps, also die Anzahl der Paarungen. Das Produkt aus der Anzahl dieser Paarungen und der Gesamtlänge beider Fremdschlüssel drückt den Speicherbedarf für den C:C-Beziehungstyp aus.

Beispiel für die Transformationsregel T08

Beispielsweise möge es nur einige wenige Mitarbeiter geben, die über einen personengebundenen Dienstwagen verfügen. Andererseits gibt es aber sehr viele Dienstwagen, die an keinen Mitarbeiter persönlich gebunden sind. Aus der Abbildung 4-22 ist die entsprechende Transformation zu ersehen.

Beide eingabepflichtigen Fremdschlüssel ⇑**Personalnummer**⇑ und ⇑**Pol. Kennzeichen**⇑ sind jeweils für sich unikal[22]. Somit kann ein Mitarbeiter – ebenso wie ein Dienstwagen – nur an einer einzigen Paarung beteiligt sein. Jeder der beiden Fremdschlüssel könnte somit als Primärschlüssel der Koppel-Tabelle „Mitarbeiter/Dienstwagen" verwendet werden. Im Beispiel wurde willkürlich der Fremdschlüssel ⇑**Personalnummer**⇑ gewählt.

---

[22] Wären sie nur gemeinsam unikal, würden sie durch das Pluszeichen miteinander verbunden werden.

Transformationsregel T08   (C:C-Beziehungstyp mit wenigen
                                 Partnerbeziehungen)

Entity-Relationship-Modell		relationales Datenbank-Modell
Objekttyp A mit Schlüssel <u>SA</u>	⇒	Tabelle A mit Primärschlüssel <u>**SA**</u>
Objekttyp B mit Schlüssel <u>SB</u>	⇒	Tabelle B mit Primärschlüssel <u>**SB**</u>
C:C-Beziehungstyp	⇒	Koppel-Tabelle A/B mit <u>**SA**</u> und <u>**SB**</u> als jeweils eingabepflichtiger unikaler Fremdschlüssel. Entweder ⇑**SA**⇑ oder ⇑**SB**⇑ bildet den Primärschlüssel von A/B.
Speicherbedarf für den Beziehungstyp		$\overline{\overline{A/B}} \cdot (Len(\underline{SA}) + Len(\underline{SB}))$

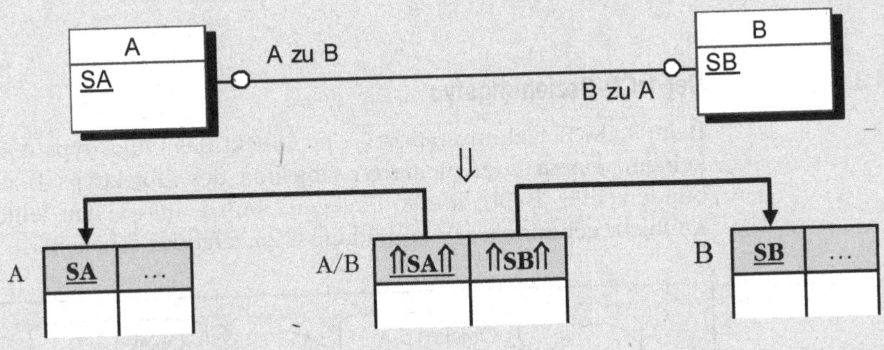

Abb. 4-21: Transformation eines C:C-Beziehungstyps mit
            wenigen Partnerbeziehungen

Nicht jeder Wert des Primärschlüssels **Personalnummer** in der
Tabelle „Mitarbeiter" muss unbedingt als ein Wert des Fremd-
schlüssels ⇑**Personalnummer**⇑ in der Koppel-Tabelle „Mitar-
beiter/Dienstwagen" auftreten. Das trifft beispielsweise auf jene
Mitarbeiter zu, die nicht mit einem Dienstwagen gekoppelt sind.
Analoges gilt natürlich auch für die Dienstwagen.

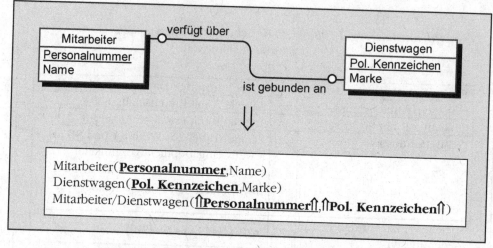

Abb. 4-22: Beispiel für die Transformationsregel T08

4.3.4   Der 1:CN-Beziehungstyp

Beim 1:CN-Beziehungstyp ist jedes Objekt des Objekttyps A mit keinem, einem oder mehreren Objekten des Objekttyps B verbunden. Ein B-Objekt ist dagegen immer mit genau einem A-Objekt gekoppelt. Die Abbildung 4-23 zeigt das schematisch.

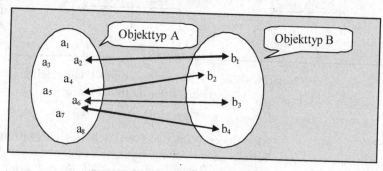

Abb. 4-23: 1:CN-Beziehungstyp

Transformationsregel T09

Der 1:CN-Beziehungstyp wird im relationalen Datenbank-Modell durch je eine Tabelle für die A-Objekte und die B-Objekte repräsentiert, wobei der Primärschlüssel SA von A als eingabepflichtiger Fremdschlüssel in B aufgenommen wird. Jedes B-Objekt muss dann auf genau ein A-Objekt verweisen. Da der Fremdschlüssel aber als nicht-unikal vereinbart wird, können mehrere B-Objekte mit demselben A-Objekt gekoppelt sein. Die entsprechende Transformationsregel T09 zeigt die Abbildung 4-24.

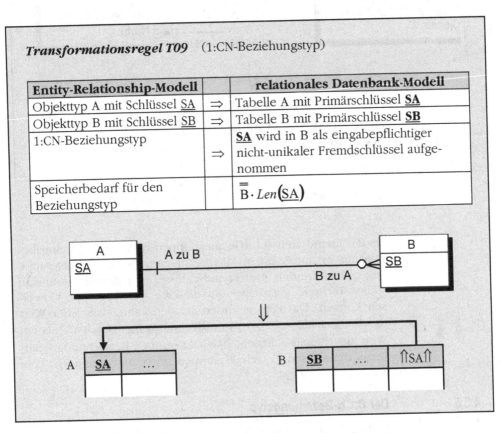

Transformationsregel T09   (1:CN-Beziehungstyp)

Entity-Relationship-Modell		relationales Datenbank-Modell
Objekttyp A mit Schlüssel <u>SA</u>	⇒	Tabelle A mit Primärschlüssel **<u>SA</u>**
Objekttyp B mit Schlüssel <u>SB</u>	⇒	Tabelle B mit Primärschlüssel **<u>SB</u>**
1:CN-Beziehungstyp	⇒	**<u>SA</u>** wird in B als eingabepflichtiger nicht-unikaler Fremdschlüssel aufgenommen
Speicherbedarf für den Beziehungstyp		$\overline{\overline{B}} \cdot Len(\underline{SA})$

Abb. 4-24: Transformation eines 1:CN-Beziehungstyps

Bei der Angabe des Speicherbedarfs wurde berücksichtigt, dass bei jedem B-Objekt der Fremdschlüssel ⇑SA⇑ abgelegt wird.

Beispiel für die Transformationsregel T09

Beispielsweise kann eine spezielle Gehaltsgruppe noch keinem, erst einem Mitarbeiter oder bereits mehreren Mitarbeitern zugeordnet sein. Andererseits wird jeder Mitarbeiter in genau eine Gehaltsgruppe eingeordnet. Die Abbildung 4-25 zeigt die erforderliche Transformation.

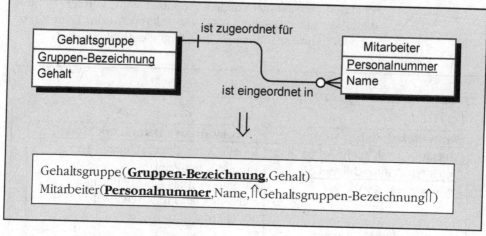

Abb. 4-25: Beispiel für die Transformationsregel T09

Da der Fremdschlüssel ⇑Gehaltsgruppen-Bezeichnung⇑ eingabe-pflichtig ist, muss jedem Mitarbeiter genau eine Gehaltsgruppe zugeordnet werden. Der Fremdschlüssel ist jedoch nicht-unikal, sodass mehrere Mitarbeiter auf dieselbe Gehaltsgruppe verwei-sen können. Da nicht gefordert werden kann, dass jeder Wert des Primärschlüssels **Gruppen-Bezeichnung** tatsächlich als ein Wert des Fremdschlüssels ⇑Gehaltsgruppen-Bezeichnung⇑ auf-treten muss, kann es Gehaltsgruppen geben, auf die (noch) kein Mitarbeiter verweist.

4.3.5   Der C:CN-Beziehungstyp

Beim C:CN-Beziehungstyp kann ein A-Objekt mit keinem, einem oder mehreren B-Objekten gekoppelt sein. Ein B-Objekt kann je-doch nur zu höchstens einem A-Objekt in Beziehung stehen. Die Situation zeigt die Abbildung 4-26.

Die Transformation eines C:CN-Beziehungstyps in eine Tabellen-struktur hängt davon ab, wie groß der Anteil der B-Objekte ist, die jeweils an ein A-Objekt gebunden sind.

Transforma-tionsregel T10

Betrachten wir zunächst den Fall, dass die meisten B-Objekte mit einem A-Objekt gepaart sind. Dann wird der Primärschlüssel von A als nicht-eingabepflichtiger und nicht-unikaler Fremdschlüssel in B aufgenommen. Die Abbildung 4-27 zeigt die entsprechende Transformationsregel T10.

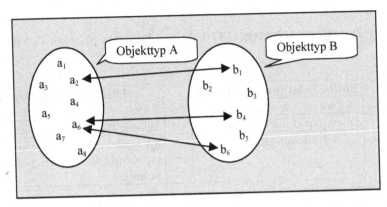

Abb. 4-26: C:CN-Beziehungstyp

Beispiel für die Transformationsregel T10

Als Beispiel betrachten wir eine Abteilung, die bisher noch keinen (Neugründung), schon einen oder bereits mehrere Mitarbeiter hat. Die meisten Mitarbeiter sind in eine Abteilung eingeordnet, einige wenige – mit zentralen Aufgaben – gehören jedoch zu keiner Abteilung. Die Transformation in das relationale Datenbank-Modell ist in der Abbildung 4-28 wiedergegeben.

Bei den mit zentralen Aufgaben betrauten Mitarbeitern wird der Fremdschlüssel ⇑*Abteilungsname*⇑ mit der NULL-Marke belegt. Da der Fremdschlüssel nicht-unikal ist, können mehrere Mitarbeiter mit derselben Abteilung in Verbindung gebracht werden. Da man ohnehin nicht fordern kann, dass jeder Wert des Primärschlüssels **Abteilungsname** auch als Wert des Fremdschlüssels ⇑*Abteilungsname*⇑ auftritt, kann es Abteilungen ohne Mitarbeiter geben.

Koppel-Tabelle

Ist bei einem C:CN-Beziehungstyp jedoch nur ein geringer Anteil der Objekte des Objekttyps B mit einem A-Objekt verknüpft, dann wird der Fremdschlüssel in der Tabelle B sehr häufig mit der NULL-Marke belegt. Um das zu verhindern, stellt man die wenigen Paarungen zwischen den A-Objekten und den B-Objekten – so wie schon beim C:C-Beziehungstyp beschrieben – in einer Koppel-Tabelle A/B dar.

Die Repräsentation eines C:CN-Beziehungstyps durch eine Koppel-Tabelle entspricht im Datenmodell der Transformation des C:CN-Beziehungstyps in einen 1:CN- und einen C:1-Beziehungstyp. Das entsprechende Umwandlungs-Schema ist in der Abbildung 4-29 dargestellt.

185

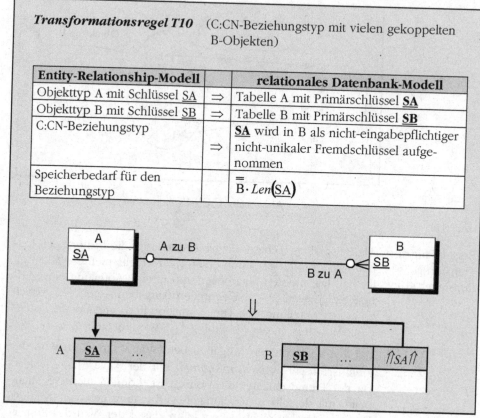

Transformationsregel T10   (C:CN-Beziehungstyp mit vielen gekoppelten B-Objekten)

Entity-Relationship-Modell		relationales Datenbank-Modell
Objekttyp A mit Schlüssel <u>SA</u>	⇒	Tabelle A mit Primärschlüssel **SA**
Objekttyp B mit Schlüssel <u>SB</u>	⇒	Tabelle B mit Primärschlüssel **SB**
C:CN-Beziehungstyp	⇒	<u>SA</u> wird in B als nicht-eingabepflichtiger nicht-unikaler Fremdschlüssel aufgenommen
Speicherbedarf für den Beziehungstyp		$\overline{\overline{B}} \cdot Len(\underline{SA})$

Abb. 4-27: Transformation eines C:CN-Beziehungstyps
mit vielen gekoppelten B-Objekten

Man sieht, dass die Optionalität/Kardinalität der Beziehungstyp-Richtungen „A zu B" bzw. „B zu A" auf die Beziehungstyp-Richtungen „A zu A/B" bzw. „B zu A/B" übertragen wurden. Die Beziehungstyp-Richtung „A/B zu B" übernimmt die Identifizierung des neu gebildeten Objekttyps A/B.

Stellt man den Koppel-Objekttyp A/B im relationalen Datenbank-Modell als Koppel-Tabelle dar, dann verweist eine Zeile der Koppel-Tabelle einerseits auf ein A-Objekt und andererseits auf ein B-Objekt. Die Koppel-Tabelle enthält also die Primärschlüssel der A-Tabelle und der B-Tabelle jeweils als eingabepflichtigen unikalen Fremdschlüssel. Als Primärschlüssel von A/B wird der Fremdschlüssel verwendet, der auf das B-Objekt verweist. In der Abbildung 4-30 ist die Transformationsregel T11 dargestellt.

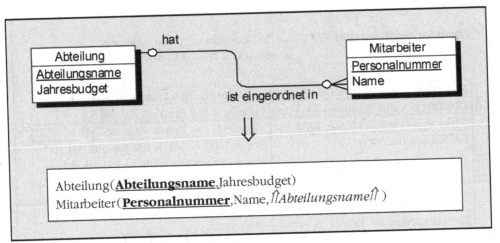

Abb. 4-28: Beispiel für die Transformationsregel T10

Der Fremdschlüssel ⇑SA⇑ ist nicht-unikal. Damit können mehrere Zeilen der Tabelle A/B auf dasselbe A-Objekt verweisen, sodass ein A-Objekt an mehreren Paarungen beteiligt sein kann. Da der Fremdschlüssel ⇑SB⇑ als unikal vereinbart wird, kann ein B-Objekt nur höchstens eine Paarung eingehen. Darum eignet sich ⇑SB⇑ als Primärschlüssel der Tabelle A/B.

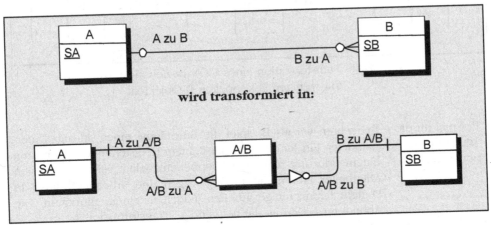

Abb. 4-29: Umwandlung eines C:CN-Beziehungstyps in einen
1:CN- und einen C:1-Beziehungstyp

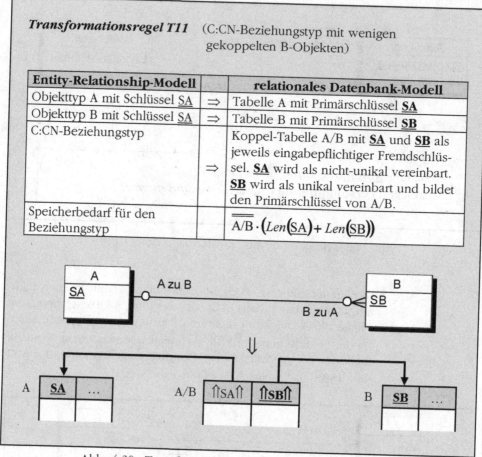

Transformationsregel T11   (C:CN-Beziehungstyp mit wenigen gekoppelten B-Objekten)

Entity-Relationship-Modell		relationales Datenbank-Modell
Objekttyp A mit Schlüssel <u>SA</u>	⇒	Tabelle A mit Primärschlüssel **<u>SA</u>**
Objekttyp B mit Schlüssel <u>SA</u>	⇒	Tabelle B mit Primärschlüssel **<u>SB</u>**
C:CN-Beziehungstyp	⇒	Koppel-Tabelle A/B mit **<u>SA</u>** und **<u>SB</u>** als jeweils eingabepflichtiger Fremdschlüssel. **<u>SA</u>** wird als nicht-unikal vereinbart. **<u>SB</u>** wird als unikal vereinbart und bildet den Primärschlüssel von A/B.
Speicherbedarf für den Beziehungstyp		$\overline{\overline{A/B}} \cdot \left(Len(\underline{SA}) + Len(\underline{SB}) \right)$

Abb. 4-30: Transformation eines C:CN-Beziehungstyps
mit wenigen gekoppelten B-Objekten

Beispiel für die Transformationsregel T11

Betrachten wir als Beispiel die Büroräume eines Umzugs-Unternehmens. Ein Raum kann mit keinem (leerstehender Raum), mit einem oder mit mehreren Mitarbeitern belegt sein. Die meisten Mitarbeiter fahren die Umzugswagen und arbeiten deshalb in keinem Raum, einige arbeiten jedoch in einem Büroraum. Die Abbildung 4-31 zeigt die notwendige Transformation.

Da der Fremdschlüssel ⇑Raumnummer⇑ nicht-unikal ist, kann ein Raum an mehreren Paarungen „Büroraum ↔ Mitarbeiter" beteiligt sein. Aufgrund der Unikalitäts-Forderung für den Fremdschlüssel **⇑Personalnummer⇑** kann einem Mitarbeiter jedoch nur ein einziger Büroraum zugeordnet werden. Deshalb bildet der Fremdschlüssel ⇑**Personalnummer**⇑ den Primärschlüssel der Koppel-Tabelle „Büroraum/Mitarbeiter".

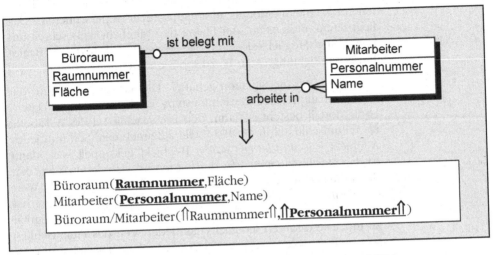

Büroraum(**Raumnummer**,Fläche)
Mitarbeiter(**Personalnummer**,Name)
Büroraum/Mitarbeiter(⇑Raumnummer⇑,⇑**Personalnummer**⇑)

Abb. 4-31: Beispiel für die Transformationsregel T11

4.3.6 Der 1:N-Beziehungstyp

Der 1:N-Beziehungstyp unterscheidet sich vom 1:CN-Beziehungstyp nur dadurch, dass jedes Objekt des Objekttyps A mit mindestens einem Objekt des Objekttyps B verbunden sein muss. Die Situation ist in der Abbildung 4-32 dargestellt.

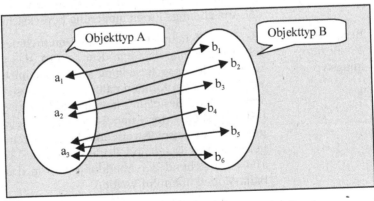

Abb. 4-32: 1:N-Beziehungstyp

Der 1:N-Beziehungstyp kann nicht repräsentiert werden

In der Literatur zum relationalen Datenbank-Modell wird der 1:N-Beziehungstyp gewöhnlich als die „meistverbreitete Art" von Beziehungstypen in relationalen Datenbanken bezeichnet. Das ist aber falsch, denn dieser Beziehungstyp lässt sich im relationalen Datenbank-Modell überhaupt nicht repräsentieren. Das liegt daran, dass es auf der Ebene der Tabellen-Typbeschreibungen keine Möglichkeit gibt, die *Nicht-Optionalität* der Beziehungstyp-Richtung „A zu B" zu repräsentieren.

Betrachten wir die Situation genauer! Die Standardlösung für die Transformation eines Beziehungstyps in das relationale Datenbank-Modell besteht ja darin, den Primärschlüssel der A-Tabelle als Fremdschlüssel in die B-Tabelle aufzunehmen. Soll nun jedes A-Objekt mit *mindestens einem* B-Objekt gekoppelt sein, dann ist das gleichbedeutend mit der Forderung, dass jeder Wert, den der Primärschlüssel in A annimmt, *mindestens einmal* als Wert des Fremdschlüssels in B auftauchen muss. Diese Forderung hat aber nichts mit der bereits besprochenen referenziellen Integrität zu tun. Diese fordert lediglich, dass jeder Wert des Fremdschlüssels in B entweder mit der NULL-Marke belegt sein muss oder dass er als ein Wert des Primärschlüssels in A vorhanden sein muss. Die Umkehrbedingung, dass jeder Wert des Primärschlüssels in A auch als Wert des Fremdschlüssels in B auftreten muss, lässt sich im relationalen Datenbank-Modell nicht durchsetzen.

Transformationsregel T09

Die Transformation des 1:N-Beziehungstyps in das relationale Datenbank-Modell kann also nur in derselben Weise wie für den 1:CN-Beziehungstyp erfolgen, also gemäß der Transformationsregel T09. Dabei muss man allerdings in Kauf nehmen, dass eine wichtige semantische Information, die im Datenmodell repräsentiert wurde, verloren geht. Diese Information muss im Rahmen der Anwendungs-Programmierung berücksichtigt werden.

Beispiel für den 1:N-Beziehungstyp

Als Beispiel betrachten wir ein Unternehmen, in dem die Geschäftsregel gilt, dass ein Kunde erst dann gespeichert wird, wenn er die erste Bestellung vornimmt. Im Laufe der Zeit können dann einem Kunden natürlich viele Bestellungen zugeordnet werden. Jede Bestellung kommt von genau einem Kunden. Ein bisher gespeicherter Kunde, für den es keine Bestellung mehr gibt (weil er beispielsweise alle Bestellungen storniert hat), wird gelöscht. Das Datenmodell muss nach der Transformationsregel T09 entsprechend der Abbildung 4-33 in das relationale Datenbank-Modell überführt werden.

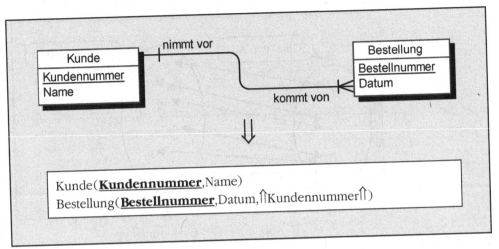

Abb. 4-33: Beispiel für die Transformation eines 1:N-Beziehungstyps

Der Fremdschlüssel ⇑Kundennummer⇑ ist eingabepflichtig: Jede Bestellung wird somit genau einem Kunden zugeordnet. Der Fremdschlüssel ist nicht-unikal: Mehrere Bestellungen können also auf denselben Kunden verweisen. Es wird aber nicht gesichert, dass jeder Kunde mit mindestens einer Bestellung verknüpft ist. Diese Geschäftsregel kann nicht beim Datenbankentwurf „festgeschrieben" werden, sondern muss durch die Anwendungs-Software erzwungen werden.

4.3.7   **Der C:N-Beziehungstyp**

Der C:N-Beziehungstyp unterscheidet sich vom 1:N-Beziehungstyp dadurch, dass nicht jedes Objekt des Objekttyps B mit einem Objekt des Objekttyps A gekoppelt sein muss. Die Abbildung 4-34 stellt diese Situation dar.

Wie schon beim 1:N-Beziehungstyp, so kann man auch hier die Nicht-Optionalität der Beziehungstyp-Richtung „A zu B" im relationalen Datenbank-Modell nicht erzwingen. Die Transformation des C:N-Beziehungstyps kann nur in gleicher Weise erfolgen wie für den C:CN-Beziehungstyp, also entweder gemäß der Transformationsregel T10 (viele B-Objekte gehen eine Paarung ein) oder gemäß der Transformationsregel T11 (wenige B-Objekte haben einen A-Partner). In beiden Fällen muss jedoch ein Verlust an semantischer Information in Kauf genommen werden.

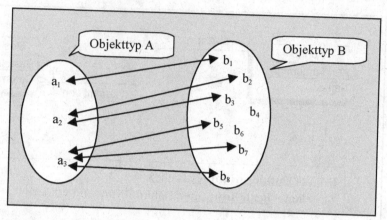

Abb. 4-34: C:N-Beziehungstyp

Beispiel für den C:N-Beziehungstyp

Betrachten wir als Beispiel einen Eisenbahnzug, der aus einem oder aus mehreren Wagen bestehen kann. Einen Zug, der aus keinem Wagen besteht, gibt es nicht. Zu einem gegebenen Zeitpunkt gehören die meisten Wagen des Eisenbahn-Unternehmens zu einem Eisenbahnzug. Nur wenige Wagen stehen in der Reserve und gehören zu keinem Zug. Die Transformation muss dann entsprechend der Transformationsregel T10 vorgenommen werden, wie das aus der Abbildung 4-35 ersichtlich ist.

Der Fremdschlüssel *↑Zugnummer↑* ist nicht-eingabepflichtig: Ein Wagen muss also nicht unbedingt zu einem Eisenbahnzug gehören. Der Fremdschlüssel ist nicht-unikal: Mehrere Wagen können zum selben Eisenbahnzug gehören. Es lässt sich jedoch nicht gewährleisten, dass jeder Eisenbahnzug mindestens einen Wagen hat. Die Datenbank würde es durchaus zulassen, dass ein Eisenbahnzug ohne einen einzigen Wagen gespeichert wird. Will man diesen – in der Praxis nicht tolerierbaren – Fehler vermeiden, dann muss durch eine geeignete Gestaltung der Anwendungs-Software gesichert werden, dass gemeinsam mit der Speicherung eines neuen Eisenbahnzugs diesem mindestens ein Wagen zugeordnet wird. Das lässt sich unter Anwendung des bereits erwähnten Transaktions-Konzepts erreichen.

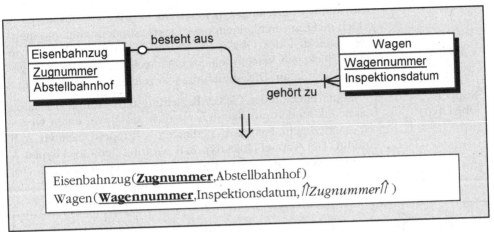

Abb. 4-35: Beispiel für die Transformation eines C:N-Beziehungstyps

4.3.8   Der CM:CN-Beziehungstyp

Im Abschnitt 3.4.3 wurde bereits ausführlich dargelegt, dass sich alle Beziehungstypen, die in beiden Beziehungstyp-Richtungen die Kardinalität N aufweisen, im relationalen Datenbank-Modell nicht direkt darstellen lassen.

Der Grund dafür liegt im Hauptprinzip des relationalen Datenbank-Modells, demzufolge Attributwerte nur atomar sein dürfen. Der Wert eines Fremdschlüssels kann deshalb nur auf *eine* Zeile – und nicht auf *mehrere* Zeilen – verweisen.

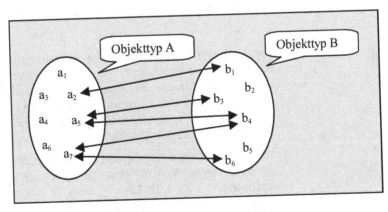

Abb. 4-36: CM:CN-Beziehungstyp

Beim CM:CN-Beziehungstyp kann ein Objekt des Objekttyps A jedoch nicht nur mit keinem oder einem, sondern auch mit mehreren Objekten des Objekttyps B verbunden sein, ebenso wie ein B-Objekt mit keinem, einem oder mehreren A-Objekten gekoppelt sein kann. Die Abbildung 4-36 zeigt dafür ein Beispiel.

Koppel-
Objekttyp

Die Repräsentation des CM:CN-Beziehungstyps ist im relationalen Datenbank-Modell nur dadurch möglich, dass man einen weiteren – einen rein technisch bedingten – Koppel-Objekttyp A/B einführt. Der Koppel-Objekttyp A/B wird mit den Objekttypen A bzw. B jeweils durch einen CN:1-Beziehungstyp verbunden. Das Ergebnis dieser Umwandlung zeigt die Abbildung 4-37.

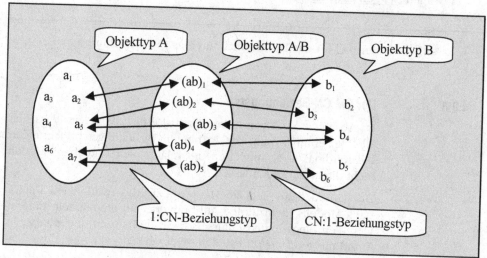

Abb. 4-37: Umgewandelter CM:CN-Beziehungstyp

Die Umwandlung entspricht der Transformation, die bereits im Abschnitt 2.6.2 beschrieben wurde. Dort war sie deshalb erforderlich, weil einem Beziehungstyp Eigenschaften zugewiesen werden sollten. Die Umwandlung eines CM:CN-Beziehungstyps in einen 1:CN- und einen CN:1-Beziehungstyp läuft nach dem Muster ab, das in der Abbildung 4-38 dargestellt ist.

Man erkennt, dass die Optionalität/Kardinalität der Beziehungstyp-Richtungen „A zu B" bzw. „B zu A" auf die Beziehungstyp-Richtungen „A zu A/B" bzw. „B zu A/B" übertragen wurden. Die Objekte des Koppel-Objekttyps „A/B" werden durch die Kombination der beiden Beziehungstyp-Richtungen „A/B zu A" und „A/B zu B" identifiziert.

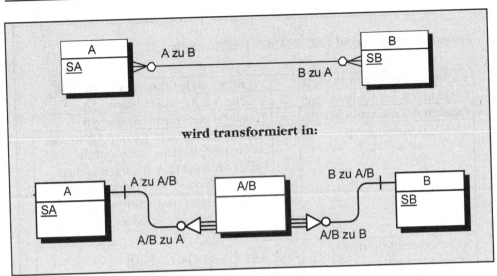

Abb. 4-38: Umwandlung eines CM:CN-Beziehungstyps in
einen 1:CN- und einen CN:1-Beziehungstyp

Transforma-
tionsregel T12

Die Repräsentation der beiden jeweils teilidentifizierenden Beziehungstyp-Richtungen, die in der Abbildung 4-38 angegeben sind, erfolgt nach der Transformationsregel T02, die im Abschnitt 4.2 beschrieben wurde. Die beiden neu entstandenen 1:CN-Beziehungstypen werden nach der Transformationsregel T09 in das relationale Datenbank-Modell überführt. Insgesamt entspricht das der Transformationsregel T12, die in der Abbildung 4-39 wiedergegeben ist.

Bei der Berechnung des Speicherbedarfs für die Darstellung des CM:CN-Beziehungstyps wurde berücksichtigt, dass für jede der Paarungen eines A-Objekts mit einem B-Objekt deren Schlüsselwerte als Fremdschlüsselwerte abgelegt werden müssen. Die Anzahl der Paarungen ist gerade die Mächtigkeit der Menge der „A ↔ B"-Verbindungen, also die Mächtigkeit der Koppel-Tabelle.

Beispiel für die
Transforma-
tionsregel T12

Als Beispiel für einen CM:CN-Beziehungstyp betrachten wir noch einmal die Mitarbeiter, die an keinem, einem oder mehreren Projekten beteiligt sein können, wobei ein Projekt (noch) von keinem, von einem Mitarbeiter oder auch schon von mehreren Mitarbeitern bearbeitet wird (vgl. Abschnitt 3.4.3). Die Tabellenrepräsentation gemäß der Transformationsregel T12 ist in der Abbildung 4-40 wiedergegeben.

Transformationsregel T12   (CM:CN-Beziehungstyp)

Entity-Relationship-Modell		relationales Datenbank-Modell
Objekttyp A mit Schlüssel <u>SA</u>	⇒	Tabelle A mit Primärschlüssel **SA**
Objekttyp B mit Schlüssel <u>SB</u>	⇒	Tabelle B mit Primärschlüssel **SB**
CM:CN-Beziehungstyp	⇒	Koppel-Tabelle A/B. **SA** und **SB** werden als eingabepflichtige nicht-unikale Fremdschlüssel in A/B aufgenommen. Die Kombination der beiden Fremdschlüssel ⇑SA⇑ und ⇑SB⇑ wird als unikal vereinbart. Sie bildet den Primärschlüssel von A/B.
Speicherbedarf für den Beziehungstyp		$\overline{\overline{A/B}} \cdot \left(Len(\underline{SA}) + Len(\underline{SB}) \right)$

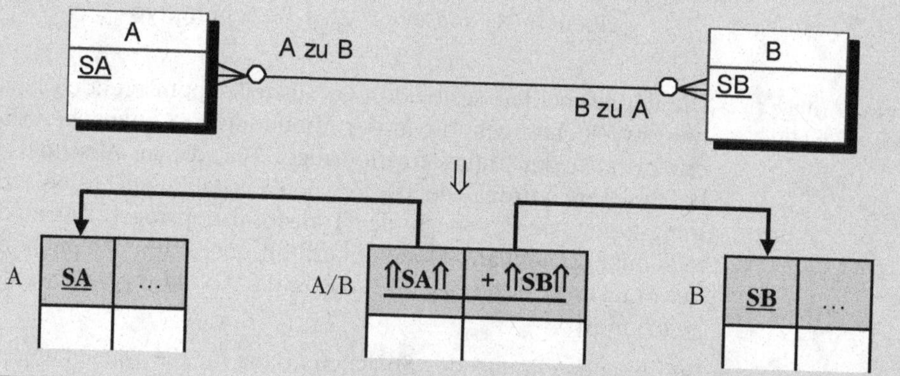

Abb. 4-39: Transformation eines CM:CN-Beziehungstyps

Jede Zeile der Koppel-Tabelle „Mitarbeiter/Projekt" verweist auf genau einen Mitarbeiter und auf genau ein Projekt. Weil der Fremdschlüssel ⇑Personalnummer⇑ für sich allein nicht-unikal ist, kann es mehrere Zeilen der Koppel-Tabelle geben, die auf denselben Mitarbeiter verweisen. Die Nicht-Unikalität des Fremdschlüssels ⇑Projektnummer⇑ erlaubt es, dass mehrere Zeilen der Koppel-Tabelle mit demselben Projekt verknüpft sind. Erst die Kombination **⇑Personalnummer⇑+⇑Projektnummer⇑** ist als unikal vereinbart; sie bildet den Primärschlüssel der Koppel-Tabelle.

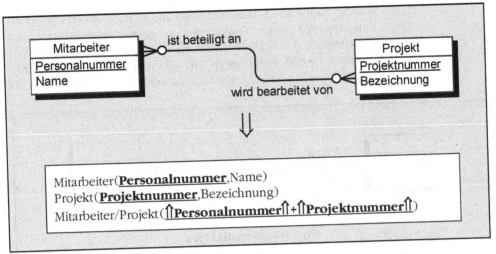

Abb. 4-40: Beispiel für die Transformationsregel T12

4.3.9   Der M:CN-Beziehungstyp

Beim M:CN-Beziehungstyp kann ein Objekt des Objekttyps A mit keinem, einem oder mehreren Objekten des Objekttyps B verbunden sein, jedes B-Objekt muss aber mit mindestens einem A-Objekt in Beziehung stehen. Die Abbildung 4-41 zeigt die Situation schematisch.

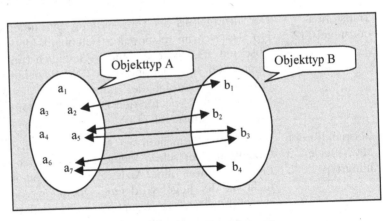

Abb. 4-41: M:CN-Beziehungstyp

Analog zum CM:CN-Beziehungstyp muss auch der M:CN-Bezie-
hungstyp vor seiner Transformation in das relationale Datenbank-Modell durch die Einführung eines neuen Objekttyps A/B
in einen 1:CN-Beziehungstyp und einen N:1-Beziehungstyp umgeformt werden. Diese Umwandlung zeigt die Abbildung 4-42.

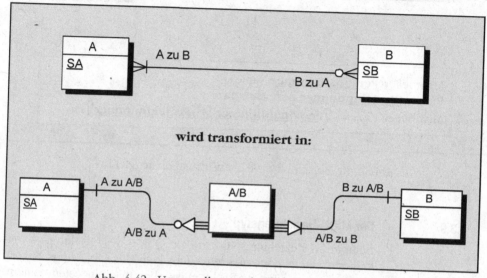

Abb. 4-42: Umwandlung eines M:CN-Beziehungstyps in
einen 1:CN- und einen N:1-Beziehungstyp

Transforma-
tionsregel T12

Der im Ergebnis der Umwandlung entstandene N:1-Beziehungs-
typ lässt sich im relationalen Datenbank-Modell – wie schon im
Abschnitt 4.3.6 gezeigt wurde – lediglich (unter Verlust von semantischen Informationen) als CN:1-Beziehungstyp repräsentieren. Deshalb erfolgt die Transformation des M:CN-Beziehungs-
typs – ebenso wie für den CM:CN-Beziehungstyp – gemäß der
Transformationsregel T12.

Beispiel für den
M:CN-Bezie-
hungstyp

Als Beispiel betrachten wir Ärzte, die (noch) keine, bereits eine
Operation oder schon mehrere Operationen ausgeführt haben.
Eine Operation ohne Ärzte gibt es – Gott sei Dank! – (noch)
nicht. In der Regel wird eine Operation von mehreren Ärzten
ausgeführt. Die Transformation in das relationale Datenbank-Modell zeigt die Abbildung 4-43.

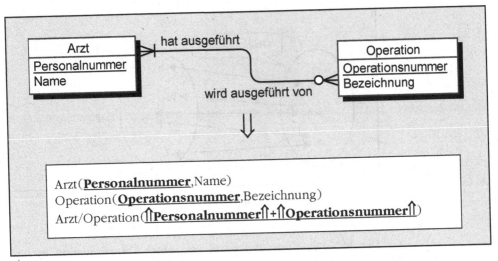

Abb. 4-43: Beispiel für die Transformation eines M:CN-Beziehungstyps

Durch jede Zeile der Koppel-Tabelle „Arzt/Operation" wird ein Arzt mit einer Operation in Verbindung gebracht. Keiner der beiden Fremdschlüssel ⇑Personalnummer⇑ bzw. ⇑Operationsnummer⇑ ist allein für sich unikal. Somit können mehrere Zeilen der Koppel-Tabelle auf denselben Arzt verweisen. Ebenso können mehrere Zeilen auf dieselbe Operation verweisen. Durch die Tabellen-Typbeschreibungen kann aber nicht erzwungen werden, dass jede Operationsnummer auch tatsächlich als ein Wert des Fremdschlüssels in der Koppel-Tabelle auftaucht. In der Datenbank kann also die fehlerhafte Aussage gespeichert werden, dass eine Operation ohne einen einzigen Arzt ausgeführt wurde. Dieser – in der Praxis sicherlich tödliche – Fehler kann nur durch software-technische Maßnahmen vermieden werden.

4.3.10 Der M:N-Beziehungstyp

Beim M:N-Beziehungstyp ist jedes Objekt des Objekttyps A mit einem oder mehreren Objekten des Objekttyps B verbunden, ebenso wie jedes B-Objekt mit einem oder mehreren A-Objekten gekoppelt ist. Die Abbildung 4-44 zeigt ein Beispiel für diese Situation.

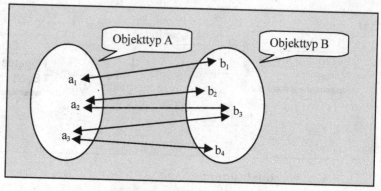

Abb. 4-44: M:N-Beziehungstyp

Der M:N-Beziehungstyp muss vor seiner Transformation in das relationale Datenbank-Modell – unter Hinzunahme eines Koppel-Beziehungstyps – zunächst in einen 1:N-Beziehungstyp und in einen N:1-Beziehungstyp umgewandelt werden, wie das aus der Abbildung 4-45 ersichtlich ist.

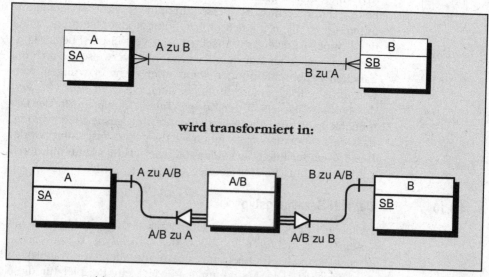

Abb. 4-45: Umwandlung eines M:N-Beziehungstyps in
einen 1:N- und einen N:1-Beziehungstyp

Der 1:N-Beziehungstyp bzw. der N:1-Beziehungstyp müssen – wiederum unter Semantikverlust – als 1:CN- bzw. als CN:1-Beziehungstyp in das relationale Datenbank-Modell überführt werden. Die Transformation des M:N-Beziehungstyps erfolgt also – ebenso wie für den CM:CN-Beziehungstyp – nach der Transformationsregel T12.

Beispiel für den M:N-Beziehungstyp

Als Beispiel betrachten wir eine Bibliothek, in der die Bücher in Sachgruppen eingeordnet werden. Ein Buch wird meistens in nur eine Sachgruppe, mitunter aber auch in mehrere Sachgruppen eingeordnet. Eine Sachgruppe wird erst dann eingeführt, wenn sie wenigstens ein Buch enthält. Die Abbildung 4-46 zeigt die erforderliche Transformation.

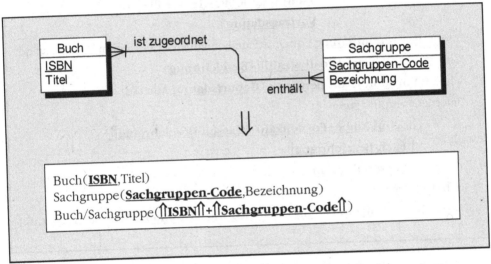

Abb. 4-46: Beispiel für die Transformation eines M:N-Beziehungstyps

Jede Zeile in der Koppel-Tabelle „Buch/Sachgruppe" ordnet ein Buch einer Sachgruppe zu. Da jedoch weder der Fremdschlüssel ⇑ISBN⇑ noch der Fremdschlüssel ⇑Sachgruppen-Code⇑ für sich allein unikal sind, können mehrere Zeilen der Koppel-Tabelle auf dasselbe Buch bzw. auf dieselbe Sachgruppe verweisen. Die Tabellen-Typbeschreibungen sichern aber weder, dass einem Buch wenigstens eine Sachgruppe zugeordnet wird, noch können sie garantieren, dass es keine „leere" Sachgruppe gibt. Diese beiden Geschäftsregeln müssen von der Anwendungs-Software durchgesetzt werden.

4.3.11 Transformation der dualen Beziehungstypen für das Schulbeispiel

Das Datenmodell des Schulbeispiels wurde in den Abschnitten 4.1 und 4.2 gemäß den Transformationsregeln T01 und T02 in die vorläufigen Tabellen-Typbeschreibungen überführt, die in der Abbildung 4-47 noch einmal angegeben sind.

Ort(**Name+Kreis**,Einwohnerzahl)

Schule(**Name+Postleitzahl**,Straße,Hausnummer)

Beschäftigungsverhältnis(⇑**Personalnummer**⇑+
           ⇑**Schul-Name+Postleitzahl**⇑+
           Vertragsdatum)

Lehrer(**Personalnummer**,Vorname,Familienname,Geburtsdatum,Familienstand)

Klasse(⇑**Schul-Name+Postleitzahl**⇑+**Bezeichnung**)

Schüler(**Vorname+Familienname+Geburtsdatum**,Adresse)

Unterrichtsverpflichtung

    (⇑**Schul-Name+Postleitzahl+Klassen-Bezeichnung**⇑+
    ⇑**Fach-Bezeichnung**⇑+
    ⇑**Personalnummer**⇑)

Fach(**Bezeichnung**,Min. Stunden/Woche,Max. Stunden/Woche)

Unterrichtsraum(⇑**Schul-Name+Postleitzahl**⇑+**Nummer**,Fläche,Sitzplatzanzahl)

Abb. 4-47: Vorläufige Tabellen-Typbeschreibungen

Wir wollen jetzt unter Beachtung der Transformationsregeln T03 bis T10 die dualen Beziehungstypen in die bisherigen Tabellen-Typbeschreibungen „einarbeiten". Mitunter ist die angegebene Transformation gar nicht erforderlich, weil die zu realisierenden Effekte bereits durch die Transformationsregel T02 (Beziehungs-typ-Richtung als identifizierendes Element) erreicht wurden.

Beziehung:	Ort zu Schule
Beziehungstyp:	1:CN
Transformationsregel:	T09
Modifikation:	Primärschlüssel von „Ort" wird Fremd-schlüssel in „Schule"
Neue Typbeschreibung:	Schule(**Name+Postleitzahl**,⇑Orts-Name+Kreis⇑, Straße,Hausnummer)

Beziehung:	Schule zu Beschäftigungsverhältnis
Beziehungstyp:	1:CN
Transformationsregel:	T09
Modifikation:	Primärschlüssel von „Schule" wird Fremd-schlüssel in „Beschäftigungsverhältnis"
Neue Typbeschreibung:	Keine Veränderung, da die Modifikation bereits durch T02 erfolgt ist.

Beziehung:	Lehrer zu Beschäftigungsverhältnis
Beziehungstyp:	1:CN
Transformationsregel:	T09
Modifikation:	Primärschlüssel von „Lehrer" wird Fremd-schlüssel in „Beschäftigungsverhältnis"
Neue Typbeschreibung:	Keine Veränderung, da die Modifikation bereits durch T02 erfolgt ist.

Beziehung:	Lehrer zu Klasse
Beziehungstyp:	1:CN
Transformationsregel:	T09
Modifikation:	Primärschlüssel von „Lehrer" wird Fremd-schlüssel in „Klasse"
Neue Typbeschreibung:	Klasse(⇑**Schul-Name+Postleitzahl**⇑+ **Bezeichnung**, ⇑Personalnummer⇑)

Beziehung:	Schule zu Klasse
Beziehungstyp:	1:CN
Transformationsregel:	T09
Modifikation:	Primärschlüssel von „Schule" wird Fremd-schlüssel in „Klasse"
Neue Typbeschreibung:	Keine Veränderung, da die Modifikation bereits durch T02 erfolgt ist.

Beziehung:	Klasse zu Unterrichtsverpflichtung
Beziehungstyp:	1:N
	(muss als 1:CN-Beziehungstyp realisiert werden)
Transformationsregel:	T09
Modifikation:	Primärschlüssel von „Klasse" wird Fremd-schlüssel in „Unterrichtsverpflichtung"
Neue Typbeschreibung:	Keine Veränderung, da die Modifikation bereits durch T02 erfolgt ist.

Beziehung:	Lehrer zu Unterrichtsverpflichtung
Beziehungstyp:	1:CN
Transformationsregel:	T09
Modifikation:	Primärschlüssel von „Lehrer" wird Fremd-schlüssel in „Unterrichtsverpflichtung"
Neue Typbeschreibung:	Keine Veränderung, da die Modifikation bereits durch T02 erfolgt ist.

Beziehung:	Fach zu Unterrichtsverpflichtung
Beziehungstyp:	1:CN
Transformationsregel:	T09
Modifikation:	Primärschlüssel von „Fach" wird Fremd-schlüssel in „Unterrichtsverpflichtung"
Neue Typbeschreibung:	Keine Veränderung, da die Modifikation bereits durch T02 erfolgt ist.

Beziehung:	Klasse zu Schüler
Beziehungstyp:	1:N
	(muss als 1:CN-Beziehungstyp realisiert werden)
Transformationsregel:	T09
Modifikation:	Primärschlüssel von „Klasse" wird Fremd-schlüssel in „Schüler"
Neue Typbeschreibung:	Schüler(**Vorname+Familienname+ Geburtsdatum**, ⇑Schul-Name+Postleitzahl+ Klassen-Bezeichnung⇑, Adresse)

Beziehung:	Schule zu Unterrichtsraum
Beziehungstyp:	1:CN
Transformationsregel:	T09
Modifikation:	Primärschlüssel von „Schule" wird Fremdschlüssel in „Unterrichtsraum"
Neue Typbeschreibung:	Keine Veränderung, da die Modifikation bereits durch T02 erfolgt ist.

Beziehung:	Unterrichtsraum zu Klasse
Beziehungstyp:	1:CN
Transformationsregel:	T09
Modifikation:	Primärschlüssel von „Unterrichtsraum" wird Fremdschlüssel in „Klasse"
Neue Typbeschreibung:	Klasse (⇑**Schul-Name-1+Postleitzahl-1**⇑+ **Bezeichnung**,
	⇑Personalnummer⇑,
	⇑Schul-Name-2+Postleitzahl-2+ Raum-Nummer⇑)

Bemerkung: Die Attribute-Kombination „Schul-Name+Postleitzahl" bildet *zweimal* einen Fremdschlüssel, der auf eine Schule verweist. Der *erste* Fremdschlüssel verweist auf diejenige Schule, zu der die Klasse gehört (Schul-Name-1+Postleitzahl-1), der *zweite* auf diejenige Schule, zu der der Unterrichtsraum gehört, den die Klasse als Klassenraum nutzt (Schul-Name-2+ Postleitzahl-2). Durch die Zusätze „-1" bzw. „-2" werden innerhalb der Tabelle „Klasse" die Attribut-Bezeichnungen eindeutig gemacht.

Beziehung:	Unterrichtsraum zu Unterrichtsverpflichtung
Beziehungstyp:	M:CN
	(muss als CM:CN-Beziehungstyp realisiert werden)
Transformationsregel:	T12
Neue Typbeschreibung:	Unterrichtsraum/Unterrichtsverpflichtung
	(⇑**Schul-Name-1+Postleitzahl-1+ Raum-Nummer**⇑+
	⇑**Schul-Name-2+Postleitzahl-2+ Klassen-Bezeichnung+ Fach-Bezeichnung+ Personalnummer**⇑)

Bemerkung:

Der Primärschlüssel der Tabelle besteht aus *zwei* Bestandteilen, von denen jeder ein Fremdschlüssel ist.

Der *erste* Fremdschlüssel ist der Primärschlüssel der Tabelle „Unterrichtsraum". Dieser besteht zum einen aus dem Fremdschlüssel, der auf diejenige Schule verweist, in der der Unterrichtsraum liegt, und zum anderen aus der „Raum-Nummer".

Der *zweite* Fremdschlüssel ist der Primärschlüssel der Tabelle „Unterrichtsverpflichtung". Er besteht aus drei Fremdschlüsseln, die auf die Klasse, auf das Fach und auf den Lehrer verweisen.

Auf eine Schule wird also zweimal verwiesen:

1. auf die Schule, in der der Unterrichtsraum liegt,
2. auf die Schule, zu der die Klasse gehört.

Die doppelt auftretenden Attributbezeichnungen „Schul-Name" und „Postleitzahl" werden durch die Zusätze „-1" bzw. „-2" in der Tabelle „Unterrichtsraum/Unterrichtsverpflichtung" eindeutig gemacht.

4.4   Transformation von Rekursiv-Beziehungstypen

Im Abschnitt 2.5 haben wir die Rekursiv-Beziehungstypen besprochen, mit deren Hilfe man einen sachlogischen Zusammenhang zwischen jeweils zwei Objekten beschreiben kann, die demselben Objekttyp angehören. Wir wenden uns nun der Frage zu, wie sich die Rekursiv-Beziehungstypen im relationalen Datenbank-Modell repräsentieren lassen.

7 Klassen von Rekursiv-Beziehungstypen

In der Tabelle 4-2 sind die interessierenden 7 Klassen von Rekursiv-Beziehungstypen einschließlich ihrer an der Diagonale gespiegelten „Gegenstücke" zusammengestellt. Die Reihenfolge der Betrachtung in den folgenden Abschnitten wird durch die laufende Nummer in den Kreisen angegeben.

Da bei den Rekursiv-Beziehungstypen die beiden miteinander in Beziehung stehenden Objekte im *selben* Objekttyp liegen, können sie nicht – wie das bei den dualen Beziehungstypen geschehen ist – durch ihre Zugehörigkeit zum jeweiligen *Objekttyp* voneinander unterschieden werden: Sie müssen stattdessen durch ihre jeweilige *Rolle* voneinander unterschieden werden, die sie in der sachlogischen Beziehung spielen.

Wir führen deshalb eine neue Sprachregelung ein und sprechen allgemein von einem „Sender" (linke Seite des Rekursiv-Beziehungstyps), der eine Nachricht an einen „Empfänger" (rechte Seite des Rekursiv-Beziehungstyps) sendet. Als Beispiel dafür ist in der Abbildung 4-48 der C:CN-Rekursiv-Beziehungstyp dargestellt.

Tab. 4-2: Sieben Klassen von Rekursiv-Beziehungstypen

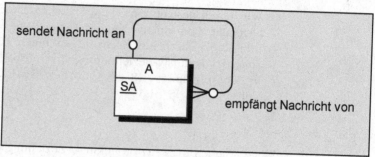

Abb. 4-48: Allgemeine Darstellung der Rekursiv-
Beziehungstypen

**unmögliche
Rekursiv-
Beziehungs-
typen 1:C, 1:N
und C:N**

Mit dieser Sprachregelung können wir die Tabelle 4-2 noch einmal erläutern. Im Abschnitt 2.4.5 wurde bereits ausführlich begründet, warum es die in der Tabelle 4-2 fehlenden Rekursiv-Beziehungstypen 1:C, 1:N und C:N (einschließlich ihrer an der Diagonalen gespiegelten „Gegenstücke") nicht geben kann. Die
Überlegungen erfolgten dort nach dem *Ausschluss-Verfahren*: Es
wurde untersucht, bei welchen *dualen* Beziehungstypen die in
einem sachlogischen Zusammenhang stehenden Objekttypen A
und B eine *unterschiedliche* Mächtigkeit haben müssen. In diesen Fällen sind nämlich Rekursiv-Beziehungstypen unmöglich,
weil die in Beziehung stehenden Objekte *demselben* Objekttyp
angehören, der natürlich nur *eine* Mächtigkeit hat.

Man kann aber auch durch eine *konstruktive* Überlegung zum
selben Ergebnis gelangen.

Betrachten wir die erste Zeile der Tabelle 4-2! Sie enthält diejenigen Fälle, in denen jedes Objekt genau eine Nachricht empfängt (nicht-multipler, nicht-optionaler Empfang). Soll in einem
Objekttyp A jedes Objekt *genau eine* Nachricht von einem anderen Objekt des Objektstyps A empfangen, dann gibt es dafür nur
zwei Möglichkeiten:

1. Jedes Objekt des Objekttyps A sendet genau eine Nachricht
   (1:1-Rekursiv-Beziehungstyp).

2. Mindestens ein Objekt a_1 sendet keine Nachricht (optionale
   Sendung). Dann muss es seine Aufgabe der Nachrichtensendung aber auf ein anderes Objekt a_2 übertragen, denn sonst
   würde ja ein Objekt beim Nachrichten-Empfang „leer ausgehen". Das Objekt a_2 sendet also *zusätzlich* zu „seiner" Nachricht eine weitere Nachricht (multiple Sendung). Das entspricht dem 1:CN-Rekursiv-Beziehungstyp.

Wie steht es nun mit der zweiten Zeile der Tabelle 4-2? Sie enthält jene Fälle, in denen die Objekte höchstens eine Nachricht empfangen, wobei mindestens ein Objekt keine Nachricht empfängt (nicht-multipler, optionaler Empfang). Diese Situation ist wiederum nur durch zwei Möglichkeiten zu realisieren:

1. Mindestens ein Objekt des Objekttyps sendet keine Nachricht, die anderen senden höchstens eine Nachricht (C:C-Rekursiv-Beziehungstyp).

2. Einige Objekte senden keine Nachricht (optionale Sendung), andere senden dafür eine oder mehrere Nachrichten (multiple Sendung). Dies erfolgt aber so, dass die Anzahl der insgesamt gesendeten Nachrichten kleiner ist als die Anzahl der Objekte im Objekttyp. Das entspricht einem C:CN-Rekursiv-Beziehungstyp.

Durch die vorangegangenen Überlegungen wurden die Rekursiv-Beziehungstypen in den dunklen Feldern der Tabelle 4-2 (einschließlich ihrer gespiegelten „Gegenstücke") ausgeschlossen.

Bei der grafischen Darstellung der dualen Beziehungstypen auf der Objektebene haben wir in den vorangegangenen Abschnitten die A- bzw. die B-Objekte jeweils in eine Ellipse eingeschlossen, die durch ihre linke bzw. rechte Position eindeutig als A-Objekttyp bzw. B-Objekttyp festgelegt war. Wir konnten die Beziehungen zwischen einem A- und einem B-Objekt als Doppelpfeil zeichnen, weil die jeweilige Semantik des sachlogischen Zusammenhangs durch die Richtungen $A \rightarrow B$ bzw. $A \leftarrow B$ eindeutig zu erkennen war. Bei den Rekursiv-Beziehungstypen fallen nun der A- und der B-Objekttyp zusammen, sodass bei der grafischen Darstellung einer Beziehung zwischen zwei Objekten die Richtungsangabe in anderer Weise erfolgen muss. Wir symbolisieren durch einen einfachen Pfeil das *Senden* einer Nachricht, sodass die Notation $a_1 \rightarrow a_2$ bedeutet, dass das Objekt a_1 (in seiner Rolle als „Sender") eine Nachricht an das Objekt a_2 sendet und dass das Objekt a_2 (in seiner Rolle als „Empfänger") eine Nachricht vom Objekt a_1 erhält.

In den folgenden Abschnitten untersuchen wir die 7 interessierenden Rekursiv-Beziehungstypen in derjenigen Reihenfolge, die der laufenden Nummer in den Kreisen entspricht, die in der Tabelle 4-2 angegeben sind. Wir werden dabei sehen, dass sich auch einige Rekursiv-Beziehungstypen nicht im relationalen Datenbank-Modell repräsentieren lassen.

Der 1:1-Rekursiv-Beziehungstyp

Beim 1:1-Rekursiv-Beziehungstyp muss jedes Objekt des Objekttyps genau eine Nachricht an ein Objekt desselben Objekttyps senden. Umgekehrt muss jedes Objekt genau eine Nachricht von einem anderen Objekt empfangen. Die Abbildung 4-49 zeigt die vorliegenden Verhältnisse.

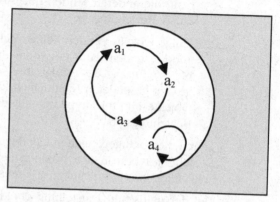

Abb. 4-49: 1:1-Rekursiv-Beziehungstyp

Wie man aus der Abbildung 4-49 erkennt, lassen sich ausschließlich *Objekte-Zyklen* ($a_1 \rightarrow a_2 \rightarrow a_3 \rightarrow a_1$) bilden, die im Minimalfall aus nur einem einzigen Objekt bestehen und dann einen *Ein-Objekt-Zyklus* darstellen ($a_4 \rightarrow a_4$).

Bei der Repräsentation von Rekursiv-Beziehungstypen im relationalen Datenbank-Modell muss zunächst jedes Objekt des Objekttyps A – unabhängig von den anderen Objekten dieses Objekttyps – in einer Tabellenzeile gespeichert werden. Die Beziehung zwischen zwei Objekten a_1 und a_2 kann nun dadurch ausgedrückt werden, dass in der Tabellenzeile von a_2 (beim Empfänger) auf das Objekt a_1 (auf den Sender) verwiesen wird. Der Verweis wird – wie schon bei den dualen Beziehungstypen – durch Abspeichern des Identifikators von a_1 realisiert. Dieser Identifikator ist aber der Wert, den der Primärschlüssel von A im Fall des Objekts a_1 annimmt. Die Tabelle für den Objekttyp A muss somit den Schlüssel des Objekttyps A in einer doppelten Ausführung aufnehmen:

Schlüssel in
doppelter
Ausführung

1. als *Primärschlüssel*, um jede Tabellenzeile eindeutig zu identifizieren;

2. als *Fremdschlüssel*, um auf eine andere (oder auch auf dieselbe) Zeile der Tabelle – nämlich auf den Sender – zu verweisen.

Da die Spaltenbezeichnungen einer Tabelle paarweise voneinander verschieden sein müssen, ist es erforderlich, für das Attribut
(bzw. die Attribute) des Primärschlüssels im Fall ihrer „Wieder-
geburt" als Fremdschlüssel andere Bezeichnungen zu vergeben.

Transformationsregel T13   (1:1-Rekursiv-Beziehungstyp)

Entity-Relationship-Modell		relationales Datenbank-Modell
Objekttyp A mit Schlüssel <u>SA</u>	⇒	Tabelle A mit Primärschlüssel **<u>SA</u>**
1:1-Rekursiv-Beziehungstyp	⇒	**<u>SA</u>** wird in A mit geänderten Attribut-bezeichnungen „gedoppelt" und als ein-gabepflichtiger unikaler Fremdschlüssel ⇑**SA'**⇑ vereinbart, der auf den Sender verweist.
Speicherbedarf für den Beziehungstyp		$\overline{\overline{A}} \cdot Len(\underline{SA})$

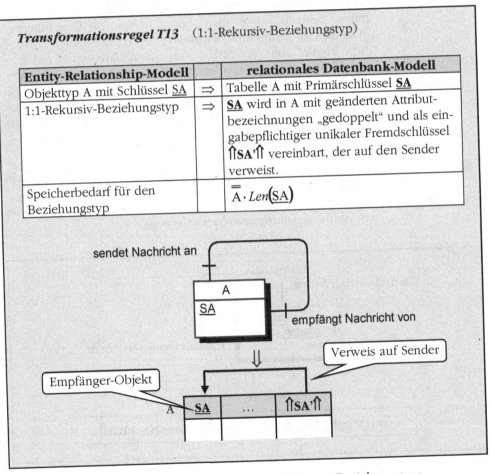

Abb. 4-50: Transformation eines 1:1-Rekursiv-Beziehungstyps

Im relationalen Datenbank-Modell lässt sich die Forderung, dass jedes Objekt genau eine Nachricht empfangen muss, einfach dadurch sichern, dass der Fremdschlüssel, der auf den Sender verweist, als *eingabepflichtig* deklariert wird, dass also jedes Objekt auf „sein" Sender-Objekt verweisen muss. Dass mehrere Empfänger ein und dasselbe Objekt als „ihren" Sender angeben können, wird durch die *Unikalität* des Fremdschlüssels verhindert.

Transformationsregel T13

Wie wir bei den dualen Beziehungstypen im Abschnitt 4.3 gesehen haben, lässt es sich im relationalen Datenbank-Modell im Allgemeinen nicht durchsetzen, dass auf jedes Objekt auch tatsächlich ein Verweis zeigt, dass also jedes Objekt ein Sender sein muss. Deshalb dürfte man einen 1:1-Rekursiv-Beziehungstyp eigentlich gar nicht ohne Semantikverlust repräsentieren können. Nun kommt aber bei den Rekursiv-Beziehungstypen der Umstand hinzu, dass der Sender und der Empfänger im selben Objekttyp A liegen. Das erzwingt, dass jede von einem A-Objekt empfangene Nachricht auch von einem A-Objekt gesendet werden muss, dass also auf jedes A-Objekt tatsächlich genau ein Verweis zeigt. Die Transformationsregel T13 ist in der Abbildung 4-50 dargestellt.

Beispiel für die Transformationsregel T13

Als Beispiel betrachten wird eine Turnergruppe, die bei einem Sportfest einen Kreis bilden soll. Für jeden Turner wird festgelegt, wer sein rechter Nachbar ist. In der Abbildung 4-51 ist die erforderliche Transformation wiedergegeben.

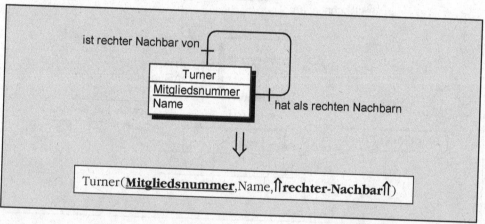

Abb. 4-51: Beispiel für die Transformationsregel T13

Von jedem Turner aus wird obligatorisch auf seinen (einzigen) rechten Nachbarn verwiesen. Aufgrund der Unikalität des Fremdschlüssels wird außerdem gesichert, dass ein Turner nur für *einen* anderen Turner rechter Nachbar sein kann. Da jedem Turner ein rechter Nachbar zugeordnet wird, muss auch jeder Turner rechter Nachbar genau eines anderen Turners sein. Dadurch wird die Kreisstruktur der Aufstellung der Turner erzwungen. Allerdings lässt sich durch die Tabellen-Typbeschreibung nicht ausschließen, dass ein Turner als sein eigener rechter Nachbar eingesetzt wird (Ein-Objekt-Zyklus).

Integritäts-verletzung

Die Vereinbarung eines 1:1-Rekursiv-Beziehungstyps durch die entsprechende Tabellen-Typbeschreibung ist somit in einfacher Weise möglich. Schwieriger wird es jedoch, die Einspeicherung von Datensätzen in die Tabelle in einer Weise vorzunehmen, dass dabei keine Integritätsverletzung auftritt. Dabei muss man zwei Fälle unterscheiden:

1. *Ein-Objekt-Zyklen sind erlaubt:* Der erste Datensatz lässt sich speichern, wenn er auf sich selbst verweist, also einen Ein-Objekt-Zyklus bildet. Jeder weitere Datensatz muss entweder wieder auf sich selbst verweisen oder er muss im Rahmen einer Transaktion in einen der bereits bestehenden Objekte-Zyklen eingefügt werden.

2. *Ein-Objekt-Zyklen sind nicht erlaubt:* Bei der ersten Speicherung müssen im Rahmen einer Transaktion mindestens zwei Datensätze gespeichert werden, die aufeinander verweisen und dadurch einen Zwei-Objekte-Zyklus bilden. Soll ein weiterer Zwei-Objekte-Zyklus angelegt werden, müssen in gleicher Weise zwei Datensätze gespeichert werden. Soll ein Datensatz allein gespeichert werden, dann muss er im Rahmen einer Transaktion in einen bereits bestehenden Objekte-Zyklus eingefügt werden.

Im Turner-Beispiel sind Ein-Objekt-Zyklen verboten: Ein Turner kann nicht selbst sein rechter Nachbar sein! Soll in einen bisher aus drei Turnern bestehenden Kreis (12→15→17→12) als rechter Nachbar des Turners 17 der Turner Lehmann mit der Mitgliedsnummer 22 eingefügt werden, dann sind im Rahmen einer Transaktion zwei Aktivitäten auszuführen:

1. Speichern des Datensatzes für den Turner 22 mit dem Verweis auf den Turner 12 als rechten Nachbarn.

2. Ändern des Verweises beim Turner 17, der nun als rechten Nachbarn den neuen Turner 22 erhält.

Die Abbildung 4-52 zeigt die Tabelle vor, während und nach der Transaktion.

vor der Transaktion:

Turner

Mitgliedsnummer	Name	rechter Nachbar
12	Jahn	15
15	Meier	17
17	Müller	12

nach der 1. Aktivität der Transaktion:

Turner

Mitgliedsnummer	Name	rechter Nachbar
12	Jahn	15
15	Meier	17
17	Müller	12
22	Lehmann	12

nach der Transaktion:

Turner

Mitgliedsnummer	Name	rechter Nachbar
12	Jahn	15
15	Meier	17
17	Müller	22
22	Lehmann	12

Abb. 4-52: Transaktion zur Speicherung bei einem
1:1-Rekursiv-Beziehungstyp

Nach dem Abschluss der ersten Aktivität ist die Datenintegrität verletzt, weil zwei Turner denselben Turner 12 als ihren rechten Nachbarn ausweisen. Erst nach der zweiten Aktivität ist diese Verletzung wieder beseitigt. Man erkennt, dass beide Aktivitäten unbedingt im Rahmen einer Transaktion ablaufen müssen, die sicherstellt, dass entweder beide Aktivitäten gemeinsam ausgeführt werden oder dass keine der beiden Aktivitäten ausgeführt wird.

4.4.2   Der C:C-Rekursiv-Beziehungstyp

Beim C:C-Rekursiv-Beziehungstyp kann ein Objekt keine oder eine Nachricht an ein anderes Objekt (oder an sich selbst) senden. Andererseits kann ein Objekt keine oder eine Nachricht empfangen. In der Abbildung 4-53 ist diese Situation schematisch dargestellt.

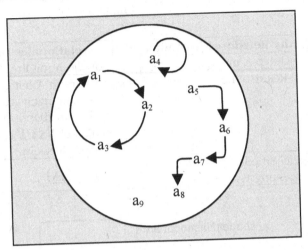

Abb. 4-53: C:C-Rekursiv-Beziehungstyp

Beim C:C-Rekursiv-Beziehungstyp sind also – ebenso wie schon beim 1:1-Rekursiv-Beziehungstyp – *Objekte-Zyklen* wie zum Beispiel ($a_1 \rightarrow a_2 \rightarrow a_3 \rightarrow a_1$) möglich, die im Minimalfall zu einem *Ein-Objekt-Zyklus* ($a_4 \rightarrow a_4$) werden. Darüber hinaus kann es nun jedoch auch *Objekte-Ketten* ($a_5 \rightarrow a_6 \rightarrow a_7 \rightarrow a_8$) geben, die im Minimalfall nur aus einem einzigen Objekt bestehen (a_9). Ein solches *singuläres Objekt* ist dann weder Sender noch Empfänger.

Die Art der Transformation eines C:C-Rekursiv-Beziehungstyps in das relationale Datenbank-Modell hängt davon ab, ob es viele oder wenige Objekte gibt, die Empfänger einer Nachricht sind.

Transforma-
tionsregel T14
Betrachten wir zuerst den Fall, dass nahezu alle Objekte eine Nachricht empfangen, dass sie also meistens einen Verweis auf „ihren" Sender benötigen. Der Sender kann der Empfänger selbst oder ein anderes Objekt sein. Da nicht jedes Objekt ein Empfänger ist, muss der Fremdschlüssel, der auf den Sender verweist, als nicht-eingabepflichtig deklariert werden. Außerdem muss er

unikal sein, damit ein Objekt a_1 nur von höchstens einem Objekt a_2 als „sein" Sender ausgewiesen werden kann. Die Abbildung 4-54 zeigt die entsprechende Transformationsregel T14.

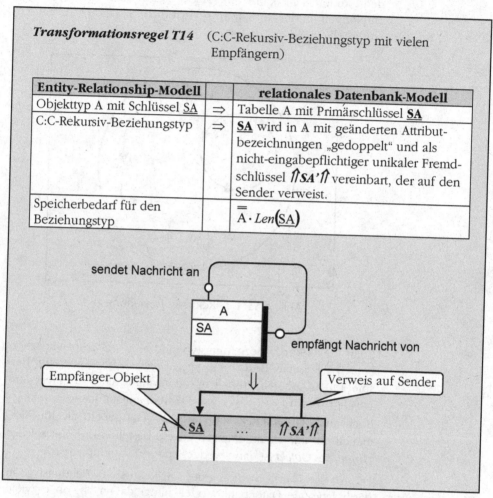

Transformationsregel T14   (C:C-Rekursiv-Beziehungstyp mit vielen Empfängern)

Entity-Relationship-Modell		**relationales Datenbank-Modell**
Objekttyp A mit Schlüssel <u>SA</u>	⇒	Tabelle A mit Primärschlüssel **<u>SA</u>**
C:C-Rekursiv-Beziehungstyp	⇒	**<u>SA</u>** wird in A mit geänderten Attributbezeichnungen „gedoppelt" und als nicht-eingabepflichtiger unikaler Fremdschlüssel ⇑*SA'*⇑ vereinbart, der auf den Sender verweist.
Speicherbedarf für den Beziehungstyp		$\overset{=}{A} \cdot Len(\underline{SA})$

Abb. 4-54: Transformation eines C:C-Rekursiv-Beziehungstyps mit vielen Empfängern

Beispiel für die Transformationsregel T14	Nehmen wir als Beispiel an, dass in einem Busreise-Unternehmen festgelegt wird, welcher Bus als Ersatzbus verwendet werden soll, wenn ein Bus defekt ist. Dabei soll ein Bus höchstens für einen anderen Bus als Ersatz dienen. Für die wenigen neuen

Busse mit geringer Ausfallwahrscheinlichkeit wird kein Ersatz vorgesehen, und sie können auch nicht als Ersatz dienen, da sie ständig im Einsatz sind (singuläre Objekte). Für einige Busse wird festgelegt, dass sie im Fall eines Schadens schnell repariert werden; sie sind dann Ersatz für sich selbst (Ein-Objekt-Zyklen). Typischerweise wird aber für jeden Bus ein anderer als Ersatz festgelegt und jeder Bus kann als Ersatz für einen Bus dienen (Objekte in einem Mehr-Objekte-Zyklus oder „innere Objekte" in einer Objekte-Kette). In seltenen Fällen ist es aber auch nicht auszuschließen, dass ein Bus zwar nicht als Ersatz dienen kann, aber im Notfall einen Ersatz braucht (Anfangsglied einer Objekte-Kette). Ebenso kann ein Bus lediglich in der Reserve gehalten werden, also nur als Ersatz dienen, ohne selbst einen Ersatz zu benötigen (Endglied einer Objekte-Kette).

Es gibt nur wenige Busse, die nicht auf „ihren" Ersatzbus verweisen. Die Repräsentation dieses C:C-Rekursiv-Beziehungstyps erfolgt also nach der Transformationsregel T14, wie das in der Abbildung 4-55 gezeigt wird.

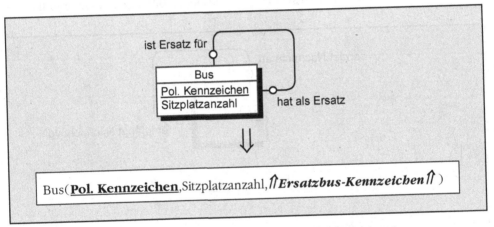

Abb. 4-55: Beispiel für die Transformationsregel T14

Da der Fremdschlüssel *ꮟErsatzbus-Kennzeichenꮟ* nicht-eingabepflichtig ist, kann ein Bus auf keinen oder auf einen Bus (auch auf sich selbst) als Ersatzbus verweisen. Da der Fremdschlüssel unikal ist, kann auf einen Ersatzbus nur von *einem* anderen Bus verwiesen werden. Andererseits ist nicht gefordert – und kann auch gar nicht gefordert werden –, dass jeder Wert des Primärschlüssels **Pol. Kennzeichen** auch tatsächlich als Fremdschlüsselwert auftritt. Somit kann es auch Busse geben, die nicht durch einen Fremdschlüsselwert als Ersatzbusse ausgewiesen sind.

C:C-Rekursiv-Beziehungstyp mit wenigen Empfängern

Gibt es im Objekttyp A, dessen Objekte durch einen C:C-Rekursiv-Beziehungstyp miteinander in Beziehung stehen, nur wenige Empfänger-Objekte, dann wird der Fremdschlüssel, der auf den Sender verweist, häufig mit der NULL-Marke belegt. Die Transformationsregel T14 führt dann zu einer ungünstigen Tabellenstruktur. In diesem Fall ist es besser, wenn man eine Koppel-Tabelle A/A einführt, in der die Sender-Empfänger-Kopplungen gespeichert werden.

Die Repräsentation des C:C-Rekursiv-Beziehungstyps durch eine Koppel-Tabelle entspricht im Datenmodell der Umwandlung des Rekursiv-Beziehungstyps in einen neuen Objekttyp, mit dem der Objekttyp A durch zwei 1:C-Beziehungstypen verbunden ist. Wir haben die bisherigen Beziehungstyp-Richtungen mit der Semantik „A *sendet Nachricht an* A" bzw. „A *empfängt Nachricht von* A" belegt. Der neue Objekttyp entspricht dann einer „Sendung", die ein A-Objekt auslöst und die ein A-Objekt empfängt. Dieses Umwandlungsverfahren ist in der Abbildung 4-56 dargestellt.

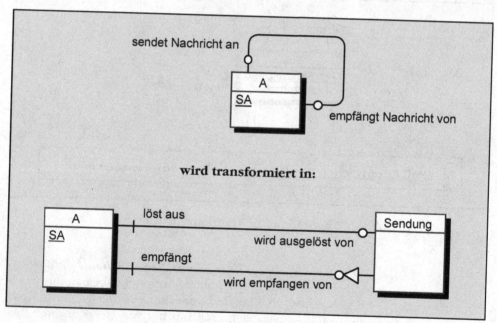

Abb. 4-56: Umwandlung eines C:C-Rekursiv-Beziehungstyps in zwei 1:C-Beziehungstypen

Jede der beiden Beziehungstyp-Richtungen, die von der „Sendung" zu A führen, kann die Objekte im Objekttyp „Sendung" identifizieren. In der Abbildung 4-56 wurde willkürlich die Beziehungstyp-Richtung „Sendung *wird empfangen von* A" gewählt.

Stellt man den Objekttyp „Sendung" im relationalen Datenbank-Modell als eine Koppel-Tabelle A/A dar, dann erscheint in dieser Tabelle der Primärschlüssel von A in doppelter Ausführung:

1. als Fremdschlüssel, der auf den *Empfänger* der Nachricht verweist, und

2. als Fremdschlüssel, der auf den *Sender* der Nachricht verweist.

Transformationsregel T15

Jeder dieser Fremdschlüssel ist für sich unikal: Dadurch kann ein Objekt nur einmal als Empfänger und nur einmal als Sender ausgewiesen werden. Beide Fremdschlüssel werden als eingabepflichtig vereinbart: Es muss also zu jedem Empfänger auch einen Sender geben und umgekehrt. Da jeder der beiden Fremdschlüssel unikal ist, kann jeder als Primärschlüssel der Koppel-Tabelle dienen. Wir wählen bei unserer Darstellung willkürlich den Fremdschlüssel, der auf den Empfänger verweist. Die Transformationsregel T15 ist in der Abbildung 4-57 wiedergegeben.

Durch die Koppel-Tabelle A/A wird der Beziehungstyp als eine Menge von Paaren (Sender,Empfänger) dargestellt. A/A ist dann die Mächtigkeit des Beziehungstyps, also die Anzahl der Paare. Das Produkt aus der Anzahl der Paare und der doppelten Länge des Fremdschlüssels ergibt den Speicherbedarf für den Beziehungstyp.

Beispiel für die Transformationsregel T15

Die Transformationsregel T15 soll durch das folgende Beispiel veranschaulicht werden. In großen Städten gibt es einige wenige lange Straßenzüge, die – aus historischen Gründen oder im Interesse einer besseren Orientierungsmöglichkeit – abschnittsweise unterschiedliche Namen tragen. Wir nehmen nun an, dass ein Straßenabschnitt höchstens *einen* anderen Straßenabschnitt als Nachfolger hat und selbst höchstens Nachfolger *eines* Straßenabschnitts ist. Dabei muss man natürlich eine Nachfolge-Richtung festlegen: Sie könnte vom Stadtzentrum zur Stadtgrenze zeigen oder – bei Ringstraßen – dem Uhrzeigersinn folgen. Da man bei einer großen Anzahl von Straßen in der Stadt die Nachfolge-Beziehung eher als Ausnahme werten muss, ist die Transformationsregel T15 anzuwenden, wie das die Abbildung 4-58 zeigt.

Transformationsregel T15   (C:C-Rekursiv-Beziehungstyp mit wenigen
Empfängern)

Entity-Relationship-Modell		relationales Datenbank-Modell
Objekttyp A mit Schlüssel <u>SA</u>	⇒	Tabelle A mit Primärschlüssel <u>SA</u>
C:C-Rekursiv-Beziehungstyp	⇒	Koppel-Tabelle A/A, die <u>SA</u> in zwei Exemplaren als eingabepflichtige unikale Fremdschlüssel enthält: als Empfänger-Fremdschlüssel ⇑<u>SA</u>⇑ und als Sender-Fremdschlüssel ⇑<u>SA'</u>⇑. Der Empfänger-Fremdschlüssel bildet den Primärschlüssel von A/A.
Speicherbedarf für den Beziehungstyp		$A/A \cdot 2 \cdot Len(\underline{SA})$

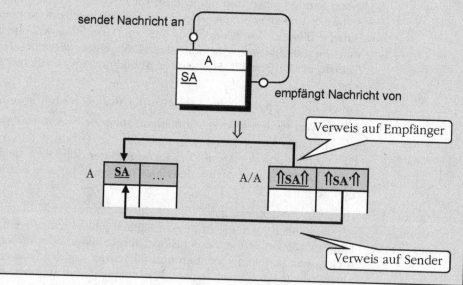

Abb. 4-57: Transformation eines C:C-Rekursiv-Beziehungstyps
mit wenigen Empfängern

Als Primärschlüssel der Koppel-Tabelle „Straßenabschnitt/Stra-
ßenabschnitt" wurde der Name des Vorgänger-Straßenabschnitts
gewählt. Da jedes Exemplar des Fremdschlüssels *für sich* unikal
ist, kann jeder Straßenabschnitt höchstens Vorgänger bzw. Nach-

folger *eines* Straßenabschnitts sein. In einzelne Abschnitte gegliederte Ringstraßen sind auch möglich. Allerdings kann man durch diese Typbeschreibungen Ein-Objekt-Zyklen nicht ausschließen: In diesem Fall haben beide Fremdschlüssel denselben Wert. Das muss durch das Anwendungsprogramm verhindert werden.

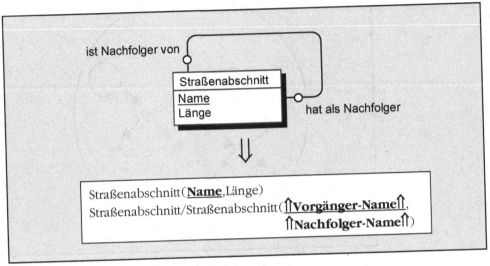

Abb. 4-58: Beispiel für die Transformationsregel T15

4.4.3   Der 1:CN-Rekursiv-Beziehungstyp

Beim 1:CN-Rekursiv-Beziehungstyp kann ein Objekt keine, eine oder mehrere Nachrichten senden, es muss aber stets genau eine Nachricht empfangen. Das entspricht einem 1:1-Rekursiv-Beziehungstyp, der um die Möglichkeit erweitert wurde, dass einige Objekte gar nicht als Sender oder als Sender mehrerer Nachrichten in Erscheinung treten. Da jedes Objekt des Objekttyps A genau eine Nachricht empfangen muss, müssen $\overline{\overline{A}}$ Nachrichten gesendet werden. Für jedes „Nicht-Sender-Objekt" muss also ein anderes – gewissermaßen sein Stellvertreter – eine zusätzliche Nachricht senden. Diese Situation ist in der Abbildung 4-59 dargestellt.

Wie schon beim 1:1-Rekursiv-Beziehungstyp, so sind auch hier die Grundstrukturen des möglichen Objekte-Graphen *Objekte-Zyklen* $(a_1 \rightarrow a_2 \rightarrow a_3 \rightarrow a_1)$ mit dem Minimalfall des *Ein-Objekt-Zyklus'* $(a_6 \rightarrow a_6)$. Jedes Objekt eines Zyklus' kann nun aber die

Wurzel einer Monohierarchie[23], also eines Baums, sein. In der Abbildung 4-59 sind das die Objekte a_3 und a_6.

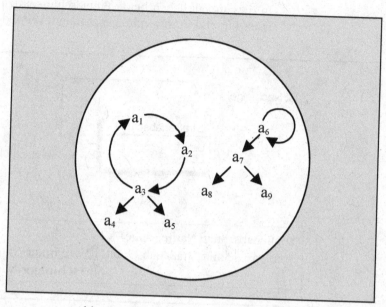

Abb. 4-59: 1:CN-Rekursiv-Beziehungstyp

Transforma-
tionsregel T16

Bei der Transformation des 1:CN-Rekursiv-Beziehungstyps muss der Identifikator des Senders eingabepflichtig beim Empfänger hinterlegt werden. Da dieser Fremdschlüssel als nicht-unikal deklariert wird, können mehrere Empfänger-Objekte ein und dasselbe Objekt als „ihren" Sender angeben. Die Abbildung 4-60 zeigt die Transformationsregel T16.

Beispiel für die
Transforma-
tionsregel T16

Nehmen wir als Beispiel an, dass für die Festschrift eines Vereins von jedem Mitglied ein Foto benötigt wird. Im Interesse der Kostendämpfung wird kein Berufs-Fotograf hinzugezogen. Jedes Mitglied muss genau einmal fotografiert werden. Manche Mitglieder fotografieren überhaupt nicht, andere müssen dafür umso mehr Mitglieder fotografieren. Soll auch für jeden Fotografen ein Foto angefertigt werden, dann muss er sich entweder selbst fotogra-

---

[23] In einer Monohierarchie hat jedes Objekt kein, ein oder mehre untergeordnete Objekte, jedes Objekt – mit Ausnahme der Wurzel – hat aber genau ein übergeordnetes Objekt.

fiéren, also ein „Selfie" von sich machen (Ein-Objekt-Zyklus), oder es muss ihn jemand fotografieren, der selbst fotografiert wird (Mehr-Objekte-Zyklus). Die erforderliche Transformation ist in der Abbildung 4-61 dargestellt.

Transformationsregel T16   (1:CN-Rekursiv-Beziehungstyp)

Entity-Relationship-Modell		relationales Datenbank-Modell
Objekttyp A mit Schlüssel <u>SA</u>	⇒	Tabelle A mit Primärschlüssel **<u>SA</u>**
1:CN-Rekursiv-Beziehungstyp	⇒	**<u>SA</u>** wird in A mit anderen Attribut-bezeichnungen „gedoppelt" und als ein-gabepflichtiger nicht-unikaler Fremd-schlüssel ⇑SA'⇑ vereinbart, der auf den Sender verweist.
Speicherbedarf für den Beziehungstyp		$\overline{\overline{A}} \cdot Len(\underline{SA})$

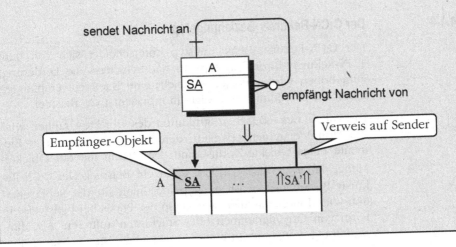

Abb. 4-60: Transformation eines 1:CN-Rekursiv-Beziehungstyps

Da der Fremdschlüssel ⇑Fotografen-Mitgliedsnummer⇑ eingabe-pflichtig ist, muss jedes Mitglied auf dasjenige Mitglied (eventuell auf sich selbst) verweisen, das ihn fotografiert hat. Da anderer-seits der Fremdschlüssel nicht-unikal ist, können mehrere Mitglieder auf ein und dasselbe Mitglied verweisen, von dem sie fotografiert wurden.

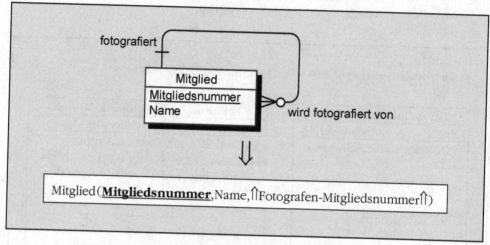

Abb. 4-61: Beispiel für die Transformationsregel T16

4.4.4   Der C:CN-Rekursiv-Beziehungstyp

Der C:CN-Rekursiv-Beziehungstyp unterscheidet sich von dem 1:CN-Rekursiv-Beziehungstyp nur dadurch, dass die Forderung, aufgehoben wird, dass jedes Objekt eine Nachricht empfangen muss. Die Abbildung 4-62 zeigt ein repräsentatives Beispiel.

Die Palette der möglichen Strukturen des Objekte-Graphen wird um Monohierarchien erweitert, deren Wurzeln nicht mehr Elemente eines Objekte-Zyklus' sind. Der Baum mit der Objekte-Menge $\{a_{10}, a_{11}, a_{12}, a_{13}, a_{14}, a_{15}\}$ ist dafür ein Beispiel. Der C:CN-Rekursiv-Beziehungstyp ist somit prädestiniert für die Repräsentation von Monohierarchien, wie sie in der Praxis beispielsweise in Form von Organigrammen oder Stücklisten auftreten. Als Minimalfall eines „Baums" ist auch eine Objekte-Liste ($a_{16} \rightarrow a_{17}$) möglich. Diese Liste kann auch nur aus einem einzigen Element (a_{18}) bestehen.

Transformationsregel T17

Die Form der Transformation eines C:CN-Rekursiv-Beziehungstyps in das relationale Datenbank-Modell richtet sich danach, ob es viele oder wenige Objekte gibt, die keine Nachricht empfangen. Sind die meisten Objekte Empfänger einer Nachricht, dann verweisen sie auf „ihren" jeweiligen Sender. Deshalb wird der

Fremdschlüssel als nicht-eingabepflichtig und nicht-unikal deklariert. Die Transformationsregel T17 ist in der Abbildung 4-63 dargestellt.

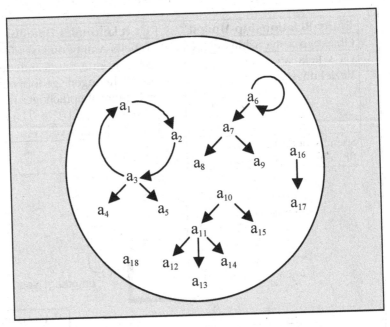

Abb. 4-62: C:CN-Rekursiv-Beziehungstyp

Beispiel für die Transformationsregel T17

Betrachten wir als Beispiel die Leitungs-Hierarchie im Unternehmen. Ein Mitarbeiter kann ohne Leitungsfunktion sein, er kann aber auch andere Mitarbeiter anleiten. Dies kann über mehrere Hierarchie-Stufen hinweg erfolgen. Andererseits haben die meisten Mitarbeiter genau einen Chef. Die Mitarbeiter der obersten Leitungsebene haben keinen Chef. Die Transformation ist in der Abbildung 4-64 wiedergegeben.

Der Fremdschlüssel ⇑Chef-Personalnummer⇑ ist nicht-eingabepflichtig: Somit kann es Mitarbeiter ohne Chef geben. Da der Fremdschlüssel nicht-unikal ist, können mehrere Mitarbeiter auf denselben Chef verweisen. Schon an diesem einfachen Beispiel sieht man deutlich, dass der C:CN-Rekursiv-Beziehungstyp wesentlich mehr Objekte-Strukturen zulässt, als für die Repräsentation monohierarchischer Zusammenhänge benötigt werden:

Transformationsregel T17   (C:CN-Rekursiv-Beziehungstyp mit vielen Empfängern)

Entity-Relationship-Modell		relationales Datenbank-Modell
Objekttyp A mit Schlüssel <u>SA</u>	⇒	Tabelle A mit Primärschlüssel **<u>SA</u>**
C:CN-Rekursiv-Beziehungstyp	⇒	**<u>SA</u>** wird in A mit geänderten Attributbezeichnungen „gedoppelt" und als nicht-eingabepflichtiger nicht-unikaler Fremdschlüssel *⇑SA'⇑* vereinbart, der auf den Sender verweist.
Speicherbedarf für den Beziehungstyp		$\overline{\overline{A}} \cdot Len(\underline{SA})$

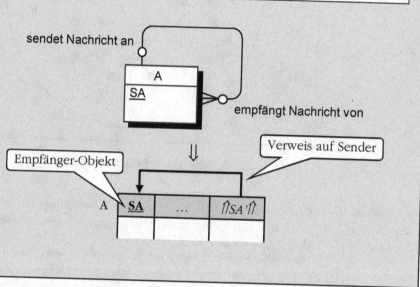

Abb. 4-63: Transformation eines C:CN-Rekursiv-Beziehungstyps mit vielen Empfängern

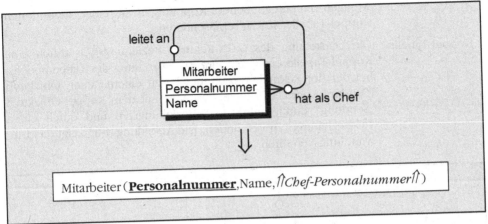

Abb. 4-64: Beispiel für die Transformationsregel T17

- *Mehr-Objekte-Zyklus:* Der Mitarbeiter mit der Personalnummer 0815 kann Chef des Mitarbeiters 0816 sein. Dieser kann den Mitarbeiter 0817 anleiten, der wiederum Chef des Mitarbeiters 0815 ist.

- *Ein-Objekt-Zyklus:* Ein Mitarbeiter kann als sein eigener Chef ausgewiesen sein, wenn nämlich in einem Datensatz die Werte von Primärschlüssel und Fremdschlüssel übereinstimmen.

- *Mehr-Objekte-Kette:* Ein Mitarbeiter kann einen einzigen Mitarbeiter anleiten, der wiederum Chef eines einzigen Mitarbeiters ist.

- *Ein-Objekt-Kette:* Ein Mitarbeiter, der keinen Chef hat, leitet auch selbst niemanden an (singuläres Objekt).

In der Praxis sind solche Strukturen gewöhnlich verboten, sie können aber durch die Tabellen-Typbeschreibung nicht verhindert werden. Die Anwendungs-Software muss sicherstellen, dass die fehlerhaften Strukturen, die der C:CN-Rekursiv-Beziehungstyp möglich macht, nicht realisiert werden können.

C:CN-Rekursiv-Beziehungstyp mit wenigen Empfängern

Betrachten wir nun den Fall, dass es nur wenige Objekte gibt, die eine Nachricht empfangen. Man hat es dann mit Objekte-Strukturen zu tun, bei denen viele singuläre Objekte und/oder viele kurze Bäume bzw. Ketten auftreten. In einer solchen Situation wäre der Fremdschlüssel, der auf den Sender verweist, häufig mit der NULL-Marke belegt. Deshalb ist es günstiger, die wenigen Empfänger-Sender-Kopplungen in einer gesonderten Koppel-Tabelle A/A zu repräsentieren.

Koppel-Tabelle

Die Darstellung des C:CN-Rekursiv-Beziehungstyps durch eine Koppel-Tabelle entspricht einer Umwandlung des Datenmodells, bei der der Rekursiv-Beziehungstyp zu einem neuen Objekttyp „Sendung" wird. Der Objekttyp A ist mit dem Koppel-Objekttyp „Sendung" durch einen 1:CN-Beziehungstyp und durch einen 1:C-Beziehungstyp verbunden. Die Abbildung 4-65 zeigt das Umwandlungsverfahren.

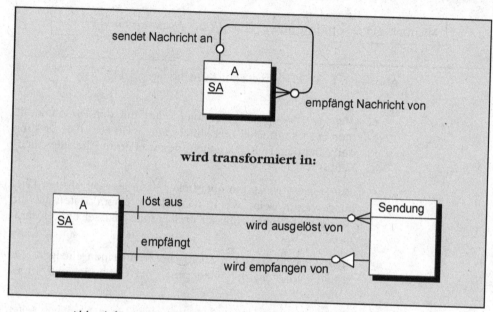

Abb. 4-65: Umwandlung eines C:CN-Rekursiv-Beziehungstyps in einen 1:CN- und einen 1:C-Beziehungstyp

Die Beziehungstyp-Richtung „Sendung *wird empfangen von* A" übernimmt die Identifizierung der Objekte im Objekttyp „Sendung".

Stellt man den Objekttyp „Sendung" im relationalen Datenbank-Modell als eine Koppel-Tabelle A/A dar, dann taucht in dieser Tabelle der Primärschlüssel von A zweimal als eingabepflichtiger Fremdschlüssel auf. Er verweist einmal auf den Empfänger und einmal auf den Sender der Nachricht. Der Empfänger-Fremdschlüssel ist unikal: Ein Objekt kann somit nur einmal als ein Empfänger auftreten. Dieser Fremdschlüssel ist der Primärschlüssel der Koppel-Tabelle. Der Sender-Fremdschlüssel wird dagegen als nicht-unikal vereinbart: mehrere Empfänger können dann auf denselben Sender verweisen. Die Transformationsregel T18 in der Abbildung 4-66 beschreibt dieses Vorgehen.

Transformationsregel T18   (C:CN-Rekursiv-Beziehungstyp mit wenigen Empfängern)

Entity-Relationship-Modell		relationales Datenbank-Modell
Objekttyp A mit Schlüssel <u>SA</u>	⇒	Tabelle A mit Primärschlüssel **<u>SA</u>**
C:CN-Rekursiv-Beziehungstyp	⇒	Koppel-Tabelle A/A, die **<u>SA</u>** in zwei Exemplaren als eingabepflichtige Fremdschlüssel enthält. Der Empfänger-Fremdschlüssel ⇑**SA**⇑ wird als unikal vereinbart und bildet den Primärschlüssel von A/A, der Sender-Fremdschlüssel ⇑SA'⇑ wird als nicht-unikal vereinbart.
Speicherbedarf für den Beziehungstyp		$\overline{A/A} \cdot 2 \cdot Len(\underline{SA})$

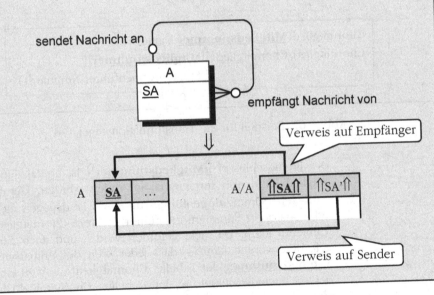

Abb. 4-66: Transformation eines C:CN-Rekursiv-Beziehungstyps mit wenigen Empfängern

Beispiel für die
Transforma-
tionsregel T18

Betrachten wir als Beispiel einen gemischten Chor, in dem es für die Stimmgruppen (Sopran, Alt, Tenor und Bass) jeweils einen Stimmgruppenführer gibt. Nach einer Chorprobe informiert der Stimmgruppenführer die Chormitglieder seiner Stimmgruppe, die bei der Probe gefehlt haben, über die Festlegungen, die auf der Probe getroffen wurden. Am Ende jeder Chorprobe muss gespeichert werden, welches fehlende Chormitglied durch welchen Stimmgruppenführer informiert wird. Da in einem guten Chor nur wenige Chormitglieder bei den Proben fehlen, ist die Transformationsregel T18 anzuwenden, wie das die Abbildung 4-67 zeigt.

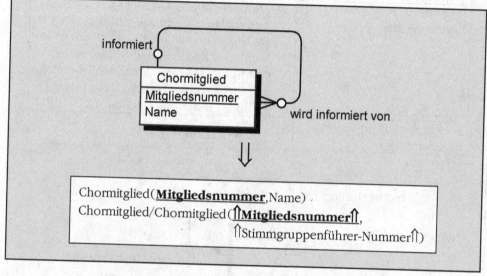

Abb. 4-67: Beispiel für die Transformationsregel T18

Der Fremdschlüssel ⇑**Mitgliedsnummer**⇑ ist unikal: Ein Chormitglied kann also nur einmal informiert werden. Der Fremdschlüssel ⇑Stimmgruppenführer-Nummer⇑ ist dagegen nicht-unikal, sodass ein Stimmgruppenführer mehrere Chormitglieder informieren kann. Da nicht gefordert wird – und auch gar nicht gefordert werden kann –, dass jeder Wert des Primärschlüssels **Mitgliedsnummer** der Tabelle „Chormitglied" als Wert einer der beiden Fremdschlüssel in der Tabelle „Chormitglied/Chormitglied" auftauchen soll, kann es Chormitglieder geben, die nicht informieren, andere, die nicht informiert werden, und wieder andere, die weder informieren noch informiert werden.

<table>
<tr><td>4.4.5</td><td>

Der CM:CN-Rekursiv-Beziehungstyp

</td></tr>
</table>

Der CM:CN-Rekursiv-Beziehungstyp stellt keine einschränkenden Bedingungen an die Struktur, in der die Objekte eines Objekttyps A miteinander in Beziehung stehen können. Jedes Objekt kann keine, eine oder mehrere Nachrichten senden, andererseits kann jedes Objekt keine, eine oder mehrere Nachrichten empfangen. Die Abbildung 4-68 vermittelt davon einen Eindruck, ohne dass sie alle Möglichkeiten darstellen kann.

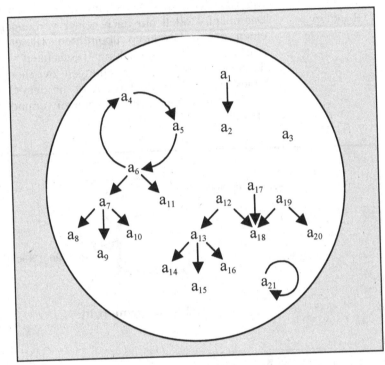

Abb. 4-68: CM:CN-Rekursiv-Beziehungstyp

beliebig strukturierte Netzwerke

Es lassen sich beliebig strukturierte Netzwerke darstellen. Insbesondere können das *Polyhierarchien*[24] wie in der Objektmenge $\{a_{12}, a_{13}, ..., a_{20}\}$ sein. In dieser Objektmenge hat das Objekt a_{18} drei

---

[24] In einer Polyhierarchie hat jedes Objekt kein, ein oder mehrere untergeordnete Objekte, andererseits hat jedes Objekt kein, ein oder mehrere übergeordnete Objekte.

übergeordnete Objekte, nämlich die Elemente a_{12}, a_{17} und a_{19}. Als Minimalfall sind natürlich auch Monohierarchien wie in der Objektmenge $\{a_6,a_7,a_8,a_9,a_{10},a_{11}\}$ möglich. Diese entarten mitunter zur Objekte-Kette $(a_1 \rightarrow a_2)$, die eventuell auch nur aus einem einzigen Element (a_3) bestehen kann. Eine Objekte-Kette kann in sich geschlossen sein: Sie wird dann zu einem Objekte-Zyklus $(a_4 \rightarrow a_5 \rightarrow a_6 \rightarrow a_4)$, der im Minimalfall auch zu einem Ein-Objekt-Zyklus $(a_{21} \rightarrow a_{21})$ entarten kann.

Koppel-
Objekttyp

Der CM:CN-Rekursiv-Beziehungstyp lässt sich in das relationale Datenbank-Modell nur nach seiner vorherigen Umwandlung in einen neuen Objekttyp überführen. Dieser Koppel-Objekttyp, den wir erneut als „Sendung" bezeichnen wollen, repräsentiert die Sender-Empfänger-Beziehungen zwischen den Objekten des Objekttyps A. Der Objekttyp A ist mit dem Objekttyp „Sendung" durch zwei 1:CN-Beziehungstypen zu verbinden, wie das aus der Abbildung 4-69 ersichtlich ist.

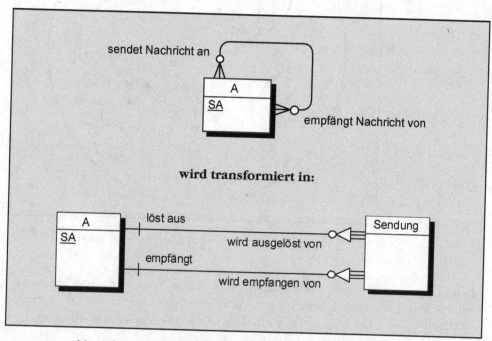

Abb. 4-69: Umwandlung eines CM:CN-Rekursiv-Beziehungstyps in zwei 1:CN-Beziehungstypen

Die Beziehungstyp-Richtungen „Sendung *wird ausgelöst von* A"
und „Sendung *wird empfangen von* A" übernehmen gemeinsam
die Identifizierung der Objekte des Objekttyps „Sendung".

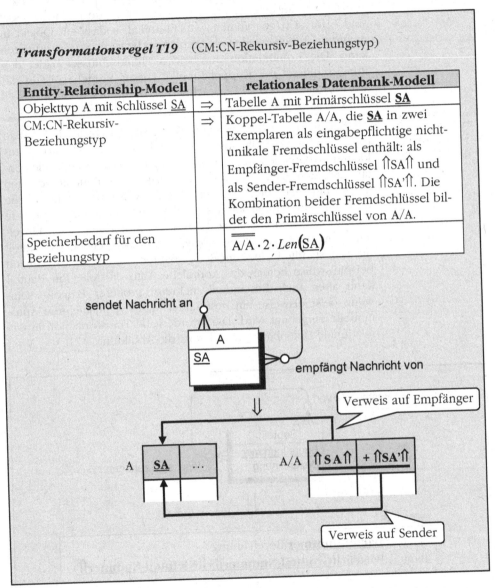

Transformationsregel T19 (CM:CN-Rekursiv-Beziehungstyp)

Entity-Relationship-Modell		relationales Datenbank-Modell
Objekttyp A mit Schlüssel <u>SA</u>	⇒	Tabelle A mit Primärschlüssel **<u>SA</u>**
CM:CN-Rekursiv-Beziehungstyp	⇒	Koppel-Tabelle A/A, die **<u>SA</u>** in zwei Exemplaren als eingabepflichtige nicht-unikale Fremdschlüssel enthält: als Empfänger-Fremdschlüssel ⇑SA⇑ und als Sender-Fremdschlüssel ⇑SA'⇑. Die Kombination beider Fremdschlüssel bildet den Primärschlüssel von A/A.
Speicherbedarf für den Beziehungstyp		$\overline{\overline{A/A}} \cdot 2 \cdot Len(\underline{SA})$

Abb. 4-70: Transformation eines CM:CN-Rekursiv-Beziehungstyps

Transforma-
tionsregel T19

Repräsentiert man den Objekttyp „Sendung" im relationalen Datenbank-Modell durch eine Koppel-Tabelle A/A, dann enthält A/A den Primärschlüssel des Objekttyps A doppelt: als zwei eingabepflichtige Fremdschlüssel, die auf den Empfänger bzw. auf den Sender einer Nachricht verweisen. Beide Fremdschlüssel sind – für sich genommen – nicht-unikal, sodass ein Objekt in mehreren Tabellenzeilen als Empfänger bzw. als Sender auftreten kann. Die Kombination der beiden Fremdschlüssel bildet den Primärschlüssel der Koppel-Tabelle. Dieses Vorgehen ist in der Transformationsregel T19 beschrieben, die in der Abbildung 4-70 dargestellt ist.

Beispiel für die
Transforma-
tionsregel T19

Als Beispiel betrachten wir eine Stückliste, durch die der Aufbau eines komplexen „Bauteils" – beispielsweise eines Autos – aus kleineren Bauteilen beschrieben wird. Ein Bauteil kann elementar sein, kann sich also nicht mehr in kleinere Bauteile zerlegen lassen: Eine Schraube lässt sich beispielsweise nicht in Einzelteile zerlegen. Ein Bauteil kann sich aber auch in mehrere kleinere Bauteile zerlegen lassen. So besteht ein Motor aus vielen Einzelteilen. Andererseits ist es möglich, dass ein gegebenes Bauteil nicht Bestandteil eines größeren Bauteils ist, wenn es nämlich beispielsweise bereits das komplette Auto darstellt. Ein Bauteil kann aber auch Bestandteil mehrerer größerer Bauteile sein, wenn beispielsweise ein bestimmter Motortyp in mehrere Automodelle eingebaut wird. Die erforderliche Transformation in das relationale Datenbank-Modell zeigt die Abbildung 4-71.

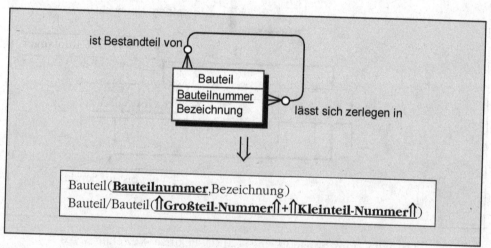

Abb. 4-71: Beispiel für die Transformationsregel T19

Jeder der beiden Fremdschlüssel ist für sich nicht-unikal, sodass mehrere Bauteile jeweils als Großteil bzw. als Kleinteil in der Stückliste auftreten können. Es kann auch sein, dass eine bestimmte Bauteilnummer gar nicht als Wert des Fremdschlüssels ⇑Großteil-Nummer⇑ auftritt. Dann ist dieses Bauteil nicht weiter zerlegbar. Ist die Bauteilnummer niemals ein Wert des Fremdschlüssels ⇑Kleinteil-Nummer⇑, dann gehört es zu keinem größeren Bauteil.

Die Tabellen-Typbeschreibungen lassen allerdings wieder einige „pathologische" Situationen zu, die man im Praxisfall eigentlich ausschließen möchte. Dazu gehören beispielsweise:

- *Mehr-Objekte-Zyklus:* Das Bauteil 1001 hat als ein Kleinteil das Bauteil 1002, für das wiederum das Bauteil 1003 als Kleinteil angegeben ist. Für das Bauteil 1003 wird nun aber ausgesagt, dass es das Bauteil 1001 als Kleinteil enthält. Die Koppel-Tabelle „Bauteil/Bauteil" enthält also die folgenden Zeilen:

Bauteil/Bauteil

Großteil-Nummer	Kleinteil-Nummer
...	...
1001	1002
1002	1003
1003	1001
...	...

Das entspricht dem folgenden unsinnigen Stücklisten-Fragment, in dem die Pfeile jeweils vom Großteil auf das Kleinteil zeigen:

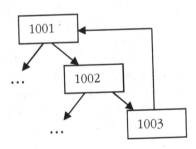

- *Ein-Objekt-Zyklus:* Ein Bauteil kann als sein eigenes Kleinteil ausgewiesen sein, wenn seine Bauteilnummer in einer Zeile der Koppel-Tabelle in beiden Fremdschlüsseln als Wert angegeben wird.

- *Mehr-Objekte-Kette:* Ein Bauteil kann als Kleinteil ein einziges Bauteil haben. Seine Bauteilnummer kommt dann in der Koppel-Tabelle „Bauteil/Bauteil" nur einmal als Wert des Fremdschlüssels ⇑Großteil-Nummer⇑ vor. Das ist unsinnig: Ein Bauteil ist entweder gar nicht zerlegbar oder es lässt sich in *mindestens zwei* Kleinteile zerlegen.

- *Ein-Objekt-Kette:* Die Typbeschreibungen lassen die Speicherung eines Bauteils zu, das weder zerlegbar noch Bestandteil eines größeren Bauteils ist. Seine Bauteilnummer taucht dann an keiner Stelle in der Koppel-Tabelle „Bauteil/Bauteil" auf. Das wäre beispielsweise eine Schraube, die in keinem größeren Bauteil verwendet wird. Die Speicherung von nicht benötigten Bauteilen ist aber in einer Stückliste unsinnig.

Die beschriebenen Situationen kann das Datenbank-Managementsystem nicht verhindern. Sie müssen durch eine entsprechende Anwendungs-Programmierung unterbunden werden.

4.4.6   Der M:CN-Rekursiv-Beziehungstyp

Beim M:CN-Rekursiv-Beziehungstyp kann ein Objekt keine, eine oder mehrere Nachrichten senden, es muss aber stets mindestens eine Nachricht empfangen. Die Abbildung 4-72 vermittelt einen Eindruck von den Beziehungsstrukturen, ohne jedoch alle möglichen Varianten auszuschöpfen.

Es lassen sich zunächst wieder Ein-Objekt-Zyklen ($a_1 \rightarrow a_1$) und Mehr-Objekte-Zyklen ($a_2 \rightarrow a_3 \rightarrow a_4 \rightarrow a_2$) bilden. Von jedem Objekt eines Zyklus' kann eine Objekte-Kette ausgehen. Diese kann einerseits in den Zyklus zurückführen ($a_4 \rightarrow a_5 \rightarrow a_7 \rightarrow a_3$), kann aber auch „offen" sein ($a_4 \rightarrow a_5 \rightarrow a_6$). Sie kann auch eine „Brücke" zu einem anderen Zyklus bilden ($a_4 \rightarrow a_5 \rightarrow a_7 \rightarrow a_8$). Von jedem Objekt einer Kette kann wiederum eine Kette ausgehen ($a_7 \rightarrow a_9 \rightarrow a_{12} \rightarrow a_{13}$). Eine vollständige, konstruktive Beschreibung der realisierbaren Sender-Empfänger-Strukturen erfolgt im Abschnitt 5.3.1.2.

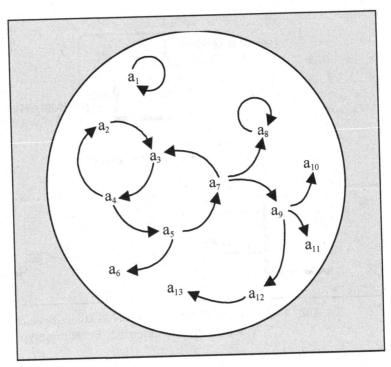

Abb. 4-72: M:CN-Rekursiv-Beziehungstyp

Koppel-
Objekttyp

Der M:CN-Rekursiv-Beziehungstyp lässt sich in das relationale Datenbank-Modell nur nach vorheriger Umwandlung in einen Koppel-Objekttyp („Sendung") überführen. Der Objekttyp A ist mit dem Koppel-Objekttyp „Sendung" einerseits durch einen 1:CN- und andererseits durch einen 1:N-Beziehungstyp verbunden. Die Abbildung 4-73 zeigt das Schema der Umwandlung.

Die Kombination der Beziehungstyp-Richtungen „Sendung *wird ausgelöst von* A" und „Sendung *wird empfangen von* A" übernimmt die Identifizierung der Objekte im Objekttyp „Sendung".

Transforma-
tionsregel T19

Wie man in der Abbildung 4-73 sieht, muss der M:CN-Rekursiv-Beziehungstyp in einen 1:CN- und einen 1:N-Beziehungstyp umgewandelt werden. Nun haben wir aber im Abschnitt 4.3.6 gesehen, dass sich ein 1:N-Beziehungstyp im relationalen Datenbank-Modell nur als 1:CN-Beziehungstyp repräsentieren lässt. Somit kann der M:CN-Rekursiv-Beziehungstyp nur wie ein CM:CN-Rekursiv-Beziehungstyp gemäß der Transformationsregel T19 repräsentiert werden.

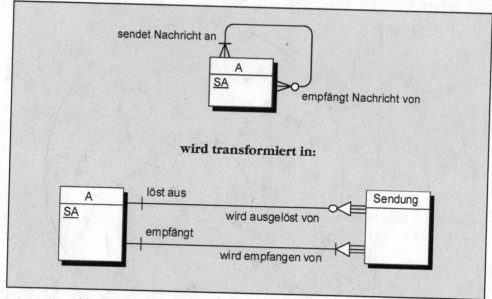

Abb. 4-73: Umwandlung eines M:CN-Rekursiv-Beziehungstyps in
einen 1:CN- und einen 1:N-Beziehungstyp

Beispiel für den
M:CN-Rekursiv-
Beziehungstyp

Betrachten wir als Beispiel die Literaturverweise in Lehrbüchern. Jedes Lehrbuch verweist auf mindestens ein Vorgänger-Lehrbuch. Auf ein erst vor kurzem erschienenes Lehrbuch wird noch nicht verwiesen. Handelt es sich um ein wertvolles Lehrbuch, dann wird es im Lauf der Zeit von vielen Nachfolger-Lehrbüchern zitiert. Die entsprechende Tabellen-Repräsentation gemäß der Transformationsregel T19 zeigt die Abbildung 4-74.

Jeder der beiden Fremdschlüssel ist für sich nicht-unikal, sodass ein gegebenes Lehrbuch mehrmals als Vorgänger bzw. als Nachfolger in Erscheinung treten kann. Ist eine Lehrbuch-ISBN kein einziges Mal Wert des Fremdschlüssels ⇑Vorgänger-ISBN⇑, dann wurde dieses Lehrbuch (noch) nie zitiert.

Die Tabellen-Typbeschreibungen lassen wiederum einige „pathologische" Situationen zu, die nicht den fachlichen Gegebenheiten des Beispiels entsprechen:

- *Vernachlässigung der Nicht-Optionalität:* Die eigentlich nicht-optionale Beziehungstyp-Richtung „Lehrbuch *verweist auf* Lehrbuch" muss als eine optionale Beziehungstyp-Richtung repräsentiert werden. Dadurch wird es möglich, dass eine gegebene Lehrbuch-ISBN nie als Wert des Fremdschlüssels ⇑Nachfolger-ISBN⇑ auftaucht. Dann ist dieses Lehrbuch nicht als Nachfolger eines anderen Lehrbuchs ausgewiesen, d. h. es verweist – entgegen der Praxisregel – auf kein Vorgänger-Lehrbuch.

- *Zyklen:* Ein Lehrbuch kann auf sich selbst als Vorgänger (bzw. als Nachfolger) verweisen (Ein-Objekt-Zyklus) oder eine Objekte-Kette kann sich schließen (Mehr-Objekte-Zyklus). Da jedoch Vorgänger-Verweise immer nur „in die Vergangenheit" zeigen können, ist jede Art von Zyklen verboten.

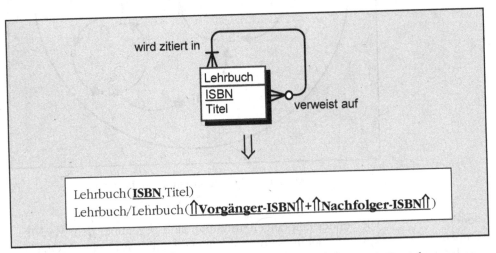

Abb. 4-74: Beispiel für die Transformation eines M:CN-Rekursiv-Beziehungstyps

Die beschriebenen „pathologischen" Situationen lassen sich nicht durch die Tabellen-Typbeschreibungen ausschließen. Ihr Auftreten kann nur durch ein entsprechendes Anwendungsprogramm verhindert werden.

4.4.7   Der M:N-Rekursiv-Beziehungstyp

Der M:N-Rekursiv-Beziehungstyp unterscheidet sich vom zuvor behandelten M:CN-Rekursiv-Beziehungstyp dadurch, dass jedes Objekt mindestens eine Nachricht senden muss. Diese Forderung führt jedoch zu entscheidenden Konsequenzen für die möglichen Beziehungsstrukturen, von denen die Abbildung 4-75 einen Eindruck geben soll.

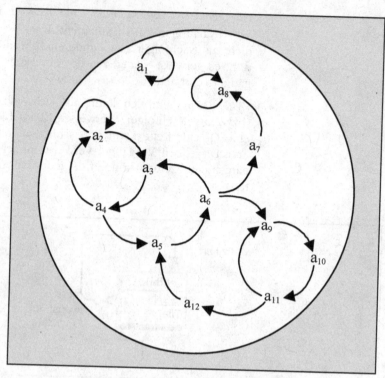

Abb. 4-75: M:N-Rekursiv-Beziehungstyp

Sender-
Empfänger-
Strukturen

Die Sender-Empfänger-Strukturen sind gegenüber dem M:CN-Rekursiv-Beziehungstyp stark eingeschränkt. Aus einem Objekte-Zyklus können zwar noch immer Objekte-Ketten austreten, sie dürfen aber jetzt nicht mehr „offen" sein: Sie müssen entweder in den Zyklus zurückführen ($a_4 \rightarrow a_5 \rightarrow a_6 \rightarrow a_3$) oder in einen anderen Zyklus einmünden ($a_4 \rightarrow a_5 \rightarrow a_6 \rightarrow a_7 \rightarrow a_8$). Alle möglichen Strukturen werden im Abschnitt 5.3.1.2 konstruktiv hergeleitet.

Auch der M:N-Rekursiv-Beziehungstyp lässt sich im relationalen Datenbank-Modell nur nach seiner vorherigen Umwandlung in einen Koppel-Objekttyp repräsentieren. Der Objekttyp A ist mit dem Koppel-Objekttyp „Sendung" durch zwei 1:N-Beziehungstypen verbunden. Die Abbildung 4-76 zeigt das Schema dieser Umwandlung.

Die Kombination der Beziehungstyp-Richtungen „Sendung *wird ausgelöst von* A" und „Sendung *wird empfangen von* A" übernimmt die Identifizierung der Objekte im Objekttyp „Sendung".

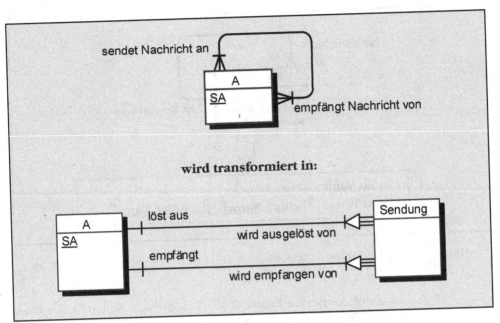

Abb. 4-76: Umwandlung eines M:N-Rekursiv-Beziehungstyps in
zwei 1:N-Beziehungstypen

Transforma-tionsregel T19	Da sich ein 1:N-Beziehungstyp im relationalen Datenbank-Modell nur als ein 1:CN-Beziehungstyp repräsentieren lässt, bleibt nur die Möglichkeit, den M:N-Rekursiv-Beziehungstyp unter Einbuße an semantischen Informationen – wie einen CM:CN-Rekursiv-Beziehungstyp gemäß der Transformationsregel T19 zu repräsentieren.
Beispiel für den M:N-Rekursiv-Beziehungstyp	Als Beispiel betrachten wir eine Kunsthochschule, die Informationen über Pianisten sammelt, die in der Ausbildung tätig sind. Wir nehmen der Einfachheit halber an, dass die Pianisten durch ihren Namen eindeutig voneinander unterschieden werden können (jeder Pianist wird schon selbst darauf achten, dass er nicht mit anderen Pianisten verwechselt werden kann). Jeder dieser Pianisten hat wenigstens einen anderen Pianisten als Schüler. Andererseits ist jeder Pianist Schüler eines oder mehrerer anderer Pianisten (Autodidakten werden nicht berücksichtigt). Die Abbildung 4-77 zeigt die erforderlichen Tabellen-Typbeschreibungen gemäß der Transformationsregel T19.

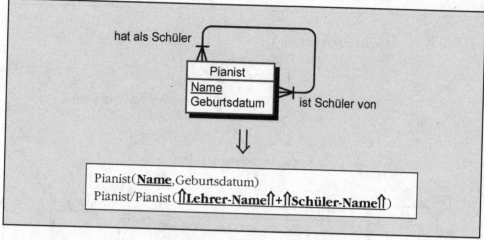

Abb. 4-77: Beispiel für die Transformation eines M:N-Rekursiv-Beziehungstyps

Jeder der beiden Fremdschlüssel ist für sich nicht-unikal, sodass ein Pianist mehrmals als Lehrer bzw. als Schüler in Erscheinung treten kann.

Die Tabellen-Typbeschreibungen ermöglichen wiederum Beziehungsstrukturen, die in der Praxis unzulässig sind, so beispielsweise:

- *Vernachlässigung der Nicht-Optionalitäten:* Die nicht-optionalen Beziehungstyp-Richtungen „Pianist *hat als Schüler* Pianist" und „Pianist *ist Schüler von* Pianist" werden als *optionale* Beziehungstyp-Richtungen repräsentiert. Es kann somit gespeichert werden, dass ein Pianist keine Schüler hat und dass ein Pianist nicht Schüler eines anderen Pianisten ist.

- *Zyklen:* Ein Pianist kann sein eigener Schüler sein (Ein-Objekt-Zyklus) und eine „Lehrer→Schüler"-Kette kann zu ihrem Ausgangspunkt zurückkehren (Mehr-Objekte-Zyklus).

Diese unzulässigen Objekte-Strukturen müssen durch ein geeignetes Anwendungs-Programm verhindert werden.

4.4.8   Transformation der Rekursiv-Beziehungstypen für das Schulbeispiel

Im Datenmodell für das Schulbeispiel gibt es zwei Rekursiv-Beziehungstypen, die in der Abbildung 4-78 noch einmal dargestellt sind.

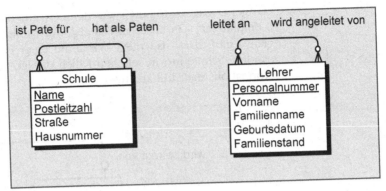

Abb. 4-78: Rekursiv-Beziehungstypen im Schulbeispiel

Wir betrachten nun die Transformation dieser beiden Rekursiv-Beziehungstypen in das relationale Datenbank-Modell.

Die Tabellen-Typbeschreibung für den Objekttyp „Schule" hat bisher die folgende Form:

$$\text{Schule}(\mathbf{Name+Postleitzahl,}\text{⇑Orts-Name+Kreis⇑,}$$
$$\text{Straße,Hausnummer})$$

Der Objekttyp „Schule" steht durch einen CN:C-Rekursiv-Beziehungstyp mit sich selbst in Verbindung. Da der Begriff „Pate" für die Bezeichnung der Rollen der miteinander verbundenen Objekte recht „unhandlich" ist (man müsste vom „Paten" und vom „Patenkind" sprechen), werden wir für die beiden Rollen *zeitweilig* die Benennungen „Betreuende-Schule" und „Betreute-Schule" verwenden. Die beiden Beziehungstyp-Richtungen werden in „Schule *betreut* Schule" und in „Schule *wird betreut von* Schule" umbenannt.

Wie lässt sich nun der CN:C-Rekursiv-Beziehungstyp repräsentieren? Die beiden Transformationsregeln T17 und T18 wurden ja für sein „Spiegelbild" – für den C:CN-Rekursiv-Beziehungstyp – hergeleitet. Wir formen deshalb den CN:C-Rekursiv-Beziehungstyp zunächst in die Sender-Empfänger-Form um, die wir durchgängig für die Rekursiv-Beziehungstypen verwendet haben und stellen ihn als C:CN-Rekursiv-Beziehungstyp dar. Das Ergebnis zeigt die Abbildung 4-79.

Transforma-
tionsregel T17
oder T18?

Für die Umwandlung des C:CN-Rekursiv-Beziehungstyp in das relationale Datenbank-Modell stehen die beiden Transformationsregeln T17 (mit vielen Empfängern) und T18 (mit wenigen Empfängern) zur Verfügung. Wir nehmen an, dass es nur wenige „Empfänger" – in unserem Fall also nur wenige *betreuende* Schulen – gibt, dass also die Übernahme einer Patenschaft für eine andere Schule nur in seltenen Fällen erfolgt. Somit ist die Transformationsregel T18 anzuwenden.

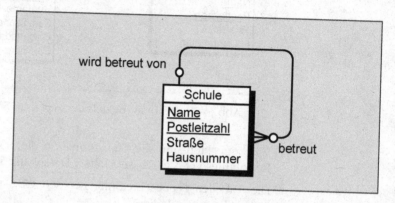

Abb. 4-79: C:CN-Rekursiv-Beziehungstyp
für den Objekttyp „Schule"

Es wird eine Koppel-Tabelle „Schule/Schule" eingeführt, die den Rekursiv-Beziehungstyp repräsentiert. Dabei bleibt die Typbeschreibung für die Tabelle „Schule" unverändert:

Schule(**Name+Postleitzahl**,⇑Orts-Name+Kreis⇑,
      Straße,Hausnummer)

Schule/Schule
(⇑**Betreuende-Schule-Name+Betreuende-**
    Schule-Postleitzahl⇑,
  ⇑Betreute-Schule-Name+Betreute-Schule-Postleitzahl⇑)

Der Fremdschlüssel ⇑**Betreuende-Schule-Name+Betreuende-Schule-Postleitzahl**⇑ ist unikal; er bildet den Primärschlüssel der Koppel-Tabelle. Eine Schule kann also nur einmal als betreuende Schule auftreten. Da der Fremdschlüssel ⇑Betreute-Schule-Name+Betreute-Schule-Postleitzahl⇑ nicht-unikal ist, kann eine betreute Schule mehrfach in einer Kopplung mit verschiedenen betreuenden Schule stehen.

Wenden wir uns nun dem zweiten Rekursiv-Beziehungstyp im Schulbeispiel zu! Für den Objekttyp „Lehrer" gilt bisher die folgende Tabellen-Typbeschreibung:

Lehrer(**Personalnummer**,Vorname,Familienname,
Geburtsdatum,Familienstand)

Der sachlogische Zusammenhang, der den Objekttyp „Lehrer" mit sich selbst verbindet, ist durch einen CM:CN-Rekursiv-Beziehungstyp gegeben. Der Deutlichkeit halber stellen wir diesen Rekursiv-Beziehungstyp in der gewohnten Sender-Empfänger-Form dar: Das ist in der Abbildung 4-80 geschehen. Die Rolle des Senders übernimmt dabei der „Direktor", die Rolle des Empfängers wird weiterhin als „Lehrer" bezeichnet.

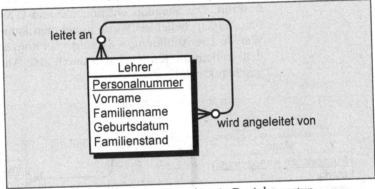

Abb. 4-80: CM:CN-Rekursiv-Beziehungstyp
für den Objekttyp „Lehrer"

Die Transformation des CM:CN-Rekursiv-Beziehungstyps in das relationale Datenbank-Modell erfolgt gemäß der Transformationsregel T19. Sie macht eine Koppel-Tabelle „Lehrer/Lehrer" erforderlich. Die Typbeschreibung für die Tabelle „Lehrer" bleibt dabei unverändert:

Lehrer(**Personalnummer**,Vorname,Familienname,
Geburtsdatum,Familienstand)

Lehrer/Lehrer(⇑**Lehrer-Personalnummer**⇑+
⇑**Direktor-Personalnummer**⇑)

Beide Fremdschlüssel sind für sich allein nicht-unikal, sodass in der Koppel-Tabelle sowohl auf einen „Lehrer" als auch auf einen „Direktor" mehrfach verwiesen werden kann.

4.5   Transformation von Kardinalitäts-Beschränkungen

Für die Beschreibung der sachlogischen Zusammenhänge durch Beziehungstypen – im Abschnitt 2.4 – haben wir empfohlen, im konzeptionellen Datenmodell einschränkende Bedingungen für die Kardinalität festzuhalten, wenn diese durch „Geschäftsregeln" vorgegeben sind. Nehmen wir zum Beispiel an, dass ein Unternehmen Informationen über seine Dienstwagen und über die (Sommer- und Winter-) Räder speichern will, über die das Unternehmen verfügt. Jedes Auto ist – inklusive Ersatzrad – mit 5 Rädern ausgerüstet. Einige Räder werden als Reserve im Lager aufbewahrt. Die Situation entspricht einem C:N-Beziehungstyp, für den N nicht beliebige Werte annehmen kann, sondern nur den Wert 5. Die Abbildung 4-81 zeigt das konzeptionelle Datenmodell, in dem die Kardinalität N durch eine [Min,Max]-Angabe eingeschränkt wird.

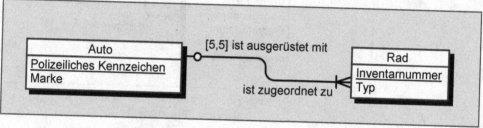

Abb. 4-81: [Min,Max]-Beschränkungen für die Kardinalität N

Wie wird diese Geschäftsregel in den Tabellen-Typbeschreibungen berücksichtigt? Leider gar nicht! Das relationale Datenbank-Modell bietet auf der Ebene des logischen Datenschemas keine Möglichkeit, die Kardinalität einzugrenzen. Das gilt sowohl für den dualen Beziehungstyp als auch für den Rekursiv-Beziehungstyp. Es ist ja noch nicht einmal möglich, die Kardinalität N, die ja eine ganze Zahl *größer als Null* fordert, überhaupt zu realisieren. Sie kann nur – allerdings unter Semantikverlust – durch Hinzunahme der Optionalität als eine CN-Beziehungstyp-Richtung repräsentiert werden. Das haben wir in diesem Kapitel schon mehrfach gesehen. Im Kapitel 5 wird diese Beschränkung des relationalen Datenbank-Modells systematisch untersucht.

Transforma-
tionsregel T20

Für die Repräsentation von Kardinalitäts-Beschränkungen gilt somit die Negativ-Aussage der Transformationsregel T20, die in der Abbildung 4-82 dargestellt ist.

Transformationsregel T20 (Kardinalitäts-Beschränkung)		
Entity-Relationship-Modell		**relationales Datenbank-Modell**
Kardinalitäts-Beschränkung [Min,Max] für die (C)N-Seite eines Beziehungstyps	⇒	Eine [Min,Max]-Angabe lässt sich in der Typbeschreibung nicht repräsentieren.

Abb. 4-82: Transformation einer Kardinalitäts-Beschränkung

Wenn sich auch Kardinalitäts-Beschränkungen nicht in das relationale Datenbank-Modell transformieren lassen, sollten sie dennoch im konzeptionellen Datenmodell angegeben werden, weil sie wichtige Geschäftsregeln beschreiben. Diese müssen – wenn schon nicht während der Deklaration der Tabellenstruktur – so doch wenigstens bei der Programmierung der Anwendungs-Software berücksichtigt werden.

Schulbeispiel

Im Schulbeispiel haben wir an zwei Stellen einschränkende Bedingungen für die Kardinalität angegeben:

- Eine Klasse muss aus mindestens 15 Schülern und darf nur aus höchstens 30 Schülern bestehen.

- Ein Unterrichtsraum darf höchstens 3 Klassen als Klassenraum zugeordnet werden.

Den entsprechenden Ausschnitt aus dem konzeptionellen Datenmodell für das Schulbeispiel zeigt die Abbildung 4-83.

Gemäß der Transformationsregel T20 führen die Kardinalitäts-Beschränkungen zu keinen Veränderungen in den Tabellen-Typbeschreibungen.

Warum lässt das relationale Datenbank-Modell die Angabe von Kardinalitäts-Beschränkungen nicht zu? Ganz einfach: weil es kompliziert ist, sie im Datenbank-Betrieb einzuhalten. In den Tabellen-Typbeschreibungen können nur solche Bedingungen repräsentiert werden, die ohne Transaktionen – also ausschließlich durch elementare Datenbank-Aktionen – eingehalten werden können. Das ist im Fall der Kardinalitäts-Beschränkungen aber nicht der Fall. Wir untersuchen als Beispiel den 1:N-Beziehungs-typ zwischen den Objekttypen „Klasse" und „Schüler":

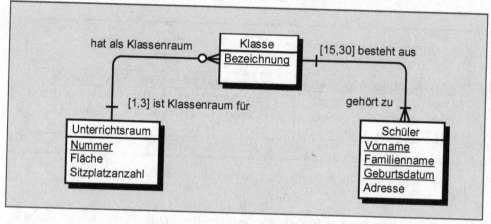

Abb. 4-83: Kardinalitäts-Beschränkungen im Datenmodell des Schulbeispiels

- *Speichern einer neuen Klasse:* Wird eine neue Klasse gespei-chert, dann müssen ihr sofort mindestens 15 und höchstens 30 Schüler zugeordnet werden. Diese Schüler können aber nicht schon im Vorfeld gespeichert worden sein, weil ja je-der Schüler unbedingt zu einer Klasse gehören muss. Es ist also eine Transaktion erforderlich, die folgende Aktivitäten ausführt:

   a) Speichern eines neuen Datensatzes für eine Klasse mit dem Primärschlüsselwert k.

   b) Speichern von mindestens 15 und höchstens 30 neuen Datensätzen für Schüler, wobei in jedem dieser Daten-sätze als Wert des Fremdschlüssels, der auf die Klasse verweist, der Wert k einzutragen ist.

- *Speichern eines weiteren Schülers:* Wenn ein neuer Schüler der Klasse k zugeordnet werden soll, dann ist das problem-los möglich, solange die Anzahl der Schüler in dieser Klasse nicht die Maximalzahl 30 überschreitet. Ist die Maximalzahl nicht überschritten, dann kann der Schüler-Datensatz gespei-chert werden, wobei als Wert des Klassen-Fremdschlüssels k eingetragen wird. Würde der Schüler jedoch zum 31. Schüler dieser Klasse werden, dann muss im Rahmen einer Transak-tion eine neue Klasse eingerichtet werden:

a) Speichern eines Datensatzes für eine neue Klasse mit dem Primärschlüsselwert k'.

b) Ändern des Klassen-Fremdschlüsselwertes in 15 Schüler-Datensätzen vom alten Wert k auf den neuen Wert k': Jetzt hat die alte Klasse nur noch 15 Schüler, ebenso wie die neue Klasse.

c) Speichern des Datensatzes für den neuen Schüler mit k (oder k') als Wert des Klassen-Fremdschlüsselwertes.

• *Löschen eines Schülers:* Wenn der Datensatz eines Schülers gelöscht werden soll, weil er in eine andere Schule wechselt, dann ist das problemlos möglich, solange die Anzahl der Schüler in seiner Klasse die Minimalzahl 15 nicht unterschreitet. Andernfalls müssen die Schüler seiner Klasse auf andere Klassen aufgeteilt werden.

4.6   Konzeptionelles Datenmodell *versus* logisches Datenschema

Mit den 20 Transformationsregeln haben wir das Rüstzeug erworben, das wir benötigen, um aus einem *konzeptionellen Datenmodell* die Struktur der Datenbank – also das *logische Datenschema* – abzuleiten. Durch die Anwendung dieser Transformationsregeln haben wir das konzeptionelle Datenmodell für das Schulbeispiel in die Tabellen-Typbeschreibungen überführt, die die Datenbank-Struktur für das relationale Datenbank-Managementsystem festlegen.

Damit der Leser die Transformation noch einmal in geschlossener Form nachvollziehen kann, geben wir erneut in der Abbildung 4-84 das konzeptionelle Datenmodell für das Schulbeispiel an und stellen dem Datenmodell in der Abbildung 4-85 die Tabellen-Typbeschreibungen – also das logische Datenschema – gegenüber.

Nun werden Sie sich natürlich fragen, warum wir das *logische Datenschema* nicht gleich in Form der Tabellen-Typbeschreibungen entworfen haben. Warum sind wir den „Umweg" über das *konzeptionelle Datenmodell* gegangen, aus dem wir erst durch die Anwendung der 20 Transformationsregeln die Tabellenstruktur abgeleitet haben? Sind nicht beide Darstellungen Repräsentationen derselben Angaben über den betrachteten Ausschnitt der betrieblichen Realität? Betrachten wir die Unterschiede zwischen den beiden Darstellungsformen etwas genauer!

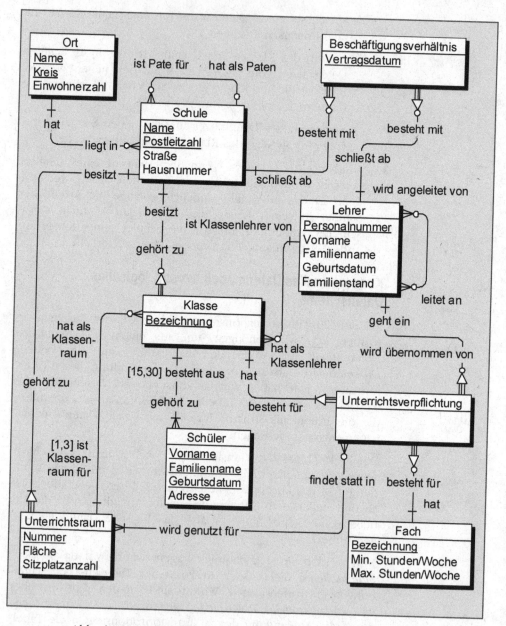

Abb. 4-84: Konzeptionelles Datenmodell für das Schulbeispiel

Ort(**Name+Kreis**,Einwohnerzahl)

Schule(**Name+Postleitzahl**,⇑Orts-Name+Kreis⇑,Straße,Hausnummer)

Schule/Schule(⇑**Betreuende-Schule-Name+Betreuende-Schule-Postleitzahl⇑**,
⇑Betreute-Schule-Name+Betreute-Schule-Postleitzahl⇑)

Beschäftigungsverhältnis(⇑**Personalnummer⇑+⇑Schul-Name+Postleitzahl⇑+
Vertragsdatum**)

Lehrer(**Personalnummer**,Vorname,Familienname,Geburtsdatum,Familienstand)

Lehrer/Lehrer(⇑**Lehrer-Personalnummer⇑+⇑Direktor-Personalnummer⇑**)

Klasse(⇑**Schul-Name-1+Postleitzahl-1⇑+Bezeichnung**,
⇑Personalnummer⇑,
⇑Schul-Name-2+Postleitzahl-2+Raum-Nummer⇑)

Schüler(**Vorname+Familienname+Geburtsdatum**,
⇑Schul-Name+Postleitzahl+Klassen-Bezeichnung⇑,
Adresse)

Fach(**Bezeichnung**,Min. Stunden/Woche,Max. Stunden/Woche)

Unterrichtsraum(⇑**Schul-Name+Postleitzahl⇑+Nummer**,
Fläche,Sitzplatzanzahl)

Unterrichtsraum/Unterrichtsverpflichtung
(⇑**Schul-Name-1+Postleitzahl-1+Raum-Nummer⇑+
⇑Schul-Name-2+Postleitzahl-2+Klassen-Bezeichnung+
Fach-Bezeichnung+
Personalnummer⇑**)

Unterrichtsverpflichtung
(⇑**Schul-Name+Postleitzahl+Klassen-Bezeichnung⇑+
⇑Fach-Bezeichnung⇑+
⇑Personalnummer⇑**)

Abb. 4-85: Tabellen-Typbeschreibungen für das Schulbeispiel

Vergleich des
Informations-
gehalts

Das konzeptionelle Datenmodell in der Abbildung 4-84 hat einen *größeren Informationsgehalt* als die Tabellen-Typbeschreibungen der Abbildung 4-85. Das Datenmodell enthält zusätzlich:

- Geschäftsregeln, die in Form von *1:N-Beziehungstypen* formuliert sind:

  a) Es ist nicht erlaubt, dass eine Schule *keinen* Unterrichtsraum besitzt.

  b) Es ist unzulässig, dass eine Klasse *keine* Unterrichtsverpflichtung hat.

  c) Es darf nicht vorkommen, dass eine Klasse aus *keinem* Schüler besteht.

  Diese Forderungen lassen sich – aufgrund der Grenzen des relationalen Datenbank-Modells – nicht in den Tabellen-Typbeschreibungen ausdrücken. Sie müssen durch eine geeignete Anwendungs-Software berücksichtigt werden.

- Geschäftsregeln, die in Form von *Kardinalitäts-Beschränkungen* formuliert sind:

  a) Eine Klasse muss aus *mindestens 15* Schülern bestehen und darf *höchstens 30* Schüler haben.

  b) Ein Unterrichtsraum kann *höchstens 3* Klassen als Klassenraum zugeteilt werden.

  Derartige Kardinalitäts-Beschränkungen lassen sich in den Tabellen-Typbeschreibungen nicht „festschreiben". Auch hier hilft wieder nur die Anwendungs-Software.

Beim Vergleich der Abbildungen 4-84 und 4-85 erkennt man, dass das konzeptionelle Datenmodell – trotz seines größeren Informationsgehalts – *übersichtlicher* ist als das Ensemble der Tabellen-Typbeschreibungen. Das liegt insbesondere daran, dass die Tabellen-Typbeschreibungen ein hohes Maß an redundanten Informationen enthalten, die im konzeptionellen Datenmodell vermieden werden. Wenn wir noch einmal die Analogie zum Prinzip „Object Linking and Embedding" heranziehen, dann können wir die folgende Unterscheidung treffen:

„Linking and
Embedding"

- *Linking:* Im konzeptionellen Datenmodell wird das Verweis-Prinzip an zwei Stellen realisiert:

  a) „Schwache" Objekttypen (vgl. Abschnitt 2.4.4) verweisen auf denjenigen Objekttyp, dessen Schlüssel sie für ihre Identifizierung „nachnutzen". Wir haben diesen Verweis als „(teil)identifizierende Beziehungstyp-Richtung" bezeichnet. Der Schlüssel wird also nicht kopiert, sondern auf ihn wird durch den „Abhängigkeitspfeil" (⇒ bzw. →) verwiesen.

b) Beziehungstypen werden durch Verweislinien repräsentiert. Dadurch werden – optisch gut sichtbar – *beide* Beziehungstyp-Richtungen zum Ausdruck gebracht.

- *Embedding:* In den Tabellen-Typbeschreibungen wird dagegen das Kopier-Prinzip verwendet:

a) In die Tabellen-Typbeschreibung eines „schwachen" Objekttyps wird der Primärschlüssel der referenzierten Tabelle „hineinkopiert". Insbesondere bei kaskadierenden „schwachen" Objekttypen[25] entstehen dadurch unübersichtliche Primärschlüssel. So nimmt beispielsweise der Primärschlüssel der Tabelle „Unterrichtsverpflichtung" unter anderem den Primärschlüssel der Tabelle „Klasse" in sich auf, der seinerseits den Primärschlüssel der Tabelle „Schule" enthält.

b) Die Beziehungstypen werden durch „gedoppelte" Primärschlüssel repräsentiert, die entweder in die Tabelle des sachlogisch verbundenen Objekttyps oder in eine zusätzliche Koppel-Tabelle „hineinkopiert" werden. Dadurch wird aber jeweils nur eine der beiden Beziehungstyp-Richtungen – nämlich die Richtung „Tabelle des Fremdschlüssels → Tabelle des Primärschlüssels" – direkt repräsentiert. Die umgekehrte Beziehungstyp-Richtung ist zwar in den Tabellen-Typbeschreibungen *implizit* enthalten, jedoch optisch „versteckt".

Probleme bei Modifikationen der Datenstruktur

Die redundante Informationsdarstellung in den Tabellen-Typbeschreibungen führt – neben dem Verlust an Übersichtlichkeit – vor allem zu gravierenden Problemen bei *Modifikationen der Datenstruktur*, die im Laufe der Zeit zwangsläufig erforderlich sind: Die Änderung des Primärschlüssels einer Tabelle führt dann

---

25 Ein kaskadierender „schwacher" Objekttyp liegt dann vor, wenn die (Teil)Identifizierung eines „schwachen" Objekttyps A durch eine Beziehungstyp-Richtung zu einem Objekttyp B erfolgt, wobei der Objekttyp B ebenfalls ein „schwacher" Objekttyp ist, der durch eine Beziehungstyp-Richtung zu einem dritten Objekttyp C (teil)identifiziert wird.

oft zu schwer überschaubaren Veränderungen in den Typbeschreibungen der anderen Tabellen.

Schulbeispiel

Betrachten wir ein ganz elementares Beispiel! Nehmen wir an,
dass in der Landesschulbehörde entschieden wird, die Schulen
des Landes künftig durch eine unikale Schulnummer voneinander zu unterscheiden. Das führt zu den folgenden Veränderungen im konzeptionellen Datenmodell und in den Tabellen-Typbeschreibungen:

- *Konzeptionelles Datenmodell:* Der Objekttyp „Schule" wird
  um die Eigenschaft „Schulnummer" erweitert. Wie in der Abbildung 4-86 dargestellt ist, übernimmt anstelle der bisherigen Eigenschafte-Kombination „Name+Postleitzahl" jetzt die
  Eigenschaft „Schulnummer" – als organisatorische Eigenschaft – die Identifizierung der Schulen. Ansonsten sind kei-
  nerlei Änderungen des Datenmodells erforderlich.

Abb. 4-86: Modifizierter Objekttyp „Schule"

- *Tabellen-Typbeschreibungen:* Von der Veränderung sind fast
  alle Tabellen-Typbeschreibungen betroffen:

  a) Die Tabelle „Schule" erhält die neue Eigenschaft „Schul-
     nummer" als Primärschlüssel.

  b) Wegen des nun geänderten Primärschlüssels der Tabelle
     „Schule" ändern sich auch die beiden Fremdschlüssel in
     der Koppel-Tabelle „Schule/Schule".

  c) In der Tabelle „Beschäftigungsverhältnis" muss der
     Fremdschlüssel, der auf die „Schule" verweist, angepasst
     werden.

  d) In der Tabelle „Unterrichtsraum", die einen „schwachen"
     Objekttyp darstellt, muss der Primärschlüssel-Anteil, der
     auf die „Schule" verweist, geändert werden.

e) In der Tabelle „Klasse" muss der Primärschlüssel-Anteil, der die „Schule" identifiziert, angepasst werden. Außerdem ist der Fremdschlüssel, der auf den „Unterrichtsraum" verweist, zu modifizieren, weil der „Unterrichtsraum" durch die „Schule" teilidentifiziert wird.

f) Da in der Tabelle „Schüler" der Fremdschlüssel auf die „Klasse" verweist, die ihrerseits durch die „Schule" teilidentifiziert wird, müssen auch hier Änderungen vorgenommen werden.

g) Auch in der Tabelle „Unterrichtsverpflichtung" sind Änderungen erforderlich, weil sie für einen Koppel-Objekttyp angelegt wurde, der u. a. durch die „Klasse" – und damit indirekt durch die „Schule" – identifiziert wird.

h) In der Koppel-Tabelle „Unterrichtsraum/Unterrichtsverpflichtung" müssen die beiden Fremdschlüssel, die auf den „Unterrichtsraum" bzw. auf die „Unterrichtsverpflichtung" verweisen, modifiziert werden, weil beide letzten Endes auch durch die „Schule" identifiziert werden.

Wegen dieser einen eigentlich „harmlosen" Änderung – nämlich der Entscheidung, wie eine Schule identifiziert wird, – müssen fast alle Tabellen-Typbeschreibungen geändert werden. In der Abbildung 4-87 sind die modifizierten Tabellen-Typbeschreibungen durch einen Stern gekennzeichnet.

Es sprechen also mehrere gewichtige Gründe dafür, die Datenbank-Struktur – also das *logische Datenschema* – nicht auf direktem Weg, sondern auf dem „Umweg" über das *konzeptionelle Datenmodell* zu entwerfen:

1. Das konzeptionelle Datenmodell bietet eine *grafische Repräsentation* der Beziehungstypen und ist damit viel übersichtlicher als die Tabellen-Typbeschreibungen in *Textform*. Das Sprichwort „Ein Bild sagt mehr als 1000 Worte" bewahrheitet sich also auch im Fall des Datenbankentwurfs.

2. In der Phase der Anforderungsanalyse ist eine rege *Kommunikation* zwischen den Fachexperten und den Systementwicklern erforderlich. Das Datenmodell eignet sich aufgrund seiner leicht erlernbaren und übersichtlichen Strukturen viel besser für den partnerschaftlichen Gedankenaustausch als die unanschauliche Tabellenstruktur mit ihren verwirrenden Verweisen in Form von „Fremdschlüssel → Primärschlüssel"-Kongruenzen.

Ort(**Name+Kreis**,Einwohnerzahl)

* Schule(**Schulnummer**,Name,Postleitzahl,⇑Orts-Name+Kreis⇑,
  Straße,Hausnummer)

* Schule/Schule(⇑**Betreuende-Schule-Schulnummer**⇑,
  ⇑Betreute-Schule-Schulnummer⇑)

* Beschäftigungsverhältnis(⇑**Personalnummer**⇑+⇑**Schulnummer**⇑+
  Vertragsdatum)

Lehrer(**Personalnummer**,Vorname,Familienname,Geburtsdatum,Familienstand)

Lehrer/Lehrer(⇑**Lehrer-Personalnummer**⇑+⇑**Direktor-Personalnummer**⇑)

* Klasse(⇑**Schulnummer-1**⇑+**Bezeichnung**,
  ⇑Personalnummer⇑,
  ⇑Schulnummer-2+Raum-Nummer⇑)

* Schüler(**Vorname+Familienname+Geburtsdatum**,
  ⇑Schulnummer+Klassen-Bezeichnung⇑,
  Adresse)

Fach(**Bezeichnung**,Min. Stunden/Woche,Max. Stunden/Woche)

* Unterrichtsraum(⇑**Schulnummer**⇑+**Raum-Nummer**,
  Fläche,Sitzplatzanzahl)

* Unterrichtsraum/Unterrichtsverpflichtung
  (⇑**Schulnummer-1+Raum-Nummer**⇑+
  ⇑**Schulnummer-2+Klassen-Bezeichnung+**
  Fach-Bezeichnung+
  Personalnummer⇑)

* Unterrichtsverpflichtung
  (⇑**Schulnummer+Klassen-Bezeichnung**⇑+
  ⇑**Fach-Bezeichnung**⇑+
  ⇑**Personalnummer**⇑)

Abb. 4-87: Modifizierte Tabellen-Typbeschreibungen aufgrund des
veränderten Primärschlüssels der Tabelle „Schule"

3. Wie wir an mehreren Stellen gesehen haben, können im konzeptionellen Datenmodell *zusätzliche Angaben* über den betrieblichen Gegenstandsbereich hinterlegt werden, die sich in den Tabellen-Typbeschreibungen nicht ausdrücken lassen.

4. Eventuell erforderliche *Änderungen* der Datenstruktur sind im konzeptionellen Datenmodell aufgrund der konsequenten Anwendung des Linking-Prinzips viel einfacher auszuführen als in den Tabellen-Typbeschreibungen, die wegen der Verwendung des Embedding-Prinzips zahlreiche Redundanzen enthalten.

Die Transformation eines konzeptionellen Datenmodells in die äquivalenten Tabellen-Typbeschreibungen lässt sich durch einen einfachen Algorithmus automatisieren, den wir in Form der 20 Transformationsregeln angegeben haben. Diese automatisierte Transformation wird im folgenden Abschnitt beschrieben.

4.7 Automatisierte Generierung des logischen Datenschemas

Für den Entwurf des konzeptionellen Datenmodells wurde das CASE-Tool „*PowerDesigner*" verwendet. Dieses Tool führt die Transformation des konzeptionellen Datenmodells in eine relationale Tabellenstruktur – also in das logische Datenschema – für das Datenbank-Managementsystem „*Access*" in 4 Generierungsschritten durch:

4 Generierungsschritte

1. Das *konzeptionelle Datenmodell* („Conceptual Data Model" – CDM) wird unter Beachtung der Möglichkeiten, die „*Access*" für die Tabellen-Deklarationen bietet, in ein *physisches Datenmodell* („Physical Data Model" - PDM) umgewandelt.

2. Das physische Datenmodell *kann* modifiziert werden. Dadurch lassen sich die nach formalen Regeln gebildeten Benennungen – insbesondere die Benennungen für Koppel-Tabellen und für Fremdschlüssel-Attribute – „von Hand" in „sprechende" Benennungen abändern.

3. In Auswertung des – eventuell modifizierten – physischen Datenmodells wird automatisiert ein *Script* „crebas.dat" generiert, das eine formale Beschreibung der zu erzeugenden Tabellenstruktur in Textform enthält.

4. Das vom „*PowerDesigner*" bereitgestellte Datenbank-Anwendungssystem „access2k.mdb" wird gestartet. Von diesem Datenbank-Anwendungssystem wird ein Visual-Basic-Programm ausgeführt, das die Script-Datei „crebas.dat" auswer-

tet und die Ziel-Datenbank *generiert*. Diese Datenbank hat eine Tabellenstruktur, also ein logisches Datenschema, das dem konzeptionellen Datenmodell entspricht.

Schulbeispiel

Die 4 Generierungsschritte sollen nun für das Schulbeispiel nachvollzogen werden. Wir wollen dabei lediglich zwei Konstrukte des konzeptionellen Datenmodells im Auge behalten:

a) Wir betrachten den CN:C-Rekursiv-Beziehungstyp mit den Beziehungstyp-Richtungen „Schule *ist Pate für* Schule" und „Schule *hat als Paten* Schule".

b) Wir verfolgen, was mit dem dualen M:CN-Beziehungstyp zwischen dem „Unterrichtsraum" und der „Unterrichtsverpflichtung" geschieht.

Im Interesse der besseren Übersicht wird das Datenmodell für das Schulbeispiel in der Abbildung 4-88 auf die beiden genannten Konstrukte – mit ihrem notwendigen Kontext – reduziert.

1. Generierungsschritt

Im 1. Generierungsschritt wird aus dem konzeptionellen Datenmodell das *physische Datenmodell* abgeleitet. Dies erfolgt nach den internen Transformationsregeln des *„PowerDesigner"*, die weniger differenziert sind als die von uns hergeleiteten Transformationsregeln T01 bis T20, wie wir im Folgenden sehen werden.

Die Abbildung 4-89 zeigt das generierte physische Datenmodell für das Schulbeispiel der Abbildung 4-84. Die Verweise zwischen den Tabellen werden durch Pfeile dargestellt, wobei ein Pfeil jeweils vom Fremdschlüssel zum Primärschlüssel weist. An den Pfeil-Linien ist angegeben, aus welchen Attributen – bzw. Attribute-Kombinationen – die Primärschlüssel und die korrespondierenden Fremdschlüssel gebildet sind.

Im Generierungsprozess, bei dem die Primärschlüssel „gedoppelt" und zu Fremdschlüsseln „umgewandelt" wurden, sind die Fremdschlüssel-Attribute immer dann umbenannt worden, wenn es sonst zu Namens-Dopplungen in einer Tabelle gekommen wäre. Die automatisch generierten Benennungen für die Fremdschlüssel-Attribute sind nun natürlich nicht „sprechend". Deshalb

2. Generierungsschritt

wurden sie im 2. Generierungsschritt „von Hand" in die Benennungen umgeändert, die wir in den Tabellen-Typbeschreibungen verwendet haben. Dadurch ist der Vergleich der „intellektuell" erzeugten mit den „automatisch" generierten Tabellenstrukturen besser möglich.

Wie werden nun die beiden zu verfolgenden Konstrukte im physischen Datenmodell dargestellt?

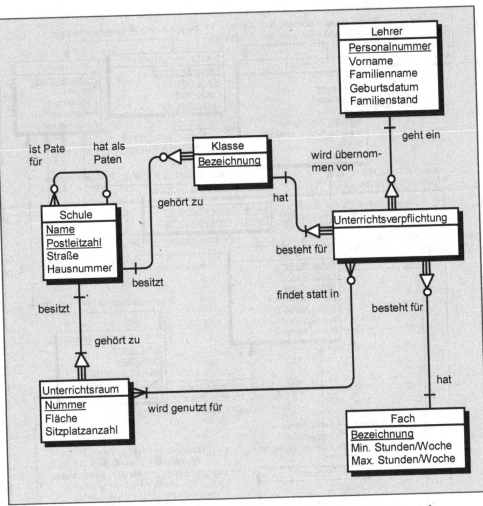

Abb. 4-88: Ausschnitt aus dem Datenmodell für das Schulbeispiel

a) Der CN:C-Rekursiv-Beziehungstyp mit den Beziehungstyp-Richtungen „Schule *ist Pate für* Schule" und „Schule *hat als Paten* Schule" wurden von uns in der Abbildung 4-85 – gemäß der Transformationsregel T18 – durch eine Koppel-Tabelle repräsentiert. Dies geschah unter der Annahme, dass Patenschafts-Verhältnisse unter den Schulen eher selten sind. Dann führt nämlich die Verwendung einer Koppel-Tabelle – gegenüber der Einführung eines Fremdschlüssels in der Tabelle „Schule" gemäß der Transformationsregel T17 – zu einer Speicherplatz-Einsparung.

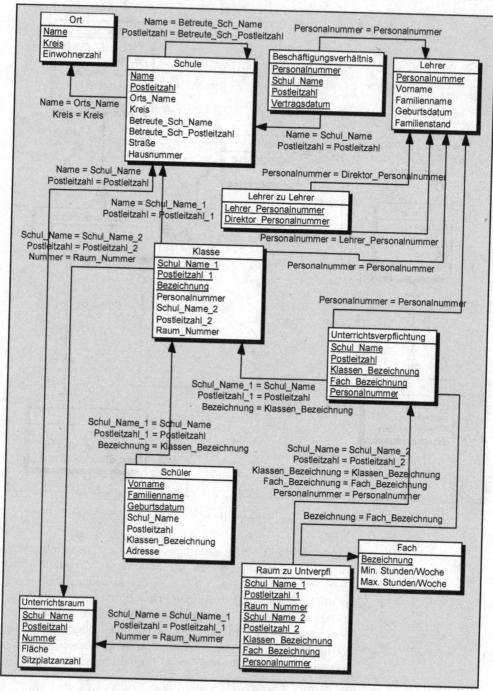

Abb. 4-89: Physisches Datenmodell für das Schulbeispiel

Dem „*PowerDesigner*" stehen diese *semantischen* Informationen nicht zur Verfügung. Er kennt folglich keine differenzierten Regeln für die Repräsentation eines CN:C-Beziehungstyps (T17 oder T18). Der „*PowerDesigner*" stellt den CN:C-Beziehungstyp immer – gemäß der Transformationsregel T17 – durch einen *Fremdschlüssel* in der Tabelle „Schule" dar, der die folgende Gestalt hat:

$$\Uparrow Betreute\_Sch\_Name+Betreute\_Sch\_Postleitzahl \Uparrow$$

Der Fremdschlüssel ist als nicht-eingabepflichtig (er wird sehr häufig mit der NULL-Marke belegt) und nicht-unikal (mehrere Schulen können ein und dieselbe Schule betreuen) vereinbart.

b) Der M:CN-Beziehungstyp, der zwischen dem „Unterrichtsraum" und der „Unterrichtsverpflichtung" besteht, muss nach unseren Überlegungen wie ein CM:CN-Beziehungstyp – gemäß der Transformationsregel T19 – durch eine Koppel-Tabelle repräsentiert werden. Auch der „*PowerDesigner*" generiert eine *Koppel-Tabelle* mit der Bezeichnung „Raum zu Untverpfl" (die Benennung wurde aus Platzgründen „verstümmelt"). Die beiden eingabepflichtigen und – jeweils für sich – nicht-unikalen Fremdschlüssel, die auf die beiden Tabellen „Unterrichtsraum" bzw. „Unterrichtsverpflichtung" verweisen und die gemeinsam den Primärschlüssel der Koppel-Tabelle bilden, haben die Gestalt:

$$\Uparrow Schul\_Name\_1+Postleitzahl\_1+Raum\_Nummer \Uparrow$$

$$\Uparrow Schul\_Name\_2+Postleitzahl\_2+Klassen\_Bezeichnung+$$

$$Fach\_Bezeichnung+Personalnummer \Uparrow$$

3. Generierungsschritt

Im 3. Generierungsschritt wird durch Auswertung des physischen Datenmodells das *Script* „crebas.dat" generiert. Dieses Script beschreibt in Textform die letztlich in der Datenbank zu erzeugende Tabellenstruktur. Die beiden betrachteten Konstrukte führen zu den folgenden Script-Abschnitten:

a) Für den CN:C-Rekursiv-Beziehungstyp mit den Beziehungstyp-Richtungen „Schule *ist Pate für* Schule" und „Schule *hat als Paten* Schule" enthält das Script zunächst die Typbeschreibung für die Tabelle „SCHULE":

```
CreateTble C=SCHULE N="Schule"
(
    C=NAME T="CHAR(50)" P=Yes M=Yes N="Name",
    C=POSTLEITZAHL T="NUMERIC(5)"
       P=Yes M=Yes N="Postleitzahl",
    C=ORTS_NAME T="CHAR(50)" P=No M=Yes N="Orts_Name",
    C=KREIS T="CHAR(50)" P=No M=Yes N="Kreis",
    C=BETREUTE_SCH_NAME T="CHAR(50)"
       P=No M=No N="Betreute_Sch_Name",
    C=BETREUTE_SCH_POSTLEITZAHL T="NUMERIC(5)"
       P=No M=No N="Betreute_Sch_Postleitzahl",
    C=STRASSE T="CHAR(50)" P=No M=Yes N="Straße",
    C=HAUSNUMMER T="NUMERIC(5)"
       P=No M=Yes N="Hausnummer"
);
```

Die Tabellen-Typbeschreibung enthält Angaben über die Namen (N) und die in der Datenbank verwendeten Codes (C) der Tabelle und ihrer Attribute. Für jedes Attribut wird zusätzlich angegeben: seine Domäne, also sein Datentyp (T), seine Zugehörigkeit zum Primärschlüssel (P: YES oder NO) und seine Eingabepflicht (M: YES oder NO). Man sieht, dass die beiden Attribute des Primärschlüssels (NAME und POST-LEITZAHL) natürlich eingabepflichtig sind (M=Yes). Man sieht weiterhin, dass die beiden Attribute

```
BETREUTE_SCH_NAME
BETREUTE_SCH_POSTLEITZAHL
```

die den Fremdschlüssel zur Repräsentation des Rekursiv-Beziehungstyps bilden, als nicht-eingabepflichtig angegeben sind (M=No): Nicht jede Schule muss auf eine betreute Schule verweisen.

Das Script enthält als Nächstes eine Join-Beschreibung, durch die die Attribute-Kombination

```
BETREUTE_SCH_NAME + BETREUTE_SCH_POSTLEITZAHL
```

als Fremdschlüssel vereinbart wird:

```
CreateJoin C=FK_SCHULE_SCHULE_ZU_SCHULE  T=SCHULE
           P=SCHULE  D=restrict U=restrict
(
    P=NAME F=BETREUTE_SCH_NAME,
    P=POSTLEITZAHL F=BETREUTE_SCH_POSTLEITZAHL
);
```

Der Join wird durch seinen – vom Generator-Programm vergebenen – Code (C) benannt. Der Fremdschlüssel befindet sich in der Tabelle T und verweist auf die Tabelle P. Bei einem Rekursiv-Beziehungstyp fallen diese beiden Tabellen natürlich zusammen. Die nächsten beiden Parameter legen fest, in welcher Weise das Datenbank-Managementsystem auf eine eventuelle Verletzung der referenziellen Integrität durch Löschen (D – wie „**D**elete") bzw. durch Verändern (U – wie „**U**pdate") eines Primärschlüssel-Wertes reagieren soll. Durch restrict wird angewiesen, dass beide Aktivitäten abgelehnt werden sollen (vgl. Abschnitt 3.4.2).

Für jedes Attribut des Fremdschlüssels wird dessen Code (F) sowie der Code des korrespondierenden Attributs des Primärschlüssels (P) angegeben.

b) Zur Repräsentation des M:CN-Beziehungstyps zwischen den beiden Objekttypen „Unterrichtsraum" und „Unterrichtsverpflichtung" enthält das Script die Tabellen-Typbeschreibungen für die beiden Tabellen RAUM (Code für „Unterrichtsraum") und UNTVERPFL (Code für „Unterrichtsverpflichtung") sowie eine Tabellen-Typbeschreibung für die Koppel-Tabelle RAUM_ZU_UNTVERPFL:

```
CreateTble C=RAUM N="Unterrichtsraum"
(
    C=SCHUL_NAME T="CHAR(50)"
      P=Yes M=Yes N="Schul_Name",
    C=POSTLEITZAHL T="NUMERIC(5)"
      P=Yes M=Yes N="Postleitzahl",
    C=NUMMER T="NUMERIC(3)" P=Yes M=Yes N="Nummer",
    C=FLAECHE T="NUMERIC(3)" P=No M=Yes N="Fläche",
    C=SITZPLATZANZAHL T="NUMERIC(2)"
      P=No M=Yes N="Sitzplatzanzahl"
);
```

```
CreateTble C=RAUM_ZU_UNTVERPFL N="Raum zu Untverpfl"
(
     C=SCHUL_NAME_1 T="CHAR(50)"
       P=Yes M=Yes N="Schul_Name_1",
     C=POSTLEITZAHL_1 T="NUMERIC(5)"
       P=Yes M=Yes N="Postleitzahl_1",
     C=RAUM_NUMMER  T="NUMERIC(3)"
       P=Yes M=Yes N="Raum_Nummer",
     C=SCHUL_NAME_2  T="CHAR(50)"
       P=Yes M=Yes N="Schul_Name_2",
     C=POSTLEITZAHL_2 T="NUMERIC(5)"
       P=Yes M=Yes N="Postleitzahl_2",
     C=KLASSEN_BEZEICHNUNG T="CHAR(3)"
       P=Yes M=Yes N="Klassen_Bezeichnung",
     C=FACH_BEZEICHNUNG T="CHAR(15)"
       P=Yes M=Yes N="Fach_Bezeichnung",
     C=PERSONALNUMMER T="NUMERIC(5)"
       P=Yes M=Yes N="Personalnummer"
);


CreateTble C=UNTVERPFL N="Unterrichtsverpflichtung"
(
     C=SCHUL_NAME T="CHAR(50)"
       P=Yes M=Yes N="Schul_Name",
     C=POSTLEITZAHL T="NUMERIC(5)"
       P=Yes M=Yes N="Postleitzahl",
     C=KLASSEN_BEZEICHNUNG T="CHAR(3)"
       P=Yes M=Yes N="Klassen_Bezeichnung",
     C=FACH_BEZEICHNUNG T="CHAR(15)"
       P=Yes M=Yes N="Fach_Bezeichnung",
     C=PERSONALNUMMER T="NUMERIC(5)"
       P=Yes M=Yes N="Personalnummer"
);
```

Es folgen zwei Join-Beschreibungen, die die Verweise zwischen den Tabellen spezifizieren:

```
CreateJoin  C=FK_RAUM_ZU__WIRD_GENU_RAUM
            T=RAUM_ZU_UNTVERPFL  P=RAUM
            D=restrict U=restrict
(
    P=SCHUL_NAME F=SCHUL_NAME_1,
    P=POSTLEITZAHL F=POSTLEITZAHL_1,
    P=NUMMER F=RAUM_NUMMER
);


CreateJoin  C=FK_RAUM_ZU__FINDET_ST_UNTVERPF
            T=RAUM_ZU_UNTVERPFL   P=UNTVERPFL
            D=restrict U=restrict
(
    P=SCHUL_NAME F=SCHUL_NAME_2,
    P=POSTLEITZAHL F=POSTLEITZAHL_2,
    P=KLASSEN_BEZEICHNUNG F=KLASSEN_BEZEICHNUNG,
    P=FACH_BEZEICHNUNG F=FACH_BEZEICHNUNG,
    P=PERSONALNUMMER F=PERSONALNUMMER
);
```

Der Join FK_RAUM_ZU__WIRD_GENU_RAUM beschreibt den Fremdschlüssel (F) in der Tabelle (T) RAUM_ZU_UNTVERPFL, der auf den Primärschlüssel (P) in der Tabelle RAUM verweist.

Durch den Join FK_RAUM_ZU__FINDET_ST_UNTVERPF wird die Korrespondenz des Fremdschlüssels in der Tabelle RAUM_ZU_UNTVERPFL mit dem entsprechenden Primärschlüssel der Tabelle UNTVERPFL festgelegt.

4. Generie-
rungsschritt

Im 4. und letzten Generierungsschritt wertet das Visual-Basic-Programm im Datenbank-Anwendungssystem „access2k.mdb" das Script „crebas.dat" aus und generiert schließlich die gewünschte Datenbank. Die Tabellenstruktur der generierten Datenbank – also ihr logisches Datenschema – ist in der Abbildung 4-90 wiedergegeben.

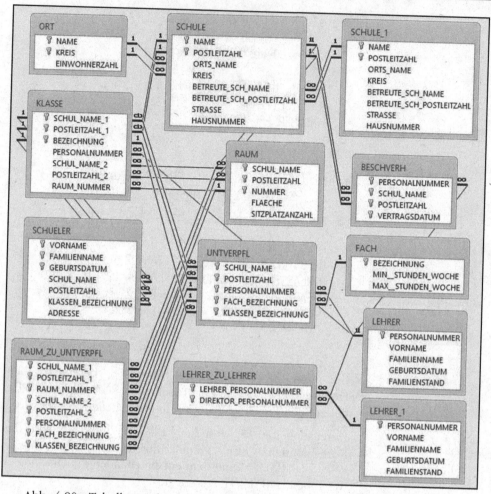

Abb. 4-90: Tabellenstruktur der generierten Datenbank für das Schulbeispiel

Wir konzentrieren uns wieder auf die beiden herausgegriffenen Konstrukte:

a) *„Access"* stellt den CN:C-Rekursiv-Beziehungstyp mit den Beziehungstyp-Richtungen „Schule *ist Pate für* Schule" und „Schule *hat als Paten* Schule" dadurch dar, dass die Tabelle SCHULE in einem zweiten Exemplar SCHULE_1 erscheint. Die beiden Fremdschlüssel-Attribute BETREUTE_SCH_NAME und BETREUTE_SCH_POSTLEITZAHL, die sich in der Tabelle SCHULE befinden, sind mit den Primärschlüssel-Attributen NAME und POSTLEITZAHL in der Tabelle SCHULE_1 verknüpft. Die Kardinalitäts-Angaben (∞ bzw. 1) an den Verbindungslinien besagen, dass einer Schule *höchstens eine* betreute Schule zugeordnet werden kann, während auf eine betreute Schule *mehrere* Schulen verweisen können.

b) Der duale M:CN-Beziehungstyp zwischen den beiden Objekttypen „Unterrichtsraum" und „Unterrichtsverpflichtung" wird durch die Koppel-Tabelle RAUM_ZU_UNTVERPFL repräsentiert. Die ersten drei Attribute dieser Koppel-Tabelle bilden den Fremdschlüssel, der auf den „Unterrichtsraum" (auf die Tabelle RAUM) verweist. Die übrigen fünf Attribute der Koppel-Tabelle bilden den Fremdschlüssel, der auf die „Unterrichtsverpflichtung" (auf die Tabelle UNTVERPFL) verweist. Die Kardinalitäten besagen:

- Eine Paarbildung – also eine Zeile in der Koppel-Tabelle – betrifft stets *genau einen* Raum (1) und *genau eine* Unterrichtsverpflichtung (1).

- Ein Raum bzw. eine Unterrichtsverpflichtung kann *mehrfach* in der Koppel-Tabelle auftreten (∞).

5

Der Überblick: Möglichkeiten und Grenzen des Entity-Relationship-Modells und des relationalen Datenbank-Modells

In den Kapiteln 2 und 3 wurden das *Entity-Relationship-Modell* und das *relationale Datenbank-Modell* zunächst einzeln für sich behandelt. Im Kapitel 4 wurde untersucht, wie aus einem *konzeptionellen Datenmodell*, das mit den Sprachmitteln des Entity-Relationship-Modells entworfen wurde, die Tabellenstruktur für ein relationales Datenbank-Managementsystem – also das *logische Datenschema* – abgeleitet werden kann.

In diesen drei Kapiteln erfolgte die Darlegung aus einer praxisorientierten Sicht und entsprach eher einer *phänomenologischen* Beschreibung. Der „rote Faden" folgte der inneren Logik, nach der die Sprachkonstrukte des Entity-Relationship-Modells für die Beschreibung der betrieblichen Realität benötigt werden. Viele Aussagen mögen dabei recht unsystematisch erschienen sein. Manche Wiederholung ließ sich – im Interesse des „Schritt-Tempos" unserer „Fußgängertour" – nicht vermeiden.

In diesem Kapitel soll versucht werden, den „bunten Blumenstrauß" der verstreut beschriebenen Konstrukte „neu zu binden". Insbesondere wollen wir das „Gestrüpp" der dualen Beziehungstypen und der Rekursiv-Beziehungstypen etwas „auslichten".

Die Einordnung dieses Kapitels in den Kontext des Lehrbuchs zeigt die Abbildung 5-1.

Wir wollen in diesem Kapitel u. a. die folgenden Fragen klären:

- Wo liegen die jeweiligen *Grenzen* des Entity-Relationship-Modells und des relationalen Datenbank-Modells bei der Repräsentation von Objekttypen?

- Ist die „CN"-Notation ausreichend, die das Entity-Relationship-Modell für die Modellierung der Beziehungstypen verwendet? Lassen sich die 10 dualen Beziehungstypen *konstruktiv herleiten*?

- Wann sollte ein dualer Beziehungstyp in einen *Koppel-Objekttyp* umgewandelt werden?

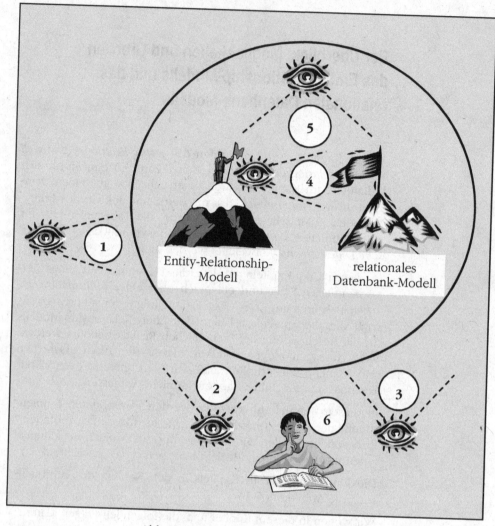

Abb. 5-1: Gegenstand des Kapitels 5

- Welche der 10 dualen Beziehungstypen des Entity-Relationship-Modells sind überhaupt *erforderlich*, und lassen sich diese im relationalen Datenbank-Modell *repräsentieren*?

- Wie kann man die 7 Rekursiv-Beziehungstypen des Entity-Relationship-Modells *konstruktiv herleiten*?

- Wann sollte ein Rekursiv-Beziehungstyp in einen *Koppel-Objekttyp* umgewandelt werden?

- Welche der 7 Rekursiv-Beziehungstypen werden eigentlich *benötigt*, und welche lassen sich im relationalen Datenbank-Modell *repräsentieren*?

Diese Fragen sollen in den folgenden Abschnitten systematisch untersucht werden. Die Darlegungen stützen sich hauptsächlich auf theoretische Überlegungen, die jedoch durch zahlreiche Beispiele veranschaulicht werden.

5.1   Der Objekttyp

Im Abschnitt 2.1 haben wir als ersten Schritt des Modellierungsprozesses die *Klassifizierung* besprochen. Im Zuge der Klassifizierung wird die Komplexität der betrieblichen Realität dadurch reduziert, dass die relevanten Objekte zu Klassen – nämlich zu den *Objekttypen* – zusammengefasst werden. Wir haben den Objekttyp als eine – durch einen Objekttyp-Namen eindeutig benannte – Klasse von Objekten definiert, über die dieselben Angaben gespeichert und die in prinzipiell gleicher Weise verarbeitet werden.

Bei der Verwendung von Objekttypen im Entity-Relationship-Modell bzw. bei ihrer Repräsentation im relationalen Datenbank-Modell stößt man auf Probleme und Grenzen, von denen wir im Folgenden einige näher untersuchen wollen.

5.1.1   Darstellung dualer sachlogischer Zusammenhänge durch Objekttypen

Neben dem Aspekt der prinzipiell gleichen Verarbeitung seiner Objekte besteht das wesentliche Merkmal eines *Objekttyps* darin, dass über die Objekte Informationen (Fakten) gespeichert werden. Beziehungen – als die Instanzen eines *Beziehungstyps* – dienen aber ebenfalls dazu, Fakten festzuhalten. In der Praxis der Datenmodellierung steht man deshalb häufig vor der Entscheidung, ob man einen zu speichernden Fakt durch einen Objekttyp oder durch einen Beziehungstyp darstellen soll.

Um diese Entscheidung fundierter treffen zu können, teilen wir die Fakten in zwei Gruppen ein: in die *Objekttyp-Fakten* und in die *Beziehungstyp-Fakten*. Betrachten wir dazu drei Fakten, die die Marketing-Abteilung eines Reiseunternehmens speichern möchte! Wir formulieren die Fakten in einer Form, die in einfacher Weise eine Verallgemeinerung ihrer Struktur ermöglicht:

1. *Für den **Kunden** mit der Kundennummer **12345** gilt, dass seine **Hausnummer** den Wert **42** hat.*

2. *Für das **Reiseziel** mit der Bezeichnung **Mauritius** gilt, dass seine **Einwohnerzahl** den Wert **1.300.000** hat.*

3. *Für den sachlogischen Zusammenhang „**Kunde hat besucht Reiseziel / Reiseziel wurde besucht von Kunde**" gilt, dass der **Kunde** mit der Kundennummer **12345** das **Reiseziel** mit der Bezeichnung **Mauritius** besucht hat.*

Die Fakten 1 und 2 haben die Struktur eines Objekttyp-Fakts:

Objekttyp-Fakt

Definition: **Ein** *Objekttyp-Fakt* **ist eine Aussage mit der folgenden Struktur:**

Im Rahmen eines Objekttyps T gilt, dass für eines seiner *Objekte* **O die** *Eigenschaft* **E den** *Wert* **W besitzt.**

Ein Objekttyp-Fakt ist also ein Quadrupel der Form

(T,O,E,W).

Er wird auf der Ebene des konzeptionellen Datenmodells durch einen Objekttyp T mit der Eigenschaft E dargestellt, zu deren Domäne der Wert W gehört.

Der Fakt 3 hat dagegen eine ganz andere Struktur. Fakten dieser Art wollen wir als *duale Beziehungstyp-Fakten* bezeichnen. Eine Erweiterung auf höhergradige Beziehungstyp-Fakten betrachten wir im Abschnitt 5.1.2.

dualer Beziehungstyp-Fakt

Definition: **Ein** *dualer Beziehungstyp-Fakt* **ist eine Aussage mit der folgenden Struktur:**

Im Rahmen eines *Beziehungstyps* **T, der einen sachlogischen Zusammenhang zwischen den beiden Objekttypen A und B beschreibt, besagt eine konkrete Beziehung, dass ein** *Objekt* **a des** *Objekttyps* **A**

im betrachteten sachlogischen Zusammenhang mit einem *Objekt* b des *Objekttyps* B steht. Dabei können die Objekttypen A und B identisch sein (Rekursiv-Beziehungstyp-Fakt).

Ein Beziehungstyp-Fakt ist also ein Tripel der Form:

$$(T,a,b) \quad \text{mit} \quad a \in A \text{ und } b \in B.$$

Er wird auf der Ebene des konzeptionellen Datenmodells durch einen Beziehungstyp T dargestellt, der den sachlogischen Zusammenhang zwischen den Objekttypen A und B beschreibt.

Richten wir nun unser Augenmerk darauf, wie sich ein sachlogischer Zusammenhang im konzeptionellen Datenmodell darstellen lässt!

Im Zuge der Datenmodellierung wird aus den drei Beispiel-Fakten (und weiteren Angaben) das Datenmodell abgeleitet, das in der Abbildung 5-2 wiedergegeben ist. Dabei wurde angenommen, dass Kunden auch dann gespeichert werden, wenn sie (noch) kein Reiseziel besucht haben, und dass es neue Reiseziele geben kann, die (noch) von keinem Kunden besucht wurden.

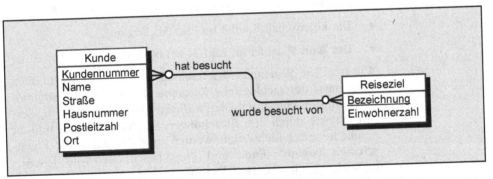

Abb. 5-2: Darstellung des sachlogischen Zusammenhangs durch einen dualen Beziehungstyp

Beachtung der
Granularität

Die Struktur des Fakts 3 hängt stark von der „Granularität" ab, mit der die reale Welt beschrieben werden soll. In der Buchungsabteilung des Reiseunternehmens würde man sich wohl kaum damit zufrieden geben, den sachlogischen Zusammenhang zwischen dem Kunden und dem Reiseziel lediglich durch den „dürren" Fakt zu beschreiben, dass der Kunde das Reiseziel besucht hat. Dort interessiert man sich für viele Details dieses Zusammenhangs: beispielsweise für den Beginn und das Ende der Reise, für den Reisepreis und für vieles mehr. Der Fakt 3 muss für die Belange der Buchungsabteilung deshalb wie folgt präzisiert werden:

3a) *Für den sachlogischen Zusammenhang „Kunde hat besucht Reiseziel / Reiseziel wurde besucht von Kunde", also:*

für die Reise des Kunden 12345 zum Reiseziel Mauritius gilt, dass ihr Beginn den Wert 01.06.2016 hat.

3b) *Für die Reise des Kunden 12345 zum Reiseziel Mauritius gilt, dass ihr Ende den Wert 15.06.2016 hat.*

3c) *Für die Reise des Kunden 12345 zum Reiseziel Mauritius gilt, dass ihr Preis den Wert 2.400 EUR hat.*

Jetzt hat der duale Beziehungstyp-Fakt 3 jedoch die Struktur von drei Objekttyp-Fakten – also die Struktur (T,O,E,W):

- Die Rolle des Objekttyps T spielt der bisherige Beziehungstyp „Kunde hat besucht Reiseziel / Reiseziel wurde besucht von Kunde", der nun den Namen „Reise" annimmt.

- Das Objekt O wird durch die Kombination der Eigenschaften „Kunde 12345 + Reiseziel Mauritius" identifiziert.[26]

- Die Eigenschaft E heißt im Fakt 3a „Beginn".

- Der Wert W lautet im Fakt 3a „01.06.2016".

Will man die Realität in der feineren Granularität beschreiben, dann muss der sachlogische Zusammenhang bei der Datenmodellierung durch den Objekttyp „Reise" dargestellt werden, dessen Objekte durch ihre Beziehungen zu einem Kunden und zu einem Reiseziel identifiziert werden und der durch die Eigenschaften „Beginn", „Ende" und „Preis" beschrieben wird. Die Abbildung 5-3 zeigt das Modellierungs-Ergebnis.

---

[26] Dabei wird unterstellt, dass ein gegebener Kunde ein bestimmtes Reiseziel nur einmal besucht.

Man erkennt, dass ein sachlogischer Zusammenhang im Entity-Relationship-Modell als Beziehungstyp, aber auch als eigenständiger Objekttyp dargestellt werden kann. Im Abschnitt 2.5.2 haben wir diesen Sachverhalt unter der Überschrift „Eigenschaften von Beziehungstypen" behandelt.

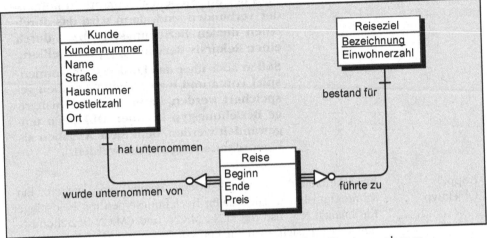

Abb. 5-3: Darstellung des sachlogischen Zusammenhangs
durch einen Objekttyp

Beziehungs-typen lassen sich nicht „attributieren"

In dieser Situation zeigt sich ein wesentlicher Mangel des Entity-Relationship-Modells: Die Beziehungstypen können nämlich – im Gegensatz zu den Objekttypen – nicht durch Eigenschaften näher beschrieben werden. Man sagt: Beziehungstypen lassen sich nicht „*attributieren*". Will man also über einen sachlogischen Zusammenhang detailliertere Fakten speichern als nur die „dürre" Aussage, dass der sachlogische Zusammenhang besteht, dann müssen diese Fakten im Datenmodell unter Verwendung eines eigenständigen Objekttyps dargestellt werden.

Die Entscheidung für oder gegen die Verwendung eines Objekttyps zur Darstellung eines sachlogischen Zusammenhangs kann also nicht – wie es eigentlich wünschenswert wäre – auf semantischer Grundlage erfolgen, sondern geschieht – aufgrund der Ausdrucksschwäche des Entity-Relationship-Modells – aus rein strukturellen Erwägungen. Im Abschnitt 2.5.2 haben wir dafür bereits eine einfache Faustregel angegeben, die hier noch einmal wiederholt werden soll:

Objekttyp
oder
Beziehungstyp?

Faustregel: **Soll über das Zusammenspiel von zwei Objekten a und b, die zwei verschiedenen Objekttypen (bzw. demselben Objekttyp) angehören, nicht mehr festgehalten werden als der bloße Sachverhalt, dass a und b gemäß der angegebenen Semantik miteinander verbunden sind, dann wird das durch einen dualen Beziehungstyp (bzw. durch einen Rekursiv-Beziehungstyp) modelliert.**

Sollen aber über das konkrete Zusammenspiel von a und b zusätzliche Angaben gespeichert werden, dann muss der bisherige Beziehungstyp in einen Objekttyp umgewandelt werden, dem diese Angaben als Eigenschaften zugeordnet werden.

Koppel-
Objekttyp

Im relationalen Datenbank-Modell kommt eine weitere Einschränkung hinzu: Die dualen Beziehungstypen mit beidseitiger Kardinalität N – also die M:N-, M:CN- und CM:CN-Beziehungstypen – lassen sich zwar im Entity-Relationship-Modell in natürlicher Weise darstellen, vor ihrer Transformation in das relationale Datenbank-Modell müssen sie jedoch erst in einen *Koppel-Objekttyp* umgewandelt werden. Die Elemente des Koppel-Objekttyps sind – hinsichtlich ihrer Semantik – eigentlich keine *Objekte*, sondern *nicht-attributierte Beziehungen zwischen Objekten*. Ihre Repräsentation durch eine Koppel-Tabelle ist also eine reine „Verlegenheitslösung", die aus der methodischen Unzulänglichkeit des relationalen Datenbank-Modells resultiert, dass das Datenbank-Modell nur 1:CN-Beziehungstypen adäquat darstellen kann.

Umwandlung in
einen Koppel-
Objekttyp?

Mit der Frage, ob man eventuell auch andere duale Beziehungstypen vor ihrer Transformation in das relationale Datenbank-Modell besser in Koppel-Objekttypen umwandeln sollte, werden wir uns im Abschnitt 5.2.3 beschäftigen.

5.1.2 Darstellung höhergradiger sachlogischer Zusammenhänge durch Objekttypen

Wir wollen nun die im vorangegangenen Abschnitt formulierte Faustregel relativieren. Ein sachlogischer Zusammenhang muss mitunter auch dann durch einen Objekttyp dargestellt werden, wenn der Zusammenhang gar nicht durch Eigenschaften näher präzisiert werden soll. Das ist nämlich immer dann erforderlich, wenn sich der sachlogische Zusammenhang nicht in Form eines *dualen* Beziehungstyp-Fakts formulieren lässt, sondern nur in Form eines *höhergradigen Beziehungstyp-Fakts:*

höhergradiger
Beziehungstyp-
Fakt

<u>Definition</u>: Ein *höhergradiger Beziehungstyp-Fakt* ist eine Aussage mit folgender Struktur:

Im Rahmen eines *sachlogischen Zusammenhangs Z*, an dem die n Objekttypen A_1, A_2, ..., A_n beteiligt sind, besagt ein konkreter Zusammenhang, dass die Objekte a_1, a_2, ..., a_n zu einer gemeinsamen „Aktivität" zusammengeführt sind.

Ein höhergradiger Beziehungstyp-Fakt ist also ein (n+1)-Tupel der Form:

$$(Z, a_1, a_2, ..., a_n) \text{ mit}$$
$$a_1 \in A_1, a_2 \in A_2, ..., a_n \in A_n.$$

Er wird auf der Ebene des Datenmodells durch einen Objekttyp Z dargestellt, der mit den Objekttypen A_1, A_2, ..., A_n durch duale Beziehungstypen verbunden ist.

Als Beispiel betrachten wir wieder das Reiseunternehmen, das nun höhergradige Beziehungstyp-Fakten der folgenden Art speichern möchte:

*Für den sachlogischen Zusammenhang „**Kunde besucht Reiseziel in Saison mit Fluggesellschaft**" gilt, dass der **Kunde** (Kundennummer **12345**) das **Reiseziel** (Name **Mauritius**) in der **Saison** (Bezeichnung **A**) mit der **Fluggesellschaft** (Code **LH**) besucht hat.*

Da das Entity-Relationship-Modell keine Konstrukte für die unmittelbare Darstellung höhergradiger Beziehungstyp-Fakten bereitstellt, muss – wieder zweckentfremdet – das Konstruktionselement „Objekttyp" verwendet werden. Wir haben darauf bereits im Abschnitt 2.5.1 unter der Überschrift „Sachlogische Zusammenhänge zwischen mehr als 2 Objekttypen" hingewiesen. Der Beispiel-Fakt führt zu dem Datenmodell, das in der Abbildung 5-4 dargestellt ist.

Für den Objekttyp, in dem jedes Objekt vier andere Objekte aus den Objekttypen „Kunde", „Reiseziel", „Saison" und „Fluggesellschaft" zu einer gemeinsamen Aktivität zusammenführt, wurde ganz bewusst die semantisch „leere" Bezeichnung „Vorgang" gewählt. Damit soll ausgedrückt werden, dass dieser Objekttyp gar keine Klasse von *Objekten* darstellt, sondern eine Klasse (höhergradiger) *sachlogischer Zusammenhänge.*

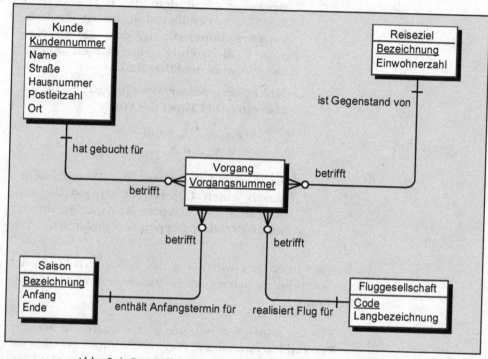

Abb. 5-4: Darstellung eines höhergradigen Beziehungstyp-Fakts durch einen Objekttyp

5.1.3   Hierarchisch geordnete Objekttypen

Ein Nachteil des Entity-Relationship-Modells besteht – zumindest in der hier beschriebenen Ausbaustufe – darin, dass sämtliche Objekttypen auf derselben Ebene liegen, dass es zwischen ihnen also keine *hierarchische Ordnung* gibt. In späteren Ausbaustufen wurde dieser Mangel überwunden, indem die Prinzipien von *Generalisierung* und *Spezialisierung* in das methodische Arsenal des Entity-Relationship-Modells aufgenommen wurden. Im Interesse der angestrebten Einfachheit dieses Lehrbuchs haben wir jedoch auf die Darstellung dieser Prinzipien verzichtet. Der interessierte Leser sei auf andere Lehrbücher – beispielsweise auf [KEMP15] – verwiesen.

Das relationale Datenbank-Modell kennt keine Hierarchien

Selbst dann, wenn man bei der Modellierung mit den Sprachmitteln des Entity-Relationship-Modells eine hierarchische Ordnung der Objekttypen beschreibt, muss man sie vor der Umsetzung des konzeptionellen Datenmodells in das relationale Datenbank-Modell wieder aufgeben. Das Grundprinzip des relationalen Datenbank-Modells besteht nämlich gerade darin, dass sämtliche Tabellen voneinander unabhängig sind. Das bedeutet insbesondere, dass es zwischen ihnen auch keine hierarchische Ordnung geben kann.

5.1.4   Komplex strukturierte Objekte

Im Abschnitt 5.1.1 wurden die Objekttyp-Fakten als Quadrupel (T,O,E,W) beschrieben. Sie drücken den Sachverhalt aus, dass ein zum Objekttyp T gehöriges Objekt O für die Eigenschaft E den Wert W annimmt. Die 1. Normalform (vgl. Abschnitt 2.6.1) fordert nun aber, dass der Wert W atomar sein muss. Das heißt: Er darf nicht mehrgliedrig sein, er darf insbesondere keine Liste von Werten sein.

Mit der Forderung, dass sich das konzeptionelle Datenmodell in der 1. Normalform befinden soll, wird schon bei der Datenmodellierung die Beschränkung relationaler Datenbank-Managementsysteme berücksichtigt, dass für die Attribute der Tabellen nur solche Domänen zugelassen werden, die Mengen atomarer Werte sind.

Beschränkung auf atomare Attributwerte

Die Beschränkung auf atomare Attributwerte ist die einschneidendste Bedingung sowohl des Entity-Relationship-Modells als auch des relationalen Datenbank-Modells. Sie führt dazu, dass sich relationale Datenbanken für sogenannte *Nicht-Standard-Anwendungen*, in denen man Informationen über komplex strukturierte Objekte speichern muss, nur mit großen Problemen oder gar nicht einsetzen lassen. Zu diesen Bereichen zählen beispielsweise Systeme zur rechnergestützten Konstruktion (CAD – **C**omputer **A**ided **D**esign) und Systeme zur Prozess-Steuerung.

„flache" Tabellen

Im relationalen Datenbank-Modell müssen die Daten über komplex strukturierte Objekte auf mehrere „flache" Tabellen verteilt werden. Der dadurch „gekappte" sachlogische Zusammenhang zwischen den Daten muss bei ihrer Verarbeitung jedes Mal neu

279

– durch aufwändige Join-Operationen – rekonstruiert werden. Im Abschnitt 3.2 wurde der Vergleich mit einem Auto herangezogen, das man bei seiner Speicherung – also beim Abstellen in der Garage – in seine Einzelteile zerlegen muss, wobei der Zusammenhang zwischen den Teilen durch ein Verweissystem – durch die Fremdschlüssel – dargestellt wird.

Betrachten wir als ein einfaches Beispiel die Speicherung der räumlichen Lage eines Polyeders, dessen Oberfläche aus wenigstens 4 verschiedenfarbigen Polygonflächen – aus den Seitenflächen – gebildet wird. Bei der Speicherung muss das Polyeder zunächst in seine Seitenflächen zerlegt werden. Jede Polygonfläche muss wiederum durch die Raumpositionen von mindestens 3 Eckpunkten beschrieben werden. Die Abbildung 5-5 zeigt das entsprechende Datenmodell.

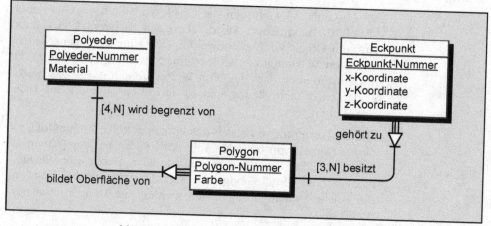

Abb. 5-5: Darstellung der Lage eines Polyeders
durch „flache" Objekttypen

Den Ausweg aus den Beschränkungen, die der Datenspeicherung durch die 1. Normalform auferlegt werden, bieten die sogenannten NF^2-Systeme (=NFNF-Systeme = Non-First-Normal-Form-Systeme), auf die bereits im Abschnitt 2.6.1 hingewiesen wurde. Zu diesen Systemen gehören insbesondere die objektorientierten Datenbank-Managementsysteme (OODBMS), die im Rahmen dieses Lehrbuchs nicht behandelt werden. Der interessierte Leser sei auf die spezielle Fachliteratur – beispielsweise auf [MCLA07] und [HEIN08] – verwiesen.

5.2 Die dualen Beziehungstypen

Ein dualer Beziehungstyp D ist eine Menge sachlogischer Zusammenhänge, die zwischen jeweils zwei Objekten aus verschiedenen Objekttypen bestehen. Er repräsentiert somit die Menge der Objektpaare (a,b), wobei a ein Element des Objekttyps A und b ein Element des Objekttyps B ist:

$$D = \{(a,b) \mid a \in A, b \in B\}$$

Im konzeptionellen Datenmodell werden jedoch nicht die konkreten Objektpaare (a,b) beschrieben. Die Menge D der Paarungen wird lediglich durch die folgenden Angaben charakterisiert:

1. Die Semantik der Beziehungstyp-Richtung A→B. Wir gehen bei den weiteren Überlegungen von der Semantik „Element des Objekttyps A *sendet eine Nachricht an* Element des Objekttyps B" aus.

2. Die Semantik der Beziehungstyp-Richtung A ← B, die wir wie folgt annehmen: „Element des Objekttyps B *empfängt eine Nachricht von* Element des Objekttyps A".

3. Die *Optionalität* und die *Kardinalität* der Beziehungstyp-Richtung A→B.

4. Die *Optionalität* und die *Kardinalität* der Beziehungstyp-Richtung A←B.

Im folgenden Abschnitt untersuchen wir zunächst die Notationen von Optionalität und Kardinalität und leiten dann im Abschnitt 5.2.2 daraus eine Systematik der dualen Beziehungstypen her.

5.2.1 Optionalität und Kardinalität einer Beziehungstyp-Richtung

Wir beschränken unsere Überlegungen zunächst auf die Beziehungstyp-Richtung „Element des Objekttyps A *sendet eine Nachricht an* Element des Objekttyps B".

Optionalität

Durch die Festlegung der *Optionalität* der Beziehungstyp-Richtung wird *eine einzige* Frage beantwortet:

1. Kann es sein, dass ein Objekt a ∈ A *keine* Nachricht sendet?

Kardinalität

Durch die Festlegung der *Kardinalität* der Beziehungstyp-Richtung werden *zwei* weitere Fragen beantwortet:

2. Kann es sein, dass ein Objekt a ∈ A *eine* Nachricht sendet?

3. Kann es sein, dass ein Objekt a ∈ A *mehr als eine* Nachricht sendet?

Insgesamt sind es also drei Entscheidungsfragen, die jede für sich mit „ja" oder „nein" beantwortet werden kann. Stellt man die p=3 Bedingungen in einer Entscheidungstabelle dar, dann ergeben sich kombinatorisch

$$n = 2^p = 2^3 = 8$$

01N-Notation

verschiedene Fälle[27], die durch eine jeweilige Notation voneinander unterschieden werden müssen. Wir wählen für die positive bzw. negative Beantwortung der ersten Frage die Symbole 0^+ bzw. 0^-. Analog dazu wird die Beantwortung der zweiten Frage durch die Symbole 1^+ bzw. 1^- dargestellt. Drückt man, wie bei der Beschreibung von Datenstrukturen allgemein üblich, das Prädikat „mehr als eine Nachricht" durch den Buchstaben N aus, dann ergeben sich für die positive bzw. negative Beantwortung der dritten Frage die Symbole N^+ bzw. N^-.

Die sich mit dieser *01N-Notation* ergebende Fallunterscheidung von Optionalität/Kardinalität ist in der Abbildung 5-6 dargestellt.

Die Kombinatorik der Entscheidungstabelle führt zu zwei Fällen, denen keine Notation zugeordnet wurde, weil sie für unsere Belange nicht relevant sind:

Fall 1:   Ein Objekt a ∈ A kann *weder keine noch eine noch mehr als eine* Nachricht senden. Das bedeutet, dass nur eine *negative Anzahl* von Nachrichten gesendet werden kann. Der Fall einer negativen Anzahl von Nachrichtensendungen findet keine Entsprechung in der Praxis.

---

[27] Die Formel für die kombinatorische Anzahl der Fälle bei p voneinander unabhängigen Entscheidungsfragen ist leicht einzusehen. Die erste Frage kann auf 2 Arten (mit „ja" oder „nein") beantwortet werden. Für jeden dieser Fälle kann die zweite Frage wiederum auf 2 Arten beantwortet werden. Das ergibt bereits 4 Fälle. Für jeden dieser Fälle kann die dritte Frage wieder auf 2 Arten beantwortet werden. Man erhält also 8 Fälle. Die Verallgemeinerung auf p Entscheidungsfragen führt dazu, dass die Zahl 2 p-mal als Faktor auftritt.

Fall 5: Ein Objekt a ∈ A kann *zwar keine, jedoch weder eine noch mehr als eine* Nachricht senden. Das bedeutet, dass *kein* A-Objekt eine Nachricht an ein B-Objekt senden kann, dass es also zwischen den A-Objektes und den B-Objekten keinen speicherwürdigen sachlogischen Zusammenhang gibt.

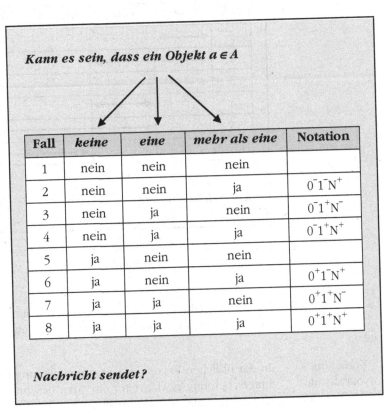

Kann es sein, dass ein Objekt a ∈ A

Fall	*keine*	*eine*	*mehr als eine*	Notation
1	nein	nein	nein	
2	nein	nein	ja	$0^-1^-N^+$
3	nein	ja	nein	$0^-1^+N^-$
4	nein	ja	ja	$0^-1^+N^+$
5	ja	nein	nein	
6	ja	nein	ja	$0^+1^-N^+$
7	ja	ja	nein	$0^+1^+N^-$
8	ja	ja	ja	$0^+1^+N^+$

Nachricht sendet?

Abb. 5-6: Kombinatorische Fallunterscheidung von Optionalität/Kardinalität

[Min,Max]-Notation — Die kombinatorisch sinnvollen 6 Fälle werden auf 5 Fälle reduziert, wenn man die kombinatorische Vielfalt durch eine Intervall-Betrachtung einengt. Als Notation wird dann die Intervall-Angabe [Min,Max] verwendet. Diese Betrachtung führt zur intervallbasierten Fallunterscheidung der Abbildung 5-7.

Die Intervall-Betrachtung liefert nur einen Fall ohne zugeordnete Notation:

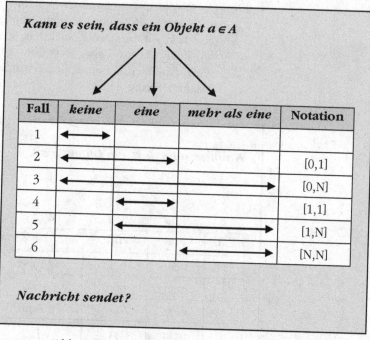

Abb. 5-7: Intervallbasierte Fallunterscheidung der
Optionalität/Kardinalität

Fall 1:   Ein Objekt a ∈ A kann lediglich keine Nachricht senden:
Es liegt kein sachlogischer Zusammenhang vor.

„Krähenfuß"-
Notation und
C1N-Notation

In der üblichen Praxis der Datenmodellierung engt man die Fallunterscheidung noch weiter ein: Man beschränkt sich auf diejenigen Intervalle, die die Aussage „ein Objekt a ∈ A kann *eine*
Nachricht senden" einschließen. Dann gelangt man nur noch zu
4 Fällen, für die die beiden Notationen gebräuchlich sind, die
wir bisher in diesem Buch verwendet haben: als grafische Notation die *„Krähenfuß"-Notation* und als alphanumerische Notation die *C1N-Notation*. Aus der Abbildung 5-8 wird die sukzessive „Verwässerung" der Fallunterscheidung ersichtlich.

Man erkennt aus der Abbildung 5-8, dass zwei praktisch wichtige Fälle der Optionalität/Kardinalität weder durch die Krähen-
fuß-Notation noch durch die C1N-Notation dargestellt werden
können:

Fall	01N-Notation	[Min,Max]-Notation	Krähenfuß-Notation	C1N-Notation
1	$0^-1^-N^+$	[N,N]		
2	$0^-1^+N^-$	[1,1]	—|—	1
3	$0^-1^+N^+$	[1,N]	—<	N
4	$0^+1^-N^+$			
5	$0^+1^+N^-$	[0,1]	—o—	C
6	$0^+1^+N^+$	[0,N]	—o<	CN

Abb. 5-8: Notationen für Optionalität/Kardinalität

Fall 1:   Ein Objekt a ∈ A kann *nur mehr als eine* Nachricht senden. Dieser Fall ist in der Praxis häufig anzutreffen. Nehmen wir an, an einer Hochschule wird ein geplantes Seminar erst dann gespeichert, wenn sich mindestens 5 Studenten dafür eingeschrieben haben. Die Abbildung 5-9 zeigt die Darstellung dieses Sachverhalts im Datenmodell.

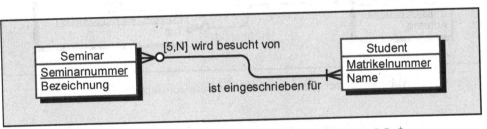

Abb. 5-9: Beispiel für die Optionalität/Kardinalität $0^-1^-N^+$

Ein Seminar kann nur dann ein Objekt im Objekttyp „Seminar" sein, wenn es mit *mehr als einem* (nämlich mit mindestens fünf) Studenten in einem sachlogischen Zusammenhang steht. Diese Bedingung lässt sich im Entity-Relationship-Modell *grafisch* – und somit auch in syntaktisch auswertbarer Form – nur semantisch „vergröbert" mithilfe der Notation für den Fall 3 (*ein oder mehrere* Studenten) angeben. Durch die Angabe der Kardinalitäts-Beschränkung [5,N] kann man diese Bedingung zwar *verbal* dokumentieren, sie lässt sich jedoch – gemäß unseren Ausführungen im Abschnitt 4.5 (Transformationsregel T20) – nicht in den Tabellen-Typbeschreibungen verankern.

Fall 4: Ein Objekt a ∈ A kann entweder *keine* Nachricht oder aber *nur mehr als eine* Nachricht senden. Auch dieser Fall ist in der Praxis häufig anzutreffen. Nehmen wir an, dass ein Unternehmen, das Autos vermietet, eine neue Vermietstation einrichtet und in ihre Datenbank aufnimmt. Eine im Aufbau befindliche Vermietstation hat zunächst noch kein Auto, später wird aber sichergestellt, dass sie immer wenigstens 8 Autos besitzt. Jede gespeicherte Vermietstation hat also entweder kein Auto oder mindestens 8 Autos. Die Abbildung 5-10 zeigt den Versuch, diese Situation im konzeptionellen Datenmodell auszudrücken. Die Minimalzahl 8 schränkt dabei ausschließlich die *Kardinalität* ein und betrifft nicht die *Optionalität* der Beziehungstyp-Richtung.

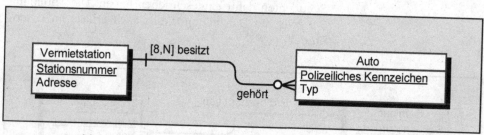

Abb. 5-10: Beispiel für die Optionalität/Kardinalität $0^+1^-N^+$

Die beschriebenen Probleme bei der Repräsentation der Kombination Optionalität/Kardinalität im konzeptionellen Datenmodell sind also dem Umstand geschuldet, dass sich im Entity-Relationship-Modell nur jene [Min,Max]-Intervalle darstellen lassen, die die Kardinalität 1 einschließen. Diese Beschränkung bildet die Grundlage für eine Systematik der Beziehungstypen, die wir im folgenden Abschnitt vorstellen wollen.

5.2.2 Die Systematik der dualen Beziehungstypen

Im Abschnitt 5.2.1 wurde dargelegt, welche Fallunterscheidung für die Kombination Optionalität/Kardinalität *einer* Beziehungstyp-Richtung vorzunehmen ist. Dabei wurden die prinzipiell möglichen 6 Fälle in zwei Schritten auf 4 Fälle reduziert.

Ein Beziehungstyp hat aber *zwei* Beziehungstyp-Richtungen: Ein Objekt des Objekttyps A sendet Nachrichten an Objekte des Objekttyps B, und ein B-Objekt empfängt Nachrichten von A-Objekten. Für die „Sendungen" der A-Objekte an B-Objekte ergeben sich 5 Konstellationen, die die Grundelemente für die Beziehungstypen bilden. Diese sind in der Abbildung 5-11 dargestellt.

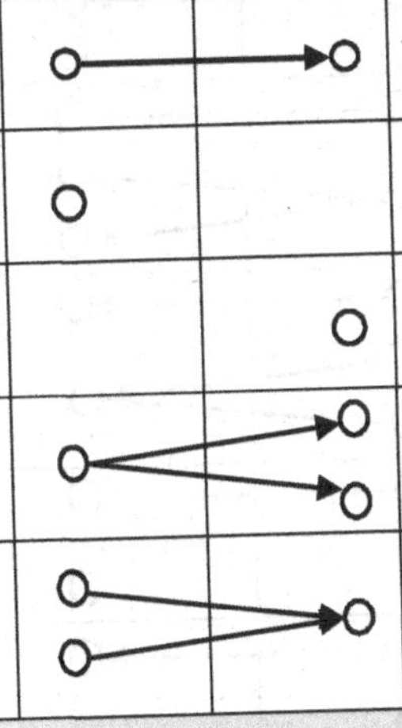

Grund-element	Objekt-typ A	Objekt-typ B	Erläuterungen
1			A-Objekt sendet einmal, B-Objekt empfängt einmal
2			A-Objekt sendet nicht
3			B-Objekt empfängt nicht
4			A-Objekt sendet mehrmals, B-Objekt empfängt einmal
5			A-Objekt sendet einmal, B-Objekt empfängt mehrmals

Abb. 5-11: Grundelemente der Beziehungstypen

Aus diesen 5 Grundelementen können alle Beziehungstypen systematisch abgeleitet werden, die sich im Entity-Relationship-Modell darstellen lassen. Wir haben schon im Abschnitt 5.2.1 darauf hingewiesen, dass sich im Entity-Relationship-Modell nur solche [Min,Max]-Intervalle der Optionalität/Kardinalität grafisch repräsentieren lassen, die die Kardinalität 1 einschließen. Da das für beide Beziehungstyp-Richtungen gilt, muss das Grundelement 1 Bestandteil aller konstruierbaren Beziehungstypen sein.

Geht man davon aus, dass die 5 Grundelemente in beliebiger Weise miteinander kombiniert werden können, sofern die Kombination das Grundelement 1 enthält, dann gelangt man konstruktiv zu den 16 Klassen von Beziehungstypen, die in der Tabelle 5-1 aufgeführt sind.

Tab. 5-1: Konstruktive Herleitung der 16 Klassen von Beziehungstypen

Kombination der Grundelemente	Objekttyp A	Objekttyp B	Klasse der Beziehungstypen
1			1:1
1 + 2			1:C
1 + 3			C:1
1 + 4			1:N
1 + 5			N:1
1 + 2 + 3			C:C
1 + 2 + 4			1:CN
1 + 2 + 5			N:C
1 + 3 + 4			C:N

1 + 3 + 5			CN:1
1 + 4 + 5			M:N
1 + 2 + 3 + 4			C:CN
1 + 2 + 3 + 5			CN:C
1 + 2 + 4 + 5			M:CN
1 + 3 + 4 + 5			CM:N

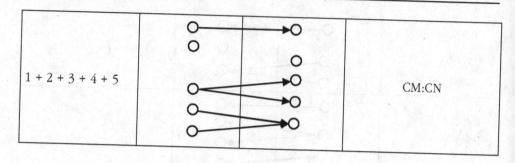

1 + 2 + 3 + 4 + 5		CM:CN

Die – nun systematisch hergeleiteten – 16 Klassen von Beziehungstypen wurden bereits in der Tabelle 2-1 im Abschnitt 2.4.1 in Form einer Matrix dargestellt.

5.2.3   Die Umwandlung in einen Koppel-Objekttyp

In den Transformationsregeln T3 – T12, die die Repräsentation der dualen Beziehungstypen im relationalen Datenbank-Modell beschreiben, wurden in einigen Fällen die Beziehungstypen zunächst in einen Koppel-Objekttyp umgewandelt. Im Kapitel 4 wurde für jeden dualen Beziehungstyp untersucht, wann das sinnvoll ist und wann nicht. Eine Begründung für die jeweilige Entscheidung wurde dem Leser allerdings bisher vorenthalten. Das soll in diesem Abschnitt nachgeholt werden. Wir ordnen zu diesem Zweck zunächst die 10 relevanten Beziehungstypen in 4 Klassen ein, wobei wieder die an der Diagonale gespiegelten Beziehungstypen unberücksichtigt bleiben. Das Ergebnis dieser Klassifizierung ist in der Tabelle 5-2 wiedergegeben.

4 Klassen von Beziehungstypen

Betrachten wir nun die 4 Klassen von Beziehungstypen mit den beiden Beziehungstyp-Richtungen „Sender aus A *sendet Nachricht an* Empfänger aus B" und „Empfänger aus B *erhält Nachricht von* Sender aus A" im Einzelnen:

Klasse I: *Beziehungstyp mit Sender-Empfänger-Paaren.* Die durch den Beziehungstyp miteinander verbundenen Objekttypen sind *wechselseitig* voneinander existenzabhängig. Weder Sender noch Empfänger können ohne ihren Partner existieren.

Klasse II: *Beziehungstypen mit Empfangspflicht.* Jedes B-Objekt muss *genau eine* Nachricht empfangen. Es ist also von seinem Sender existenzabhängig.

Klasse III: *Beziehungstypen ohne Empfangspflicht.* Jedes der B-Objekte *kann eine* – und höchstens eine – Nachricht empfangen. Es kann also auch ohne „seinen" Sender existieren.

Klasse IV: *Beziehungstypen mit multiplen Empfängern.* Jedes A-Objekt kann mehrere Nachrichten senden, ebenso wie jedes B-Objekt mehrere Nachrichten empfangen kann.

Tab. 5-2: Klassifizierung der Beziehungstypen

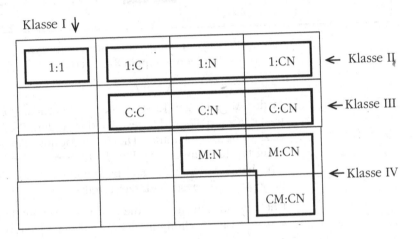

In einigen Lehrbüchern über Datenbanken – so beispielsweise in [ZEHN05] – werden die Klassen I und II gemeinsam als „hierarchische" Beziehungstypen bezeichnet. Diese Bezeichnung ist aber irreführend, weil der 1:1- und der 1:C-Beziehungstyp keine Hierarchien repräsentieren können. Die Klasse III wird mitunter als die Klasse der „konditionellen" Beziehungstypen bezeichnet. Dann versteht man aber nicht, warum beispielsweise der 1:C-Beziehungstyp nicht „konditionell" sein soll. Auch die Bezeichnung „netzwerkförmige" Beziehungstypen für die Klasse IV ist abzulehnen, weil der Begriff des Netzwerks nur für Beziehungen innerhalb *einer* Klasse definiert ist, also bestenfalls auf Rekursiv-Beziehungstypen anwendbar wäre.

abweichende Terminologie

Wir wollen nun untersuchen, ob und wann ein Beziehungstyp in einen Koppel-Objekttyp umgewandelt werden sollte. Die Umwandlung in einen Koppel-Objekttyp erfolgt dabei nach dem Schema, das in der Abbildung 5-12 dargestellt ist.

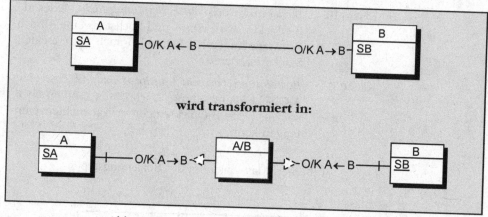

Abb. 5-12: Umwandlung eines Beziehungstyps
in einen Koppel-Objekttyp

In der Abbildung 5-12 steht die Zeichenfolge „O/K" für „*O*ptio-nalität/*K*ardinalität" der jeweils durch den Pfeil angegebenen Beziehungstyp-Richtung. Die Verwendung der beiden Beziehungstyp-Richtungen für die Identifizierung des Koppel-Objekt-typs hängt vom jeweiligen Beziehungstyp ab. Darum wurden diese Angaben gestrichelt dargestellt.

Untersuchen wir nun für die vier Klassen von Beziehungstypen, was ihre Umwandlung in einen Koppel-Objekttyp bewirkt.

5.2.3.1   Klasse I (Beziehungstyp mit Sender-Empfänger-Paaren)

Beim 1:1-Beziehungstyp entstehen durch die Umwandlung in einen Koppel-Objekttyp zwei 1:1-Beziehungstypen, wie das in der Abbildung 5-13 zu sehen ist.

Gemäß der Transformationsregel T03 werden die beiden 1:1-Be-ziehungstypen nicht explizit repräsentiert, sondern durch eine Zusammenfassung der zueinander gehörigen Tabellen-Zeilen in einer einzigen Tabelle dargestellt. Die Datensätze von A und B werden in die „Koppel-Tabelle" A/B „hineingezogen", wobei na-türlich die als Fremdschlüssel „gedoppelten" Primärschlüssel ge-strichen werden:

Tabellenrepräsentation:

1:1
A/B(**SA**,**SB**)

Jeder der beiden Schlüssel ist eingabepflichtig und unikal, einer von ihnen wird als Primärschlüssel der Tabelle A/B gewählt. In der Tabellenrepräsentation wurde willkürlich der Schlüssel des Objekttyps A gewählt.

Beharrt man jedoch auf der Umwandlung des 1:1-Beziehungstyps in einen Koppel-Objekttyp, dann gelangt man zu der Tabellenrepräsentation, die in der Abbildung 5-13 angegeben ist.

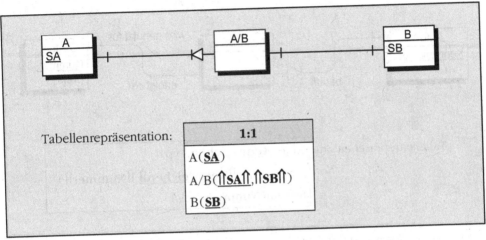

Abb. 5-13: Umwandlung eines 1:1-Beziehungstyps
in einen Koppel-Objekttyp

wechselseitige Existenz-abhängigkeit	Beim 1:1-Beziehungstyp handelt es sich in der Regel um einen derart engen sachlogischen Zusammenhang zwischen zwei Objekten mit einer wechselseitigen Existenzabhängigkeit, dass die Darstellung der Kopplung dieser Objekte durch die „räumliche Nähe" – also durch eine Zusammenlegung in *einem einzigen* Datensatz – auf der Hand liegt. Die in der Transformationsregel T04 beschriebene Repräsentation in zwei Tabellen sollte eher die Ausnahme bleiben – und erst recht die Einführung einer Koppeltabelle gemäß der Abbildung 5-13.
Beispiel für den Beziehungstyp der Klasse I	Als ein Beispiel nehmen wir an, dass ein Unternehmen für seine Autos Navigationssysteme kauft, wobei jedes Auto mit genau einem solchen System ausgerüstet wird und jedes registrierte System in ein Auto eingebaut wird. Die Abbildung 5-14 zeigt die Transformation des 1:1-Beziehungstyps in einen Koppel-Objekttyp sowie die entsprechende Tabellenrepräsentation.

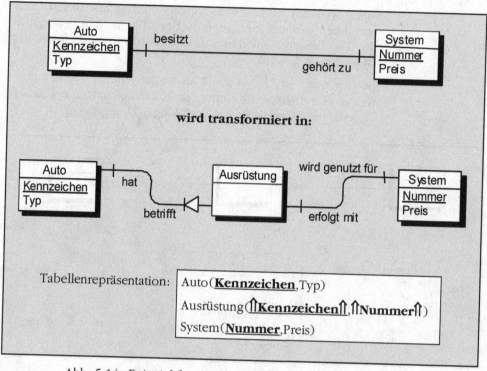

Abb. 5-14: Beispiel für die Umwandlung eines Beziehungstyps
der Klasse I in einen Koppel-Objekttyp

Auf der Ebene der Objekte können die Tabellen „Auto", „Ausrüstung" und „System" Beispieldaten enthalten, wie sie in der
Abbildung 5-15 angegeben sind.

Auto

Kennzeichen	Typ
B-AU 12	Audi
D-OM 23	BMW
M-UH 34	VW

Ausrüstung

Kennzeichen	Nummer
B-AU 12	S1001
D-OM 23	S1002
M-UH 34	S1003

System

Nummer	Preis
S1001	1.200
S1002	1.300
S1003	1.400

Abb. 5-15: Beispieltabellen für einen Beziehungstyp der Klasse I

Man erkennt in der Abbildung 5-15, dass aufgrund der beiden 1:1-Beziehungstypen die Spalten „Kennzeichen" in den Tabellen „Auto" und „Ausrüstung" bzw. die Spalten „Nummer" in den Tabellen „Ausrüstung" und „System" identisch sind. Das bedeutet eine hohe Redundanz in der Datenspeicherung. Außerdem kann der „Brückenschlag" vom Auto zum Navigationssystem – und umgekehrt – nur durch Vermittlung der Tabelle „Ausrüstung" erfolgen.

Performance-Verbesserung

Zur Vermeidung von Redundanz und zur Verbesserung der Performance sollten die Tabellen „Auto" und „System" in die Koppel-Tabelle „Ausrüstung" hineingezogen werden. Weil das Navigationssystem zum Bestandteil des Autos wird, sollte die Koppel-Tabelle die Bezeichnung „Auto" erhalten. Das entspricht der vereinfachten Tabellenrepräsentation:

Tabellenrepräsentation: Auto(**Kennzeichen**,Typ,
Systemnummer,Preis)

Dabei wurde die Attributbezeichnung „Nummer" für das Navigationssystem in die „sprechendere" Bezeichnung „Systemnummer" abgeändert. Außerdem wurde das Attribut als unikal gekennzeichnet worden. Für die Beispieldaten entsteht so die Tabelle der Abbildung 5-16.

Auto			
Kennzeichen	**Typ**	**Systemnummer**	**Preis**
B-AU 12	Audi	S1001	1.200
D-OM 23	BMW	S1002	1.300
M-UH 34	VW	S1003	1.400

Abb. 5-16: Vereinfachte Beispieltabellen für einen Beziehungstyp der Klasse I

Fazit: Der *Beziehungstyp der Klasse I* (**Beziehungstyp mit Sender-Empfänger-Paaren, also 1:1**) **wird in der Regel repräsentiert, indem man beide Objekttypen in einem gemeinsamen Objekttyp zusammenführt, der in einer** *Koppel-Tabelle* **dargestellt wird.**

5.2.3.2   Klasse II (Beziehungstypen mit Empfangspflicht)

Bei den Beziehungstypen mit Empfangspflicht (1:C-, 1:N- und 1:CN-Beziehungstyp) führt die Umwandlung in einen Koppel-Objekttyp einerseits zu einem 1:(O/K A→B)-Beziehungstyp und andererseits zu einem 1:1-Beziehungstyp. Das ist in der Abbildung 5-17 dargestellt.

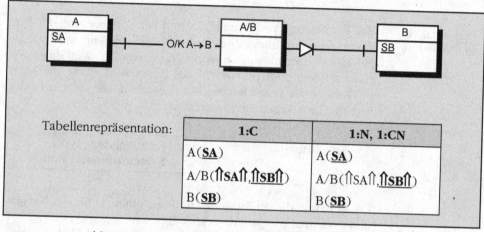

Abb. 5-17:   Umwandlung eines Beziehungstyps der Klasse II
in einen Koppel-Objekttyp

Transforma-
tionsregel T03

Der 1:1-Beziehungstyp wird – gemäß der Transformationsregel T03 – nicht repräsentiert. Stattdessen werden die Datensätze der Tabelle A/B an die Datensätze der Tabelle B angehängt, wodurch der Fremdschlüssel ⇑**SB**⇑ überflüssig wird:

Tabellenrepräsentation:

1:C	1:N, 1:CN
A(**SA**)	A(**SA**)
B(**SB**,⇑**SA**⇑)	B(**SB**,⇑SA⇑)

Integration der
Koppel-Tabelle
in die Objekt-
typ-Tabelle

Die Umformung entspricht einer Integration der Koppel-Tabelle in die Objekttyp-Tabelle. Diese Manipulation hat ausschließlich technische Gründe: Durch sie wird die Anzahl der Daten-Zugriffe reduziert, wie aus dem nachfolgenden Beispiel ersichtlich wird. Den Preis für die Performance-Verbesserung zahlt man allerdings mit einer „Vernebelung" der klaren Struktur des Datenmodells: Das Strukturelement „Beziehungstyp" wird nicht mehr gesondert repräsentiert, sondern „verschwindet" im Objekttyp.

Beispiel für einen Beziehungstyp der Klasse II

Als ein Beispiel für die Darstellung von Beziehungstypen der Klasse II betrachten wir Kunden, die eventuell noch keinen Auftrag, bereits einen oder schon mehrere Aufträge erteilt haben, wobei ein Auftrag stets von genau einem Kunden erteilt wird. In der Abbildung 5-18 sind die Transformation des Beziehungstyps in einen Koppel-Objekttyp sowie die entsprechende Tabellenrepräsentation zusammengefasst.

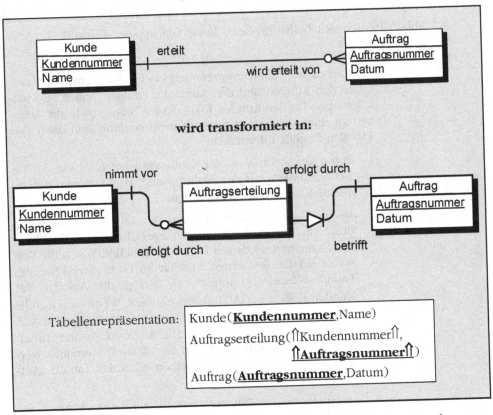

Abb. 5-18: Beispiel für die Umwandlung eines Beziehungstyps der Klasse II in einen Koppel-Objekttyp

Auf der Ebene der Objekte können die drei Tabellen „Kunde", „Auftragserteilung" und „Auftrag" die Gestalt annehmen, die in der Abbildung 5-19 wiedergegeben ist. Dabei wurde aus Platzgründen das Suffix „nummer" in mehreren Spaltenbezeichnungen durch das Nummernzeichen „#" ersetzt.

Kunde		Auftragserteilung		Auftrag	
Kunden#	**Name**	**Kunden#**	**Auftrags#**	**Auftrags#**	**Datum**
K001	Schulz	K001	A001	A001	1.1.16
K002	Müller	K001	A002	A002	2.2.16
K003	Meier	K002	A003	A003	3.3.16

Abb. 5-19: Beispieltabellen für einen Beziehungstyp der Klasse II

Soll bei dieser Tabellenrepräsentation ein „Brückenschlag" zwischen den Kunden und den Aufträgen erfolgen, sollen also beispielsweise für den Kunden K001 dessen Name sowie alle Angaben zu seinen Aufträgen ermittelt werden, dann sind dafür drei Tabellen-Zugriffe erforderlich:

1. Lesen des Datensatzes zur Kundennummer K001 aus der Tabelle „Kunde". Aus der Spalte „Name" lässt sich nun der gesuchte Kundenname entnehmen.

2. Lesen sämtlicher Datensätze aus der Tabelle „Auftragserteilung", in denen der Fremdschlüssel „Kunden#" den Wert K001 annimmt. In diesen Datensätzen befinden sich die Verweise auf die jeweiligen Aufträge in Form der Werte des Fremdschlüssels „Auftrags#". Als Menge der Aufträge des Kunden K001 wird {A001,A002} ermittelt. Wenn man nur die Identifikatoren der Aufträge ermitteln wollte, wäre die Aufgabe hiermit erfüllt. Da aber alle Angaben zu den Aufträgen – in unserem Beispiel also das „Datum" – ermittelt werden sollen, müssen diese Angaben noch der Tabelle „Auftrag" entnommen werden.

3. Lesen der beiden Datensätze aus der Tabelle „Auftrag", für die der Primärschlüssel „Auftrags#" den Wert A001 bzw. A002 annimmt.

Performance-Verbesserung

Im Interesse einer besseren Performance lässt sich die Zahl der Tabellen-Zugriffe verringern. Man nutzt dazu aus, dass es aufgrund des 1:1-Beziehungstyps zu jeder Zeile der Tabelle „Auftragserteilung" genau eine Zeile der Tabelle „Auftrag" gibt. Die

Zeilen der Tabelle „Auftragserteilung" werden an die entsprechenden Zeilen der Tabelle „Auftrag" angehängt, wobei die doppelt auftretende Spalte „Auftrags#" nur einmal aufgeführt wird. Dadurch entsteht die reduzierte Tabellenrepräsentation:

Tabellenrepräsentation:
> Kunde(**Kundennummer**,Name)
> Auftrag(**Auftragsnummer**,Datum,
> ⇑Kundennummer⇑)

Unsere Beispieltabellen nehmen dann die reduzierte Form an, die in der Abbildung 5-20 dargestellt ist. Die Anzahl der Tabellen-Zugriffe in unserer Beispielaufgabe verringert sich nun auf 2:

1. Lesen des Datensatzes zur Kundennummer K001 aus der Tabelle „Kunde", der den Kundennamen enthält.

2. Lesen sämtlicher Datensätze aus der Tabelle „Auftrag", in denen der Fremdschlüssel „Kunden#" den Wert K001 hat. In diesen Datensätzen befinden sich die gesuchten Werte für das jeweilige Auftragsdatum.

Kunde		Auftrag		
Kunden#	**Name**	**Auftrags#**	**Datum**	**Kunden#**
K001	Schulz	A001	1.1.16	K001
K002	Müller	A002	2.2.16	K001
K003	Meier	A003	3.3.16	K002

Abb. 5-20: Reduzierte Beispieltabellen für einen Beziehungstyp der Klasse II

Fazit: Die *Beziehungstypen der Klasse II* (die Beziehungstypen mit Empfangspflicht: 1:C, 1:N und 1:CN) werden – aus Performance-Gründen – *nicht als Koppel-Tabelle* repräsentiert. Stattdessen wird in der Empfänger-Tabelle auf den Sender verwiesen.

299

5.2.3.3   Klasse III (Beziehungstypen ohne Empfangspflicht)

Auch die drei Beziehungstypen ohne Empfangspflicht (C:C-, C:N- und C:CN-Beziehungstyp) lassen sich gemäß der Abbildung 5-21 in einen Koppel-Objekttyp umwandeln. Das führt dann einerseits zu einem 1:(O/K A→B)-Beziehungstyp und andererseits zu einem C:1-Beziehungstyp.

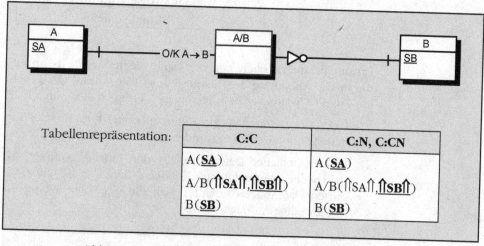

Abb. 5-21: Umwandlung eines Beziehungstyps der Klasse III in einen Koppel-Objekttyp

Transformationsregel T05

Der C:1-Beziehungstyp *kann* entsprechend der Transformationsregel T05 eliminiert werden, indem der Koppel-Objekttyp A/B in den Objekttyp B integriert wird. Das ist insbesondere dann sinnvoll, wenn die Optionalität der Beziehungstyp-Richtung „B zu A/B" selten realisiert wird, wenn also der C:1-Beziehungstyp fast zum 1:1-Beziehungstyp „entartet":

Tabellenrepräsentation:

C:C	C:N, C:CN
A(**SA**)	A(**SA**)
B(**SB**, ⇑*SA*⇑)	B(**SB**, ⇑*SA*⇑)

Der aus der Tabelle A/B in die Tabelle B überführte Fremdschlüssel ⇑*SA*⇑ muss in B als nicht-eingabepflichtig deklariert werden, weil es B-Objekte geben kann, die auf kein A-Objekt verweisen.

| Performance-Verbesserung | Die beschriebene Manipulation führt dann zu einer Verbesserung der Performance, wenn häufig zwischen den Objekttypen A und B navigiert werden muss. Allerdings kann sich der Speicherplatz-Bedarf erhöhen, wenn der Fremdschlüssel ⇑SA⇑ häufig mit der NULL-Marke belegt ist. |

Wir haben es hier also mit dem typischen Zielkonflikt zu tun, den man in Anlehnung an die „goldene Regel der Mechanik" (Was man an Kraft einspart, muss man an Weg zusetzen) als die „goldene Regel der Datenspeicherung" bezeichnen könnte:

| Goldene Regel der Daten-speicherung | **Goldene Regel der Datenspeicherung** |

Was man an Rechenzeit einspart, muss man an Speicherplatz zusetzen!

Betrachtet man den Speicherplatz-Bedarf zur Darstellung eines Beziehungstyps der Klasse III, dann ergeben sich für die beiden Repräsentationsformen die folgenden Ausdrücke:

a) Repräsentation *mit* Koppel-Tabelle:	b) Repräsentation *ohne* Koppel-Tabelle:
$\overline{\overline{A/B}} \cdot (Len(\underline{SA}) + Len(\underline{SB}))$	$\overline{\overline{B}} \cdot Len(\underline{SA})$

Der Speicherplatz-Bedarf im Fall a) ergibt sich dadurch, dass in jeder Zeile der Koppel-Tabelle A/B jeweils ein Wert der Fremdschlüssel ⇑SA⇑ und ⇑SB⇑ gespeichert werden muss. Im Fall b) wird in jeder Zeile der Tabelle B der Speicherplatz für einen Wert des Fremdschlüssels ⇑SA⇑ bereitgestellt – allerdings auch dann, wenn dieser Fremdschlüssel mit der NULL-Marke belegt ist. Setzt man beide Ausdrücke einander gleich, dann benötigt man denselben Speicherplatz, wenn gilt:

$$\frac{\overline{\overline{A/B}}}{\overline{\overline{B}}} = \frac{Len(\underline{SA})}{Len(\underline{SA}) + Len(\underline{SB})}$$

Lässt man den Performance-Aspekt außer Acht und beurteilt die beiden Repräsentationsformen ausschließlich im Hinblick auf die Minimierung des Speicherplatz-Bedarfs, dann gelangt man für einige ausgewählte Situationen zu den Entscheidungen, die in der Tabelle 5-3 angegeben sind.

Tab. 5-3: Entscheidung für oder gegen eine Koppel-Tabelle bei der Repräsentation eines Beziehungstyps der Klasse III

Situation	Bedeutung	gleicher Speicherplatz-Bedarf bei	Repräsentation durch Koppel-Tabelle
$\overline{\overline{A/B}} = \overline{\overline{B}}$	jedes B-Objekt hat einen A-Partner	$Len(\underline{SB}) = 0$	nie
$\overline{\overline{A/B}} = \dfrac{1}{2}\overline{\overline{B}}$	jedes zweite B-Objekt hat einen A-Partner	$Len(\underline{SA}) = Len(\underline{SB})$	wenn $Len(\underline{SA}) > Len(\underline{SB})$
$\overline{\overline{A/B}} = \dfrac{1}{4}\overline{\overline{B}}$	jedes vierte B-Objekt hat einen A-Partner	$Len(\underline{SA}) = \dfrac{1}{3}Len(\underline{SB})$	wenn $Len(\underline{SA}) > \dfrac{1}{3}Len(\underline{SB})$

Berücksichtigt man jedoch auch die Performance-Verschlechterung im Fall der Repräsentation durch eine Koppel-Tabelle, dann kann die Entscheidung natürlich anders ausfallen.

Beispiel für einen Beziehungstyp der Klasse III

Als ein Beispiel für einen Beziehungstyp der Klasse III betrachten wir die Zimmer in einem Krankenhaus, in denen Patienten untergebracht sind. Ein Patientenzimmer kann keinen Patienten (weil es renoviert wird), einen oder auch mehrere Patienten beherbergen. Ein Patient ist in keinem Patientenzimmer untergebracht, wenn er ambulant behandelt wird, ansonsten liegt er stationär in einem Patientenzimmer. Die Abbildung 5-22 zeigt die Transformation des Beziehungstyps in einen Koppel-Objekttyp und die entsprechende Tabellenrepräsentation.

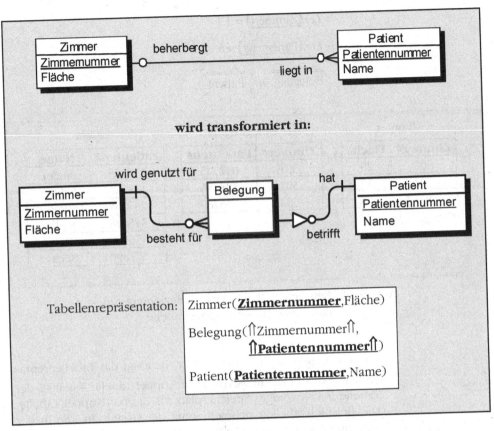

Abb. 5-22: Beispiel für die Umwandlung eines Beziehungstyps
der Klasse III in einen Koppel-Objekttyp

Beispieldaten für die Tabellen „Zimmer", „Belegung" und „Patient" zeigt die Abbildung 5-23, in der wiederum das Suffix „nummer" in einigen Spaltenbezeichnungen zum Nummernzeichen „#" verkürzt wurde.

Man sieht in der Abbildung 5-23, dass es ein nichtbelegtes Zimmer (503) gibt und dass nur drei Patienten (die Patienten mit den Patientennummern 012345, 123456 und 456789) – also nur die Hälfte der Patienten – einem Patientenzimmer zugeordnet sind. Es gilt somit:

$$Len(\underline{Zimmer\#}) = 3$$

$$Len(\underline{Patienten\#}) = 6$$

$$\overline{\overline{Belegung}} = \frac{1}{2}\overline{\overline{Patient}}$$

Zimmer			Belegung			Patient	
Zimmer#	**Fläche**		**Zimmer#**	**Patienten#**		**Patienten#**	**Name**
501	20		501	012345		012345	Meier
502	17		501	123456		123456	Schulz
503	25		502	456789		234567	Lehmann
						345678	Müller
						456789	Fischer
						567890	Becker

Abb. 5-23: Beispieltabellen für einen Beziehungstyp
der Klasse III mit Koppel-Tabelle

Da *Len*($\underline{Zimmer\#}$) < *Len*($\underline{Patienten\#}$) ist, benötigt die Tabellenrepräsentation des Beziehungstyps ohne Koppel-Tabelle – gemäß der Tabelle 5-3 – weniger Speicherplatz als die mit Koppel-Tabelle. Die Beispiel-Tabellen nehmen somit die Gestalt an, die in der Abbildung 5-24 wiedergegeben ist.

Zimmer			Patient		
Zimmer#	**Fläche**		**Patienten#**	**Name**	**Zimmer#**
501	20		012345	Meier	501
502	17		123456	Schulz	501
503	25		234567	Lehmann	NULL
			345678	Müller	NULL
			456789	Fischer	502
			567890	Becker	NULL

Abb. 5-24: Beispieltabellen für einen Beziehungstyp
der Klasse III ohne Koppel-Tabelle

<u>Fazit:</u>   Die *Beziehungstypen der Klasse III* (die Beziehungstypen ohne Empfangspflicht: C:C, C:N und C:CN) können *sowohl mit als auch ohne Koppel-Tabelle* repräsentiert werden. Die Entscheidung muss unter dem Zielkonflikt „entweder weniger Speicherplatz-Bedarf oder geringere Rechenzeit" gefällt werden.

5.2.3.4   Klasse IV (Beziehungstypen mit multiplen Empfängern)

Bei der Umwandlung der Beziehungstypen mit multiplen Empfängern (M:N-, M:CN- und CM:CN-Beziehungstyp) in einen Koppel-Objekttyp entstehen einerseits ein 1:(C)N-Beziehungstyp und ein (C)N:1-Beziehungstyp. Die Abbildung 5-25 zeigt das Ergebnis, wobei die eventuelle Optionalität der Beziehungstyp-Richtungen „A zu A/B" bzw. „B zu A/B" jeweils durch den punktierten Kreis symbolisiert wird.

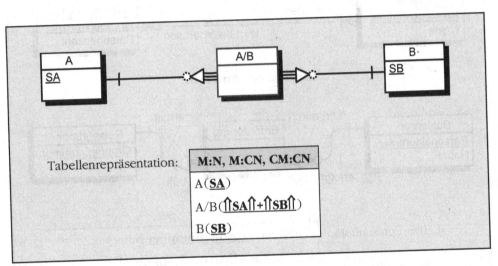

Abb. 5-25:   Umwandlung eines Beziehungstyps der Klasse IV in einen Koppel-Objekttyp

Die Fremdschlüssel ⇑SA⇑ und ⇑SB⇑ sind beide eingabepflichtig, jeder für sich ist nicht-unikal. Erst in der Kopplung ⇑SA⇑+⇑SB⇑ bilden sie den unikalen Primärschlüssel der Koppel-Tabelle A/B.

keine Vereinfachung möglich

Eine Vereinfachung der Tabellenstruktur ist nicht möglich. Bei einer Vereinigung der Tabellen A und A/B müsste ein A-Objekt gegebenenfalls auf *mehrere* B-Objekte verweisen. Analog dazu müsste bei einer Zusammenführung der Tabellen B und A/B ein B-Objekt Verweise auf *mehrere* A-Objekte enthalten können. Beides würde aber der 1. Normalform widersprechen.

Beispiel für einen Beziehungstyp der Klasse IV

Betrachten wir als Beispiel für einen Beziehungstyp der Klasse IV Busfahrer, die Reisegruppen befördern. Ein (neu eingestellter) Busfahrer hat noch keine Reisegruppe befördert, andere Busfahrer haben schon eine oder mehrere Reisegruppen befördert. Eine Reisegruppe wird von mindestens einem Busfahrer befördert, bei langen Reisen sind es mehrere Busfahrer, die sich abwechseln. Die Abbildung 5-26 zeigt die Transformation des M:CN-Beziehungstyps in einen Koppel-Objekttyp und die entsprechende Tabellenrepräsentation.

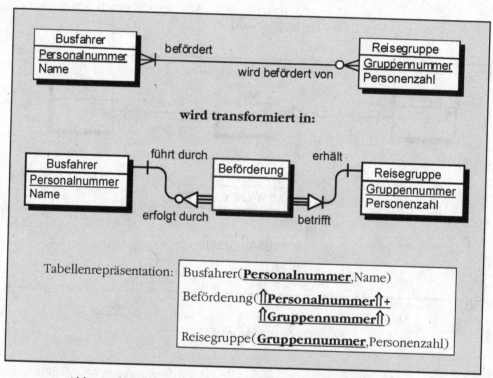

Abb. 5-26: Beispiel für die Umwandlung eines Beziehungstyps der Klasse IV in einen Koppel-Objekttyp

Die Abbildung 5-27 enthält Beispieldaten für die drei Tabellen „Busfahrer", „Beförderung" und „Reisegruppe", wobei wiederum das Suffix „nummer" in mehreren Spaltenbezeichnungen zum Nummernzeichen „#" verkürzt wurde.

Busfahrer		Beförderung		Reisegruppe	
Personal#	**Name**	**Personal#**	**Gruppen#**	**Gruppen#**	**Personenzahl**
P1001	Anna Konda	P1001	G001	G001	24
P2002	Tom Bola	P2002	G002	G002	85
P3003	Wilma Keiner	P2002	G003	G003	40
P4004	Lore Ley	P3003	G003		

Abb. 5-27: Beispieltabellen für einen Beziehungstyp der Klasse IV

Die Beispieldaten in der Abbildung 5-27 zeigen, dass der Busfahrer P4004 noch keine Reisegruppen befördert hat. Die Busfahrer P1001 und P3003 haben jeweils erst eine, der Busfahrer P2002 hat dagegen schon zwei Reisegruppen befördert. Die Reisegruppen G001 und G002 hatten jeweils nur einen, die Reisegruppe G003 hatte dagegen zwei Busfahrer.

Fazit: **Die *Beziehungstypen der Klasse IV* (die Beziehungstypen mit multiplen Empfängern: M:N, M:CN und CM:CN) können *nur durch eine Koppel-Tabelle* repräsentiert werden.**

5.2.3.5   Obligatorische, fakultative und reduzible Beziehungstypen

In den vorangegangenen Abschnitten wurden für die vier Klassen von dualen Beziehungstypen die Möglichkeiten ihrer Repräsentation mit bzw. ohne Koppel-Tabelle untersucht. Bei der Repräsentation eines Beziehungstyps unter Verwendung einer Koppel-Tabelle wurde der jeweilige Beziehungstyp auf einfachere Beziehungstypen zurückgeführt.

Auf der Grundlage dieser Betrachtungen können wir die Beziehungstypen in drei Gruppen einteilen:

1. *Obligatorische Beziehungstypen* (1:1, 1:N, 1:C, 1:CN): Das sind Beziehungstypen, die für die Modellierung des konzeptionellen Datenmodells unbedingt erforderlich sind, weil sie sich nicht auf andere Beziehungstypen zurückführen lassen.

2. *Fakultative Beziehungstypen* (C:N, C:C, C:CN): Das sind Beziehungstypen, die nicht unbedingt erforderlich sind, weil sie sich – durch die Verwendung von Koppel-Objekttypen – auf obligatorische Beziehungstypen zurückführen lassen. Sie sind jedoch nützlich, weil sie gegebenenfalls eine Verringerung des Speicherplatz-Bedarfs oder eine Verbesserung der Performance herbeiführen können.

3. *Reduzible Beziehungstypen* (M:N, CM:N, CM:CN): Das sind Beziehungstypen, die sich nicht – ohne eine Verletzung der 1. Normalform – in das relationale Datenbank-Modell transformieren lassen. Sie müssen durch die Umwandlung in einen Koppel-Objekttyp auf obligatorische Beziehungstypen zurückgeführt werden.

Die Abbildung 5-28 zeigt diese Gruppierung der Beziehungstypen, wobei durch einen gestrichelten Pfeil die *mögliche* und durch einen ausgezogenen Pfeil die *unbedingt erforderliche* Zurückführung eines Beziehungstyps auf die obligatorischen Beziehungstypen dargestellt ist.

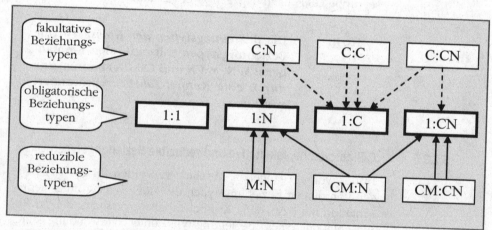

Abb. 5-28: Fakultative, obligatorische und reduzible Beziehungstypen

In der Abbildung 5-28 wurden die vier obligatorischen Beziehungstypen (1:1, 1:N, 1:C und 1:CN) stark umrandet. Mit ihrer Darstellbarkeit im jeweiligen Datenbank-Modell steht und fällt die Vollständigkeit der Repräsentation der sachlogischen Zusammenhänge im betrachteten Gegenstandsbereich der Realität. Im folgenden Abschnitt wird darum untersucht, wie es um die Darstellbarkeit dieser Beziehungstypen im relationalen Datenbank-Modell bestellt ist.

5.2.4   Die Repräsentationsmöglichkeit im relationalen Datenbank-Modell

Das Grundprinzip zur Darstellung von Beziehungstypen im relationalen Datenbank-Modell besteht – wie im Kapitel 3 ausführlich beschrieben wurde – darin, dass der *Primärschlüssel* der Sender-Tabelle als *Fremdschlüssel* in die Empfänger-Tabelle aufgenommen wird. Der Sender wird vom Empfänger *referiert*, indem der Primärschlüsselwert der Sender-Zeile als Wert des Fremdschlüssels in der Empfänger-Zeile gespeichert wird. Dieses Referenzprinzip ist in der Abbildung 5-29 noch einmal dargestellt.

Referenzprinzip

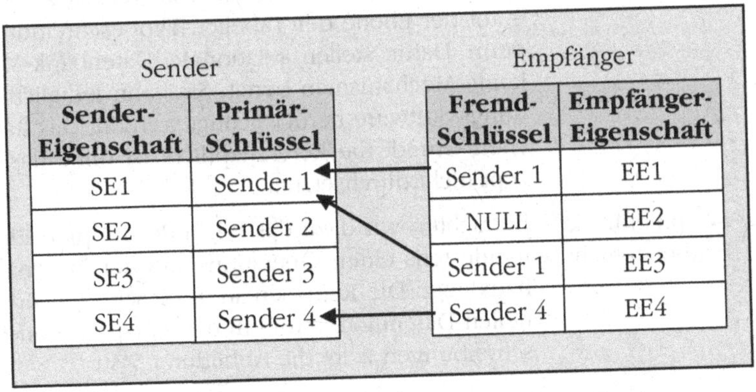

Sender		Empfänger	
Sender-Eigenschaft	**Primär-Schlüssel**	**Fremd-Schlüssel**	**Empfänger-Eigenschaft**
SE1	Sender 1	Sender 1	EE1
SE2	Sender 2	NULL	EE2
SE3	Sender 3	Sender 1	EE3
SE4	Sender 4	Sender 4	EE4

Abb. 5-29: Referenzprinzip zur Darstellung
von Beziehungstypen

Unikalität und referenzielle Integrität

Sowohl für den Primärschlüssel als auch für den Fremdschlüssel gibt es jeweils eine Bedingung, die *unbedingt* erfüllt sein muss: Für den Primärschlüssel ist es die Pflicht zur *Unikalität*, für den Fremdschlüssel ist es die Pflicht zur *referenziellen Integrität*.

Eingabepflicht und Unikalität

Bedeutsamer für den Datenbankentwurf sind jedoch die Bedingungen, die *wahlweise* gefordert werden können. Zwei dieser Bedingungen für den Fremdschlüssel haben wir bereits im Abschnitt 3.4 kennengelernt: die *Eingabepflicht* und die *Pflicht zur Unikalität*.

Wir wollen jetzt eine dritte – wählbare bzw. abwählbare – Bedingung für den Fremdschlüssel hinzufügen, die wir als *Referenzpflicht* bezeichnen:

Referenzpflicht

<u>Definition</u>: Besteht für einen Fremdschlüssel die *Referenzpflicht*, so bedeutet das, dass jeder Wert des Primärschlüssels der referenzierten Tabelle mindestens einmal als Wert des Fremdschlüssels auftreten muss.

Gegen die Referenzpflicht wird dann verstoßen, wenn es in der Sender-Tabelle einen Wert des Primärschlüssels gibt, der nicht als Wert des Fremdschlüssels in der Empfänger-Tabelle auftritt.

Die Referenzpflicht lässt sich im relationalen Datenbank-Modell – auf der Ebene der Tabellen-Typbeschreibungen – nicht einfordern: Dafür stellen relationale Datenbank-Managementsysteme keine Mechanismen bereit. Sie kann lediglich durch die Anwendungs-Software berücksichtigt werden. Das hat einen ganz einfachen Grund: die Referenzpflicht ist ohne das Transaktions-Konzept nicht durchsetzbar.

Beispiel für die Referenzpflicht

Betrachten wir dazu das folgende Beispiel! Ein Krankenhaus hat mindestens einen Operationssaal, der in genau einem Krankenhaus liegt. Die Repräsentation dieses Sachverhalts im konzeptionellen Datenmodell und in den entsprechenden Tabellen-Typbeschreibungen zeigt die Abbildung 5-30.

Der Fremdschlüssel ⇑Name⇑ (des Krankenhauses) ist in der Typbeschreibung der Tabelle „OP-Saal" als *eingabepflichtig* (jeder OP-Saal muss zu einem Krankenhaus gehören) und als *nicht-unikal* (mehrere OP-Säle können zum selben Krankenhaus gehören) vereinbart. Eigentlich müsste er auch als *referenzpflichtig* deklariert werden, denn zu jedem Krankenhaus-Datensatz muss es in der Tabelle „OP-Saal" wenigstens einen Datensatz geben, dessen Fremdschlüsselwert auf diesen Krankenhaus-Datensatz verweist.

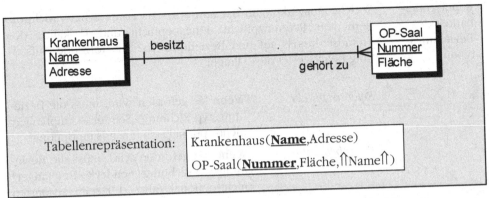

Abb. 5-30: Beispiel für die Referenzpflicht eines Fremdschlüssels

**Probleme
mit der
Referenzpflicht**

Warum ist aber die Referenzpflicht nur mithilfe von Transaktionen durchsetzbar? Nehmen wir an, dass die beiden Tabellen „Krankenhaus" und „OP-Saal" noch leer sind. Wir wollen nun das erste Krankenhaus mit dem Namen „Südklinik" speichern. Wenn wir den Datensatz für das Krankenhaus „Südklinik" in die Tabelle „Krankenhaus" aufnehmen, haben wir schon gegen die *Referenzpflicht* verstoßen, denn es gibt ja noch keinen Datensatz in der Tabelle „OP-Saal", der auf die „Südklinik" verweist. Das Speichern eines neuen Krankenhaus-Datensatzes mit einem Primärschlüsselwert K ist nur im Rahmen einer Transaktion realisierbar, die auch mindestens einen OP-Saal-Datensatz mit dem Fremdschlüsselwert K speichert.

Probleme ergeben sich auch beim Löschen eines Datensatzes aus der Tabelle „OP-Saal": Wenn dieser Datensatz der einzige Datensatz ist, der auf das Krankenhaus K verweist, wäre nach dem Löschen die Referenzpflicht verletzt. Im Rahmen einer Transaktion müsste also gemeinsam mit dem Datensatz des OP-Saals auch der Datensatz des Krankenhauses K gelöscht werden.

Wir wollen nun die Menge der Beziehungstypen ermitteln, die sich unter Verwendung des Referenzprinzips der Abbildung 5-29 unmittelbar repräsentieren lassen! Zunächst ist klar, dass sich die Empfänger-Tabelle, die ja den Fremdschlüssel enthält, in der 1. Normalform befinden muss. Der Fremdschlüssel kann also nur einen atomaren Wert annehmen, d. h.: er kann *auf höchstens einen* Sender verweisen. Die Optionalität/Kardinalität der Beziehungstyp-Richtung „Sender←Empfänger" kann also nur „1" oder „C" sein.

Repräsentier-
barkeit der
Beziehungs-
typen

Welche Auswirkungen hat nun aber das Fordern bzw. Nichtfor-
dern von Referenzpflicht, Eingabepflicht und Unikalität des
Fremdschlüssels auf den Beziehungstyp? Die folgende Aufstellung beantwortet diese Frage:

Referenzpflicht: Wenn sie gefordert wird, muss die Beziehungstyp-Richtung „Sender → Empfänger"
nicht-optional sein, ansonsten optional.

Eingabepflicht: Wenn sie gefordert wird, muss die Beziehungstyp-Richtung „Sender ← Empfänger"
nicht-optional (also „1") sein, ansonsten
optional (also „C").

Unikalität: Wenn sie gefordert wird, muss die Beziehungstyp-Richtung „Sender → Empfänger"
die Kardinalität „1" haben, ansonsten „N".

Diese Überlegungen führen zu der kombinatorischen Betrachtung der Tabelle 5-4. Alle Kombinationen, in denen die Referenzpflicht gefordert ist, sind im relationalen Datenbank-Modell
nicht repräsentierbar.

Tab. 5-4: Kombinationen von Referenzpflicht, Eingabepflicht
und Unikalität für duale Beziehungstypen

Kombina-
torische
Betrachtung

Fall	Referenz-pflicht	Eingabe-pflicht	Unikali tät	Bezie-hungstyp	reprä-sen-tierbar
1	nein	nein	nein	C:CN	
2	nein	nein	ja	C:C	
3	nein	ja	nein	1:CN	ja
4	nein	ja	ja	1:C	
5	ja	nein	nein	C:N	
6	ja	nein	ja	C:1	
7	ja	ja	nein	1:N	nein
8	ja	ja	ja	1:1	

In der Tabelle 5-4 sind die drei *Beziehungstypen mit multiplen Empfängern* (M:N, M:CN und CM:CN) nicht enthalten, weil sie mit dem einfachen Referenzprinzip der Abbildung 5-29 ohnehin nicht darstellbar sind.

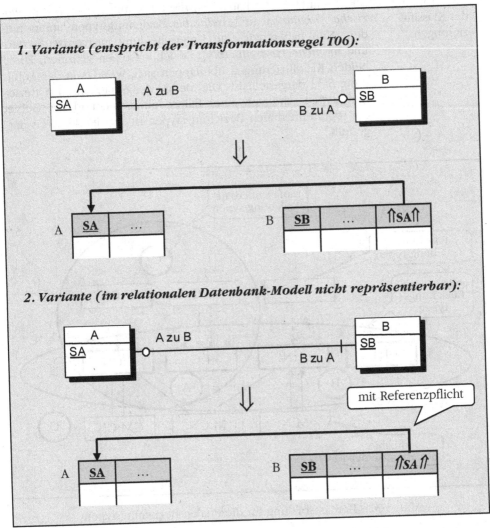

Abb. 5-31: Zwei Darstellungsvarianten für den 1:C-Beziehungstyp

Der *1:C-Beziehungstyp* kommt in der Tabelle 5-4 gemeinsam mit seinem „Spiegelbild" – dem *C:1-Beziehungstyp* – vor. Das weist auf zwei Darstellungsvarianten für diesen Beziehungstyp hin:

Die erste Variante (Fall 4) entspricht der Transformationsregel T06, die zweite (Fall 6) ist im relationalen Datenbank-Modell nicht repräsentierbar. Die Abbildung 5-31 zeigt die beiden Darstellungsvarianten.

Überlappung der Klassifizierungen

Im Abschnitt 5.2.3.5 haben wir die Beziehungstypen in *obligatorische, fakultative* und *reduzible* Beziehungstypen unterschieden. Nun haben wir eine Unterscheidung in *repräsentierbare* und in *nicht-repräsentierbare* Beziehungstypen getroffen. Diese beiden Klassifizierungen überlappen sich, wie das in der Abbildung 5-32 dargestellt ist. Die Menge der obligatorischen Beziehungstypen wird von einer Ellipse umrandet, und das Gebiet der repräsentierbaren Beziehungstypen ist als dunkler Kreis dargestellt.

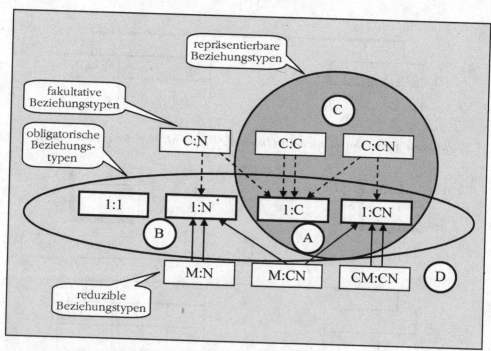

Abb. 5-32: Bereichsbildung für die dualen Beziehungstypen

Die beiden Mengen der obligatorischen und der repräsentierbaren Beziehungstypen überlappen sich und bilden dadurch die vier Bereiche A, B, C und D, die wir nacheinander betrachten wollen.

Bereich A: *Obligatorische* und *repräsentierbare* Beziehungstypen (1:C und 1:CN). Diese Beziehungstypen werden unbedingt benötigt und lassen sich auch im relationalen Datenbank-Modell darstellen.

Bereich B: *Obligatorische*, aber *nicht repräsentierbare* Beziehungstypen (1:1 und 1:N). Dass sich der 1:1-Beziehungstyp nicht repräsentieren lässt, bereitet in der Praxis keine Probleme, weil die beiden Objekttypen, die durch einen 1:1-Beziehungstyp miteinander verbunden sind, gemäß der Transformationsregel T03 in einer gemeinsamen Tabelle gespeichert werden können: Das Referenzprinzip wird dann durch das „Prinzip der räumlichen Nähe" ersetzt.

Die Nicht-Repräsentierbarkeit des 1:N-Beziehungstyps ist dagegen eine ernst zu nehmende Schwachstelle des relationalen Datenbank-Modells. Dieser Beziehungstyp ist in der Praxis häufig anzutreffen. Beispielsweise gilt:

- Einer Bustour erfolgt durch *mindestens einen* Fahrer.

- Ein Zug hat *mindestens einen* Wagen.

- Eine Bestellung enthält *mindestens eine* Bestellposition.

- Bei der Zerlegung eines Ganzen in seine Teile müssen *mindestens zwei* Teile entstehen.

Diese Forderungen lassen sich im relationalen Datenbank-Modell nicht in den Tabellen-Typbeschreibungen formulieren; sie können nur durch die Anwendungs-Software durchgesetzt werden.

Bereich C: *Fakultative* und *repräsentierbare* Beziehungstypen (C:C und C:CN). Diese Beziehungstypen werden nicht unbedingt benötigt, weil sie sich auf die obligatorischen Beziehungstypen reduzieren lassen. Es ist aber von Vorteil, dass sie sich dennoch im relationalen Datenbank-Modell repräsentieren lassen, weil sie – gemäß unseren Ausführungen im Abschnitt 5.2.3 – gegebenenfalls zu einer Reduzierung des Speicherplatz-Bedarfs oder zu einer Verbesserung der Performance führen.

Bereich D: *Fakultative* bzw. *reduzible* Beziehungstypen, die *nicht repräsentierbar* sind (C:N, M:N, M:CN und CM:CN). Diese Beziehungstypen werden eigentlich nicht benötigt, weil sie auf die obligatorischen Beziehungstypen zurückführbar sind. Da aber der obligatorische 1:N-Beziehungstyp nicht repräsentierbar ist, liegt hier eine weitere ernst zu nehmende Schwachstelle des relationalen Datenbank-Modells vor. Lediglich der CM:CN-Beziehungstyp lässt sich „sinn-erhaltend" repräsentieren, bei den anderen drei Beziehungstypen (C:N, M:N und M:CN) muss man einen Semantikverlust in Kauf nehmen. Die Tabelle 5-5 zeigt das im Einzelnen.

Tab. 5-5: Repräsentierbarkeit der Beziehungstypen des Bereichs D

Beziehungstyp	im relationalen Datenbank-Modell repräsentierbar?	Repräsentation unter Semantikverlust
C:N	1:N + 1:C – nicht möglich, da 1:N fehlt	C:CN
M:N	1:N + 1:N – nicht möglich, da 1:N fehlt	CM:CN
M:CN	1:CN + 1:N – nicht möglich, da 1:N fehlt	CM:CN
CM:CN	1:CN + 1:CN – möglich	/

Fazit:

Gesamtzahl der interessierenden Beziehungstypen (ohne die „Spiegelbilder" an der Diagonalen):   <u>10</u>

davon:

direkt im relationalen Datenbank-Modell repräsentierbar (C:C, C:CN, 1:C, 1:CN und 1:1 bei Darstellung in nur einer Tabelle):   5

durch Umwandlung in einen Koppel-Objekttyp repräsentierbar (CM:CN):   1

nur unter Semantikverlust repräsentierbar (1:N, C:N, M:N und M:CN):   4

In der Abbildung 5-33 sind die 10 Beziehungstypen noch einmal grafisch dargestellt.

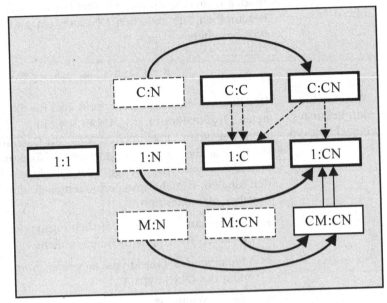

Abb. 5-33: Repräsentation der Beziehungstypen im relationalen Datenbank-Modell

Die 5 direkt repräsentierbaren Beziehungstypen (*C:C, C:CN, 1:1, 1:C* und *1:CN*) sind stark umrandet. Die wahlweise Reduktion der fakultativen Beziehungstypen C:C und C:CN auf die obligatorischen Beziehungstypen 1:C bzw. 1:CN ist durch gestrichelte Pfeile angedeutet. Der ohne Semantikverlust durch einen Koppel-Objekttyp darstellbare *CM:CN*-Beziehungstyp hat einen dünnen Rand, wobei durch dünne ausgezogene Pfeile seine Zurückführung auf den direkt repräsentierbaren 1:CN-Beziehungstyp dargestellt ist. Die übrigen 4 Beziehungstypen (*C:N, 1:N, M:N, M:CN*) haben einen gestrichelten Rand. Sie können nur unter Semantikverlust durch die Beziehungstypen repräsentiert werden, auf die jeweils der gebogene Pfeil zeigt.

5.3 Die Rekursiv-Beziehungstypen

Der Rekursiv-Beziehungstyp R dient im konzeptionellen Datenmodell dazu, die Menge der sachlogischen Zusammenhänge zu beschreiben, die zwischen Objekten ein und desselben Objekttyps bestehen:

$$R = \{ (a_1, a_2) \mid a_1 \in A, a_2 \in A \}$$

Angaben für den Rekursiv-Beziehungstyp

Der Rekursiv-Beziehungstyp steht also für die Menge der geordneten Objektpaare (a_1, a_2), wobei sowohl a_1 als auch a_2 ein Element derselben Objektmenge A ist. Im Datenmodell werden jedoch nicht die einzelnen geordneten Objektpaare beschrieben. Stattdessen wird die Menge aller Objektpaare – wie auch bei den dualen Beziehungstypen – lediglich durch die folgenden Angaben charakterisiert:

1. Die Semantik der einen Beziehungstyp-Richtung, die wir im Weiteren wie folgt annehmen wollen:

   „Element des Objekttyps A *sendet eine Nachricht an* Element des Objekttyps A“.

2. Die Semantik der entgegengesetzten Beziehungstyp-Richtung, für die wir annehmen:

   „Element des Objekttyps A *empfängt eine Nachricht von* Element des Objekttyps A“.

3. Die *Optionalität* und die *Kardinalität* der Beziehungstyp-Richtung „Sender→Empfänger“.

4. Die *Optionalität* und die *Kardinalität* der Beziehungstyp-Richtung „Sender←Empfänger“.

Im folgenden Abschnitt entwickeln wir zunächst eine Systematik der Rekursiv-Beziehungstypen und untersuchen dann im Abschnitt 5.3.2, wann ein Rekursiv-Beziehungstyp durch einen Koppel-Objekttyp dargestellt werden sollte. Im Abschnitt 5.3.3 analysieren wir schließlich, welche Rekursiv-Beziehungstypen sich im relationalen Datenbank-Modell repräsentieren lassen.

5.3.1

Die Systematik der Rekursiv-Beziehungstypen

In diesem Abschnitt werden die interessierenden 7 Rekursiv-Beziehungstypen, die im Abschnitt 2.4.5 nach dem Ausschluss-Verfahren ermittelt wurden, nunmehr konstruktiv hergeleitet. Im Interesse der besseren Übersicht sind die 7 Rekursiv-Beziehungstypen in der Tabelle 5-6 noch einmal zusammengefasst. Um sie von den dualen Beziehungstypen deutlich zu unterscheiden, sind sie jeweils in runde Klammern eingeschlossen und durch ein tiefgestelltes „R" markiert.

Tab. 5-6: Rekursiv-Beziehungstypen (ohne „Spiegelbilder")

7 Rekursiv-
Beziehungs-
typen

$(1:1)_R$			$(1:CN)_R$
	$(C:C)_R$		$(C:CN)_R$
		$(M:N)_R$	$(M:CN)_R$
			$(CM:CN)_R$

konstruktive
Herleitung der
Rekursiv-Bezie-
hungstypen

Wie lassen sich nun die 7 Rekursiv-Beziehungstypen konstruktiv herleiten? Die Situation ist hier komplizierter als bei den dualen Beziehungstypen. Bei einem dualen Beziehungstyp, der den sachlogischen Zusammenhang zwischen einem Sender- und einem Empfänger-Objekttyp beschreibt, verteilen sich die Restriktionen, die der jeweilige Beziehungstyp stellt, auf das Sender- und das Empfänger-Objekt. Bei den Rekursiv-Beziehungstypen liegen aber das Sender- und das Empfänger-Objekt im selben Objekttyp. Die Restriktionen des Rekursiv-Beziehungstyps gelten somit für alle Objekte des Objekttyps.

Wir gehen bei unseren Überlegungen wie folgt vor:

1.   Wir betrachten zunächst nur die 4 Rekursiv-Beziehungstypen, die in den ersten beiden Zeilen der Tabelle 5-6 stehen. Es handelt sich dabei um die Rekursiv-Beziehungstypen mit dem *Verbot des multiplen Empfangs*. Das bedeutet, dass jeder Empfänger *höchstens eine* Nachricht empfangen kann. Wir beginnen mit dem Rekursiv-Beziehungstyp, der die *rigorosesten* Einschränkungen fordert, lockern dann schrittweise die Einschränkungen und gelangen dadurch zu den übrigen 3 Rekursiv-Beziehungstypen.

2. Bei den 3 Rekursiv-Beziehungstypen in den letzten beiden Zeilen, für die das *Verbot des multiplen Empfangs* nicht besteht, gehen wir genau umgekehrt vor. Wir betrachten zunächst den Rekursiv-Beziehungstyp, der *keine* Einschränkungen fordert und leiten dann die übrigen beiden Rekursiv-Beziehungstypen durch eine schrittweise Hinzunahme von Bedingungen her.

5.3.1.1   Rekursiv-Beziehungstypen mit Verbot des multiplen Empfangs

Wir beginnen die Betrachtung mit dem *1:1-Rekursiv-Beziehungstyp*, der die Sende-Empfangs-Möglichkeiten am rigorosesten einschränkt und der deshalb – ganz analog zu den dualen Beziehungstypen – die Grundlage für alle anderen Rekursiv-Beziehungstypen bildet. Es handelt sich dabei – neben dem Verbot des multiplen Empfangs – um die folgenden Einschränkungen:

1:1-Rekursiv-Beziehungstyp

- *Empfangs-Pflicht:* Jedes Objekt muss ein Empfänger sein, und zwar – wegen des Verbots des multiplen Empfangs – ein Empfänger von genau einer Nachricht.

- *Verbot der multiplen Sendung:* Kein Objekt darf mehr als eine Nachricht senden. Da wegen der Empfangs-Pflicht jedes Objekt eine Nachricht empfangen muss, bedeutet das, dass jedes Objekt genau eine Nachricht senden muss.

Wie wir bereits im Abschnitt 4.4.1 begründet haben, lässt der 1:1-Rekursiv-Beziehungstyp nur *Objekte-Zyklen* zu, die zu einem *Ein-Objekt-Zyklus* entarten können, bei dem ein Objekt sich selbst eine Nachricht sendet. Diese Zyklen bilden die Grundstruktur der sachlogischen Zusammenhänge innerhalb eines Objekttyps. Sie sind bei allen anderen Rekursiv-Beziehungstypen wiederzufinden.

Wir heben nun gegenüber dem 1:1-Rekursiv-Beziehungstyp die Empfangspflicht auf und haben dann die folgende Situation zu untersuchen:

C:C-Rekursiv-Beziehungstyp

- *Keine Empfangs-Pflicht:* Es gibt mindestens ein Objekt, das keine Nachricht empfängt, die anderen empfangen – wegen des Verbots des multiplen Empfangs – genau eine Nachricht.

- *Verbot der multiplen Sendung:* Kein Objekt darf mehr als eine Nachricht senden. Wenn n Objekte keine Nachricht senden, dann müssen auch n Objekte keine Nachricht empfangen, wobei es natürlich möglich ist, dass ein Objekt weder eine Nachricht sendet noch eine empfängt.

Diese Situation wird durch den *C:C-Rekursiv-Beziehungstyp* beschrieben. Im Abschnitt 4.4.2 haben wir nachgewiesen, dass der C:C-Rekursiv-Beziehungstyp nicht nur Objekte-Zyklen, sondern auch *Objekte-Ketten* zulässt, die auch zu einer Kette mit einem einzigen Objekt – also zu einem singulären Objekt – entarten können.

Wir heben nun gegenüber unserem Ausgangspunkt – gegenüber dem 1:1-Rekursiv-Beziehungstyp – das Verbot der multiplen Sendung auf und gelangen zur folgenden Situation:

1:CN-Rekursiv-Beziehungstyp

- *Empfangs-Pflicht:* Jedes Objekt empfängt genau eine Nachricht.

- *Kein Verbot der multiplen Sendung:* Mindestens ein Objekt sendet mehrere Nachrichten. Da aber jedes Objekt genau eine Nachricht empfängt, bedeutet das: Für jede „überzählige" Nachricht, die ein Objekt sendet, muss ein anderes Objekt auf seine Nachrichtensendung „verzichten".

Diese Situation entspricht dem *1:CN-Rekursiv-Beziehungstyp.* Dieser Rekursiv-Beziehungstyp führt – gemäß unseren Überlegungen im Abschnitt 4.4.3 – zu Objekte-Zyklen mit „auswachsenden" Monohierarchien. Das sind Objekte-Zyklen, bei denen jedes Objekt des Zyklus' die Wurzel einer Monohierarchie – also eines Baums – sein kann.

Wir heben nun im letzten Schritt sowohl die Empfangs-Pflicht als auch das Verbot der multiplen Sendung auf. Es besteht also nur noch das Verbot des multiplen Empfangs:

C:CN-Rekursiv-Beziehungstyp

- *Keine Empfangs-Pflicht:* Mindestens ein Objekt empfängt keine Nachricht, die anderen genau eine.

- *Kein Verbot der multiplen Sendung:* Mindestens ein Objekt sendet mehrere Nachrichten. Sendet ein Objekt zum Beispiel zwei Nachrichten, dann müssen mindestens drei andere Objekte auf ihre Nachrichtensendung „verzichten". Die Gesamtzahl aller gesendeten Nachrichten muss nämlich kleiner sein als die Anzahl der Objekte, damit sich nicht doch eine Empfangs-Pflicht einstellt.

Diese Situation entspricht dem *C:CN-Rekursiv-Beziehungstyp.* Im Abschnitt 4.4.4 haben wir begründet, dass dieser Rekursiv-Beziehungstyp einerseits zu Objekte-Zyklen mit „auswachsenden" Monohierarchien und andererseits zu isolierten Monohierarchien führt. Bei den isolierten Monohierarchien ist das Wurzel-Objekt kein Glied eines Objekte-Zyklus'.

Die beschriebenen Schritte der Aufhebung von Einschränkungen sind in der Abbildung 5-34 dargestellt, wobei für jeden Rekursiv-Beziehungstyp eine charakteristische Sender-Empfänger-Struktur angegeben ist.

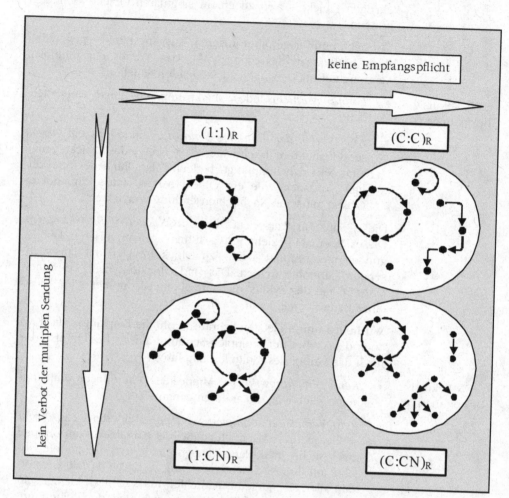

Abb. 5-34: Herleitung der Rekursiv-Beziehungstypen mit Verbot des multiplen Empfangs

5.3.1.2   Rekursiv-Beziehungstypen ohne Verbot des multiplen Empfangs

Bei der Herleitung der Rekursiv-Beziehungstypen ohne Verbot des multiplen Empfangs gehen wir von dem Fall aus, in dem keine Einschränkungen für die Sender-Empfänger-Struktur bestehen. Es handelt sich dabei um den *CM:CN-Rekursiv-Beziehungstyp*, bei dem jedes Objekt beliebig viele – natürlich auch keine – Nachrichten senden und empfangen kann. Die Objekte und ihre Beziehungslinien können somit ein *beliebiges Netzwerk* bilden. Die Abbildung 5-35 zeigt dafür ein Beispiel, das natürlich nicht erschöpfend sein kann.

CM:CN-
Rekursiv-
Beziehungstyp

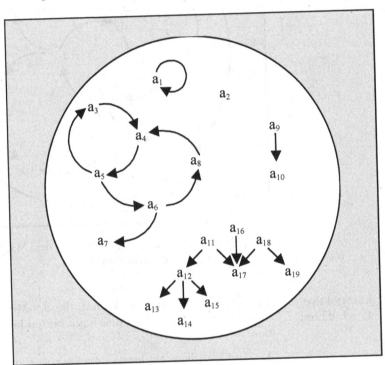

Abb. 5-35: Beispiel-Struktur für den CM:CN-Rekursiv-
Beziehungstyp

Durch die sukzessive Hinzunahme von Bedingungen schränken wir die Möglichkeiten zur Netzwerk-Bildung ein. Zuerst führen wir die Empfangspflicht ein:

- *Empfangs-Pflicht:* Jedes Objekt muss mindestens eine Nachricht empfangen.

Wir gelangen dadurch zum *M:CN-Rekursiv-Beziehungstyp*, für den die Abbildung 5-36 eine Beispiel-Struktur zeigt.

M:CN-Rekursiv-
Beziehungstyp

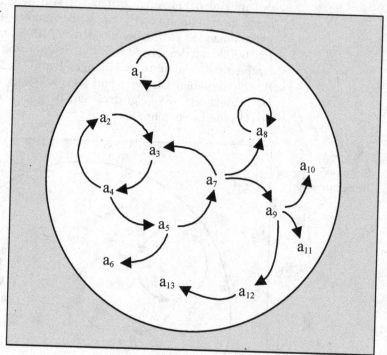

Abb. 5-36: Beispiel-Struktur für den M:CN-Rekursiv-
Beziehungstyp

konstruktive
Beschreibung

Die Sender-Empfänger-Strukturen, die der M:CN-Rekursiv-Beziehungstyp ermöglicht, lassen sich am besten konstruktiv beschreiben:

1. Zunächst liegt ein leerer Objekttyp vor, der noch kein einziges Objekt enthält.

2. Das erste Objekt kann nur in Form eines Ein-Objekt-Zyklus' hinzugefügt werden ($a_1 \rightarrow a_1$). Es muss nämlich wenigstens *eine* Nachricht empfangen. Da es aber bisher „allein auf der Welt" ist, kann es nur selbst der Sender dieser Nachricht sein.

3. Die folgenden Aktionen können beliebig oft und in beliebiger Aufeinanderfolge ausgeführt werden:

a) Ein neues Objekt kann als ein weiterer Ein-Objekt-Zyklus aufgenommen werden. Das Objekt ist – wie im Punkt 2 erläutert – dann der Empfänger der von ihm selbst gesendeten Nachricht. In der Abbildung 5-36 war zunächst ($a_2 \rightarrow a_2$) ein solcher Ein-Objekt-Zyklus.

b) Ein neues Objekt kann in einen bestehenden Objekte-Zyklus „eingebaut" werden. Es ist dann Sender und Empfänger genau einer Nachricht. So wurde in der Abbildung 5-36 der ursprüngliche Ein-Objekt-Zyklus ($a_2 \rightarrow a_2$) durch die Objekte a_3 und a_4 schrittweise zum Drei-Objekte-Zyklus ($a_2 \rightarrow a_3 \rightarrow a_4 \rightarrow a_2$) erweitert.

c) Ein neues Objekt O kann hinzugefügt werden, ohne Sender einer Nachricht zu sein, solange es Empfänger einer Nachricht ist, die ein bereits existierendes Objekt an O sendet. So wurde beispielsweise das Objekt a_6 hinzugefügt, das selbst keine Nachricht sendet, aber von a_5 eine Nachricht empfängt.

d) Von einem bereits existierenden Objekt kann eine Nachricht an sich selbst ($a_8 \rightarrow a_8$) oder an ein anderes existierendes Objekt ($a_7 \rightarrow a_3$) gesendet werden.

Im nächsten Schritt zur Einschränkung der Sender-Empfänger-Strukturen fordern wir zusätzlich zur Empfangspflicht auch noch die Sendepflicht:

- *Empfangs-Pflicht:* Jedes Objekt muss mindestens eine Nachricht empfangen.

- *Sende-Pflicht:* Jedes Objekt muss mindestens eine Nachricht senden. Für jede gesendete Nachricht, die über die *eine* Pflicht-Sendung hinausgeht, muss es ein Objekt geben, das diese „Überschuss-Nachricht" – über seinen Pflicht-Empfang von *einer* Nachricht hinaus – entgegennimmt.

Diese Situation entspricht dem *M:N-Rekursiv-Beziehungstyp*, für den die Abbildung 5-37 ein Beispiel zeigt.

M:N-Rekursiv-
Beziehungstyp

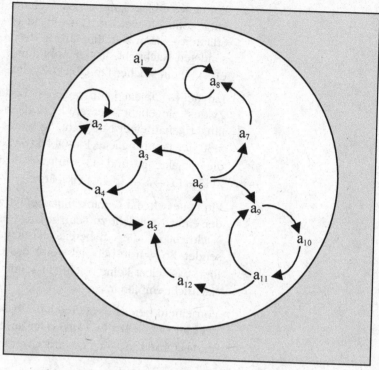

Abb. 5-37: Beispiel-Struktur für den M:N-Rekursiv-
Beziehungstyp

konstruktive
Beschreibung

Die Sender-Empfänger-Strukturen, die der M:N-Rekursiv-Bezie-
hungstyp ermöglicht, werden ebenfalls konstruktiv beschrieben:

1. Zunächst liegt ein leerer Objekttyp vor, der noch kein ein-
    ziges Objekt enthält.

2. Das erste Objekt kann nur in Form eines Ein-Objekt-Zyklus
    hinzugefügt werden ($a_1 \rightarrow a_1$). Es muss nämlich wenigstens
    eine Nachricht senden und wenigstens eine empfangen.

3. Die folgenden Aktionen können beliebig oft und in beliebi-
    ger Aufeinanderfolge ausgeführt werden:

    a) Ein neues Objekt kann als ein weiterer Ein-Objekt-Zyklus
        aufgenommen werden ($a_2 \rightarrow a_2$). Es ist – wie im Punkt 2
        erläutert – dann der Empfänger der von ihm selbst ge-
        sendeten Nachricht.

b) Ein neues Objekt kann in einen bereits bestehenden Objekte-Zyklus „eingebaut" werden. Es ist dann Sender und Empfänger genau einer Nachricht. So kann man den Ein-Objekt-Zyklus $(a_2 \rightarrow a_2)$ zu einem Drei-Objekte-Zyklus $(a_2 \rightarrow a_3 \rightarrow a_4 \rightarrow a_2)$ erweitern.

c) An einem bereits existierenden Objekt kann eine neue Objekte-Kette – mit keinem, einem oder mehreren neuen Objekten als „Zwischenstationen" – beginnen, die aber wieder in ein bereits existierendes Objekt „einmünden" muss. Enthält die Kette *keine* „Zwischenstationen", dann sendet einfach ein bestehendes Objekt eine Nachricht an ein anderes bestehendes Objekt $(a_2 \rightarrow a_2$ und $a_6 \rightarrow a_9)$. Ein Beispiel für eine Kette mit *einer* „Zwischenstation" ist $(a_{11} \rightarrow a_{12} \rightarrow a_5)$.

In der Abbildung 5-38 sind die sukzessiven Einschränkungen der allgemeinen Netzwerk-Struktur, die dem CM:CN-Rekursiv-Beziehungstyp entspricht, zusammenfassend dargestellt, wobei für jeden Rekursiv-Beziehungstyp eine charakteristische Sender-Empfänger-Struktur angegeben ist.

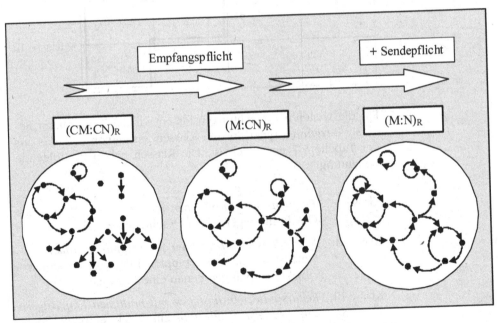

Abb. 5-38: Herleitung der Rekursiv-Beziehungstypen ohne Verbot des multiplen Empfangs

5.3.2 Die Umwandlung in einen Koppel-Objekttyp

Wir haben im Abschnitt 4.4 mit den Transformationsregeln T13 – T19 ein Vorgehen beschrieben, durch das die Rekursiv-Beziehungstypen im relationalen Datenbank-Modell repräsentiert werden können. Einige Rekursiv-Beziehungstypen *mussten*, andere *konnten* dabei in einen Koppel-Objekttyp umgeformt werden. In diesem Abschnitt soll nun untersucht werden, in welchen Fällen eine solche Umformung sinnvoll ist und wann nicht. Die Ausführungen erfolgen analog zu den Überlegungen für die dualen Beziehungstypen im Abschnitt 5.2.3.

Tab. 5-7: Klassifizierung der Rekursiv-Beziehungstypen (ohne „Spiegelbilder")

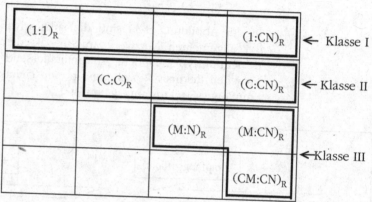

Für die weiteren Betrachtungen fassen wir die 7 relevanten Rekursiv-Beziehungstypen in drei Klassen zusammen, wie das aus der Tabelle 5-7 ersichtlich ist. Die Klassen haben die folgende Bedeutung:

Klasse I: *Rekursiv-Beziehungstypen mit Empfangspflicht.* Jedes Objekt muss genau eine Nachricht empfangen.

Klasse II: *Rekursiv-Beziehungstypen ohne Empfangspflicht.* Mindestens ein Objekt empfängt keine, die anderen Objekte empfangen genau eine Nachricht.

Klasse III: *Rekursiv-Beziehungstypen mit multiplen Empfängern und Sendern.* Mindestens ein Objekt empfängt mehrere Nachrichten und mindestens ein Objekt sendet mehrere Nachrichten.

Die Umwandlung eines Rekursiv-Beziehungstyps in einen Koppel-Objekttyp erfolgt nach dem in der Abbildung 5-39 wiedergegebenen Schema.

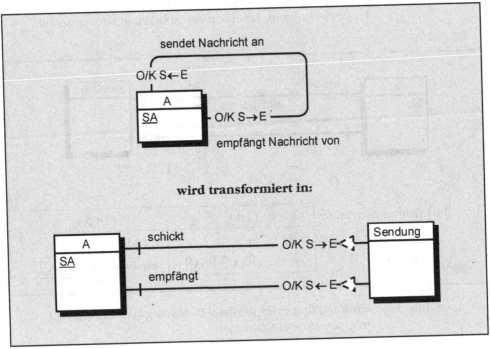

Abb. 5-39: Umwandlung eines Rekursiv-Beziehungstyps
in einen Koppel-Objekttyp

In der Abbildung 5-39 steht die Zeichenfolge „O/K S→E" für die Optionalität/Kardinalität der Beziehungstyp-Richtung „Objekt *sendet Nachricht an* Objekt" und die Zeichenfolge „O/K S←E" für die Optionalität/Kardinalität der Beziehungstyp-Richtung „Objekt *empfängt Nachricht von* Objekt". Die Verwendung der Beziehungstyp-Richtungen für die Identifizierung des Koppel-Objekttyps hängt vom jeweiligen Rekursiv-Beziehungstyp ab. Darum wurde sie gestrichelt dargestellt.

In den folgenden Abschnitten wird für die drei Klassen von Rekursiv-Beziehungstypen untersucht, wann ihre Umwandlung in einen Koppel-Objekttyp sinnvoll ist.

5.3.2.1   Klasse I (Rekursiv-Beziehungstypen mit Empfangspflicht)

Bei den Rekursiv-Beziehungstypen mit Empfangspflicht – also $(1:1)_R$ und $(1:CN)_R$ - führt ihre Umwandlung in einen Koppel-Objekttyp zu einem $1:(O/K\ S \rightarrow E)$-Beziehungstyp und zu einem 1:1-Beziehungstyp. Das ist in der Abbildung 5-40 dargestellt.

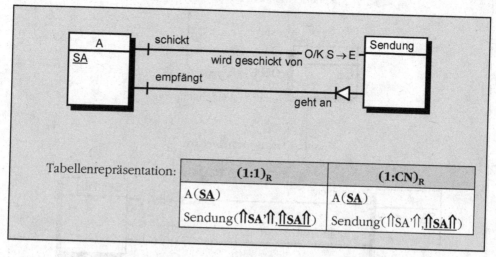

Abb. 5-40: Umwandlung eines Rekursiv-Beziehungstyps der Klasse I
in einen Koppel-Objekttyp

Transformationsregel T03

In der Tabelle „Sendung" verweist der Fremdschlüssel ⇑SA'⇑ auf den Sender und der Fremdschlüssel ⇑SA⇑, der zugleich Primärschlüssel der Tabelle ist, auf den Empfänger. Der 1:1-Beziehungstyp wird – gemäß der Transformationsregel T03 – nicht repräsentiert. Stattdessen werden die Datensätze der Koppel-Tabelle „Sendung" an die Empfänger-Datensätze der Tabelle „A" angehängt, wobei natürlich der Primärschlüssel ⇑SA⇑ nicht gedoppelt wird:

Tabellenrepräsentation:

$(1:1)_R$	$(1:CN)_R$
A(**SA**,⇑SA'⇑)	A(**SA**,⇑SA'⇑)

Jeder Empfänger einer Nachricht verweist durch den Fremdschlüssel ⇑SA'⇑ auf „seinen" Sender. Diese Umformung entspricht einer Integration der Koppel-Tabelle in die Objekttyp-Tabelle. Dadurch wird einerseits Speicherplatz eingespart und andererseits verbessert sich die Performance bei der Auswertung der sachlogischen Zusammenhänge zwischen den Objekten.

Beispiel für einen Rekursiv-Beziehungstyp der Klasse I

Als ein Beispiel für die Repräsentation von Rekursiv-Beziehungstypen der Klasse I betrachten wir eine Schulklasse, die zur Abiturfeier eine Zeitung herausgeben möchte. In dieser Zeitung soll jeder Schüler durch einen Artikel vorgestellt werden. Manche Schüler schreiben mehrere Artikel, andere dafür gar keinen. Die Abbildung 5-41 zeigt die Transformation des 1:CN-Rekursiv-Beziehungstyps in einen Koppel-Objekttyp sowie die sich daraus ergebende Tabellenrepräsentation.

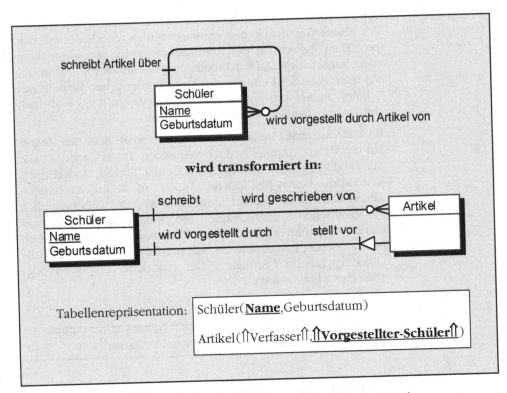

Abb. 5-41: Beispiel für die Umwandlung eines Rekursiv-Beziehungstyps der Klasse I in einen Koppel-Objekttyp

Die Tabellen „Schüler" und „Artikel" könnten Beispieldaten enthalten, wie sie in der Abbildung 5-42 angegeben sind.

Schüler		Artikel	
Name	**Geburtsdatum**	**Verfasser**	**Vorgestellter-Schüler**
Reiner Unsinn	01.01.99	Marga Rine	Reiner Unsinn
Theo Retisch	02.02.99	Reiner Unsinn	Theo Retisch
Marga Rine	03.03.99	Reiner Unsinn	Marga Rine

Abb. 5-42: Beispieltabellen für einen Rekursiv-Beziehungstyp der Klasse I

Soll bei dieser Tabellenrepräsentation der Verfasser (einschließlich seines Geburtsdatums) ermittelt werden, durch dessen Artikel „Theo Retisch" in der Abiturzeitung vorgestellt wird, dann muss zunächst die Artikel-Tabelle ausgewertet werden. Dort findet man, dass der Verfasser des Artikels über „Theo Retisch" der Schüler „Reiner Unsinn" ist. Sein Geburtsdatum muss nun noch der Tabelle „Schüler" entnommen werden.

Im Interesse einer besseren Performance sollte man den Zugriff auf die Tabelle „Artikel" jedoch vermeiden. Da es zu jeder Zeile der Tabelle „Schüler" genau eine Zeile der Tabelle „Artikel" gibt, können die Zeilen der Tabelle „Artikel" an die entsprechenden Zeilen der Tabelle „Schüler" angehängt werden, wobei natürlich die identischen Spalten „Name" und „Vorgestellter-Schüler" nur einmal aufgeführt werden. Dieses Vorgehen entspricht der oben beschriebenen Integration der Koppel-Tabelle („Artikel") in die Objekttyp-Tabelle („Schüler"). Die reduzierte Tabellen-Typbeschreibung hat dann die Form:

Tabellenrepräsentation:
> Schüler(**Name**,Geburtsdatum, ⇑Verfasser⇑)

Die Beispieltabellen nehmen die reduzierte Form an, die in der Abbildung 5-43 dargestellt ist. Zur Lösung der Beispielaufgabe muss jetzt nur noch die Tabelle „Schüler" ausgewertet werden.

Schüler		
Name	**Geburtsdatum**	**Verfasser**
Reiner Unsinn	01.01.99	Marga Rine
Theo Retisch	02.02.99	Reiner Unsinn
Marga Rine	03.03.99	Reiner Unsinn

Abb. 5-43: Reduzierte Beispieltabelle für einen
Rekursiv-Beziehungstyp der Klasse I

Fazit: Die *Rekursiv-Beziehungstypen der Klasse I* (Rekursiv-Beziehungstypen mit Empfangspflicht: $(1:1)_R$ und $(1:CN)_R$) werden aus Performance-Gründen *nicht als Koppel-Tabelle* repräsentiert. Stattdessen wird im Empfänger-Datensatz auf den Sender verwiesen.

5.3.2.2 Klasse II (Rekursiv-Beziehungstypen ohne Empfangspflicht)

Die Rekursiv-Beziehungstypen ohne Empfangspflicht – also $(C:C)_R$ und $(C:CN)_R$ – lassen sich gemäß der Abbildung 5-44 in einen Koppel-Objekttyp umwandeln. Der Objekttyp „A" ist in seiner Rolle als Sender mit dem Koppel-Objekttyp „Sendung" durch einen 1:C(K S → E)-Beziehungstyp verbunden, wobei die Kardinalität K der Beziehungstyp-Richtung S → E entweder 1 oder N ist. Der Objekttyp „A" ist in seiner Rolle als Empfänger mit dem Koppel-Objekttyp „Sendung" durch einen 1:C-Beziehungstyp verbunden.

In der Tabelle „Sendung" verweist der Fremdschlüssel ⇑SA'⇑ auf den Sender und der Fremdschlüssel **⇑SA⇑**, der zugleich Primärschlüssel der Tabelle ist, auf den Empfänger.

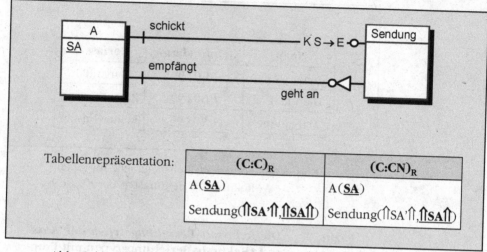

Abb. 5-44: Umwandlung eines Rekursiv-Beziehungstyps der Klasse II in einen Koppel-Objekttyp

**Transforma-
tionsregel T05**

Der 1:C-Beziehungstyp *kann* gemäß der Transformationsregel T05 eliminiert werden, indem die Datensätze der Koppel-Tabelle „Sendung" an die zugeordneten Empfänger-Datensätze der Tabelle „A" angehängt werden. Dabei wird der Primärschlüssel ⇑SA⇑ natürlich nur einmal aufgeführt, und der Verweis ⇑SA'⇑ auf den Sender wird als nicht-eingabepflichtig vereinbart. Das ist insbesondere dann sinnvoll, wenn die Optionalität der Beziehungstyp-Richtung „A *empfängt* Sendung" selten realisiert wird:

Tabellenrepräsentation:

(C:C)$_R$	(C:CN)$_R$
A(**SA**,⇑ *SA'*⇑)	A(**SA**,⇑*SA'*⇑)

Diejenigen Objekte, die Empfänger einer Nachricht sind, verweisen durch den Fremdschlüssel ⇑SA'⇑ auf „ihren" Sender. Bei denjenigen Objekten, die keine Nachricht empfangen, wird der Fremdschlüssel mit der NULL-Marke belegt.

**Performance-
Verbesserung**

Die beschriebene Eliminierung der Koppel-Tabelle führt zu einer Performance-Verbesserung, wenn zwischen Sendern und Empfängern navigiert werden soll, weil dann nur noch eine Tabelle auszuwerten ist. Allerdings kann sich der Speicherplatz-Bedarf erhöhen, wenn der Fremdschlüssel ⇑SA'⇑ häufig mit der NULL-Marke belegt ist.

Betrachtet man den Speicherplatz-Bedarf zur Darstellung eines Beziehungstyps der Klasse II, dann ergeben sich für die beiden Repräsentationsformen die folgenden Ausdrücke:

a) Repräsentation *mit* Koppel-Tabelle:	b) Repräsentation *ohne* Koppel-Tabelle:
$\overline{\overline{\text{Sendung}}} \cdot 2 \cdot Len(\underline{\text{SA}})$	$\overline{\overline{A}} \cdot Len(\underline{\text{SA}})$

Der Speicherplatz-Bedarf im Fall a) entsteht dadurch, dass in jeder Zeile der Koppel-Tabelle „Sendung" der Primärschlüssel „SA" zweimal gespeichert werden muss. Im Fall b) wird in jeder Zeile der Tabelle „A" Speicherplatz für einen Wert des Fremdschlüssels ⇑SA'⇑ bereitgestellt, allerdings auch dann, wenn der Fremd-schlüssel mit der NULL-Marke belegt ist. Setzt man beide Ausdrücke einander gleich, dann benötigt man denselben Speicherplatz, wenn gilt:

$$\overline{\overline{\text{Sendung}}} = \frac{1}{2}\overline{\overline{A}} \, ,$$

wenn also nur jedes zweite Objekt eine Sendung empfängt. Die Verwendung einer Koppel-Tabelle führt immer dann zu einem Speicherplatz-Gewinn, wenn *weniger als die Hälfte* der Objekte eine Sendung empfangen. Ist eine bessere Performance aber wichtiger als ein geringerer Speicherplatz-Bedarf, wird man sich trotzdem gegen die Koppel-Tabelle entscheiden.

Beispiel für einen Rekursiv-Beziehungstyp der Klasse II

Als ein Beispiel für die Darstellung von Rekursiv-Beziehungstypen der Klasse II betrachten wir die Bewohner eines Hauses. Die Hausverwaltung speichert Informationen darüber, welcher Bewohner welche anderen Bewohner zur Untermiete aufgenommen hat. Die meisten Bewohner haben keine Untermieter. Einige haben einen und ganz wenige sogar mehrere Untermieter. Ein Untermieter wohnt jeweils nur bei *einem* Bewohner zur Untermiete. In der Abbildung 5-45 sind die Transformation des C:CN-Rekursiv-Beziehungstyps in einen Koppel-Objekttyp sowie die entsprechende Tabellenrepräsentation wiedergegeben.

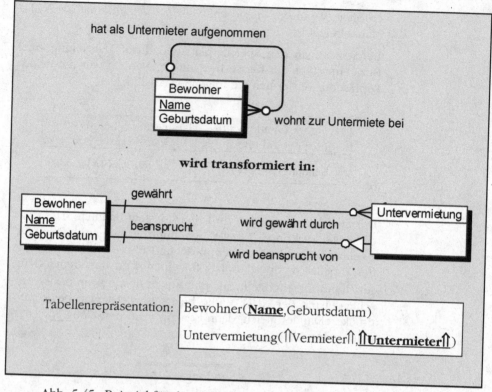

Abb. 5-45: Beispiel für die Umwandlung eines Rekursiv-Beziehungstyps
der Klasse II in einen Koppel-Objekttyp

Die Tabellen „Bewohner" und „Untervermietung" könnten Beispieldaten enthalten, wie sie in der Abbildung 5-46 angegeben
sind.

Unter den 9 Bewohnern gibt es nur 3 Untermieter. Die Repräsentation des C:CN-Rekursiv-Beziehungstyps durch eine Koppel-
Tabelle ist also die Alternative mit dem geringeren Speicherplatz-Bedarf. Da außerdem anzunehmen ist, dass die Untermiet-
Verhältnisse selten abgefragt werden und damit die Performance-Aspekte nicht im Vordergrund stehen, kann man es bei
dieser Darstellungsform belassen.

Bewohner		Untervermietung	
Name	**Geburtsdatum**	**Vermieter**	**Untermieter**
Linda Hauch	31.07.1947	Ron Dell	Marie Nade
Hans Arostock	19.01.1954	Ron Dell	Pitt Bull
Klara Fall	13.12.1969	Hans Arostock	Marta Pfahl
Wim Pernstift	16.03.1966		
Marie Nade	16.05.1980		
Otto Mane	01.01.1960		
Ron Dell	03.07.1944		
Marta Pfahl	06.06.1978		
Pitt Bull	05.05.1982		

Abb. 5-46: Beispieltabellen für einen Rekursiv-Beziehungstyp der Klasse II

Fazit: **Die *Rekursiv-Beziehungstypen der Klasse II* (die Rekursiv-Beziehungstypen ohne Empfangspflicht: $(C:C)_R$ und $(C:CN)_R$) können sowohl *mit* als auch *ohne Koppel-Tabelle* repräsentiert werden. Die Entscheidung muss unter dem Zielkonflikt „entweder weniger Speicherplatz-Bedarf oder geringere Rechenzeit" gefällt werden.**

5.3.2.3   Klasse III (Rekursiv-Beziehungstypen mit multiplen Empfängern)

Bei der Umwandlung der Rekursiv-Beziehungstypen mit multiplen Empfängern, also der M:N-, M:CN- und CM:CN-Rekursiv-Beziehungstypen, in einen Koppel-Objekttyp entstehen ein dualer 1:(C)N-Beziehungstyp und ein dualer (C)N:1-Beziehungstyp. Die Abbildung 5-47 zeigt das Ergebnis, wobei die eventuelle Optionalität der Beziehungstyp-Richtungen „A *schickt* Sendung" bzw. „B *empfängt* Sendung" durch den punktierten Kreis symbolisiert wird.

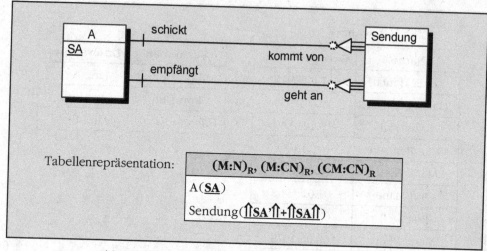

Abb. 5-47: Umwandlung eines Rekursiv-Beziehungstyps
der Klasse III in einen Koppel-Objekttyp

In der Tabelle „Sendung" verweist der Fremdschlüssel ⇑SA'⇑ auf den Sender und der Fremdschlüssel ⇑SA⇑ auf den Empfänger. Die beiden Fremdschlüssel sind eingabepflichtig und jeder für sich nicht-unikal. Erst in der Kopplung ⇑SA'⇑+⇑SA⇑ bilden sie den unikalen Primärschlüssel der Koppel-Tabelle „Sendung".

Eine Vereinfachung dieser Tabellenstruktur ist nicht möglich. Wollte man nämlich die Zeilen der Tabelle „Sendung" an die entsprechenden Sender-Zeilen bzw. an die entsprechenden Empfänger-Zeilen der Tabelle „A" anhängen, dann würde das zu einer Verletzung der 1. Normalform führen, weil es zu einer Sender-Zeile bzw. zu einer Empfänger-Zeile mehrere Zeilen der Tabelle „Sendung" geben kann.

Beispiel für einen Rekursiv-Beziehungstyp der Klasse III

Als ein Beispiel für einen Rekursiv-Beziehungstyp der Klasse III betrachten wir eine Weiterbildungseinrichtung, in der Lehrgänge angeboten werden. Einige Lehrgänge bilden die Grundlage für einen oder für mehrere weiterführende Lehrgänge. Es gibt auch Lehrgänge, für die es keine Weiterführung mehr gibt. Ein Lehrgang kann einen oder mehrere Lehrgänge voraussetzen, er kann aber auch grundständig sein und keinen Lehrgang voraussetzen. Die Abbildung 5-48 zeigt die Transformation des CM:CN-Rekursiv-Beziehungstyps in einen Koppel-Objekttyp sowie die entsprechende Tabellenrepräsentation.

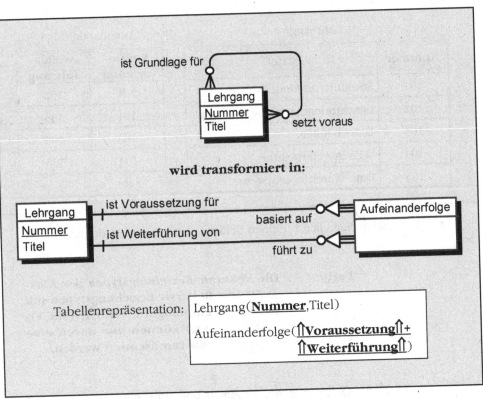

Abb. 5-48: Beispiel für die Umwandlung eines Rekursiv-Beziehungstyps der Klasse III in einen Koppel-Objekttyp

Beispieldaten für die beiden Tabellen „Lehrgang" und „Aufeinanderfolge" sind in der Abbildung 5-49 angegeben.

Man erkennt an den Daten der Abbildung 5-49, dass es sich tatsächlich um einen CM:CN-Rekursiv-Beziehungstyp handelt. Die Lehrgänge 102 und 105 haben keine Weiterführung, der Lehrgang 101 hat zwei Weiterführungen. Die Lehrgänge 101 und 104 haben keine Voraussetzung, der Lehrgang 105 setzt dagegen zwei Lehrgänge voraus.

Lehrgang		Aufeinanderfolge	
Nummer	**Titel**	**Voraus-setzung**	**Weiter-führung**
101	Strukturierte Modellierung	101	102
102	Objektorientierte Modellierung	101	103
103	Datenbanken	103	105
104	Wissensverarbeitung	104	105
105	Data-Warehouse-Systeme		

Abb. 5-49: Beispieltabellen für einen Rekursiv-Beziehungstyp der Klasse III

<u>Fazit:</u> Die *Rekursiv-Beziehungstypen der Klasse III* (die Rekursiv-Beziehungstypen mit multiplen Empfängern: $(M{:}N)_R$, $(M{:}CN)_R$ und $(CM{:}CN)_R$) können *nur durch eine Koppel-Tabelle* repräsentiert werden.

5.3.2.4 Obligatorische, fakultative und reduzible Rekursiv-Beziehungstypen

In den vorangegangenen Abschnitten wurde untersucht, ob die drei Klassen von Rekursiv-Beziehungstypen mit oder ohne Koppel-Tabelle repräsentiert werden sollten. Das ist gleichbedeutend mit der Frage, ob sie auf duale Beziehungstypen zurückzuführen sind.

Die erzielten Ergebnisse bieten uns – analog zu den Überlegungen im Abschnitt 5.2.3.5 – nun die Möglichkeit, die 7 Rekursiv-Beziehungstypen in drei Gruppen einzuteilen:

1. *Obligatorische Rekursiv-Beziehungstypen:* Das sind Rekursiv-Beziehungstypen, die unbedingt erforderlich sind, weil sie sich nicht in sinnvoller Weise auf duale Beziehungstypen zurückführen lassen.

2. *Fakultative Rekursiv-Beziehungstypen:* Das sind jene Rekursiv-Beziehungstypen, die nicht unbedingt erforderlich sind, da sie sich auf duale Beziehungstypen zurückführen lassen. Sie sind jedoch nützlich, weil sie gegebenenfalls eine Verrin-

gerung des Speicherplatz-Bedarfs oder eine Verbesserung der Performance herbeiführen können.

3. *Reduzible Rekursiv-Beziehungstypen:* Das sind jene Rekursiv-Beziehungstypen, die stets – durch ihre Umwandlung in einen Koppel-Objekttyp – auf duale Beziehungstypen zurückgeführt werden müssen.

Die Abbildung 5-50 zeigt diese Klassifizierung der Rekursiv-Beziehungstypen, wobei durch einen gestrichelten Pfeil die *mögliche* und durch einen ausgezogenen Pfeil die *unbedingt erforderliche* Zurückführung eines Rekursiv-Beziehungstyps auf duale Beziehungstypen dargestellt wird.

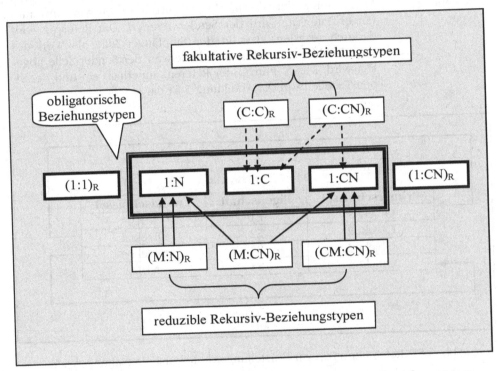

Abb. 5-50: Fakultative, obligatorische und reduzible Rekursiv-Beziehungstypen

In der Abbildung 5-50 sind die 2 obligatorischen *Rekursiv-Beziehungstypen* $(1:1)_R$ und $(1:CN)_R$ sowie die 3 obligatorischen *dualen Beziehungstypen* (1:N, 1:C und 1:CN) stark umrandet. Von ihrer Darstellbarkeit hängt die Vollständigkeit der Repräsentation der Rekursiv-Beziehungstypen ab. Im folgenden Abschnitt wird deshalb untersucht, wie es um die Darstellbarkeit dieser Beziehungstypen im relationalen Datenbank-Modell bestellt ist.

5.3.3   Die Repräsentationsmöglichkeit im relationalen Datenbank-Modell

Referenzprinzip für Rekursiv-Beziehungs-typen

Im Abschnitt 5.3.2 wurde dargelegt, in welcher Weise die obligatorischen Rekursiv-Beziehungstypen – also $(1:1)_R$ und $(1:CN)_R$ – sowie die fakultativen Rekursiv-Beziehungstypen – also $(C:C)_R$ und $(C:CN)_R$ – im relationalen Datenbank-Modell zu repräsentieren sind. Das Grundprinzip besteht darin, dass in die Objekttyp-Tabelle eine Kopie des *Primärschlüssels* – mit einer anderen Bezeichnung – als *Fremdschlüssel* aufgenommen wird. Im Empfänger-Datensatz wird der Sender *referiert*. Die Referenz wird dadurch realisiert, dass in der Empfänger-Zeile als Wert des Fremdschlüssels der Primärschlüsselwert der Sender-Zeile abgelegt wird. Dieses Prinzip der Referenz innerhalb ein und derselben Tabelle ist in der Abbildung 5-51 dargestellt.

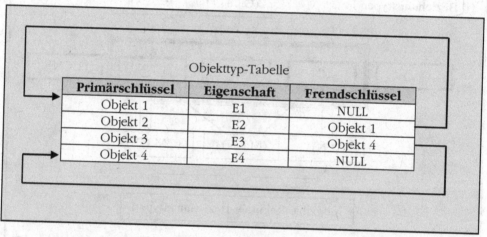

Abb. 5-51: Referenzprinzip zur Darstellung von Rekursiv-Beziehungstypen

Für den Primärschlüssel und für den Fremdschlüssel gilt auch hier jeweils eine Bedingung, die *stets* erfüllt sein muss: Für den Primärschlüssel ist es die Pflicht zur *Unikalität*, für den Fremdschlüssel ist es die Pflicht zur *referenziellen Integrität*.

Referenzpflicht,
Eingabepflicht
und Unikalität

In Analogie zum Abschnitt 5.2.4 betrachten wir drei weitere Bedingungen, die *wahlweise* an den Fremdschlüssel gestellt werden können: die *Referenzpflicht,* die *Eingabepflicht* und die
Pflicht zur *Unikalität.*

Tab. 5-8: Kombinationen von Referenzpflicht, Eingabepflicht und Unikalität
für Rekursiv-Beziehungstypen

Fall	Referenz-pflicht	Eingabe-pflicht	Unikalität	Beziehungs-typ	repräsen-tierbar
1	nein	nein	nein	$(C{:}CN)_R$	ja
2	nein	nein	ja	$(C{:}C)_R$	ja
3	nein	ja	nein	$(1{:}CN)_R$	ja
4	nein	ja	ja	/	/
5	ja	nein	nein	/	/
6	ja	nein	ja	/	/
7	ja	ja	nein	/	/
8	ja	ja	ja	$(1{:}1)_R$	ja

Repräsentier-
barkeit der
Rekursiv-Bezie-
hungstypen

Wir untersuchen nun, welche Rekursiv-Beziehungstypen sich
mithilfe des Referenz-Prinzips der Abbildung 5-51 repräsentieren
lassen.

- Da sich die Objekttyp-Tabelle in der 1. Normalform befinden muss, kann der Fremdschlüssel nur einen atomaren
  Wert annehmen, d. h.: er kann *höchstens auf einen* Sender
  verweisen. Die Optionalität/Kardinalität der Beziehungstyp-
  Richtung „Sender ← Empfänger" kann also nur „1" oder „C"
  sein. Sie ist „1", wenn für den Fremdschlüssel *Eingabepflicht*
  besteht, ansonsten ist sie „C".

- Besteht für den Fremdschlüssel *Referenzpflicht,* dann muss
  die Beziehungstyp-Richtung „Sender → Empfänger" nicht-optional sein, ansonsten optional.

- Besteht für den Fremdschlüssel die Pflicht zur *Unikalität,*
  muss die Beziehungstyp-Richtung „Sender → Empfänger" die
  Kardinalität „1" haben, ansonsten „N".

Diese Überlegungen sind in der Tabelle 5-8 zusammengefasst. Man sieht aus der Tabelle, dass alle obligatorischen und fakultativen Rekursiv-Beziehungstypen im relationalen Datenbank-Modell repräsentierbar sind.

Die drei *Rekursiv-Beziehungstypen mit multiplen Empfängern* – also $(M:N)_R$, $(M:CN)_R$ und $(CM:CN)_R$ – sind in der Tabelle 5-8 nicht enthalten, denn sie lassen sich mit dem einfachen Referenzprinzip der Abbildung 5-51 ohnehin nicht repräsentieren. Zu einigen Kombinationen sind zusätzliche Bemerkungen erforderlich:

Fall 4:   Wenn in jeder Zeile der Tabelle der *eingabepflichtige* Verweis *unikal* ist, muss die *Referenzpflicht* erfüllt sein. Das ist leicht einzusehen: Wenn $\overline{\overline{A}}$ Objekte auf $\overline{A}$ *unterschiedliche* Objekte verweisen, dann muss auf jedes Objekt ein Verweis gerichtet sein – die Referenzpflicht ist also erfüllt. Die Kombination „Referenzpflicht=nein + Eingabepflicht=ja + Unikalität=ja" ist somit für Rekursiv-Beziehungstypen nicht möglich.

Fall 5:   Da *keine Eingabepflicht* besteht, also wenigstens ein Objekt a nicht auf ein anderes Objekt verweist, lässt sich die *Referenzpflicht* nicht erfüllen. Dann müsste nämlich ein anderes Objekt „in Vertretung für a" zwei Verweise enthalten, wodurch die 1. Normalform verletzt würde. Die Kombination „Referenzpflicht=ja + Eingabepflicht=nein" ist also für Rekursiv-Beziehungstypen nicht möglich.

Fall 6:   Es gelten dieselben Überlegungen wie im Fall 5.

Fall 7:   Wenn zwar *Eingabepflicht* besteht, aber infolge der *nicht geforderten Unikalität* wenigstens zwei Objekte auf dasselbe dritte Objekt verweisen, bleibt zumindest ein Objekt *unreferenziert*. Die Kombination „Referenzpflicht=ja + Eingabepflicht=ja + Unikalität=nein" ist somit für Rekursiv-Beziehungstypen nicht möglich.

Fall 8:   Aus der *Eingabepflicht* und der Pflicht zur *Unikalität* folgt zwangsläufig die *Referenzpflicht* (vgl. Fall 4). Da jedoch im relationalen Datenbank-Modell die Eingabepflicht und die Unikalität gefordert werden können, ist der 1:1-Rekursiv-Beziehungstyp – im Gegensatz zum dualen 1:1-Beziehungstyp – repräsentierbar.

Mit den Ergebnissen der Abbildung 5-50 und den Aussagen der Tabelle 5-8 haben wir zwei unterschiedliche Klassifizierungen der Rekursiv-Beziehungstypen vorgenommen:

- einerseits die Klassifizierung in _fakultative, obligatorische_ und _reduzible_ Rekursiv-Beziehungstypen,

- andererseits die Klassifizierung in _repräsentierbare_ und in _nicht-repräsentierbare_ Rekursiv-Beziehungstypen.

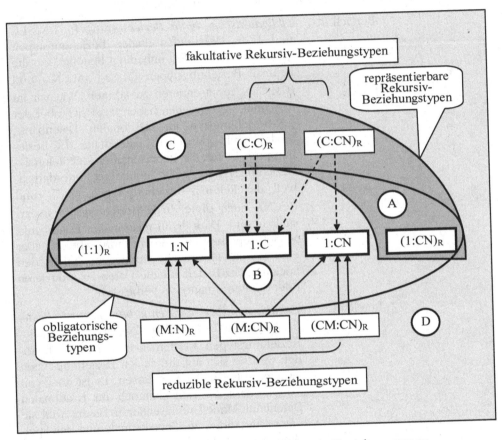

Abb. 5-52: Bereichsbildung für die Rekursiv-Beziehungstypen

In der Abbildung 5-52 sind die beiden Klassifizierungen dargestellt. Die Menge der obligatorischen Beziehungstypen wird von einer Ellipse umrandet. Die Menge der repräsentierbaren Rekursiv-Beziehungstypen befindet sich im dunklen hufeisenförmigen

Überlappen
der Klassifi-
zierungen

Gebiet. Die beiden Mengen überlappen sich und bilden dadurch die vier Bereiche A, B, C und D, die wir nacheinander betrachten wollen.

Bereich A: *Obligatorische und repräsentierbare Rekursiv-Beziehungstypen:* $(1:1)_R$ und $(1:CN)_R$. Diese beiden Rekursiv-Beziehungstypen werden unbedingt benötigt – sie lassen sich auch im relationalen Datenbank-Modell darstellen.

Bereich B: *Obligatorische duale Beziehungstypen:* 1:N, 1:C und 1:CN. Die beiden dualen Beziehungstypen 1:N und 1:CN werden unbedingt benötigt, um die Rekursiv-Beziehungstypen $(M:N)_R$, $(M:CN)_R$ und $(CM:CN)_R$ repräsentieren zu können. Wie wir im Abschnitt 5.2.4 gesehen haben, lässt sich aber der 1:N-Beziehungstyp im relationalen Datenbank-Modell nicht darstellen. Der duale 1:C-Beziehungstyp ist für die Repräsentation der Rekursiv-Beziehungstypen nicht unbedingt erforderlich, weil die Rekursiv-Beziehungstypen $(C:C)_R$ und $(C:CN)_R$ auch ohne duale Beziehungstypen darstellbar sind. Dass er im relationalen Datenbank-Modell repräsentiert werden kann, gibt uns aber eine höhere Flexibilität, um gegebenenfalls den Speicherplatz-Bedarf für die Daten zu reduzieren oder die Performance zu verbessern.

Bereich C: *Fakultative, aber repräsentierbare Rekursiv-Beziehungstypen:* $(C:C)_R$ und $(C:CN)_R$. Diese Rekursiv-Beziehungstypen werden nicht unbedingt benötigt, weil sie sich auf die dualen Beziehungstypen 1:C und 1:CN reduzieren lassen. Es ist aber von Vorteil, dass sie sich dennoch im relationalen Datenbank-Modell repräsentieren lassen, weil sie unter Umständen zu einer Reduzierung des Speicherplatz-Bedarfs oder zu einer Verbesserung der Performance führen.

Bereich D: *Reduzible Rekursiv-Beziehungstypen:* $(M:N)_R$, $(M:CN)_R$ und $(CM:CN)_R$. Diese drei Rekursiv-Beziehungstypen müssen auf die dualen Beziehungstypen 1:N und 1:CN zurückgeführt werden. Da sich aber der 1:N-Beziehungstyp im relationalen Datenbank-Modell nicht darstellen lässt, liegt hier ein gewichtiger Schwachpunkt des relationalen Datenbank-Modells vor. Nur der CM:CN-Rekursiv-Beziehungstyp lässt sich „semantik-erhaltend" repräsentieren, bei den anderen beiden muss ein Semantikverlust in Kauf genommen werden.

Die Tabelle 5-9 zeigt das im Einzelnen.

Tab. 5-9: Repräsentierbarkeit der Rekursiv-Beziehungstypen des Bereichs D

Rekursiv-Beziehungstyp	durch duale Beziehungstypen repräsentierbar?	Repräsentation unter Semantikverlust
$(M:N)_R$	1:N + 1:N – nicht möglich, da 1:N fehlt	$(CM:CN)_R$
$(M:CN)_R$	1:CN + 1:N – nicht möglich, da 1:N fehlt	$(CM:CN)_R$
$(CM:CN)_R$	1:CN + 1:CN – möglich	/

Fazit:

Gesamtzahl der interessierenden Rekursiv-Beziehungstypen (ohne „Spiegelbilder" an der Diagonale):   Z

davon:

direkt im relationalen Datenbank-Modell repräsentierbar: 4

durch Umwandlung in einen Koppel-Objekttyp repräsentierbar: 1

nur mit Semantikverlust repräsentierbar: 2

In der Abbildung 5-53 sind die Verhältnisse noch einmal in grafischer Form dargestellt.

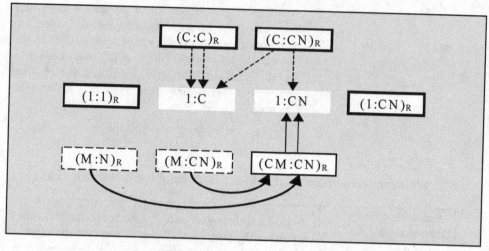

Abb. 5-53: Repräsentation der Rekursiv-Beziehungstypen
im relationalen Datenbank-Modell

Die 4 direkt repräsentierbaren Rekursiv-Beziehungstypen $(1:1)_R$, $(C:C)_R$, $(C:CN)_R$ und $(1:CN)_R$ sind stark umrandet. Die wahlweise Reduktion der fakultativen Rekursiv-Beziehungstypen $(C:C)_R$ und $(C:CN)_R$ auf die dualen 1:C- und 1:CN-Beziehungstypen ist durch gestrichelte Pfeile angedeutet. Der ohne Semantikverlust darstellbare reduzible Rekursiv-Beziehungstyp $(CM:CN)_R$ hat einen dünnen Rand, wobei seine Zurückführung auf den dualen 1:CN-Beziehungstyp durch ausgezogene dünne Pfeile dargestellt ist. Die restlichen 2 reduziblen Rekursiv-Beziehungstypen $(M:N)_R$ und $(M:CN)_R$ haben einen gestrichelten Rand: Sie können nur unter Semantikverlust – wie ein CM:CN-Rekursiv-Beziehungstyp – repräsentiert werden, was durch die gebogenen Pfeile angedeutet wird.

6 Die Generalprobe:
Aufgaben zum Datenbankentwurf

Liebe Leser! Wir haben das Ziel unserer Wanderung durch das Gebiet des Datenbankentwurfs erreicht. Nun ist es an der Zeit zu prüfen, ob wir den Weg auch mit Gewinn zurückgelegt haben. In diesem Kapitel werden deshalb fünf praktische Aufgaben zum Datenbankentwurf gestellt. Die Einordnung dieses Kapitels in den Kontext des Lehrbuchs zeigt die Abbildung 6-1.

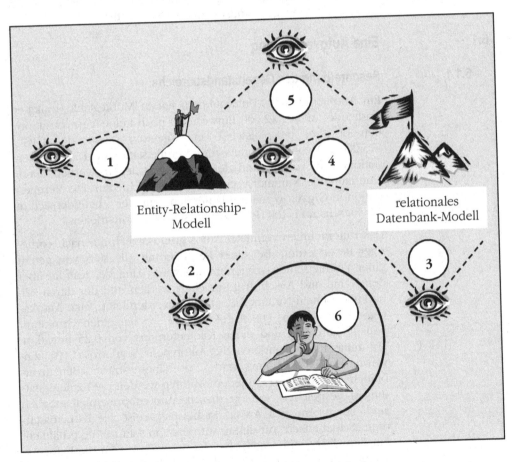

Abb. 6-1: Gegenstand des Kapitels 6

Für jeden der fünf Gegenstandsbereiche sind zwei Aufgaben zu erfüllen:

1. Entwicklung eines *konzeptionellen Datenmodells* unter Verwendung der grafischen Sprache des Entity-Relationship-Modells.

2. Transformation des konzeptionellen Datenmodells in das *logische Datenschema* für das relationale Datenbank-Managementsystem *„Access"* (oder für ein anderes relationales Datenbank-Managementsystem).

Die Lösungen der Aufgaben sind angegeben; sie werden ausführlich kommentiert. Dadurch können Sie die Korrektheit Ihrer Ergebnisse überprüfen, ehe sie darangehen, Datenbanken für Ihren eigenen Gegenstandsbereich zu entwerfen.

6.1   Eine Autovermietung

6.1.1   Beschreibung des Gegenstandsbereichs

Ein Autovermietungs-Unternehmen hat in Murkelstadt (unikaler Stadtcode „MUR", 12.000 Einwohner) noch keine Vermietstation, betreibt aber beispielsweise in Gigantow (Stadtcode „GIG", 675.000 Einwohner) bereits fünf Vermietstationen. Die Vermietstationen, die in ein und derselben Stadt liegen, werden durch eine laufende Nummer voneinander unterschieden. Die Vermietstation in Gigantow mit der laufenden Nummer 3 befindet sich in der Riesenstraße 100 (PLZ 98765); sie hat 13 Mitarbeiter.

Das Unternehmen vermietet Autos grundsätzlich nur nach vorheriger Reservierung. Bei einer Reservierung, die stets von genau einer Vermietstation vorgenommen wird, kann der Kunde, über den Name und Anschrift gespeichert werden und der durch seine Führerschein-Nummer identifiziert werden kann, eine Autokategorie auswählen. Die Autokategorie „A" hat einen Grundtarif von 45 Euro/Tag und einen Kilometerpreis von 0,25 Euro/km. Sie umfasst unter anderen die Autotypen „Seat Arosa" (Benzinverbrauch 5,0 l/100 km) und „Fiat Cinquecento" (Benzinverbrauch 4,5 l/100 km). Zu jedem Autotyp werden die Extraausstattungen gespeichert, die für diesen Autotyp prinzipiell möglich sind. Für einen „Seat Arosa" ist beispielsweise die Extraausstattung „Schiebedach" für einen Aufpreis von 9 Euro/Tag erhältlich. Für den „Fiat Cinquecento" beträgt der Aufpreis für die Extraausstattung „Schiebedach" 10 Euro/Tag. Jede Vermietstation vergibt für die von ihr vorgenommenen Reservierungen jeweils eine laufende Nummer. Für jede dieser Reservierungen wird das gewünschte Anfangs- und Enddatum festgehalten.

Eine Reservierung kann zu einem Mietvertrag führen, der bei der Übergabe eines Autos abgeschlossen wird. Ein Mietvertrag ist dann durch die zugehörige Reservierung eindeutig gekennzeichnet. Zum Mietvertrag wird der Kilometerstand bei der Übergabe und später der Kilometerstand bei der Rückgabe festgehalten. Außerdem wird festgelegt, welches konkrete Auto Gegenstand des Mietvertrags ist. Da es sehr häufig vorkommt, dass Reservierungen nicht zu einem Mietvertrag führen, sollen lediglich für die tatsächlich zustande gekommenen Mietverträge die Mietvertragsdaten gespeichert werden.

Die Autos des Unternehmens werden durch ihr polizeiliches Kennzeichen voneinander unterschieden. Zu jedem Auto muss ersichtlich sein, welchen Kilometerstand es hat (diese Angabe wird jeweils bei einer Rückgabe aktualisiert), welche Farbe es hat, zu welchem Autotyp es gehört und von welcher Vermietstation es gerade verwaltet wird. Außerdem wird festgehalten, über welche Extraausstattungen es verfügt.

Weiterhin ist zu beachten:

- Eine gerade erst eingerichtete Vermietstation verwaltet noch kein Auto und hat noch keine Reservierung vorgenommen.

- Ein Kunde wird erst dann gespeichert, wenn er die erste Reservierung vorgenommen hat.

- Es ist möglich, dass eine Autokategorie, die stets mindestens drei Autotypen umfasst, noch bei keiner Reservierung gewünscht wurde.

- Ein Autotyp wird in genau eine Autokategorie eingeordnet. Zu einem bereits gespeicherten Autotyp kann das Unternehmen noch kein einziges Auto besitzen. Einen Autotyp ohne mögliche Extraausstattungen gibt es zwar nicht, aber ein konkretes Auto kann keine der prinzipiell möglichen Extraausstattungen aufweisen. Eine mögliche Extraausstattung kann bei keinem der Autos des Unternehmens vorhanden sein.

- Ein gerade erst gekauftes Auto wurde noch nicht vermietet. Es wird dann aber im Lauf der Zeit vielen Mietverträgen zugeordnet. Ein Auto wird zu jedem Zeitpunkt von genau einer Vermietstation verwaltet.

6.1.2   Konzeptionelles Datenmodell

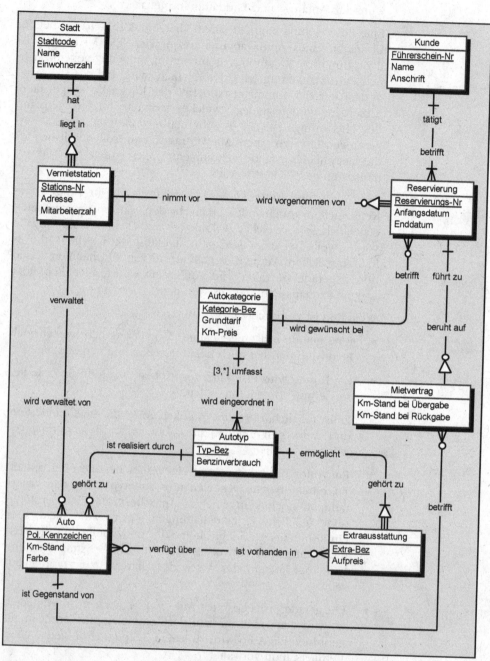

Abb. 6-2: Konzeptionelles Datenmodell für die Autovermietung

Bemerkungen:

- Da die Vermietstationen, die in ein und derselben Stadt liegen, durch eine laufende Nummer voneinander unterschieden werden, erfolgt die Identifizierung des Objekttyps „Vermietstation" durch die Kombination aus der Beziehungstyp-Richtung „Vermietstation *liegt in* Stadt" und der Eigenschaft „Stations-Nr".

- Jede Vermietstation vergibt für die von ihr vorgenommenen Reservierungen eine eigene laufende Nummer. Deshalb erfolgt die Identifizierung des Objekttyps „Reservierung" durch die Kombination aus der Beziehungstyp-Richtung „Reservierung *wird vorgenommen von* Vermietstation" und der Eigenschaft „Reservierungs-Nr".

- Die Beziehungstyp-Richtung „Kunde *tätigt* Reservierung" ist nicht-optional, da ein Kunde erst dann gespeichert wird, wenn er die erste Reservierung vorgenommen hat.

- Im vorliegenden Fall ist der 1:C-Beziehungstyp zwischen „Reservierung" und „Mietvertrag" gerechtfertigt. Die Mietvertragsdaten stellen zusätzliche Angaben für jene (wenigen) Reservierungen dar, bei denen es zu einem Mietvertrag gekommen ist. Würde man beide Objekttypen zu einem einzigen Objekttyp vereinigen, wären die Eigenschaften „Km-Stand bei Übergabe" und „Km-Stand bei Rückgabe" häufig mit der NULL-Marke belegt.

- Da ein Mietvertrag durch die zugehörige Reservierung eindeutig gekennzeichnet ist, wird der Objekttyp „Mietvertrag" allein durch die Beziehungstyp-Richtung „Mietvertrag *beruht auf* Reservierung" identifiziert.

- Die Eigenschaft „Extra-Bez" des Objekttyps „Extraausstattung" kann für verschiedene Autotypen denselben Wert haben (beispielsweise „Schiebedach"). Deshalb wird der Objekttyp „Extraausstattung" durch die Kombination aus der Beziehungstyp-Richtung „Extraausstattung *gehört zu* Autotyp" und der Eigenschaft „Extra-Bez" identifiziert.

6.1.3   Transformation in das logische Datenschema

Zunächst werden die Objekttypen in die entsprechenden Tabellen transformiert (Transformationsregel T01). Danach erfolgt die Transformation der Beziehungstyp-Richtungen, die als identifizierende Elemente für die „schwachen" Objekttypen verwendet wurden (Transformationsregel T02). Im Ergebnis dieser beiden Transformationen ergeben sich die folgenden vorläufigen Tabellen-Typbeschreibungen:

Stadt (**Stadtcode**,Name,Einwohnerzahl)

Vermietstation (⇑**Stadtcode**⇑+**Stations-Nr**,Adresse,Mitarbeiterzahl)

Reservierung (⇑**Stadtcode+Stations-Nr**⇑+**Reservierungs-Nr**, Anfangsdatum,Enddatum)

Kunde (**Führerschein-Nr**,Name,Anschrift)

Autokategorie (**Kategorie-Bez**,Grundtarif,Km-Preis)

Autotyp (**Typ-Bez**,Benzinverbrauch)

Extraausstattung (⇑**Typ-Bez**⇑+**Extra-Bez**,Aufpreis)

Auto (**Pol. Kennzeichen**,Km-Stand,Farbe)

Mietvertrag (⇑**Stadtcode+Stations-Nr+Reservierungs-Nr**⇑, Km-Stand bei Übergabe,*Km-Stand bei Rückgabe*)

Dabei wurden die folgenden Primärschlüssel in die Primärschlüssel der „schwachen" Objekttypen als Fremdschlüssel aufgenommen:

Primärschlüssel	des Objekttyps	wird aufgenommen in	Primärschlüssel von
Stadtcode	Stadt	⇒	Vermietstation
Stadtcode+Stations-Nr	Vermietstation	⇒	Reservierung
Typ-Bez	Autotyp	⇒	Extraausstattung
Stadtcode+Stations-Nr+ Reservierungs-Nr	Reservierung	⇒	Mietvertrag

Im nächsten Schritt werden die dualen Beziehungstypen in das relationale Datenbank-Modell transformiert (Transformationsregeln T03 bis T12). Die veränderten Tabellen-Typbeschreibungen sind jeweils durch einen Stern gekennzeichnet:

Stadt (**Stadtcode**,Name,Einwohnerzahl)

Vermietstation (⇑**Stadtcode**⇑+**Stations-Nr**,Adresse,Mitarbeiterzahl)

* Reservierung (⇑**Stadtcode+Stations-Nr**⇑+**Reservierungs-Nr**,
    ⇑Führerschein-Nr⇑,⇑*Kategorie-Bez*⇑,Anfangsdatum,Enddatum)

Kunde (**Führerschein-Nr**,Name,Anschrift)

Autokategorie (**Kategorie-Bez**,Grundtarif,Km-Preis)

* Autotyp (**Typ-Bez**,⇑Kategorie-Bez⇑,Benzinverbrauch)

Extraausstattung (⇑**Typ-Bez**⇑+**Extra-Bez**,Aufpreis)

* Auto (**Pol. Kennzeichen**,⇑Typ-Bez⇑,⇑Stadtcode+Stations-Nr⇑,
    Km-Stand,Farbe)

* Ausstattung (⇑**Pol. Kennzeichen**⇑+⇑**Typ-Bez+Extra-Bez**⇑)

* Mietvertrag (⇑**Stadtcode+Stations-Nr+Reservierungs-Nr**⇑,
    ⇑Pol. Kennzeichen⇑,
    Km-Stand bei Übergabe,*Km-Stand bei Rückgabe*)

Bemerkungen:

- Der 1:N-Beziehungstyp zwischen „Kunde" und „Reservierung" kann nur als 1:CN-Beziehungstyp repräsentiert werden (Transformationsregel T09). Es kann also nicht gesichert werden, dass ein gespeicherter Kunde wenigstens eine Reservierung getätigt hat.

- Ebenso kann der 1:N-Beziehungstyp zwischen „Autokategorie" und „Autotyp" nur als 1:CN-Beziehungstyp repräsentiert werden (Transformationsregel T09). Die zusätzlich geforderte Kardinalitäts-Beschränkung kann erst recht nicht formuliert werden. Durch diese Tabellen-Typbeschreibung lässt sich nicht erzwingen, dass eine Autokategorie wenigstens drei Autotypen umfasst.

- Ebenso lässt sich der 1:N-Beziehungstyp zwischen „Autotyp" und „Extraausstattung" nur als 1:CN-Beziehungstyp repräsentieren (Transformationsregel T09). Die Tabellen-Typbeschreibung lässt es somit – im Widerspruch zur Realität – zu, dass es zu einem Autotyp keine Extraausstattung gibt.

- Der 1:C-Beziehungstyp zwischen „Reservierung" und „Mietvertrag" muss gemäß der Transformationsregel T06 (1:C-Beziehungstyp mit oft realisierter Optionalität) transformiert werden, weil es sehr häufig vorkommt, dass eine Reservierung nicht zu einem Mietvertrag führt. Deshalb muss der Primärschlüssel des Objekttyps „Reservierung" in der Tabelle „Mietvertrag" als ein eingabepflichtiger und unikaler Fremdschlüssel aufgenommen werden. Das ist er aber bereits, weil der „schwache" Objekttyp „Mietvertrag" durch die „Reservierung" identifiziert wird.

- Der CM:CN-Beziehungstyp zwischen „Auto" und „Extraausstattung" wird gemäß der Transformationsregel T12 durch eine Koppeltabelle repräsentiert, die die Bezeichnung "Ausstattung" erhalten hat.

6.1.4 „Physisches Datenmodell" des PowerDesigner

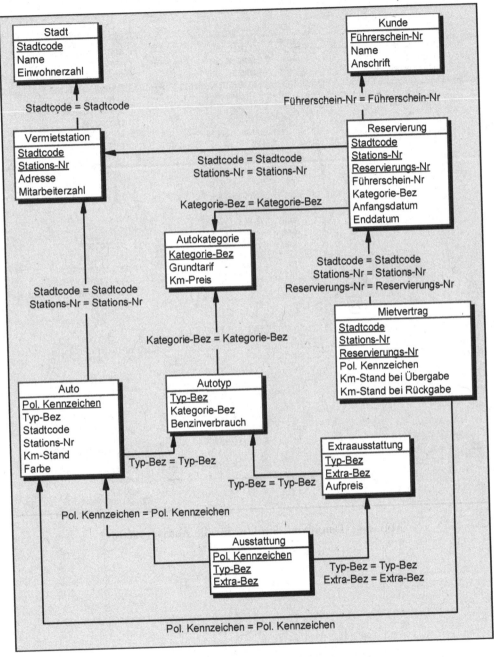

Abb. 6-3: „Physisches Datenmodell" für die Autovermietung

6.1.5   Datenbank-Struktur für Access

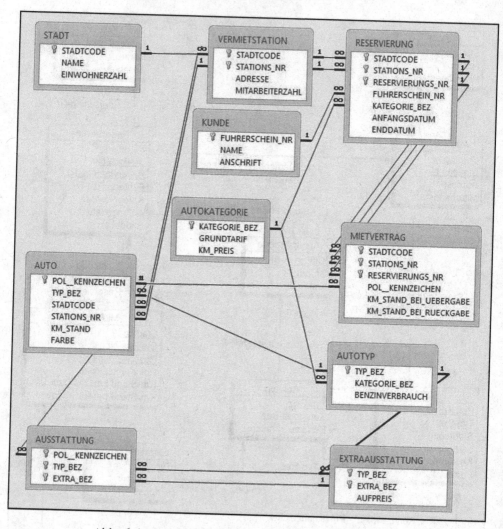

Abb. 6-4: Datenbank-Struktur für die Autovermietung

6.2   Eine Fluggesellschaft

6.2.1   Beschreibung des Gegenstandsbereichs

Mehrere Fluggesellschaften möchten unter Verwendung einer gemeinsamen Datenbank-Anwendung die Ausnutzung ihrer „täglichen Linienflugangebote"[28] kontrollieren.

Jede der beteiligten Fluggesellschaften stellt ein oder mehrere tägliche Linienflugangebote bereit. Die täglichen Linienflugangebote ein und derselben Fluggesellschaft werden durch eine laufende Nummer voneinander unterschieden. Jedes tägliche Linienflugangebot hat eine geplante Abflugzeit, genau einen Flughafen als Ausgangspunkt und genau einen Flughafen als Zielpunkt. Die Fluggesellschaft mit der Kurzbezeichnung FA (Fantasia Airlines, Hauptsitz in Utopia City) stellt unter anderen das tägliche Linienflugangebot mit der laufenden Nummer 333 bereit, das vom Flughafen mit dem Code TXL (Berlin-Tegel, 2 Start/Landepisten) beginnt und auf dem Flughafen mit dem Code UTC (Utopia City, 1 Start/Landepiste) endet. Die geplante Abflugzeit ist 07:03 Uhr.

Im Informationssystem sollen Informationen über die tatsächlich durchgeführten Flüge gespeichert werden. Jeder dieser Flüge entspricht genau einem Linienflugangebot, wobei sich die Flüge, die demselben Linienflugangebot entsprechen, durch den Flugtag voneinander unterscheiden. Zu jedem Flug muss außerdem bekannt sein, zu welcher Zeit er tatsächlich begonnen hat und mit welchem Flugzeug er durchgeführt wurde. Der Flug, der am 06.06.2016 entsprechend dem oben beschriebenen Linienflugangebot durchgeführt wurde, hatte beispielsweise als Abflugzeit 07:44 Uhr und erfolgte mit einem Flugzeug vom Typ „Air wing", das die Identitätsnummer 4711 trägt.

Für jeden Flug werden ein oder mehrere Flugscheine ausgegeben. Ein Flugschein kann den Status „open" haben, kann also noch keinem Flug zugeordnet sein. Will niemand mit diesem Flug mitfliegen, findet der Flug erst gar nicht statt. Jeder Flugschein gehört zu einem Flugticket. In einem Flugticket können mehrere Flugscheine zusammengefasst sein (falls eine Reise aus

---

28 Ein „tägliches Linienflugangebot" ist ein regelmäßiger Linienflug, den eine Fluggesellschaft für jeden Tag in gleicher Weise anbietet. Er führt von einem Flughafen A zu einem Flughafen B und beginnt stets zur selben Zeit (wenigstens ist es so geplant).

mehreren Flügen besteht). Die einzelnen Flugscheine innerhalb eines Flugtickets werden durch eine laufende Nummer voneinander unterschieden und durch die Flugklasse näher bestimmt.

Die Flugtickets müssen von einem autorisierten Reisebüro ausgestellt werden. Beispielsweise enthält das Flugticket, das vom Reisebüro „Kurze Ferien" (15230 Frankfurt/Oder, Bahnhofsplatz 2, 120 m^2 Verkaufsfläche, 2 Mitarbeiter) unter der vom Reisebüro vergebenen laufenden Nummer 112233 am 05.05.2016 zum Preis von 123,45 Euro verkauft wurde, nicht nur einen Flugschein für den angegebenen Flug in der Flugklasse BC, sondern auch noch weitere Flugscheine. Dieses Ticket wurde an den Passagier Vera Cruz (15234 Frankfurt/Oder, Akazienweg 1, weiblich) verkauft, die schon zuvor oftmals geflogen ist.

Weiterhin ist zu beachten:

- Fluggesellschaften, die keine täglichen Linienflugangebote bereitstellen und die keine Flugzeuge besitzen, werden nicht berücksichtigt.

- In Vorbereitung auf eventuelle Erweiterungen der Linienflugangebote werden auch Flughäfen erfasst, die bisher noch für kein Linienflugangebot der Fluggesellschaften Start- oder Lande-Flughafen sind.

- Zu einem neuen Linienflugangebot wurden noch kein Flug durchgeführt.

- Die Identitätsnummer eines Flugzeugs ist nur innerhalb der Fluggesellschaft unikal, der es gehört. Ein neues Flugzeug hat noch keinen Flug absolviert.

- Innerhalb eines Postleitzahl-Bezirks kann es nicht mehrere namensgleiche Reisebüros geben. Ein Reisebüro wird erfasst, ehe es das erste Flugticket verkauft hat.

- Unabhängig vom konkreten Reisebüro werden bei einer Verkaufsfläche von 120 m^2 stets 2 Mitarbeiter beschäftigt. Die bereits vorgesehene Verkaufsfläche von 250 m^2 (mit 5 Mitarbeitern) gibt es noch in keinem Reisebüro.

6.2.2   Konzeptionelles Datenmodell

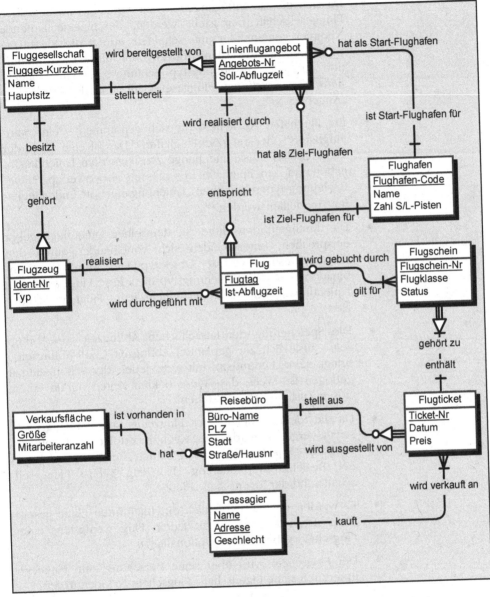

Abb. 6-5: Konzeptionelles Datenmodell für die Fluggesellschaft

Bemerkungen:

- Da sich die Linienflugangebote, die von ein und derselben Fluggesellschaft bereitstellt werden, durch eine laufende Nummer voneinander unterscheiden, erfolgt die Identifizierung des Objekttyps „Linienflugangebot" durch die Kombination aus der Beziehungstyp-Richtung „Linienflugangebot *wird bereitgestellt von* Fluggesellschaft" und der Eigenschaft „Angebots-Nr".

- Ein Flughafen ist nicht – für sich genommen – ein „Start-Flughafen" oder ein „Ziel-Flughafen". Das ist eine Frage der sachlogischen Zusammenhänge zwischen dem Linienflugangebot und den Flughäfen. Es müssen also zwei „parallele" Beziehungstypen zwischen „Linienflugangebot" und „Flughafen" modelliert werden.[29]

- Die durchgeführten Flüge, die demselben Linienflugangebot entsprechen, unterscheiden sich voneinander durch den Flugtag. Deshalb wird der Objekttyp „Flug" durch die Kombination aus der Beziehungstyp-Richtung „Flug *entspricht* Linienflugangebot" und der Eigenschaft „Flugtag" identifiziert.

- Die Speicherung der tatsächlichen Abflugzeit („Ist-Abflugzeit") zusätzlich zur geplanten Abflugzeit („Soll-Abflugzeit") bringt keine Redundanz mit sich. Jeder, der schon einmal geflogen ist, weiß, dass diese beiden Zeiten nur in einem „losen Zusammenhang" stehen.

- Da die Ident-Nummer eines Flugzeugs von der Fluggesellschaft vergeben wird, der es gehört, erfolgt die Identifizierung des Objekttyps „Flugzeug" durch die Kombination aus der Beziehungstyp-Richtung „Flugzeug *gehört* Fluggesellschaft" und der Eigenschaft „Ident-Nr".

- Es werden nur die tatsächlich durchgeführten Flüge gespeichert. Deshalb muss es zu jedem Flug wenigstens einen Flugschein geben (keine Optionalität!).

- Der Flugschein wird über seine Beziehung zum Flugticket und durch seine Eigenschaft „Flugschein-Nr" identifiziert.

---

[29] Das Datenmodell schließt nicht aus, dass ein Linienflugangebot denselben Flughafen als Start- und Ziel-Flughafen hat (Rundflug).

- Das Flugticket wird über seine Beziehung zum Reisebüro und durch seine Eigenschaft „Ticket-Nr" identifiziert.

- Es werden nur Passagiere gespeichert, die wenigstens *ein* Flugticket gekauft haben. Somit ist die Beziehungstyp-Richtung „Passagier *kauft* Flugticket" nicht-optional.

- Da die Mitarbeiteranzahl von der Verkaufsfläche funktional abhängt, muss diese Abhängigkeit im Rahmen eines gesonderten Objekttyps „Verkaufsfläche" dargestellt werden und nicht innerhalb des Objekttyps „Reisebüro", denn das wäre eine Verletzung der 3. Normalform.

6.2.3   Transformation in das logische Datenschema

Zunächst werden die Objekttypen in die entsprechenden Tabellen transformiert (Transformationsregel T01). Danach erfolgt die Transformation der Beziehungstyp-Richtungen, die als identifizierende Elemente für die „schwachen" Objekttypen verwendet wurden (Transformationsregel T02). Im Ergebnis dieser beiden Transformationen ergeben sich die folgenden vorläufigen Tabellen-Typbeschreibungen:

Fluggesellschaft (**Flugges-Kurzbez**,Name,Hauptsitz)

Linienflugangebot (⇑**Flugges-Kurzbez**⇑+**Angebots-Nr**,Soll-Abflugzeit)

Flughafen (**Flughafen-Code**,Name,Zahl S/L-Pisten)

Flug (⇑**Flugges-Kurzbez+Angebots-Nr**⇑+**Flugtag**,Ist-Abflugzeit)

Flugzeug (⇑**Flugges-Kurzbez**⇑+**Ident-Nr**,Typ)

Flugschein (⇑**Büro-Name+PLZ+Ticket-Nr**⇑+**Flugschein-Nr**, Flugklasse,Status)

Flugticket (⇑**Büro-Name+PLZ**⇑+**Ticket-Nr**,Datum,Preis)

Reisebüro (**Büro-Name+PLZ**,Stadt,Straße/Hausnr)

Passagier (**Name+Adresse**,Geschlecht)

Verkaufsfläche (**Größe**,Mitarbeiteranzahl)

Dabei wurden die folgenden Primärschlüssel in die Primärschlüssel der „schwachen" Objekttypen als Fremdschlüssel aufgenommen:

Primärschlüssel	des Objekttyps	wird aufgenommen in	Primärschlüssel von
Flugges-Kurzbez	Fluggesellschaft	⇒	Linienflugangebot
Flugges-Kurzbez+Angebots-Nr	Linienflugangebot	⇒	Flug
Flugges-Kurzbez	Fluggesellschaft	⇒	Flugzeug
Büro-Name+PLZ	Reisebüro	⇒	Flugticket
Büro-Name+PLZ+Ticket-Nr	Flugticket	⇒	Flugschein

Im nächsten Schritt werden die dualen Beziehungstypen in das relationale Datenbank-Modell transformiert (Transformationsregeln T03 bis T12). Die veränderten Tabellen-Typbeschreibungen sind jeweils durch einen Stern gekennzeichnet:

Fluggesellschaft (**Flugges-Kurzbez**,Name,Hauptsitz)

* Linienflugangebot (⇑⇑**Flugges-Kurzbez**⇑⇑**+Angebots-Nr**,
⇑⇑Start-Flughafen⇑⇑,⇑⇑Ziel-Flughafen⇑⇑,Soll-Abflugzeit)

Flughafen (**Flughafen-Code**,Name,Zahl S/L-Pisten)

* Flug (⇑⇑**Flugges-Kurzbez+Angebots-Nr**⇑⇑**+Flugtag**,
⇑⇑ [Flugges-Kurzbez+] Ident-Nr⇑⇑,Ist-Abflugzeit)

Flugzeug (⇑⇑**Flugges-Kurzbez**⇑⇑**+Ident-Nr**,Typ)

* Flugschein (⇑⇑**Büro-Name+PLZ+Ticket-Nr**⇑⇑**+Flugschein-Nr**,
⇑⇑*Flugges-Kurzbez+Angebots-Nr+Flugtag*⇑⇑,Flugklasse,Status)

* Flugticket (⇑⇑**Büro-Name+PLZ**⇑⇑**+Ticket-Nr**,
⇑⇑Passagier-Name+Adresse⇑⇑,Datum,Preis)

* Reisebüro (**Büro-Name+PLZ**,⇑⇑Größe⇑⇑,Stadt,Straße/Hausnr)

Passagier (**Name+Adresse**,Geschlecht)

Verkaufsfläche (**Größe**,Mitarbeiteranzahl)

Bemerkungen:

- Die folgenden 1:N-Beziehungstypen können lediglich unter Semantikverlust als 1:CN-Beziehungstypen, also gemäß der Transformationsregel T09, repräsentiert werden:

Fluggesellschaft	←→	Linienflugangebot
Fluggesellschaft	←→	Flugzeug
Flugticket	←→	Flugschein
Passagier	←→	Flugticket

Es kann also durch die Tabellen-Typbeschreibungen nicht gesichert werden, dass

➢ eine Fluggesellschaft mindestens *ein* Linienflugangebot bereitstellt,

➢ eine Fluggesellschaft wenigstens *ein* Flugzeug besitzt,

➢ ein Flugticket mindestens *einen* Flugschein enthält,

➢ ein Passagier zumindest *ein* Flugticket gekauft hat.

- Der C:N-Beziehungstyp zwischen „Flug" und „Flugschein" lässt sich nur als C:CN-Beziehungstyp repräsentieren. Durch die Tabellen-Typbeschreibung kann also nicht garantiert werden, dass es zu einem durchgeführten Flug mindestens einen Flugschein gibt (ein Flugzeug kann somit auch ohne einen einzigen Passagier fliegen!).

Für den C:CN-Beziehungstyp stehen zwei Transformationsregeln zur Verfügung:

a) Transformationsregel T10 (die meisten Flugscheine sind für einen konkreten Flug ausgestellt),

b) Transformationsregel T11 (fast alle Flugscheine haben den Status „open").

Es wurde angenommen, dass der Fall a) vorliegt. Deshalb wurde *keine* Koppel-Tabelle eingeführt. Stattdessen wurde in die Tabelle „Flugschein" ein *nicht-eingabepflichtiger* Verweis auf den „Flug" aufgenommen (deshalb der Kursivdruck!).

- Da der Primärschlüssel der Tabelle „Flughafen" zweimal als Fremdschlüssel in die Tabelle „Linienflugangebot" aufgenommen werden muss, wurden die sich sonst doppelnden Benennungen „Flughafen-Code" in „Start-Flughafen" bzw. „Ziel-Flughafen" umbenannt.

- In der Tabelle „Flug" müsste der Primärschlüssel der Fluggesellschaft **Flugges-Kurzbez** eigentlich zweimal auftauchen:

  a) als Bestandteil des Primärschlüssels:

  ⇑**Flugges-Kurzbez+Angebots-Nr**⇑**+Flugtag**

  b) als Bestandteil des Verweises auf das Flugzeug:

  ⇑Flugges-Kurzbez+Ident-Nr⇑

Geht man jedoch davon aus, dass die Fluggesellschaft, die das Linienflugangebot bereitstellt, stets identisch ist mit derjenigen, der das Flugzeug gehört, dann muss ihr Primärschlüssel natürlich nicht zweimal gespeichert werden. Er wurde deshalb beim Verweis auf das Flugzeug in eckige Klammern gesetzt:

⇑ [Flugges-Kurzbez+] Ident-Nr⇑

Als zusätzliches Attribut wird lediglich die „Ident-Nr" aufgenommen. Die „Ident-Nr" bildet dann gemeinsam mit dem Attribut „Flugges-Kurzbez" *aus dem Primärschlüssel* den Verweis auf das Flugzeug.

- In der Tabelle „Flugticket" wurde der ursprüngliche Primärschlüssel **Name+Adresse** der Tabelle „Passagier" im Interesse der besseren Verständlichkeit in die „sprechendere" Benennung ⇑Passagier-Name+Adresse⇑ umbenannt.

6.2.4   „Physisches Datenmodell" des PowerDesigner

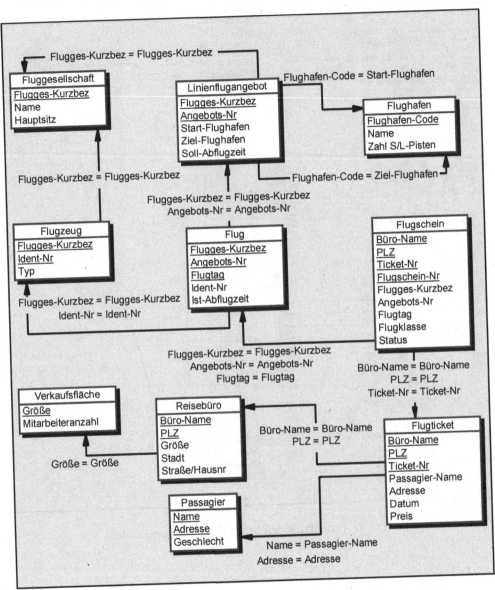

Abb. 6-6: „Physisches Datenmodell" für die Fluggesellschaft

6.2.5   Datenbank-Struktur für Access

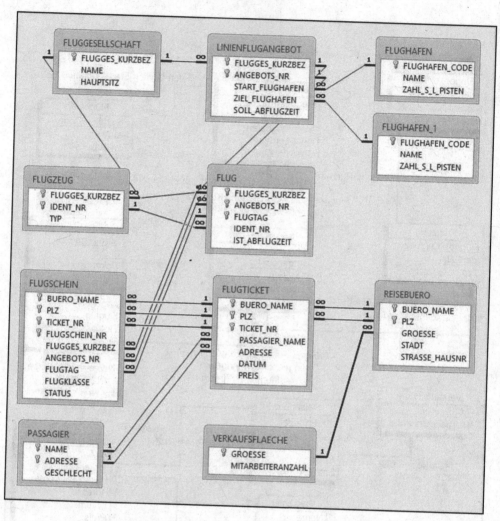

Abb. 6-7: Datenbank-Struktur für die Fluggesellschaft

6.3 Ein Schnellbahn-Unternehmen

6.3.1 Beschreibung des Gegenstandsbereichs

Das Schnellbahn-Unternehmen der Stadt Ökopolis verfügt über moderne Wagen zur Personenbeförderung, die durch eine unikale Wagennummer voneinander unterschieden werden. Der Wagen mit der Nummer W1234 (Baujahr 2015) hat beispielsweise 50 Sitzplätze und ist bisher 22.200 km gefahren. Mehrere Wagen (mindestens zwei) gehören gemeinsam zu einem Zug, der durch seine Zugnummer identifiziert wird. Dabei ist jeweils nur die aktuelle Zugzusammenstellung von Interesse. Einige Wagen werden in der Reserve gehalten. Jedem Zug ist eine Funk-Frequenz zugeordnet, über die die Funkabfertigung auf den Bahnhöfen erfolgt. Außerdem ist für jeden Zug festgelegt, auf welchem Bahnhof er nach Betriebsschluss abgestellt wird. Auf dem Bahnhof „Waldruhe" (unikaler Bahnhofscode WR, 3 Abstellgleise) wird beispielsweise neben anderen Zügen stets der Zug Z111 abgestellt. Es gibt auch Bahnhöfe, die kein einziges Abstellgleis haben.

Das Unternehmen betreibt ein Gitternetz von Linien, die jeweils in Nord/Süd- bzw. West/Ost-Ausrichtung verlaufen. Die Linie D (Länge 17 km) hat beispielsweise als Grenzpunkte die Bahnhöfe „Nordend" und „Südwiesen". Der Bahnhof „Südwiesen" ist auch Grenzpunkt für die Linie G. Der Bahnhof „Rathaus" ist für keine Linie Grenzpunkt.

Auf einer Linie werden am Tag mehrere Fahrten durchgeführt, die jeweils vom einen Grenzpunkt der Linie zum entgegengesetzten Grenzpunkt führen. Eine einzelne Fahrt ist gekennzeichnet durch die Linie, den Tag, die Anfangszeit der Fahrt und durch die Fahrtrichtung (NS, SN, WO bzw. OW). Für jede Fahrt soll außerdem ersichtlich sein, mit welchem Zug sie erfolgt ist und wer der Fahrer war. Beispielsweise wurde die Fahrt, die auf der Linie D am 06.06.2016 um 5.30 Uhr begann und in Nord-Süd-Richtung (NS) erfolgte, mit dem Zug Z111 durchgeführt, den Claus Thaler (Personalnummer 4711, geb. 06.06.66) gefahren hat – und das ausgerechnet an seinem 50. Geburtstag!

Auf der Grundlage umfangreicher Sicherheitsvorschriften erfolgt eine regelmäßige „Technische Überprüfung" der Wagen des Unternehmens. So wird ein Wagen erst dann in den Bestand aufgenommen und gespeichert, wenn die erste Technische Überprüfung erfolgt ist. An einer Technischen Überprüfung nehmen zwei zugelassene Prüfer und ein Fahrer teil. Die verschiedenen Technischen Überprüfungen ein und desselben Wagens werden durch den jeweiligen Prüftag voneinander unterschieden. Beispielsweise wurde der Wagen W1234 zum ersten Mal am 05.05.2015 überprüft. An dieser Prüfung waren der Fahrer Claus Thaler sowie der Prüfer Rudi Ment (Personalnummer 9999) und die Prüferin Lotte Rie (Personalnummer 8888) beteiligt. Es wurde die Prüfnote 2 vergeben.

Weiterhin ist zu beachten:

- Ein gerade erst zusammengestellter Zug hat noch keine Fahrt absolviert.

- Die Linie N wird erst morgen eingeweiht. Auf ihr wurde noch keine Fahrt durchgeführt. Eine Fahrt bleibt auch dann noch gespeichert, wenn der Zug, mit dem sie durchgeführt wurde, schon wieder aufgelöst und in der Datenbank gelöscht wurde. Wird dagegen eine Linie gelöscht, dann werden die auf ihr durchgeführten Fahrten mitgelöscht.

- Neu eingestellte Fahrer werden zunächst geschult, ehe sie die erste Fahrt durchführen. Natürlich nehmen sie in dieser Zeit auch keine Technischen Überprüfungen vor. Wenn ein Fahrer oder ein Prüfer das Unternehmen verlässt, dann bleiben seine Daten weiterhin gespeichert.

- Um Personalengpässe zu vermeiden, werden stets einige Prüfer als „Reserve" gespeichert, die bisher noch keine Technische Überprüfung durchgeführt haben.

6.3.2   Konzeptionelles Datenmodell

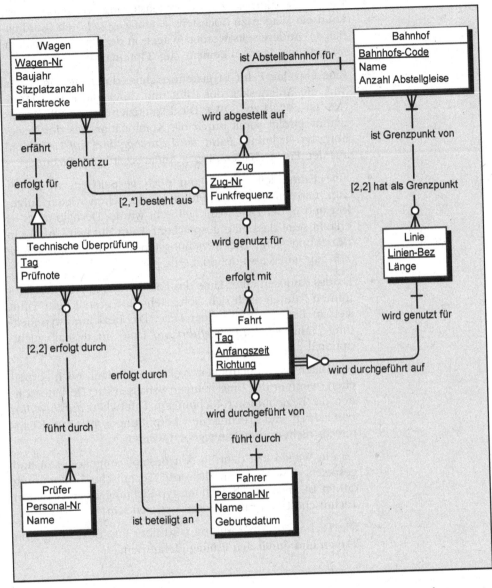

Abb. 6-8: Konzeptionelles Datenmodell für das Schnellbahn-Unternehmen

Bemerkungen:

- Da nur die aktuelle Zugzusammenstellung von Interesse ist, kann ein Wagen zu höchstens einem Zug gehören (Kardinalität 1). Andererseits werden Wagen in der Reserve gehalten: sie gehören dann zu keinem Zug (Optionalität).

- Eine einzelne Fahrt ist gekennzeichnet durch die Linie, den Tag, die Anfangszeit der Fahrt und durch die Fahrtrichtung (NS, SN, WO bzw. OW). Die Identifizierung des Objekttyps „Fahrt" erfolgt somit durch die Kombination aus der Beziehungstyp-Richtung „Fahrt *wird durchgeführt auf* Linie" und aus den Eigenschaften „Tag", „Anfangszeit" und „Richtung".

- Eine Fahrt bleibt auch dann noch gespeichert, wenn der Zug, mit dem sie durchgeführt wurde, schon wieder aufgelöst und in der Datenbank gelöscht wurde. Deshalb muss es erlaubt sein, dass eine gespeicherte Fahrt mit keinem Zug in Beziehung steht. Die Beziehungstyp-Richtung „Fahrt *erfolgt mit* Zug" muss also optional sein.

- Da das Auflösen einer Linie das Löschen der auf ihr durchgeführten Fahrten nach sich zieht, steht eine gespeicherte Fahrt stets in Beziehung mit einer Linie. Die Beziehungstyp-Richtung „Fahrt *wird durchgeführt auf* Linie" ist deshalb nicht-optional.

- Die Daten eines Mitarbeiters bleiben auch dann noch gespeichert, wenn er das Unternehmen verlassen hat. Deshalb können die Beziehungstyp-Richtungen „Fahrt *wird durchgeführt von* Fahrer" und „Technische Überprüfung *erfolgt durch* Fahrer" als nicht-optional angegeben werden.

- Da ein Wagen erst dann in den Bestand aufgenommen und gespeichert wird, wenn die erste Technische Überprüfung erfolgt ist, muss die Beziehungstyp-Richtung „Wagen *erfährt* Technische Überprüfung" nicht-optional sein.

- Die Technische Überprüfung wird über ihre Beziehung zum Wagen und durch den Prüftag identifiziert.

6.3.3 **Transformation in das logische Datenschema**

Zunächst werden die Objekttypen in die entsprechenden Tabellen transformiert (Transformationsregel T01). Danach erfolgt die Transformation der Beziehungstyp-Richtungen, die als identifizierende Elemente für die „schwachen" Objekttypen verwendet wurden (Transformationsregel T02). Im Ergebnis dieser beiden Transformationen ergeben sich die folgenden vorläufigen Tabellen-Typbeschreibungen:

Wagen(**Wagen-Nr**,Baujahr,Sitzplatzanzahl,Fahrstrecke)

Zug(**Zug-Nr**,Funkfrequenz)

Bahnhof(**Bahnhofs-Cod**e,Name,Anzahl Abstellgleise)

Linie(**Linien-Bez**,Länge)

Fahrt(⇑**Linien-Bez**⇑**+Tag+Anfangszeit+Richtung**)

Fahrer(**Personal-Nr**,Name,Geburtsdatum)

Technische Überprüfung(⇑**Wagen-Nr**⇑**+Tag**,Prüfnote)

Prüfer(**Personal-Nr**,Name)

Dabei wurden die folgenden Primärschlüssel in die Primärschlüssel der „schwachen" Objekttypen als Fremdschlüssel aufgenommen:

Primärschlüssel	des Objekttyps	wird aufgenommen in	Primärschlüssel von
Linien-Bez	Linie	⇒	Fahrt
Wagen-Nr	Wagen	⇒	Technische Überprüfung

Im nächsten Schritt werden die dualen Beziehungstypen in das relationale Datenbank-Modell überführt (Transformationsregeln T03 bis T12). Die veränderten Tabellen-Typbeschreibungen sind jeweils durch einen Stern gekennzeichnet:

* Wagen (**Wagen-Nr**, ⇑*Zug-Nr*⇑, Baujahr, Sitzplatzanzahl, Fahrstrecke)

* Zug (**Zug-Nr**, ⇑Bahnhofs-Code⇑, Funkfrequenz)

Bahnhof (**Bahnhofs-Code**, Name, Anzahl Abstellgleise)

* Linienbegrenzung (⇑**Bahnhofs-Code**⇑ + ⇑**Linien-Bez**⇑)

Linie (**Linien-Bez**, Länge)

* Fahrt (⇑**Linien-Bez**⇑ + **Tag** + **Anfangszeit** + **Richtung**, ⇑Personal-Nr⇑, ⇑*Zug-Nr*⇑)

Fahrer (**Personal-Nr**, Name, Geburtsdatum)

* Technische Überprüfung (⇑**Wagen-Nr**⇑ + **Tag**, ⇑Personal-Nr⇑, Prüfnote)

* Prüferaktivität (⇑**Wagen-Nr+Tag**⇑ + ⇑**Personal-Nr**⇑)

Prüfer (**Personal-Nr**, Name)

Bemerkungen:

- Der 1:N-Beziehungstyp zwischen „Wagen" und „Technische Überprüfung" kann nur als 1:CN-Beziehungstyp repräsentiert werden (Transformationsregel T09). Es kann also – entgegen den Sicherheitsbestimmungen – nicht garantiert werden, dass ein gespeicherter Wagen wenigstens eine Technische Überprüfung erfahren hat.

- Der C:N-Beziehungstyp zwischen „Zug" und „Wagen" lässt sich nur als C:CN-Beziehungstyp repräsentieren. Die Kardinalitäts-Beschränkung ist erst recht nicht darstellbar. Mit der Tabellen-Typbeschreibung kann also nicht verhindert werden, dass ein Zug gespeichert wird, der keinen einzigen oder nur *einen* Wagen hat.

Für den C:CN-Beziehungstyp stehen zwei Transformationsregeln zur Verfügung:

a) Transformationsregel T10 (die meisten Wagen gehören zu einem Zug),

b) Transformationsregel T11 (die meisten Wagen werden in der Reserve gehalten).

Sicherlich kann man den Fall a) annehmen. Deshalb wurde *keine* Koppel-Tabelle eingeführt. Stattdessen wurde in die Tabelle „Wagen" ein *nicht-eingabepflichtiger* Verweis auf den „Zug" aufgenommen (deshalb der Kursivdruck!).

- Für die Repräsentation des C:CN-Beziehungstyps zwischen „Zug" und „Fahrt" stehen dieselben beiden Transformationsregeln zur Verfügung:

  a) Transformationsregel T10 (den meisten Fahrten ist ein gespeicherter Zug zugeordnet),

  b) Transformationsregel T11 (die meisten Fahrten wurden mit einem Zug durchgeführt, der inzwischen schon in der Datenbank gelöscht wurde).

  Es wurde angenommen, dass die Zug-Zusammenstellungen relativ stabil sind und dass gegebenenfalls Züge, die zwar physisch nicht mehr existieren, in der Datenbank trotzdem noch eine Weile gespeichert bleiben. Deshalb wurde *keine* Koppel-Tabelle eingeführt. Stattdessen wurde in die Tabelle „Fahrt" ein *nicht-eingabepflichtiger* Verweis auf den „Zug" aufgenommen (deshalb der Kursivdruck!).

- Die folgenden M:CN-Beziehungstypen lassen sich nur unter Semantikverlust als CM:CN-Beziehungstypen – also gemäß der Transformationsregel T12 – repräsentieren:

Bahnhof	←→	Linie
Prüfer	←→	Technische Überprüfung

  Die Kardinalitäts-Beschränkungen lassen sich erst recht nicht durchsetzen. Es kann also durch die Tabellen-Typbeschreibungen der Koppel-Tabellen „Linienbegrenzung" bzw. „Prüferaktivität" nicht gesichert werden, dass

  ➤ eine Linie genau 2 Bahnhöfe als Grenzpunkte hat (es kann beispielsweise geschehen, dass für eine Linie gar kein, nur ein Bahnhof oder sogar drei Bahnhöfe als Grenzpunkte angegeben werden),

  ➤ eine Technische Überprüfung durch genau 2 Prüfer erfolgt (es kann vorkommen, dass ihr kein Prüfer, ein Prüfer oder beispielsweise drei Prüfer zugeordnet werden).

6.3.4 „Physisches Datenmodell" des PowerDesigner

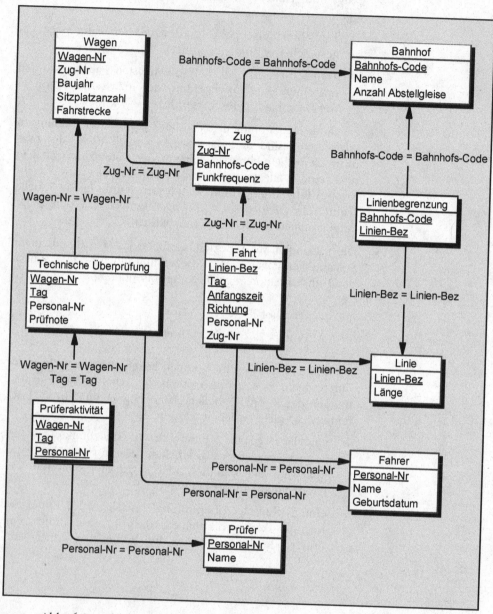

Abb. 6-9: „Physisches Datenmodell" für das Schnellbahn-Unternehmen

6.3.5   Datenbank-Struktur für Access

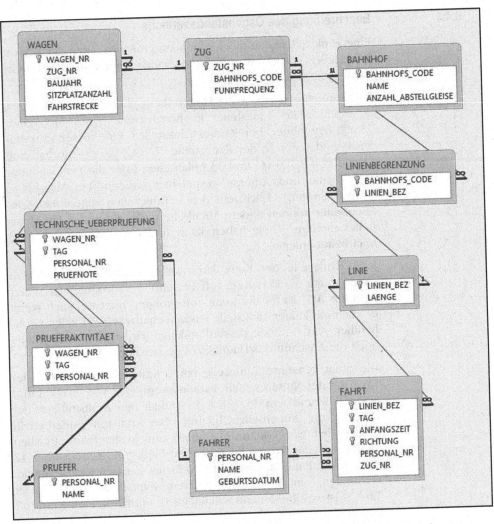

Abb. 6-10: Datenbank-Struktur für das Schnellbahn-Unternehmen

6.4 Eine Tankstellenkette

6.4.1 Beschreibung des Gegenstandsbereichs

Eine Tankstellenkette möchte in allen größeren Orten der Region Tankstellen einrichten und die relevanten Daten in einer Datenbank speichern.

In Kleinkennstenich (Kreis Hintermberg, 2.000 Einwohner) gibt es noch keine Tankstelle, in Benzhausen (Kreis Mobilland, 75.000 Einwohner) bereits drei Tankstellen. Eine dieser Tankstellen befindet sich in der Rennstraße 77 (PLZ 98765); sie hat eine Fläche von 3.700 m^2 und 13 Mitarbeiter, über die Personalnummer, Name und Adresse gespeichert werden. Ein Mitarbeiter kann mehreren – höchstens drei – Tankstellen zugeordnet sein. Mitarbeiter können andere Mitarbeiter anleiten, wobei ein Mitarbeiter mehrere Chefs haben kann und ein Chef mindestens 3 Mitarbeiter anleitet.

Jede Tankstelle der Kette kann selbst wählen, von welchem Großhändler sie den Kraftstoff bezieht. Der Großhändler „Peter Petrolius AG" ist für die Kette von großem Interesse, auch wenn er noch mit keiner Tankstelle zusammenarbeitet. Für jeden Großhändler wird – über dessen unikalen Firmennamen hinaus – noch die Anschrift des Hauptsitzes gespeichert.

Die oben genannte Tankstelle hat 8 Kraftstofftanks, wobei der Tank mit der Nummer 3 ein Fassungsvermögen von 70.000 l und einen Füllstand von 35 % hat. Er enthält den Kraftstoff mit der Bezeichnung „Superbenzin bleifrei". Der Kraftstoff „Superbenzin bleifrei" hat eine Oktanzahl von 95 und kostet heute an allen Tankstellen der Kette 1,36 Euro. Die Tankstelle verfügt über 12 Zapfsäulen. Eine Zapfsäule ist jeweils mit genau 4 Kraftstofftanks verbunden, ein Tank kann mehrere Zapfsäulen speisen. Der Tank 9 ist vorübergehend stillgelegt: Er enthält keinen Kraftstoff und versorgt keine Zapfsäule.

Es werden Angaben über die Tankvorgänge gespeichert. Zu jedem Tankvorgang muss ersichtlich sein, an welcher Zapfsäule welcher Kraftstoff in welcher Menge getankt wurde und wie hoch der Tankpreis war. Gegebenenfalls kann dem Tankvorgang auch das betankte Fahrzeug zugeordnet werden – jedoch nur dann, wenn das Bezahlen „vergessen" wurde. So wurde beispielsweise in der betrachteten Tankstelle am 06.06.2016 um 06:06 Uhr an der Zapfsäule 6 ein blauer VW Golf mit dem polizeilichen Kennzeichen „GAUN ER 006" betankt, ohne dass bezahlt wurde. Das ist besonders ärgerlich, weil dieses Fahrzeug schon zum dritten Mal einem Tankvorgang zugeordnet wurde.

Weiterhin ist zu beachten:

- Die Tankstellen der Kette werden nur in Orten und nicht auf freier Strecke eingerichtet.

- Eine neu eingerichtete Tankstelle hat noch keinen Mitarbeiter eingestellt und hat noch zu keinem Großhändler Kontakt. Später kann sie dann aber nur von *einem* Großhändler den Kraftstoff beziehen.

- Die Kraftstofftanks und die Zapfsäulen werden innerhalb einer Tankstelle jeweils durchnummeriert. Es gibt somit in der Tankstellenkette sehr viele Tanks bzw. Zapfsäulen mit der Nummer 1.

- Eine Tankstelle hat mindestens 4 Kraftstofftanks und mindestens 2 Zapfsäulen. Kraftstoff einer Sorte kann sich in mehreren Tanks befinden. Ein Kraftstoff ist in wenigstens einem Tank vorhanden.

- An einer Zapfsäule kann zu einem Zeitpunkt nur ein Tankvorgang stattfinden. Einer gerade erst installierten Zapfsäule wurde noch kein Tankvorgang zugeordnet.

- Es werden nur solche Fahrzeuge gespeichert, die wenigstens *einem* „finanzierungsfreien" Tankvorgang zugeordnet wurden.

6.4.2   Konzeptionelles Datenmodell

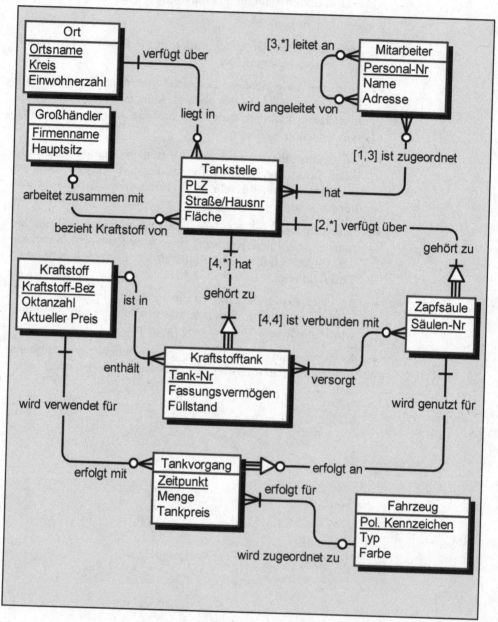

Abb. 6-11: Konzeptionelles Datenmodell für die Tankstellenkette

Bemerkungen:

- Da nicht gesichert ist, dass es in einem Postleitzahl-Bezirk nur eine einzige Tankstelle gibt, wird der Objekttyp „Tankstelle" durch die Kombination aus den Eigenschaften „PLZ" und „Straße/Hausnr" identifiziert.

- Die Kraftstofftanks und die Zapfsäulen werden jeweils innerhalb einer Tankstelle durchnummeriert. Deshalb erfolgt die Identifizierung des Objekttyps „Kraftstofftank" (bzw. „Zapfsäule") durch die Kombination aus der Beziehungstyp-Richtung „Kraftstofftank *gehört zu* Tankstelle" (bzw. „Zapfsäule *gehört zu* Tankstelle") und der Eigenschaft „Tank-Nr" (bzw. „Säulen-Nr").

- An einer Zapfsäule kann zu einem Zeitpunkt nur ein Tankvorgang stattfinden. Deshalb ist der Objekttyp „Tankvorgang" durch die Kombination aus der Beziehungstyp-Richtung „Tankvorgang *erfolgt an* Zapfsäule" und der Eigenschaft „Zeitpunkt" identifizierbar.

- Die Speicherung des Tankpreises im Objekttyp „Tankvorgang" bringt keine Redundanz mit sich. Der aktuelle Preis des Kraftstoffs ändert sich nämlich häufig, sodass sich aus der Kenntnis des Kraftstoffs und der getankten Menge später der Tankpreis nicht mehr rekonstruieren lässt.

- Ein und dasselbe Fahrzeug kann mehreren „finanzierungsfreien" Tankvorgängen zugeordnet werden. Deshalb muss die Beziehungstyp-Richtung „Fahrzeug *wird zugeordnet zu* Tankvorgang" die Kardinalität N aufweisen.

- Es wird angenommen, dass eventuell ein neuer Kraftstoff gespeichert werden muss, der noch für keinen Tankvorgang verwendet wurde. Deshalb ist die Beziehungstyp-Richtung „Kraftstoff *wird verwendet für* Tankvorgang" optional.

6.4.3   Transformation in das logische Datenschema

Zunächst werden die Objekttypen in die entsprechenden Tabellen transformiert (Transformationsregel T01). Danach erfolgt die Transformation der Beziehungstyp-Richtungen, die als identifizierende Elemente für die „schwachen" Objekttypen verwendet wurden (Transformationsregel T02). Im Ergebnis dieser beiden Transformationen ergeben sich die folgenden vorläufigen Tabellen-Typbeschreibungen:

Ort(**Ortsname+Kreis**,Einwohnerzahl)

Tankstelle(**PLZ+Straße/Hausnr**,Fläche)

Mitarbeiter(**Personal-Nr**,Name,Adresse)

Großhändler(**Firmenname**,Hauptsitz)

Kraftstofftank(⇑**PLZ+Straße/Hausnr**⇑**+Tank-Nr**,Fassungsvermögen,Füllstand)

Kraftstoff(**Kraftstoff-Bez**,Oktanzahl,Aktueller Preis)

Zapfsäule(⇑**PLZ+Straße/Hausnr**⇑**+Säulen-Nr**)

Tankvorgang(⇑**PLZ+Straße/Hausnr+Säulen-Nr**⇑**+Zeitpunkt**,Menge,Tankpreis)

Fahrzeug(**Pol. Kennzeichen**,Typ,Farbe)

Dabei wurden die folgenden Primärschlüssel in die Primärschlüssel der „schwachen" Objekttypen als Fremdschlüssel aufgenommen:

Primärschlüssel	des Objekttyps	wird aufgenommen in	Primärschlüssel von
PLZ+Straße/Hausnr	Tankstelle	⇒	Kraftstofftank
PLZ+Straße/Hausnr	Tankstelle	⇒	Zapfsäule
PLZ+Straße/Hausnr+Säulen-Nr	Zapfsäule	⇒	Tankvorgang

Im nächsten Schritt werden die dualen Beziehungstypen in das relationale Datenbank-Modell transformiert (Transformationsregeln T03 bis T12). Dann erfolgt die Transformation des CM:CN-Rekursiv-Beziehungstyps von „Mitarbeiter" gemäß der Transformationsregel T19. Die veränderten Tabellen-Typbeschreibungen sind jeweils durch einen Stern gekennzeichnet:

Ort(Ortsname+Kreis,Einwohnerzahl)

* Tankstelle(**PLZ+Straße/Hausn**r,↑*Firmenname*↑,↑Ortsname+Kreis↑,Fläche)

* Personal-Zuordnung(↑**PLZ+Straße/Hausnr**↑+↑**Personal-Nr**↑)

Mitarbeiter(**Personal-Nr**,Name,Adresse)

* Anleitung (↑**Personal-Nr**↑+↑**Chef-Personal-Nr**↑)

Großhändler(**Firmenname**,Hauptsitz)

* Kraftstofftank(↑**PLZ+Straße/Hausnr**↑+**Tank-Nr**,↑*Kraftstoff-Bez*↑,
Fassungsvermögen,Füllstand)

* Rohrverbindung(↑**PLZ+Straße/Hausnr+Säulen-Nr**↑+
↑ **[PLZ+Straße/Hausnr+] Tank-Nr**↑)

Kraftstoff(**Kraftstoff-Bez**,Oktanzahl,Aktueller Preis)

Zapfsäule(↑**PLZ+Straße/Hausnr**↑+**Säulen-Nr**)

* Tankvorgang(↑**PLZ+Straße/Hausnr+Säulen-Nr**↑+**Zeitpunkt**,
↑Kraftstoff-Bez↑,Menge,Tankpreis)

* Unbezahlter Tankvorgang(↑**PLZ+Straße/Hausnr+Säulen-Nr+Zeitpunkt**↑,
↑Pol. Kennzeichen↑)

Fahrzeug(**Pol. Kennzeichen**,Typ,Farbe)

Bemerkungen:

- Die folgenden 1:N-Beziehungstypen können lediglich unter Semantikverlust als 1:CN-Beziehungstypen, also gemäß der Transformationsregel T09, repräsentiert werden:

Tankstelle   ←→   Kraftstofftank

Tankstelle   ←→   Zapfsäule

Die Kardinalitäts-Beschränkungen lassen sich erst recht nicht durchsetzen. Es kann also durch die Tabellen-Typbeschreibungen nicht gesichert werden, dass

➢ eine Tankstelle mindestens 4 Kraftstofftanks hat,

➢ eine Tankstelle über wenigstens 2 Zapfsäulen verfügt.

- Der C:N-Beziehungstyp zwischen „Kraftstoff" und „Kraftstofftank" lässt sich nur als C:CN-Beziehungstyp repräsentieren. Die Tabellen-Typbeschreibung kann also nicht garantieren, dass sich jeder Kraftstoff in mindestens einem Kraftstofftank befindet.

  Für den C:CN-Beziehungstyp stehen zwei Transformations-regeln zur Verfügung:

  a) Transformationsregel T10 (die meisten Kraftstofftanks enthalten einen Kraftstoff),

  b) Transformationsregel T11 (die meisten Kraftstofftanks sind leer).

  Natürlich kann sich eine Tankstelle nur den Fall a) leisten. Deshalb wurde *keine* Koppel-Tabelle eingeführt. Stattdessen wurde in die Tabelle „Kraftstofftank" ein *nicht-eingabepflichtiger* Verweis auf den „Kraftstoff" aufgenommen (deshalb der Kursivdruck!).

- Der C:N-Beziehungstyp zwischen „Fahrzeug" und „Tankvorgang" lässt sich wiederum nur als C:CN-Beziehungstyp repräsentieren. Die Tabellen-Typbeschreibung lässt dann unsinnigerweise die Speicherung eines Fahrzeugs zu, das keinem einzigen Tankvorgang zugeordnet wurde.

  Für den C:CN-Beziehungstyp stehen wiederum zwei Transformationsregeln zur Verfügung:

  a) Transformationsregel T10 (den meisten Tankvorgängen wird ein Fahrzeug zugeordnet, d. h.: fast alle Kunden der Tankstellenkette „vergessen" das Bezahlen),

  b) Transformationsregel T11 (den meisten Tankvorgängen wird kein Fahrzeug zugeordnet, weil die meisten Kunden ehrlich sind und ordnungsgemäß bezahlen).

  Im Interesse der Tankstellenkette und im Glauben an das Gute im Menschen wollen wir annehmen, dass der Fall b) vorliegt. Deshalb wurde – gemäß der Transformationsregel T11 – eine Koppel-Tabelle „Unbezahlter Tankvorgang" eingeführt, durch die die wenigen „finanzierungsfreien" Tankvorgänge mit dem jeweiligen Fahrzeug in Verbindung gebracht werden – im Unterschied zum PowerDesigner, der die Transformationsregel T10 verwendet (s. Abschnitt 6.4.4).

- Für den C:CN-Beziehungstyp zwischen „Großhändler" und „Tankstelle" stehen ebenfalls die beiden Transformationsregeln zur Verfügung:

  a) Transformationsregel T10 (die meisten Tankstellen beziehen Kraftstoff von einem Großhändler),

  b) Transformationsregel T11 (die meisten Tankstellen stehen noch mit keinem Großhändler in Kontakt).

  Sicherlich wird der Fall a) vorliegen. Deshalb wurde *keine* Koppel-Tabelle eingeführt. Stattdessen wurde in die Tabelle „Tankstelle" ein *nicht-eingabepflichtiger* Verweis auf den „Großhändler" aufgenommen (deshalb der Kursivdruck!).

- Die folgenden M:CN-Beziehungstypen können nur unter Semantikverlust als CM:CN-Beziehungstypen, also gemäß der Transformationsregel T12, repräsentiert werden:

Tankstelle	←→	Mitarbeiter
Kraftstofftank	←→	Zapfsäule

  Die Kardinalitäts-Beschränkungen lassen sich erst recht nicht durchsetzen. Es kann also durch die Tabellen-Typbeschreibungen der beiden Koppel-Tabellen „Personal-Zuordnung" bzw. „Rohrverbindung" nicht gesichert werden, dass

  ➤ ein Mitarbeiter mindestens einer und höchstens 3 Tankstellen zugeordnet ist,

  ➤ eine Zapfsäule mit genau 4 Kraftstofftanks verbunden ist.

- Im Primärschlüssel der Tabelle „Rohrverbindung" müsste der Primärschlüssel der Tankstelle **PLZ+Straße/Hausnr** eigentlich zweimal auftauchen:

  a) im Verweis auf die Zapfsäule, die über die Tankstelle identifiziert wird:

  ⇑**PLZ+Straße/Hausnr+Säulen-Nr**⇑

  b) im Verweis auf den Kraftstofftank, der ebenfalls über die Tankstelle identifiziert wird:

  ⇑**PLZ+Straße/Hausnr+Tank-Nr**⇑

Da jedoch die Zapfsäule und der Kraftstofftank sicherlich zur selben Tankstelle gehören, muss deren Primärschlüssel nicht doppelt aufgeführt werden. Er wurde deshalb beim Verweis auf den Kraftstofftank in eckige Klammern gesetzt:

⇑ **[PLZ+Straße/Hausnr+] Tank-Nr**⇑

Als zusätzliches Attribut wird lediglich die **Tank-Nr** aufgenommen. Diese bildet gemeinsam mit den beiden Attributen **PLZ+Straße/Hausnr** *aus dem Verweis auf die Zapfsäule* den Verweis auf den Kraftstofftank.

- Der CM:CN-Rekursiv-Beziehungstyp des Objekttyps „Mitarbeiter" wird gemäß der Transformationsregel T19 durch die Koppel-Tabelle „Anleitung" repräsentiert. Allerdings lässt sich die Kardinalitäts-Beschränkung nicht darstellen. Es kann also durch die Typbeschreibung der Koppel-Tabelle nicht durchgesetzt werden, dass ein Chef mindestens 3 Mitarbeiter anleitet.

6.4.4   „Physisches Datenmodell" des PowerDesigner

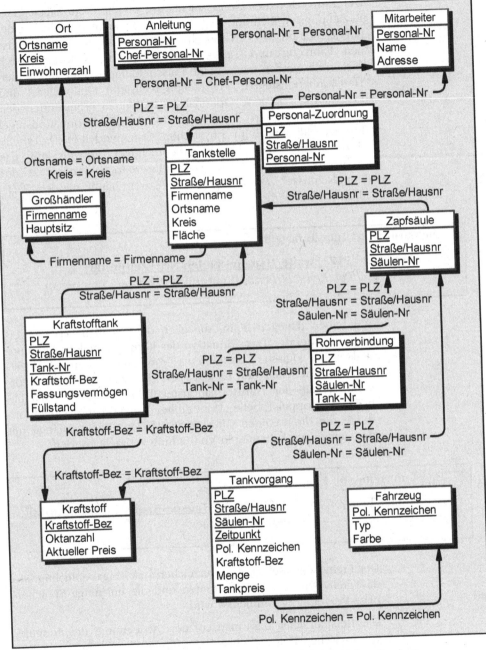

Abb. 6-12: „Physisches Datenmodell" für die Tankstellenkette

Bemerkung:

Der PowerDesigner „weiß" nicht, wie oft die Optionalität einer Beziehungstyp-Richtung realisiert wird. Er kann deshalb bei der Repräsentation des C:N-Beziehungstyps zwischen den Objekttypen „Fahrzeug" und „Tankvorgang", der als C:CN-Beziehungstyp dargestellt werden muss, keine Entscheidung für eine der beiden Transformationsregeln T10 (selten realisierte Optionalität) und T11 (häufig realisierte Optionalität) treffen: Er repräsentiert den C:CN-Beziehungstyp *immer* gemäß der Transformationsregel T10. Deshalb wurde im „physischen" Datenmodell in die Tabelle „Tankvorgang" ein nicht-eingabepflichtiger Verweis auf das „Fahrzeug" aufgenommen. Das führt jedoch dazu, dass der Fremdschlüssel ⇑*Pol. Kennzeichen*⇑ extrem häufig mit der NULL-Marke belegt wird:

„automatisierte" Transformation:

Tankvorgang(⇑**PLZ+Straße/Hausnr+Säulen-Nr**⇑**+Zeitpunkt**,
⇑*Pol. Kennzeichen*⇑,⇑Kraftstoff-Bez⇑,Menge,Tankpreis)

Wir haben dagegen beim Aufstellen der Tabellen-Typbeschreibungen – bei der Transformation des konzeptionellen Datenmodells in das logische Datenschema „von Hand" – den C:N-Beziehungstyp zwischen den Objekttypen „Fahrzeug" und „Tankvorgang" gemäß der Transformationsregel T11 dargestellt: Wir haben eine Koppel-Tabelle „Unbezahlter Tankvorgang" eingeführt, durch die die wenigen „finanzierungsfreien" Tankvorgänge mit dem jeweiligen Fahrzeug in Verbindung gebracht werden:

Transformation „von Hand":

Unbezahlter Tankvorgang(⇑**PLZ+Straße/Hausnr+Säulen-Nr+Zeitpunkt**⇑,
⇑Pol. Kennzeichen⇑)

Der Fremdschlüssel ⇑Pol. Kennzeichen⇑ ist eingabepflichtig, sodass keine NULL-Marken auftreten und die unsinnige Speicherplatz-Vergeudung vermieden wird.

Das Beispiel zeigt, dass man vor der „Absegnung" des endgültigen logischen Datenschemas die „automatisiert" getroffenen Entscheidungen unbedingt überprüfen sollte.

6.4.5   Datenbank-Struktur für Access

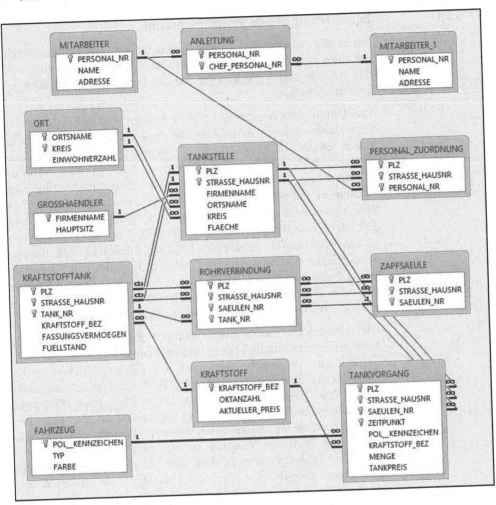

Abb. 6-13: Datenbank-Struktur für die Tankstellenkette

6.5   Ein Videoverleih

6.5.1   Beschreibung des Gegenstandsbereichs

Ein traditionsbewusstes Unternehmen befasst sich ausschließlich mit dem Verleih von Filmklassikern auf Videokassetten und will das Bestell- und Verleihwesen auf ein Datenbank-Anwendungssystem umstellen.

Das Unternehmen möchte in allen Städten mit mehr als 10.000 Einwohnern präsent sein. Über alle diese Städte werden deshalb Daten erfasst. In Flimmerhausen (Sachsen-Anhalt, 130.000 Einwohner) gibt es bereits 3 Filialen, in Dunkelfingen (Baden-Württemberg, 11.000 Einwohner) noch keine einzige. Eine der Filialen in Flimmerhausen (Skladanowskystr. 1, PLZ 34567) hat eine Verkaufsfläche von 110 m^2; sie beschäftigt 3 Mitarbeiter. Sie hält den Kontakt zu mehreren Filmverlegern, so z. B. zu der „Kientopp GmbH" (Schnittstr. 2, 12345 Filmbach). Mit diesem Filmverleger sind auch andere Filialen in Kontakt. Der Filmverleger „Großkotz und Co." (Flegelstr. 7, 76543 Absahnitz) bietet so schlechte Bedingungen, dass alle Filialen den Kontakt zu ihm abgebrochen haben. Er bleibt allerdings weiterhin gespeichert.

Die Filmverleger bieten jeweils mehrere Filmtitel an, wobei ein interessierender Filmtitel bei mehreren Filmverlegern – oder auch bei keinem – im Angebot sein kann. Die Filialen schicken an die Filmverleger Bestellungen. Bei jeder Bestellung muss ersichtlich sein, von welcher Filiale sie kommt, an welchen Filmverleger sie gerichtet ist und an welchem Tag sie erstellt wurde. Eine Bestellung enthält im Allgemeinen mehrere Bestellpositionen, die durch eine laufende Nummer voneinander unterschieden werden. Eine Bestellposition bezieht sich auf genau einen Filmtitel und verzeichnet die gewünschte Anzahl der Videokassetten von diesem Filmtitel.

Über alle Videokassetten des Unternehmens wird Buch geführt, wobei die Videokassetten jeweils einer Filiale durch eine fortlaufende Identifikationsnummer voneinander unterschieden werden. Beispielsweise enthält die Videokassette der Flimmerhausener Filiale in der Skladanowskystraße 1 (PLZ 34567) mit der Identifikationsnummer 445566 den Filmtitel „Panzerkreuzer Potemkin" (1925, Regisseur: Sergej Eisenstein).

Zu jedem Ausleihvorgang wird festgehalten, welcher Kunde welche Videokassette ausgeliehen hat und wann er sie zurückgeben muss. Wenn die Videokassette zurückgegeben wurde, wird der

Ausleihvorgang gelöscht: für eine Videokassette wird also höchstens ein Ausleihvorgang gespeichert. Zu jedem Kunden werden der Name, die Adresse und das Alter festgehalten. Kinder können nur dann Kunden des Unternehmens sein, wenn wenigstens ein Elternteil Kunde ist. Es wird deshalb bei den Kunden vermerkt, welches Kind zu welchen Eltern gehört.

Weiterhin ist zu beachten:

- Eine neu eingerichtete Filiale hat noch zu keinem Filmverleger Kontakt und somit auch noch keine Bestellung aufgegeben; sie besitzt deshalb auch noch keine Videokassette.

- Eine Filiale sendet pro Tag an einen Filmverleger höchstens eine Bestellung.

- Beliebte Filmtitel werden von den Filialen häufig bestellt, andere dagegen überhaupt nicht.

- Die Identifikationsnummer für eine Videokassette wird innerhalb einer Filiale vergeben. Im Unternehmen kann also dieselbe Identifikationsnummer mehrfach auftreten.

- Die Filmklassiker lassen sich durch ihren unikalen Namen voneinander unterscheiden.

- Auf jeder Videokassette befindet sich immer genau ein Filmtitel.

- Ein Kunde kann höchstens 10 Videokassetten ausleihen. Viele Videokassetten sind gerade nicht ausgeliehen und stehen in den Regalen.

6.5.2   Konzeptionelles Datenmodell

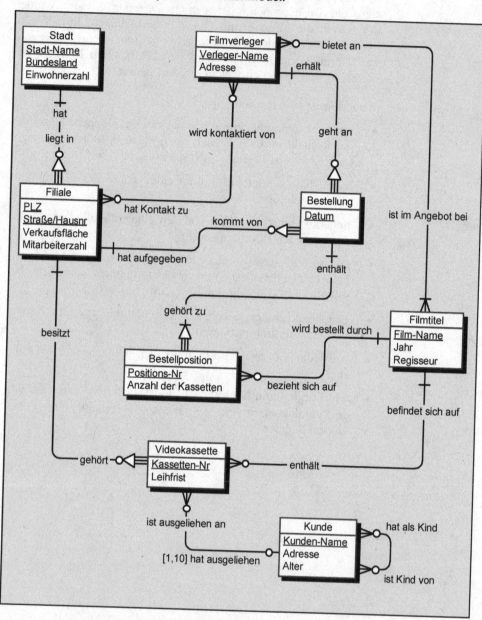

Abb. 6-14: Konzeptionelles Datenmodell für den Videoverleih

Bemerkungen:

- Es ist damit zu rechnen, dass mehrere namensgleiche Städte gespeichert werden müssen. Deshalb wird der Objekttyp „Stadt" durch die Kombination der beiden Eigenschaften „Stadt-Name" und „Bundesland" identifiziert.

- Eine Filiale kann nur durch die Angabe ihrer vollständigen Adresse zweifelsfrei bestimmt werden. Deshalb wird der Objekttyp „Filiale" durch die Kombination aus der Beziehungstyp-Richtung „Filiale *liegt in* Stadt" und aus den Eigenschaften „PLZ" und „Straße/Hausnr" identifiziert.

- Da Filmverleger in das Handelsregister eingetragen werden, muss ihr Name unikal sein. Deshalb ist für die Identifizierung des Objekttyps „Filmverleger" die Eigenschaft „Verleger-Name" ausreichend.

- Ein Filmverleger bleibt auch dann noch gespeichert, wenn alle Filialen den Kontakt zu ihm abgebrochen haben. Deshalb muss die Beziehungstyp-Richtung „Filmverleger *wird kontaktiert von* Filiale" optional sein.

- Filmverleger, die keine Filmtitel im Angebot haben, gibt es nicht. Deshalb ist die Beziehungstyp-Richtung „Filmverleger *bietet an* Filmtitel" nicht-optional.

- Eine Filiale sendet an einen Filmverleger pro Tag höchstens eine Bestellung. Deshalb kann die Identifizierung des Objekttyps „Bestellung" durch die Kombination aus den beiden Beziehungstyp-Richtungen „Bestellung *kommt von* Filiale" und „Bestellung *geht an* Filmverleger" sowie aus der Eigenschaft „Datum" erfolgen.

- Die Bestellpositionen einer Bestellung unterscheiden sich voneinander durch ihre Positions-Nummer. Deshalb wird der Objekttyp „Bestellposition" durch die Kombination aus der Beziehungstyp-Richtung „Bestellposition *gehört zu* Bestellung" und der Eigenschaft „Positions-Nr" identifiziert.

- Manche gespeicherte Filmtitel werden überhaupt nicht bestellt. Deshalb muss die Beziehungstyp-Richtung „Filmtitel *wird bestellt durch* Bestellposition" optional sein.

- Da die Identifikationsnummer einer Videokassette nur innerhalb einer Filiale eindeutig ist, wird der Objekttyp „Videokassette" über seine Beziehung zur Filiale und durch seine Eigenschaft „Kassetten-Nr" identifiziert.

- Für eine Videokassette wird nur der aktuelle Ausleihvorgang gespeichert, abgeschlossene Ausleihvorgänge werden sofort gelöscht. Deshalb ist kein eigener Objekttyp für den Ausleihvorgang erforderlich. Die notwendigen Angaben können unmittelbar an der Videokassette „festgemacht" werden.

- Es soll gespeichert werden, welcher „Kind-Kunde" zu welchem „Eltern-Kunden" gehört. Deshalb muss ein CM:CN-Rekursiv-Beziehungstyp für den Objekttyp „Kunde" modelliert werden.

6.5.3 Transformation in das logische Datenschema

Zunächst werden die Objekttypen in die entsprechenden Tabellen transformiert (Transformationsregel T01). Danach erfolgt die Transformation der Beziehungstyp-Richtungen, die als identifizierende Elemente für die „schwachen" Objekttypen verwendet wurden (Transformationsregel T02). Im Ergebnis dieser beiden Transformationen ergeben sich die folgenden vorläufigen Tabellen-Typbeschreibungen:

Stadt (**Stadt-Name+Bundesland**,Einwohnerzahl)

Filiale (⇑**Stadt-Name+Bundesland**⇑**+PLZ+Straße/Hausnr**, Verkaufsfläche,Mitarbeiterzahl)

Filmverleger (**Verleger-Name**,Adresse)

Filmtitel (**Film-Name**,Jahr,Regisseur)

Bestellung (⇑**Verleger-Name**⇑+ ⇑**Stadt-Name+Bundesland+PLZ+Straße/Hausnr**⇑+ **Datum**)

Bestellposition (⇑**Verleger-Name+ Stadt-Name+Bundesland+PLZ+Straße/Hausnr+Datum**⇑+ **Positions-Nr**,Anzahl der Kassetten)

Videokassette (⇑**Stadt-Name+Bundesland+PLZ+Straße/Hausnr**⇑+ **Kassetten-Nr**,*Leihfrist*)

Kunde (**Kunden-Name+Adresse**,Alter)

Dabei wurden die folgenden Primärschlüssel in die Primärschlüssel der „schwachen" Objekttypen als Fremdschlüssel aufgenommen:

Primärschlüssel	des Objekttyps	wird aufgenommen in	Primärschlüssel von
Stadt-Name+Bundesland	Stadt	⇒	Filiale
Verleger-Name	Filmverleger	⇒	Bestellung
Stadt-Name+Bundesland+ PLZ+Straße/Hausnr	Filiale	⇒	Bestellung
Verleger-Name+ Stadt-Name+Bundesland+ PLZ+Straße/Hausnr+Datum	Bestellung	⇒	Bestellposition
Stadt-Name+Bundesland+ PLZ+Straße/Hausnr	Filiale	⇒	Videokassette

Da zu jedem Zeitpunkt sicherlich nicht alle Videokassetten ausgeliehen sind, für einige von ihnen also die Eigenschaft „Leihfrist" mit der NULL-Marke belegt werden muss, wurde diese Eigenschaft als *nicht-eingabepflichtig* vereinbart (deshalb der Kursivdruck!).

Im nächsten Schritt werden die dualen Beziehungstypen in das relationale Datenbank-Modell transformiert (Transformationsregeln T03 bis T12). Dann erfolgt die Transformation des CM:CN-Rekursiv-Beziehungstyps von „Kunde" gemäß der Transformationsregel T19. Die veränderten Tabellen-Typbeschreibungen sind jeweils durch einen Stern gekennzeichnet:

Stadt(**Stadt-Name+Bundesland**,Einwohnerzahl)

Filiale(⇑**Stadt-Name+Bundesland**⇑**+PLZ+Straße/Hausnr**,
      Verkaufsfläche,Mitarbeiterzahl)

* Kontakt(⇑**Verleger-Name**⇑+
      ⇑**Stadt-Name+Bundesland+PLZ+Straße/Hausnr**⇑)

Filmverleger(**Verleger-Name**,Adresse)

* Angebot(⇑**Verleger-Name**⇑+⇑**Film-Name**⇑)

Filmtitel(**Film-Name**,Jahr,Regisseur)

Bestellung(⇑**Verleger-Name**⇑+
      ⇑**Stadt-Name+Bundesland+PLZ+Straße/Hausnr**⇑+
      Datum)

* Bestellposition(⇑**Verleger-Name+
      Stadt-Name+Bundesland+PLZ+Straße/Hausnr+Datum**⇑+
      Positions-Nr,⇑Film-Name⇑,Anzahl der Kassetten)

* Videokassette(⇑**Stadt-Name+Bundesland+PLZ+Straße/Hausnr**⇑+
      Kassetten-Nr,⇑Film-Name⇑,⇑*Kunden-Name+Adresse*⇑,*Leihfrist*)

Kunde(**Kunden-Name+Adresse**,Alter)

* Verwandtschaft(⇑**Kind-Name+Kind-Adresse**⇑+
      ⇑**Eltern-Name+Eltern-Adresse**⇑)

Bemerkungen:

- Den 1:N-Beziehungstyp zwischen den beiden Objekttypen „Bestellung" und „Bestellposition" kann man nur – unter Semantikverlust – als einen 1:CN-Beziehungstyp repräsentieren, also gemäß der Transformationsregel T09. Die Tabellen-Typbeschreibung lässt es dann unsinnigerweise zu, dass eine Bestellung gespeichert wird, die keine einzige Bestellposition enthält.

- Für die Repräsentation des C:CN-Beziehungstyps zwischen den beiden Objekttypen „Kunde" und „Videokassette" stehen zwei Transformationsregeln zur Verfügung:

  a) Transformationsregel T10 (die meisten Videokassetten sind ausgeliehen),

  b) Transformationsregel T11 (die meisten Videokassetten stehen in den Regalen).

  Es lässt sich nicht mit Bestimmtheit sagen, welcher der beiden Fälle vorliegt. Wir haben eine rege Ausleihtätigkeit vorausgesetzt, also den Fall a) angenommen. Deshalb wurde *keine* Koppel-Tabelle eingeführt. Stattdessen wurde in die Tabelle „Videokassette" ein *nicht-eingabepflichtiger* Verweis auf den „Kunden" aufgenommen (deshalb der Kursivdruck!). Die Kardinalitäts-Beschränkung lässt sich durch die Tabellen-Typbeschreibung nicht repräsentieren. Man kann – zumindest ohne besondere Software-Maßnahmen – also nicht verhindern, dass ein Kunde mehr als 10 Videokassetten ausleiht.

- Der M:CN-Beziehungstyp zwischen den Objekttypen „Filmtitel" und „Filmverleger" lässt sich lediglich – unter Semantikverlust – als CM:CN-Beziehungstyp, also gemäß der Transformationsregel T12, repräsentieren. Durch die Typbeschreibung der Koppel-Tabelle „Angebot" kann nicht gesichert werden, dass jeder Filmverleger wenigstens einen Filmtitel anbietet.

- Der CM:CN-Rekursiv-Beziehungstyp des Objekttyps „Kunde" wird gemäß der Transformationsregel T19 durch die Koppel-Tabelle „Verwandtschaft" repräsentiert. Der doppelt aufzunehmende Fremdschlüssel des Kunden wurde unterschiedlich benannt:

  a) im Fall des Verweises auf ein Kind:

  ⇑Kind-Name+Kind-Adresse⇑,

  b) im Fall des Verweises auf ein Elternteil:

  ⇑Eltern-Name+Eltern-Adresse⇑.

6.5.4   „Physisches Datenmodell" des PowerDesigner

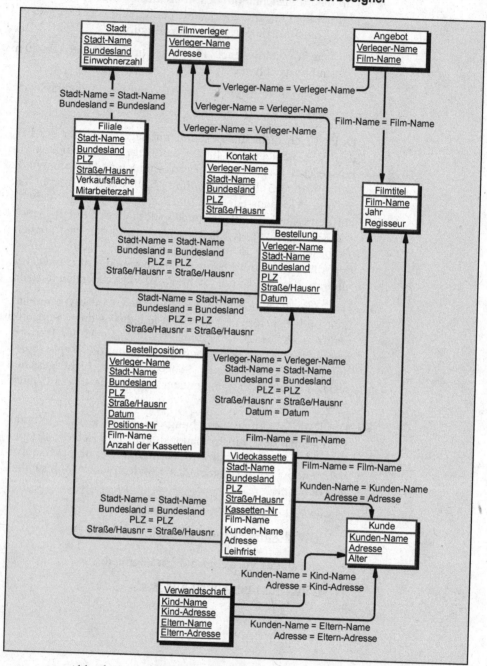

Abb. 6-15: „Physisches Datenmodell" für den Videoverleih

6.5.5 Datenbank-Struktur für Access

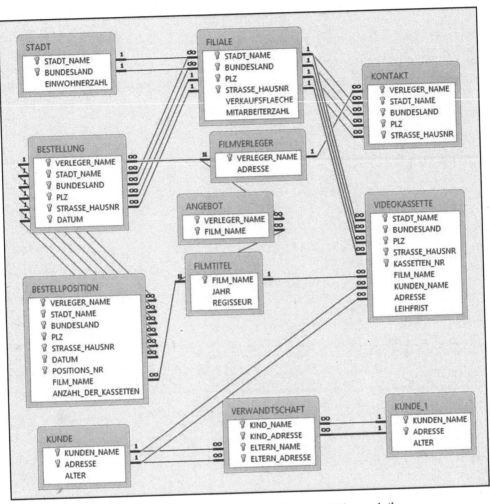

Abb. 6-16: Datenbank-Struktur für den Videoverleih

Literaturverzeichnis

ACCE16   https://products.office.com/de-de/access

ANSI75   *ANSI/X3/SPARC Study Group on Data Base Management Systems.*
Interim Report 75-02-08.
FDT Bull. of ACM SIGMOD **7**(1975).

BAUM15   Baumeister, I.: *Access 2013.*
Passau: Bildner Verlag, 2015.

BRUN14   Bruni, P.: *IBM IMS solutions for automating database management.*
Poughkeepsie, NY: IBM Corporation,
International Technical Support Organization, 2014.

CHEN76   Chen, P. P.: *The Entity-Relationship Model –*
Towards a Unified View of Data.
ACM Transactions on Database Systems **1**(1976)1, S. 9-36.

CODA71   *CODASYL Data Base Task Group.*
April 71 Report.

CODD70   Codd, E. F.: *A Relational Model for Large Shared Data Banks.*
Communications of the ACM **13**(1970)6.

CODD86   Codd, E. F.: *The Twelve Rules for Relational DBMS.*
The Relational Institute Technical Report EFC-6.
San Jose, 1986.

CODD90   Codd, E. F.: *The Relational Model for Database Management – Version 2.*
Reading (Mass.): Addison-Wesley, 1990.

CONN08   Connolly, T.; Begg, C.; Holowczak, R.: *Business database systems.*
Harlow, München, …: Addison-Wesley, 2008.

CORD02   Cordts, S.: *Datenbankkonzepte in der Praxis.*
München, Boston, …: Addison-Wesley, 2002.

CORO12   Coronel, C.; Morris, S.; Rob, P.: *Database principles: fundamentals of*
design, implementation, and management.
Course Technology, Cengage Learning, 2012.

DATE09   Date, C. J.: *SQL and Relational Theorie.*
Köln: O'Reilly, 2009.

ELMA16   Elmasri, R.; Navathe, S. B.: *Fundamentals of database systems.*
7. Auflage.
Harlow: Pearson, 2016.

ERBS03   Erbs, H.-E.; Karczewski, S.; Schestag, I.: *Datenbanken:
Datenmodelle, Objekte, WWW, XML.*
Berlin: VDE Verlag, 2003.

FETT08   Fettke, P.: *Empirisches Business Engineering –
Grundlegung und ausgewählte Ergebnisse.*
Saarbrücken: Universität des Saarlandes, 2008.

FRIT02   Fritze, J.; Marsch, J.: *Erfolgreiche Datenbankanwendung mit SQL3.*
Wiesbaden: Vieweg+Teubner Verlag, 2002.

GARV98   Garvin, C.; Eckols, S.: *DB2 for the COBOL Programmer.*
Murach, 1998.

GEIS14   Geisler, F.: *Datenbanken. Grundlagen und Design.*
mitp-Verlag, 2014.

HALP08   Halpin, T.; Morgan, T.: *Information Modelling and Relational Databases.
From Conceptual Analysis to Logical Design.*
2. Auflage.
Amsterdam, …: Elsevier, Morgan Kaufmann, 2008.

HEIN08   Heinrich, G.; Mairon, K.: *Objektorientierte Systemanalyse.*
München: De Gruyter, 2008.

HEUE97   Heuer, A.: *Objektorientierte Datenbanken –
Konzepte, Modelle, Standards und Systeme.*
2. Auflage.
Bonn: Addison-Wesley-Longman, 1997.

HEUE13   Heuer, A.; Saake, G.; Sattler, K.-U.: *Datenbanken.
Konzepte und Sprachen.*
5. Auflage.
Verlagsgruppe Hüthig Jehle Rehm, 2013.

HÖLS11   Hölscher, L.: *Richtig einsteigen:*
Datenbanken entwickeln mit Access 2007.
Unterschleißheim: Microsoft, 2011.

JAIN84   Jain, H. K.: *A comprehensive model for the storage structure design*
of codasyl databases.
Information Systems **9**(1984)3–4, S. 217–230.

JARO07   Jarosch, H: *Information Retrieval und Künstliche Intelligenz.*
Wiesbaden: Deutscher Universitätsverlag, 2007.

KEMP15   Kemper, A.; Eickler, A.: *Datenbanksysteme. Eine Einführung.*
10. Auflage.
München, Wien: Oldenbourg, 2015.

KIFE06   Kifer, M.; Bernstein, A.; Lewis, P. M.: *Database Systems.*
An Application-Oriented Approach.
2. Auflage.
Boston, ...: Pearson/Addison Wesley, 2006.

KIYO06   Kiyoki, Y.; Henno, J.; Jaakkola, H.: *Information Modelling*
and Knowledge Bases.
IOS Press, 2006.

KLEU13   Kleuker, S.: *Grundkurs Datenbankentwicklung.*
Von der Anforderungsanalyse zur komplexen Datenbankanfrage.
3. Auflage.
Wiesbaden: Springer Fachmedien Wiesbaden, 2013.

KLUG08   Klug, U.: *Datenbank-Anwendungen entwerfen und programmieren:*
Von der objektorientierten Analyse bis zur SQL-Implementierung.
Witten: W3L GmbH, 2008.

LEIT03   Leitenbauer, G.: *Datenbank-Modellierung.*
Unternehmensdatenmodelle entwickeln und verstehen.
Poing: Franzis Verlag, 2003.

MART89   Martin, J.: *Information Engineering. Book I: Introduction.*
Englewood Cliffs, New Jersey: Prentice Hall, 1989.

MCLA07   McLaughlin, B. D.; Pollice, G.; West, D.: *Objektorientierte Analyse*
und Design von Kopf bis Fuß.
Köln: O'Reilly, 2007.

MEIE03   Meier, A.; Wüst, Th.: *Objektorientierte und objektrelationale Datenbanken: ein Kompass für die Praxis.*
3. Auflage.
Heidelberg: dpunkt-Verl., 2003.

MEIE07   Meier, A.: *Relationale Datenbanken. Leitfaden für die Praxis.*
5. Auflage.
Berlin, Heidelberg, New York: Springer-Verlag, 2007.

MOOS04   Moos, A.: *Datenbank-Engineering.*
3. Auflage.
Braunschweig, Wiesbaden: Vieweg, 2004.

POWE15   http://infocenter.sybase.com/help/index.jsp
?topic=/com.sybase.infocenter.dc38093.1650/doc/
html/rad1232023419129.html

PREI07   Preiß, N.: *Entwurf und Verarbeitung relationaler Datenbanken.*
München: Oldenbourg, 2007.

RAUH97   Rauh, O.; Stickel, E.: *Konzeptuelle Datenmodellierung.*
Wiesbaden: Teubner-Verlag, 1997.

RICC03   Riccardi, G.: *Database management with Web site development applications.*
Boston: Pearson Education, 2003.

ROLL03   Rolland, F. D.: *Datenbanksysteme.*
München: Pearson Studium, 2003.

SCHN01   Schnauder, V.; Jarosch, H.; Thieme, I: *Praxis der Software-Entwicklung.*
Renningen-Malmsheim: expert verlag, 2001.

SCHN04   Schnauder, V.; Jarosch, H.; Mages, M: *Datenbankgestützte Vertriebs- und Informationssysteme.*
Berlin: Logos Verlag, 2004.

SCHU07   Schubert, M.: *Datenbanken.*
Theorie, Entwurf und Programmierung relationaler Datenbanken.
2. Auflage.
Stuttgart, Leipzig, Wiesbaden: Teubner, 2007.

SQL011   http://www.iso.org/iso/iso_catalogue/catalogue_tc/
catalogue_detail.htm?csnumber=53681

STAI08   Stair, R. M.; Reynold, G. W.: *Principles of Information Systems.*
A Managerial Approach.
8. Auflage.
Thomson, 2008.

STAU05   Staud, J. L.: *Datenmodellierung und Datenbankentwurf:*
ein Vergleich aktueller Methoden.
Berlin, …: Springer, 2005.

STEI14   Steiner, R.: *Grundkurs relationale Datenbanken.*
8. Auflage.
Wiesbaden: Springer Vieweg, 2014.

SWOB13   Swoboda, B.; Buhlert, S.: *Access 2013:*
fortgeschrittene Techniken für Datenbank-Entwickler.
Hannover: RRZN, 2013.

THEI16   Theis, Th.: *Microsoft Access für Einsteiger.*
Bonn: Rheinwerk-Verlag, 2016.

THRO11   Throll, M.; Bartosch, O.: *Einstieg in SQL:*
verstehen, einsetzen, nachschlagen.
2. Auflage.
Bonn: Galileo Press, 2011.

TIEM97   Tiemeyer, E.; Konopasek, K.: *Professionelles Datenbank-Design*
mit ACCESS.
2. Auflage.
Braunschweig, Wiesbaden: Vieweg, 1997.

UMAN07   Umanath, N. S.; Scamell, R. W.: *Data Modeling and Database Design.*
Thomson, 2007.

VOSS08   Vossen, G.: *Datenmodelle, Datenbanksprachen und*
Datenbankmanagementsysteme.
München: Oldenburg Wissenschaftsverlag, 2008.

WARD06   Ward, P.; Dafoulas, G.: *Database Management Systems.*
Thomson, 2006.

ZEHN05   Zehnder, C. A.: *Informationssysteme und Datenbanken.*
          Zürich: vdf Hochschulverlag, 2005.

ZEMK12   Zemke, F.: *What's new in SQL:2011.*
          ACM SIGMOD Record 41.1 (2012): 67-73.

Schlagwortverzeichnis

Printed in the United States
By Bookmasters